西班牙无敌舰队

[美] 加勒特·马丁利 著
马宗玲 译

PULITZER PRIZE　普利策历史奖作品

PROFESSOR OF EUROPEAN HISTORY AT COLUMBIA UNIVERSITY
哥伦比亚大学欧洲史教授
GUGGENHEIM FELLOWSHIP
"古根海姆学者奖"获得者
VISITING PROFESSOR AT OXFORD UNIVERSITY
牛津大学客座教授
GARRETT MATTINGLY
加勒特·马丁利 作品

中国出版集团公司
华文出版社

图书在版编目（CIP）数据

西班牙无敌舰队 /（美）加勒特·马丁利著；马宗玲译. -- 北京：华文出版社，2019.5

（华文全球史）

ISBN 978-7-5075-5110-5

Ⅰ.①西… Ⅱ.①加… ②马… Ⅲ.①海军舰队—军事史—西班牙 Ⅳ.①E551.9

中国版本图书馆CIP数据核字（2019）第079117号

西班牙无敌舰队

作　　者：[美] 加勒特·马丁利
译　　者：马宗玲
选题策划：盛世铎章
插图供应：029—85504182
责任编辑：佟玉梅
出版发行：华文出版社
社　　址：北京市西城区广外大街305号8区2号楼
邮政编码：100055
网　　址：http：//www.hwcbs.com.cn
电　　话：总编室010—58336239
　　　　　发行部010—58336212
经　　销：新华书店
印　　刷：三河市国英印务有限公司
开　　本：710×1000　1/16
印　　张：27
字　　数：370千字
版　　次：2019年5月第1版
印　　次：2019年5月第1次印刷
标准书号：ISBN 978-7-5075-5110-5
定　　价：105.00元

版权所有　侵权必究

介 绍

　　西班牙无敌舰队的失败，不仅是它在现代海战中的第一次失败，而且是现代欧洲的大事件之一。接下来，我们将追根溯源，详细讲一讲无敌舰队的经历。英格兰女王伊丽莎白一世时代，无敌舰队参与了一场大规模的外交战争。

　　帷幕拉开，首先映入眼帘的是处决苏格兰女王玛丽。戏剧第一幕是信奉天主教的西班牙国王腓力二世的舰队遭到驱逐，被迫进入北海。西班牙国王腓力二世的法兰西盟友吉斯公爵亨利一世在布洛瓦遇害。与此同时，英格兰女王伊丽莎白一世竭尽全力保护王位，确保英格兰的疆土不受侵犯。1587年2月到1588年12月，英格兰和西班牙共同目睹了无敌舰队的遭遇。

　　英格兰女王伊丽莎白一世统治着动荡的国家。由于国内没有常备军，国库空虚，她唯一可以依赖的是英格兰的臣民。西班牙大使试图通过阴谋分裂法兰西王国，以便西班牙攻打英格兰的时候，法兰西王国不会向英格兰伸出援助之手。当时，西班牙最伟大的将领帕尔玛公爵亚历山大·法尔内塞正准备入侵英格兰。

加勒特·马丁利

序 言

1940年6月，我打算写一本关于西班牙无敌舰队的书。其他人一定也有过类似的想法，因为世界的目光将再次投向英国海岸及其周边海域。虽然已经有很多人写过西班牙无敌舰队，但这一主题一直吸引着我。如果将叙述视角从海战转向1914年前和平年代的欧洲，一定会有更有价值的发现。美国军事理论家A.T.马汉和其他一些军事理论家认为，1588年英西战争的目标是争夺海上霸权和开辟通往亚洲和美洲的新航线。他们的观点证实了为经济利益而战的合理性。相反，为了意识形态冲突而战的观点显得有些荒诞不经。

然而，1588年，人们普遍认为，英格兰和西班牙舰队之间的海峡冲突是世界末日到来前的序曲，是光明力量和黑暗势力的生死对决。当然，欧洲各国都有自己坚持的立场，彼此之间划清了战线。严格意义上来说，大多数国家虽然不参战，但也没有保持绝对中立。欧洲目睹了一场扣人心弦的海峡大战，因为战争结果关系到英格兰、苏格兰、法兰西和尼德兰的命运，还关系到整个基督教世界的命运。意识形态战争也是革命性的战争，很容易超越国界，改变人们的思想。1940年理解这一观点比1890年容易得多。

1940年，在掌握了大量文献资料的基础上，我很想写一本书，主要叙述西班牙入侵英格兰的事件或与之相关的事件。写书的原因之一是，企图通过欧洲大陆的军事力量建立欧洲霸权的方式，可能会勾画出现代历史的循环模式。当我想进行深入研究的时候，由于其他事情，不得不停下来。但我回过头来继续研究这一问题时，征询了一些朋友的意见。然而，没有一个人赞同我的观点。作为一名史学家，我唯一能做的就是安静地坐下来，静待无敌舰队的航行给我带来灵感，继续研究航海和两栖作战等问题。

当我有时间再次思考无敌舰队的时候，虽然并不急着完成这本书，但写书的目的不仅是呈现西班牙和英格兰之间的海上战争，而且包括我一直以来对现代史上出现的第一次国际危机的强烈兴趣。由于时间很充裕，我决定追溯本源，从头开始研究。我阅读了很多档案和已经出版的书籍，多次深入考查我要研究的内容。我做这些事不是因为我的信仰多么纯洁高尚，或我想找到惊人的发现，而是因为我真的很享受研究过程。此外，迈克尔·路易教授在《水手的镜子》上发表了连载文章《无敌舰队的武器》，其观点令我耳目一新。一些新文献也为我的研究提供了充分的论据和重要的阐释。退伍后不久，我读了友人伯纳德·德沃托1943出版的《决战之年》和《横渡宽广的密苏里河》，开始有了一个想法。如果足够幸运，我将再现16世纪晚期的一系列历史画面。即使只有伯纳德·德沃托描述洛基山脉西部历史时唤起的画面的一半生动，我也会心满意足。

最后，我并没有找到更新奇的解释。阅读了未出版的文献及反复研读了已经出版的书籍后，新的材料驳倒了我的一些观点，同时强化了我的其他观点。有时，通过不断研究相关文献，也会有新的发现，一个词语或一个具体形象都会给熟悉的故事带来新的解释。因此，虽然史料具有一致性，总体上也得到了学术界的认可，但我希望新的发现能得到证实，并通过重点转移和不为人知的细节，使旧故事得到新的阐释。

因为这本书针对的不是史学专家，而是对历史感兴趣的普通读者，所以我没有附加脚注。

研究过程中，在文献搜集方面我得到了富布莱特计划的帮助和约翰·西蒙·古根海姆纪念基金会的资助。我要感谢英国、美国和欧洲其他国家的图书管理员、图书馆长和档案保管员，因为他们给了我很大帮助。请原谅我不能一一写出他们的名字。十分感谢在西曼卡斯综合档案馆工作的理查多·马格达莱诺博士及其团队给予我和我的学生的热心帮助，感谢华盛顿特区福尔杰莎士比亚图书馆的路易·B.怀特博士和其他工作人员的热情合作，感谢 J.T. 菲尔斯特纳中尉的热忱帮助和鼓励，感谢莱顿大学 T.H. 麦洛教授介绍的有关尼德兰海军的历史及提供的档案资料，使我收获颇丰。我的朋友艾达和利奥·格肖恩阅读了我的大部分手稿，并提出了很多宝贵意见。爱德华·麦克认真校对了文稿的每一行字。三十年来，我写的每一本书都是他校对的，我非常感谢他。此外，我还要感谢查

落基山脉

尔斯·H.卡特帮我梳理整篇文稿，以及帮我加上了索引；感谢美国海岸与大地测量局潮汐和洋流研究处帮我做了大量测量工作，并制作了潮汐表；感谢我的同事哥伦比亚大学天文学院的简·席尔特教授和海顿天文馆的休·赖斯博士帮我解决了英吉利海峡地区的天体和潮汐难题。在我研究和撰写的过程中，我的妻子全程参与并给予了我很大帮助，我非常感谢她。

加勒特·马丁利

目 录

001 **第 1 章**
苏格兰女王玛丽被处死

013 **第 2 章**
伊丽莎白一世的统治

027 **第 3 章**
英格兰女王伊丽莎白一世的困惑

041 **第 4 章**
法王亨利三世的狂欢结束

053 **第 5 章**
帕尔玛公爵亚历山大·法尔内塞的计划

069 **第 6 章**
英格兰北部的天主教势力

091 **第 7 章**
西班牙国王腓力二世的决定

105	**第 8 章** 弗朗西斯·德雷克的行动
117	**第 9 章** 首要目标——攻打加的斯
129	**第 10 章** 进军拉各斯和占领萨格里什要塞
139	**第 11 章** 截获"圣费利佩"号
147	**第 12 章** 围攻斯勒伊斯
163	**第 13 章** 库特拉战役
177	**第 14 章** 三亨利战争
191	**第 15 章** 王国衰败的预言
205	**第 16 章** 英格兰与西班牙和谈
217	**第 17 章** 西班牙无敌舰队起航
235	**第 18 章** 巴黎暴乱(上)

目 录

251 **第 19 章**
巴黎暴乱（下）

263 **第 20 章**
西班牙无敌舰队陷入困境

273 **第 21 章**
英格兰舰队无功而返

283 **第 22 章**
"现代"战役拉开序幕

291 **第 23 章**
展开较量

299 **第 24 章**
"圣罗萨里奥圣母"号和"圣萨尔瓦多"号被俘

311 **第 25 章**
西班牙无敌舰队遭受重创

321 **第 26 章**
英格兰舰队发起火攻

331 **第 27 章**
格拉沃利讷战役

339 **第 28 章**
西班牙无敌舰队注定失败

345 **第 29 章**
英格兰女王伊丽莎白一世巡视蒂尔伯里营地

355	**第 30 章** 弗朗西斯·德雷克被俘
365	**第 31 章** 西班牙无敌舰队返航
375	**第 32 章** 吉斯公爵亨利一世与法王亨利三世之死
387	**第 33 章** 虔诚的西班牙国王腓力二世
393	**第 34 章** 英格兰女王伊丽莎白一世为和平而战
399	**专有名词英汉对照**

第 1 章　苏格兰女王玛丽被处死

1587年2月15日傍晚，罗伯特·比尔①还没有带来授权书。1587年2月18日破晓时分，福瑟陵格大厅里的所有人已经做好准备，焦急地等待着。1587年2月17日，什鲁斯伯里伯爵乔治·塔尔伯特抵达福瑟陵格。众人一刻都不想耽搁，但没有人知道伦敦传来了什么消息，也没有人知道如果继续等待，哪一方的力量会被削弱。

福瑟陵格大厅里的所有家具都被清理了出去，燃烧的木柴驱走了大厅里刺骨的寒气。大厅的尽头支起了一个小平台。小平台长十二英尺，宽约九英尺，高不到三英尺，很像为旅行艺人准备的微型舞台。平台的一侧有两把椅子，搭脚手架的木料散落在四处。椅子上盖着一层黑色的天鹅绒布，看上去没有那么寒酸。两把椅子对面的小平台上有一把高背椅，也用黑色天鹅绒布盖着。高背椅前面三四英尺的地方，有一个黑色垫子，垫子旁边高一点的地方有个低台，表明黑色天鹅绒布没有盖住的地方是一个普通的木砧板。1587年2月18日早晨7时，布置平台的人感到很满意。士兵头戴无面的头盔，身穿胸甲，手持钢戟，看起来英勇魁梧。福瑟陵格大厅里挤满两百多名骑士和绅士，他们专横地呼喊着尽快行刑。

众人等了这场戏的主角三个多小时。1558年，在万众瞩目下，苏格兰女王玛丽嫁给了法兰西王储弗朗索瓦。在卢瓦尔河畔的法兰西宫廷，苏格兰女王玛丽经历了很多失败，虽然没有学会如何处理政治事务，但学会了如何控制局面。她从侧门走了进来。人们看到她时，她已经走进福瑟陵格大厅，走向平台。身

---

① 罗伯特·比尔（Robert Beale，1541—1601），英格兰女王伊丽莎白一世统治时期的外交官、古文物研究者。作为枢密大臣和见证者，他记录了苏格兰女王玛丽被处死的整个过程。——译者注

后的六位随从两两并肩走在后面。围观的群众不断向前涌，议论纷纷。苏格兰女王玛丽听而不闻，手扶在士兵的衣袖上，继续向前走。怀着虔诚的心，她像前去祷告一样走上台阶，坐在黑色的椅子上。此时，她非常需要一双支持自己的手臂。她将双手放在膝间，如果手臂颤抖，也不会有人发现。然后，好像回应民众的心声一样，虽然福瑟陵格大厅里鸦雀无声，但她第一次转身面向围观的众人，若有所思，最后露出了微笑。

黑色天鹅绒布盖住了椅子和福瑟陵格大厅里的小平台，也盖住了苏格兰女王玛丽的身体。人们几乎看不到她的身影。灰暗的日光映照在苏格兰女王玛丽惨白的双手上，金黄色的方巾和浓密的红色发髻显得黯淡无光。但在一片黑暗中，围观的人能清晰地看到她脖子上精致的白色蕾丝，以及蕾丝上绣着的心型花瓣，

苏格兰女王玛丽躺在黑色
天鹅绒布盖住的小平台上

第1章 苏格兰女王玛丽被处死

就在她喉咙靠上的位置。她雪白的脸颊上是一双又大又黑的眼睛和一张充满伤感的樱桃嘴。由于英格兰女王伊丽莎白一世，苏格兰女王玛丽的私人秘书戴维·里齐奥死了，她的丈夫——年轻愚蠢的达恩利勋爵亨利·斯图亚特也被人谋杀。此外，她的御前大臣亨特利伯爵乔治·戈登和诺福克公爵托马斯·霍华德因密谋与她联姻，被英格兰女王伊丽莎白一世处死。安东尼·巴宾顿因密谋营救她，以及试图刺杀英格兰女王伊丽莎白一世，也被处死。成千上万无名人士死在了北方的荒野和绞刑架上。自从苏格兰女王玛丽鼓励爱慕她的臣民越境救主，她的传奇就如同一把利剑悬于英格兰的上空。作为法王弗朗索瓦二世的遗孀，以及一位被俘的女王，苏格兰女王玛丽的子嗣可以继承英格兰的王位。很多人有类似的想法，他们目睹了一切，但又保持沉默。这一刻，苏格兰女王玛丽如果拥有权力，就可以成为英格兰的合法女王；这一刻，她吸引了在场所有人的目光。随后，她坐在黑色的椅子上，转身轻蔑地看向法官们。令她感到满足的是，福瑟陵格大厅里的所有人都注视着她。

亨利·斯图亚特
（1545—1567）

托马斯·霍华德
（1536—1572）

戴维·里齐奥(1533—1566)之死

安东尼·巴宾顿
（1561—1586）

弗朗索瓦二世
（1544—1560）

与苏格兰女王玛丽一起走进福瑟陵格大厅的是肯特伯爵亨利·格雷和什鲁斯伯里伯爵乔治·塔尔伯特。他们坐在苏格兰女王玛丽的对面,几乎没有人看到他们。罗伯特·比尔站在一旁,清了清嗓子,大声朗读写在羊皮纸上的英格兰女王伊丽莎白一世的授权书。他本来不需要那么紧张。毫无疑问,所有人都在认真聆听。罗伯特·比尔念道:"固执而不服从……煽动叛乱……反对生命的神圣威严……叛国罪……死刑。"对苏格兰女王玛丽或在场的所有人来说,授权书上的言辞无关紧要,因为大家都清楚,此次审判不是对罪犯的审判,而是政坛上的一场战争。事实上,英格兰与苏格兰的战争由来已久,两位女王出生前已经注定会发生战争。1581年,欧洲形成两大阵营,一派信奉天主教,一派信奉新教。在命运的安排下,两大阵营都由女王领导。阿拉贡的凯瑟琳①反对

苏格兰女王玛丽聆听死刑判决

---

① 阿拉贡的凯瑟琳(Catherine of Aragon,1485—1536),亨利八世的第一任妻子,1509年到1533年为英格兰王后。——译者注

第 1 章 苏格兰女王玛丽被处死

安妮·博林①，英格兰女王玛丽一世②反对伊丽莎白·都铎③，伊丽莎白·都铎反对洛林的玛丽④。现在，三十多年过去了，英格兰女王伊丽莎白一世反对苏格兰女王玛丽。最终，苏格兰女王玛丽被绑上了断头台。观察敏锐的政治家们也许会问：为什么二十年过去了，英格兰还能容忍自己的敌人留着性命？

不可否认的是，无论英格兰女王伊丽莎白一世做过什么，也无论苏格兰女王玛丽做过什么，她们都曾不择手段地打压对方。从明争暗斗到死刑，双方都不能有任何差池。当正面对抗失去效果的时候，她们会选择柔弱的武器，即谎言、眼泪、借口、威胁、恳求、美貌、信仰，以及王权统治下的所有人。为了达到目的，她们不择手段。最终，事实证明，双方的斗争是一把双刃剑。现在，如果将苏格兰女王玛丽的头砍下来，那么英格兰女王伊丽莎白一世的王国也会陷入前所未有的混乱中。苏格兰女王玛丽试图做最后的挣扎。她扬起下巴，不耐烦地听着罗伯特·比尔念的最后一句话。

彼得伯勒主教理查德·弗莱彻比罗伯特·比尔更紧张，结结巴巴地向苏格兰女王玛丽念了三遍开篇词。苏格兰女王玛丽轻蔑地打断他，说："主教阁下，我虔诚信仰天主教，坚信死生无别。你对我说的一切都没有意义，我认为你所有的祈祷对我毫无益处。"

苏格兰女王玛丽相信，宗教是一把无形的武器。她在福瑟陵格遭到严密的监视，但大胆的亲信们乔装出入英吉利海峡为她传信。据说，英格兰北部和西部信奉天主教，甚至在福瑟陵格这个异教的根据地，英格兰中部和伦敦，越来越多的人开始信仰天主教。英格兰的王位继承人也是天主教徒。在这场斗争中，苏格兰女王玛丽如果胜利，一定会继位英格兰的王位。成千上万的人一直保持沉默。但现在，信奉异教的英格兰女王伊丽莎白一世居然要残杀正统的王位继

---

① 安妮·博林（Anne Boleyn，1501—1536），亨利八世的第二任妻子，1533 年到 1536 年为英格兰王后。——译者注
② 英格兰女王玛丽一世（Mary I of England，1516—1558），英格兰和爱尔兰女王，1553 年到 1558 年在位。她一生致力于复辟英格兰和爱尔兰的罗马天主教，被清教徒称为"血腥玛丽"。——译者注
③ 伊丽莎白·都铎（Elizabeth Tudor），指英格兰女王伊丽莎白一世，未登基前称伊丽莎白·都铎。——译者注
④ 洛林的玛丽（Mary of Lorraine，1515—1560），苏格兰女王，1554 年到 1560 年在位。在位期间，她一直致力于联合强大的法兰西天主教势力，摆脱英格兰的控制，但最终失败。——译者注

阿拉贡的凯瑟琳
(1485—1536)

安妮·博林
(1501—1536)

英格兰女王玛丽一世
（1516—1558）

洛林的玛丽
（1515—1560）

承人。人们愤怒至极,希望铲除所有邪恶势利。因此,苏格兰女王玛丽的死刺激了英吉利海峡另一侧的天主教国家,很多人迫切希望为她报仇。

毋庸置疑,苏格兰女王玛丽是虔诚的天主教徒,但因为信仰处死她确实不能说服民众。斗争仍在继续。所有人都知道,除了信仰,苏格兰女王玛丽的死与英格兰与苏格拉之间的斗争密切相关。一直以来,苏格兰女王玛丽也许不是天主教最坚实的支柱。有时,与信仰相比,也许是她做决定时的犹豫不决破坏了伟大的事业。现在,由于她的错误抉择,明晃晃的斧子就要砍下她的头。她

侍女与被执行死刑的
苏格兰女王玛丽告别

第1章 苏格兰女王玛丽被处死

的鲜血会让诽谤缄默,让敌人犯下的罪恶受到惩罚,并弥补自己生前犯下的错。多年来,她一直信奉一则信条:"死即是生。"殉教是最好的结局,她唯一要做的是演好最后一出戏。

因此,苏格兰女王玛丽高举十字架,以便让福瑟陵格大厅里的所有人看见。她大声斥责法官们,声音高亢激昂,淹没了彼得伯勒主教理查德·弗莱彻的声音,也淹没了英格兰人为改变专制的古老信仰祈祷的声音。彼得伯勒主教理查德·弗莱彻宣讲结束后,苏格兰女王玛丽的声音又持续了一分钟。她原谅了所有敌人,用英语为所有英格兰人祈祷,为英格兰女王伊丽莎白一世的灵魂祈祷。随后,女仆帮她脱下了黑色的天鹅绒长袍。苏格兰女王玛丽穿着紧身底衣和深红色丝绸衬裙,迈步向前。她平静地屈膝跪下,低下身子将头放在砧板上。"在你手中,主啊……"随后,人们听到两声沉闷的斧头声。

苏格兰女王玛丽被执行死刑

接下来的一场仪式是，执刑官必须手提苏格兰女王玛丽的头颅，按照惯例讲话。蒙面的黑色身影弯下腰，然后起身大声高呼："女王万岁！"但他手里提着的是一条属于苏格兰女王玛丽的方巾和精致的褐色假发。苏格兰女王玛丽的头颅滚到了行刑台的边缘，显得干瘪、黯淡，稀疏的银色头发闪着光芒。苏格兰女王玛丽永远都知道如何让敌人感到尴尬。

第 2 章　伊丽莎白一世的统治

使者从福瑟陵格骑马赶来，带来了处死苏格兰女王玛丽的消息。所有伦敦人开始欢呼雀跃，燃起篝火。礼炮齐鸣，照亮了城内的大街小巷。阴云消散，伦敦人的恐惧全无。英格兰女王伊丽莎白一世登基后，苏格兰女王玛丽的势力依然威胁着伦敦人的生命，威胁着英格兰的一切。1586年，处死苏格兰女王玛丽的呼声此起彼伏。苏格兰女王玛丽不死，一切都不得安宁。

英格兰女王伊丽莎白一世已经五十三岁，但在"所在教区仍有追求者"。[①] 人们都知道，她不可能有孩子。英格兰女王伊丽莎白一世是都铎王朝最后一位女王，继承者是比她小十岁的苏格兰女王玛丽。苏格兰女王玛丽"非常健康"。政客们经常讨论英格兰王位的其他继承情况，但没有一种情况能获得众人的一致赞同。苏格兰女王玛丽只要活着，就会继承英格兰女王伊丽莎白一世的王位。即使苏格兰女王玛丽最大的劲敌——莱斯特伯爵罗伯特·达德利、伯利勋爵威廉·塞西尔、克里斯托弗·哈顿爵士和弗朗西斯·沃尔辛厄姆爵士都给自己留了退路，打算必要时投靠苏格兰女王玛丽。苏格兰女王玛丽只要一直活着，就会成为他们的统治者。当时，新教中最直言不讳的政治领袖认为，苏格兰女王玛丽的复辟问题需要慎重考虑。因此，一些人的观望态度并不难理解。不满新教的贵族试图通过支持苏格兰女王玛丽打击新教，复辟天主教。英格兰女王伊丽莎白一世继位后，英格兰一直留有天主教势力。英格兰的天主教徒都是封建君权和保守势利的余烬，时常受到西班牙密谋者和神父们的煽动。在英格兰北部，为了镇压起义，政府大肆杀戮。天主教徒反抗的火势逐渐变弱，但没有完全熄灭。通过这场大火，一些

[①] 事实上，自法王亨利三世的弟弟安茹公爵弗朗索瓦（Francois, Duke of Anjou）之后，英格兰女王伊丽莎白一世就没有追求者了。——原注

罗伯特·达德利
(1532—1588)

威廉·塞西尔
(1520—1598)

克里斯托弗·哈顿
（1540—1591）

弗朗西斯·沃尔辛厄姆
（1532—1590）

人开始幻想英格兰的王位将由天主教徒继承。只要苏格兰女王玛丽不死，天主教作为英格兰的一支政治力量就不会消亡。

英格兰女王玛丽一世统治时期，伦敦人可以愉快地去做弥撒。史密斯菲尔德[①]对异教徒施行火刑引起的浓烟让伦敦人感到恶心窒息。即便如此，为了保护自己和家庭，伦敦人也不会露出不满神色。在新的分配制度下，贵族的生活也不富裕。在新教统治下，英格兰的乡绅虽然安居乐业，但经常怀念过去。对他们来说，现存的天主教势力是一种可怕的威胁。新教国家无法接受天主教的君主，苏格兰女王玛丽的失败证明了这一点。1560年，法王弗朗索瓦二世驾崩，苏格兰女王玛丽返回苏格兰。之后，苏格兰女王玛丽推崇天主教，打击新教，从而引起

苏格兰女王玛丽返回苏格兰

[①] 史密斯菲尔德（Smithfield）位于伦敦市区，数世纪以来一直是对异教徒和宗教反叛者执行火刑的地方。——译者注

第 2 章 伊丽莎白一世的统治

了新贵族的不满。最终,她被迫退位。英格兰女王伊丽莎白一世在位第二十九年,同样的情况再次出现。无论边境地区还是中部地区,无论东南部地区还是沿海的繁荣城镇,或者在伦敦,英格兰到处是新教徒。英格兰很多贵族和绅士通过改变宗教信仰发展仕途,商人们的谋生渠道受到新教政府的干预,工匠在富丽堂皇的教堂里听日内瓦加尔文派神父的布道。在英语版《圣经》、克兰默的《公祷书》和福克斯的《殉道史》的滋养下,新一代英格兰人成长起来。他们害怕天主教徒、西班牙人和外国统治者。考虑到苏格兰女王玛丽的经历和性格,她如果继承了英格兰王位,一定会复辟天主教。到时候,英格兰也许不会爆发类似托马斯·怀亚特①领导的大规模的叛乱,但一定会出现大范围的宗教战争。

托马斯·怀亚特
(1521—1554)

没有人告诉英格兰人什么是内战。一百多年来,英格兰一直被恐惧笼罩。英格兰人害怕都铎王朝被推翻,重陷争夺王位的玫瑰战争。但更可怕的是贵族之间的王位争夺。关于约克家族和兰开斯特家族的故事,无论是韵文体还是散文体,都是畅销书和舞台上受欢迎的剧目。人们知道,宗教矛盾的激化一定会爆发可怕的内战。哈勒姆和安特卫普的故事家喻户晓。商人和难民会告诉伦敦人二十年前的佛兰德斯和布拉班特,以及现在的佛兰德斯和布拉班特。孩子们从小听圣巴塞洛缪大屠杀②的故事,甚至长大后依然会对这个故事感到害怕。巴黎贫民窟血流成河,卢瓦尔河漂浮着尸体,诺曼底越来越荒凉。然而,这些都不是老妇人编造的故事。一些乞丐哀嚎着向好心人乞讨,但还没有靠近宗教裁判所的审讯室就被

---

① 托马斯·怀亚特(Thomas Wyatt,1521—1554),英格兰政治家,在英格兰女王玛丽一世执政期间领导了人民起义,史称"怀亚特叛乱"。——译者注
② 圣巴塞洛缪大屠杀(St. Bartholomew's Day Massacre),指 1572 年 8 月 23 日到 1572 年 8 月 24 日,一群天主教暴徒对胡格诺派教徒展开大屠杀。这场屠杀是法兰西宗教战争的转折点。——译者注

约克公爵理查德·金雀花和他的追随者选择了白玫瑰,而萨默塞特公爵和他的追随者选择了红玫瑰,玫瑰战争由此开始

约克家族的
标志白玫瑰

兰开斯特家族家
族的标志红玫瑰

圣巴塞洛缪大屠杀

关进伊普斯维奇的监狱了。因此,神父提醒生活在英格兰的教众,如果拒绝承认统治者的权威,并手持宝剑互相攻击,那么英格兰就会遭到诅咒,英格兰人的面目也会变得凝重可怕;如果低头向仁慈的英格兰女王伊丽莎白一世祈祷,那么在英格兰人的祈祷声中会充满对宗教的忠诚。

16世纪,英格兰处在混乱和分裂中。英格兰人渴望国家实现和平统一。然而,唯一能使社会秩序恢复的有效办法是找到一位君主。大多数神父教导教徒,即使是最邪恶的君主,也是神圣的,无论君主的性格如何,作为臣民都要绝对服从。大多数神父教导教徒对君主绝对忠诚的思想逐渐变成君主是不朽的,为后来"国家"这一抽象概念的形成做了铺垫。君权神授的思想开始在英格兰传播,很快传到了欧洲其他地方。16世纪是属于君主的时代。但在英格兰,由于人们普遍认同的神圣王权教义,君权神授的思想变得模糊。英格兰人坚信,女王伊丽莎白一世在诸王中如同鸟中之凤,是独一无二的,不能用普通标准衡量比较。历史上从

伊丽莎白一世
(1533—1603)

第 2 章　伊丽莎白一世的统治

没有出现过一位像都铎王朝的女王伊丽莎白一世那样统治长达四十五年的君主。英格兰女王伊丽莎白一世统治期间，受到了臣民的爱戴。现在，很难说出英格兰人开始拥护英格兰女王伊丽莎白一世的具体时间和原因，但毋庸置疑的是，英格兰人对英格兰女王伊丽莎白一世的忠诚和爱戴与日俱增。当时的情况只有用夸张的语句才能表达。

毫无疑问，通过英格兰女王伊丽莎白一世及其臣民的立场，我们可以看到英格兰人内心的虚荣、自私和各自的目的。英格兰女王伊丽莎白一世如果统治英格兰，就一定会延用都铎王朝的传统，竭力赢得人民的爱戴，因为民心是她唯一可以依靠的力量。英格兰女王伊丽莎白一世继位时，都铎王朝的势力已经开始江河日下，包括国库空虚、货币贬值、人民穷困潦倒、内部纷争不断等。金雀花王朝统治的辉煌时期，英格兰占领了法兰西的加来。但后来，法兰西重新夺回了加来。英格兰王国失去了欧洲大陆最后的立足点，开始陷入混乱，走向衰败。几年后，法兰西看到了英格兰的分裂征兆。一个世纪前，英格兰陷入外辱内战，预示了玫瑰战争的爆发。英格兰在欧洲既没有朋友也没有盟友，只有一些虎视眈眈的敌人。邻国正等待着英格兰走向衰败，然后伺机发动战争。因为各国彼此不信任，所以还没有采取任何行动。英格兰女王伊丽莎白一世登基时，英格兰王国已经开始摇摇欲坠。她失去了部分权力，一生未婚，独自一人统治着整个国家。这种情况之前从未出现过。英格兰女王伊丽莎白一世不仅要抗击外敌，还要控制野心勃勃的贪婪贵族，以及应对臭名昭著、肆机闹事的欧洲人。总之，没有一件事能让她感到轻松。

欧洲君主制成功过渡到了中央集权专治。法兰西瓦卢瓦王朝走向衰败的时候，瓦卢瓦王朝的国王受到了三级会议的蔑视和蒙骗。与此同时，欧洲的政治家们提出了宪法。"宪法"是与封建王朝相矛盾的一个词。英格兰女王伊丽莎白一世终其一生，按照宪法统治国家。她的君主权力一直受到质疑和限制，日常开支比西班牙国王腓力二世在米兰公国的税收还要少。此外，她没有自己的常备军，只有一些装点门面的卫兵和差役。在身处危险的几年里，弗朗西斯·沃尔辛厄姆爵士为了保护女王，建立了被后来的历史学家称为"无所不在的间谍网"。英格兰的反间谍部门减少了开支，用低廉的报酬雇佣具备各种能力的间谍。间谍负责搜集普通告密者提供的信息，处理与弗朗西斯·沃尔辛厄姆爵士日常通信的职员提供的信息。各国大使都希望自己的信息不会泄露出去。佛罗伦萨和威尼斯的政府曾嘲笑伦敦警力不足，但英格兰女王伊丽莎白一世的间谍系统非常强大和高效。

英格兰女王伊丽莎白一世招募了很多间谍，通过承诺拉拢人心。正因为有了间谍，她才有机会放下一切，安心住在远离尘嚣的金碧辉煌的宫殿里，形象也突然变得和蔼可亲、魅力十足。每年，她都会举办盛宴。间谍们千里迢迢赶来觐见，坐在宴会厅里聆听女王的拉丁文演讲，看选美比赛，在庄园里优雅地跳舞。英格兰女王伊丽莎白一世和蔼可亲，面带微笑，拉拢了间谍们的心，让间谍们尽心尽力为自己服务。她天资过人，会按照人们喜欢的样子打扮自己，赢得了臣民们的爱戴。但她有时也会显得骄傲专横，摆出女王应该有的样子，让间谍们心生畏惧。英格兰女王伊丽莎白一世非常善变，有时听到善意的建议后，会愤怒地斥责提出建议的人，警告对方不要插手一些事情，扬言自己可以不依赖间谍，但间谍们不能没有她。随后，她的愤怒会突然变成和风细雨的温柔。总之，英格兰女王伊丽莎白一世不仅不会让间谍们感到失望，还会让间谍们坚信并铭记女王才是对他们最好的人。历史学家们不能断言的是，英格兰女王伊丽莎白一世的言行多少是出于处世艺术，多少是天性使然。所罗门王①可能也会对此感到困惑。

实际上，英格兰女王伊丽莎白一世对民众的仁慈并不是天性使然，赢得民众的爱戴也只是为了达到某种目的，因为她深知自己的王位必须依赖人民。多年来，英格兰人对她的爱戴与日俱增，但也是为了一己私利。欧洲正经历外侵内扰，而英格兰人民却过着安居乐业的生活。英格兰王室并没有向劳动人民征收赋税。因此，国内的物价逐渐上涨，商业复苏，经济发展。此外，国家向农业、造船业、纺织业和钢铁业投入了大量资金。英格兰出现了前所未有的景象，逐渐变得举世闻名。除了参加海外战争的士兵返回家乡，英格兰的大街小巷没有士兵持枪的身影。夜晚的敲门声不会让人惊恐，因为敲门的不是邻居就是马车夫。男人们可以一边喝啤酒，一边畅所欲言，但不能有过分的言论。英格兰女王伊丽莎白一世鼓励臣民去教区的教堂。总之，在英格兰历史上，英格兰女王伊丽莎白一世的政策

---

① 所罗门王（King Solomon），根据《旧约·传道书》，所罗门王是以色列最富有智慧的国王。——译者注

第 2 章 伊丽莎白一世的统治

是最温和、最仁慈的。邻国的黑暗和混乱突显出了英格兰的繁荣富强。英格兰政府不仅征税少，还给予了人民更多自由，但英格兰人似乎缺少奉献热情。

当然，假装微笑是双方都可以参与的游戏。在某种程度上，一些英格兰人不赞同英格兰女王伊丽莎白一世提出的誓言，经常为了个人利益敷衍了事。但对英格兰女王伊丽莎白一世及其臣民来说，除非我们误解了当时的文献记载，否则伊丽莎白一世与英格兰人之间的关系绝不是一场游戏。英格兰人如果在人群中见到女王，会认为女王是葛洛瑞娜①的化身，为英格兰洒下了金色的咒语。英格兰女王伊丽莎白一世是英格兰的守护神，是英格兰人梦中的神的化身。她固执地守护着自己的贞洁，不仅发誓不与外国王子联姻，还竭尽全力使英格兰人免受疾病的侵扰。因此，可以说，英格兰女王伊丽莎白一世属于所有英格兰人。

英格兰女王伊丽莎白一世不会将统治国家视为一场游戏。她一生没有结婚，也没有情人和孩子。人们不禁感叹，她为了英格兰人付出了一切，英格兰人将她一直期待的爱戴作为回报。从大臣到乡绅，从工匠到渔夫或粗鲁的劳工，所有人都爱戴她。登基之初，她曾在演讲中告诉英格兰人，世间能让她珍惜的唯有臣民的爱戴。在演讲的结尾，她说："过去和将来，虽然你们拥有很多伟大睿智的国王，但我对你们的爱永远是最多的。"英格兰人真的相信了吗？英格兰女王伊丽莎白一世对英格兰人的爱成了解不开的谜团。

如果苏格兰女王玛丽活着，英格兰女王伊丽莎白一世驾崩后，英格兰可能会爆发内战。如果苏格兰女王玛丽仅在表面上威胁到了英格兰，英格兰人很可能会拒绝采取任何行动，继续无谓的担忧。但当苏格兰女王玛丽越过苏格兰边界的时候，人们清醒地认识到，对英格兰人的生命及英格兰女王伊丽莎白一世的生命来说，天主教继承人的存在都是一种威胁。一些疯子、狂热分子和雇佣的暴徒只要靠近英格兰女王伊丽莎白一世，动一下手中的刀或手枪，整个英格兰王国将会随之坍塌。但英格兰女王伊丽莎白一世丝毫不在意自己的安全，从来不带任何护卫。如果苏格兰女王玛丽成功继承英格兰的王位，整个英格兰政府会随之坍塌。到时，英格兰将没有枢密院，没有治安官和政府官员，也没有人下令追杀刺客，

---

① 葛洛瑞娜（Gloriana），16 世纪诗人埃德蒙·斯宾塞（Edmund Spenser）在《仙后》（*The Faeire Queen*）一诗中用以指代英格兰女王伊丽莎白一世的名字。1588 年，英格兰打败西班牙无敌舰队后，人们高呼伊丽莎白一世为"葛洛瑞娜"。——译者注

政府的权力会随英格兰女王伊丽莎白一世的驾崩而终结。事实上，那时的英格兰将没有政府可言。在这种暴力情况下，所有天主教领地都一样可怕。苏格兰女王玛丽是否亲自批准这些行动已经不重要。一个受到他人蛊惑孤注一掷的人，将会改变整个英格兰的命运。

  近年来，英格兰北部开始流传暗杀女王的谣言，而且愈演愈烈。也许伦敦从未听到过类似的谣言，或新教政府描述的危险并不可怕，但危险确实存在。在离英格兰女王伊丽莎白一世一百码的地方，一名疯狂的年轻人握着手枪，大声疾呼要枪杀女王。弗朗西斯·斯罗克莫顿的文件揭露了天主教日益明显的阴谋，即救出苏格兰女王玛丽，刺杀英格兰女王伊丽莎白一世，率军入侵英格兰。威廉·帕里散播了一则从罗马传来的消息，该消息称，刺杀英格兰女王伊丽莎白一世除了可以得到大笔财富，还能得到赦免。消息很快传遍了整个英格兰。面对危险，英格兰人陷入了恐惧。从代尔夫特传来消息称，很多人都失败后，一个叫杰拉德的

杰拉德刺杀奥兰
治亲王威廉一世

第 2 章 伊丽莎白一世的统治

加斯帕尔二世德·科利尼被刺杀

信仰天主教的勃艮第男侍成功将奥兰治亲王威廉一世杀死在家中。奥兰治亲王威廉一世是新教运动的领袖之一。1572年,新教的三位领袖之一加斯帕尔二世德·科利尼被刺杀。现在,新教领袖只剩下英格兰女王伊丽莎白一世了。刺杀英格兰女王伊丽莎白一世的唯一受益人是苏格兰女王玛丽。1584年秋天,英格兰所有贵族和绅士们团结起来,签订了《保王协定》,以英格兰女王伊丽莎白一世的名义支持和保护女王免受任何密谋迫害。他们用自己的力量对抗任何可能伤害英格兰女王伊丽莎白一世的人,仔细审查可疑分子及其顾问、同伴或教唆者。由于担忧英格兰女王伊丽莎白一世的生命安全,以及害怕爆发内战,英格兰人决定处死苏格兰女王玛丽。

第二次暗杀，安东尼·巴宾顿的阴谋没有得逞。他和同伴们确实试图刺杀英格兰女王伊丽莎白一世，希望确保苏格兰女王玛丽继承英格兰王位。当时没有人质疑他的意图，现在也没有人质疑。人们相信，苏格兰女王玛丽是刺杀阴谋的核心人物。也许会有人怀疑，但如果苏格兰女王玛丽对此一无所知，她的清白对英格兰人来说也就无关紧要了。刺杀阴谋的唯一受益人是苏格兰女王玛丽，过去是，将来也是。只要她活着，英格兰女王伊丽莎白一世就会时刻处在危险中。因此，当得知苏格兰女王玛丽被处决的消息时，伦敦人民欢呼雀跃，燃起了篝火，吹响了乐器，互相转达刚刚得到的消息。后来，亲眼目睹了这一场面的人说："他们似乎坚信，一个新的时代已经开启。英格兰人终于可以过安宁的日子了。"

第3章 英格兰女王伊丽莎白一世的困惑

对英格兰人来说,处决苏格兰女王玛丽很简单。但对英格兰女王伊丽莎白一世来说就没那么简单了。英格兰女王伊丽莎白一世经常住在格林尼治的王宫里。格林尼治的王宫是她最喜欢的王宫。王宫内的草坪一直延伸到泰晤士河畔,宫殿里有很多窗户,透过窗户可以看到泰晤士河上来来往往的船。1587年2月11日,在格林尼治,英格兰女王伊丽莎白一世签署了处死苏格兰女王玛丽的手令,尽管她反对处死苏格兰女王玛丽。英格兰女王伊丽莎白一世被枢密院和臣民说服前,判决书一直由秘书威廉·戴维森保管。签署手令时,她提醒威廉·戴维森说,除了公众行刑,处决苏格兰女王玛丽的方式还有很多种。然而,在公众面前处决苏格兰女王玛丽是英格兰大臣们的决定。下达最终的判决书前,英格兰大臣们没有征求英格兰女王伊丽莎白一世的意见,直接将判决书交给了罗伯特·比尔。因此,英格兰女王伊丽莎白一世对此一无所知。1586年11月上旬以来,英格兰大臣们通过各种方法劝说女王签字。英格兰女王伊丽莎白一世相信大臣们不会处死苏格兰女王玛丽。但现在,英格兰大臣们拿到了女王的手令。女王认为听信大臣们的建议是个错误,为此深感愧疚。凭借天生的政治才能和丰富的阅历经验,她知道福瑟陵格马上会传来消息。

什鲁斯伯里伯爵乔治·塔尔伯特的儿子日夜兼程,经过长途跋涉终于赶到了格林尼治王宫,将马拴在了院子里。而此时,英格兰女王伊丽莎白一世正在山上打猎,没有接见他。使者将处死苏格兰女王玛丽的消息告诉了伯利勋爵威廉·塞西尔。伯利勋爵威廉·塞西尔听了后非常高兴。他的幕僚听到消息后也十分高兴。但多年来,与英格兰女王伊丽莎白一世的相处使伯利勋爵威廉·塞西尔学会了机敏和顺从。他打算派其他人向英格兰女王伊丽莎白一世汇报处死苏格兰女王玛丽的消息。很快,消息传遍了整个伦敦,鸣笛声此起彼伏。英格兰女王伊丽莎白一世回到了格林尼治王宫。必须将消息告诉女王,不能再拖延了。

关于英格兰女王伊丽莎白一世听到处死苏格兰女王玛丽消息后的反应,有两种自相矛盾的解释。英格兰女王伊丽莎白一世的立场和人们猜测的一样。一名报信人悲伤地将汇报消息的过程告诉了威廉·戴维森。他说将处死苏格兰女王玛丽的消息告诉英格兰女王伊丽莎白一世的时候,女王依旧保持优雅的风度,没有露出一丝感伤。但苏格兰女王玛丽的儿子詹姆斯六世听说,当英格兰女王伊丽莎白一世得知福瑟陵格的悲惨消息后,陷入悲痛中无法自拔,她的一生中没有一件事能让她如此激动,使她发自内心地痛哭不止。

詹姆斯六世
(1566—1625)

在一定程度上,也许两种说法都是真实的。英格兰女王玛丽一世执政期间,伊丽莎白·都铎学会了如何控制自己的思想和情绪。任何事都不会让英格兰女王伊丽莎白一世大惊失色,但如果处决苏格兰女王玛丽的消息令她感到惊讶,那么她首先考虑到的是,在大臣们的压力下和旁观者面前,她不会推卸自己的责任,即使处理公众事宜的重要权力掌握在大臣们手中。英格兰人在欢呼。英格兰女王伊丽莎白一世绝不会流下悲伤的眼泪,更不会在人民面前表现出悲伤。

毫无疑问,后来,在贴身侍从面前,英格兰女王伊丽莎白一世流下了悲伤的眼泪。她确实需要痛哭一场。处死苏格兰女王玛丽引发的危险中,最明显直接的危险来自苏格兰。现在,詹姆斯六世将由英格兰的敌人抚养。詹姆斯六世幼年时期的老师乔治·布坎南出版了一本书,这本书是关于被上帝遗弃的苏格兰女王玛丽的。虽然乔治·布坎南博学多识,但书中的语言粗鄙晦涩,记录了苏格兰女

第3章 英格兰女王伊丽莎白一世的困惑

王玛丽犯下的种种罪行。苏格兰女王玛丽会为杀害了自己孩子的父亲达恩利勋爵亨利·斯图亚特受到谴责。詹姆斯六世摆脱乔治·布坎南的监管后,对母亲的事业毫无热情。最让他感到焦虑不安的是,虽然事已至此,但英格兰人应该将他的母亲关进监狱,而不是处死。当他听到母亲被处死的消息时,最直接的感受是解脱。

然而,令人尴尬的是,作为苏格兰国王,詹姆斯六世的母亲被当众处死。更令人尴尬的是,虽然苏格兰的臣民发动了暴乱,但詹姆斯六世的权力依然被境外敌人篡夺。很多好战的苏格兰贵族和国外势力都鼓励詹姆斯六世,唆使他通过火和剑为苏格兰女王玛丽报仇。苏格兰女王玛丽是天主教的女英雄,是法兰西曾经的王后,也是现任法王亨利三世的嫂子,更是法兰西吉斯公爵亨利一世的表亲和政治盟友。处死苏格兰女王玛丽一事不仅激怒了苏格兰人,还激怒了很多国外势力。他们急切地将詹姆斯六世推上了复仇的风口浪尖。英格兰女王伊丽莎白一世听说,在苏格兰,反抗英格兰的势力逐渐壮大。她认为是处死苏格兰女王玛丽的刽子手引发了战争。詹姆斯六世如果为了荣誉铤而走险,就需要获得与英格兰女王伊丽莎白一世敌对的所有势力的支持。不久,同情苏格兰女王玛丽的英格兰

乔治·布坎南
(1506—1582)

亨利三世
(1551—1589)

大臣弗朗西斯·沃尔辛厄姆爵士提议,英格兰女王伊丽莎白一世应该给詹姆斯六世一笔巨额赔款,通过赔款收买苏格兰的势力,并采取强硬手段武装英格兰北部的军队。英格兰北部受到了入侵威胁,英格兰正处在危险之中。然而,英格兰女王伊丽莎白一世对此熟视无睹。诚实的弗朗西斯·沃尔辛厄姆爵士对英格兰女王伊丽莎白一世的态度感到焦虑。但英格兰女王伊丽莎白一世认为,同情比武力更廉价。她愿意付给詹姆斯六世可能接受的最低赔款,收买苏格兰的中立。

然而,同情是第一笔赔偿金。1587年2月20日星期五,英格兰女王伊丽莎白一世的老朋友克里斯托弗·哈顿爵士,也是英格兰新任大法官,听说女王大发雷霆,怒斥威廉·戴维森未经允许匆忙下令处死了苏格兰女王玛丽。1587年2月21日星期六,英格兰女王伊丽莎白一世斥责了枢密院的所有大臣。当时,有人记录下了她具有女王风范的讲话。英格兰女王伊丽莎白一世毫不留面地斥责大臣们,打压了一向强势的贵族,尤其是海军大臣埃芬厄姆勋爵查尔斯·霍华德和巴克赫斯特勋爵托马斯·萨克维尔。伯利勋爵威廉·塞西尔被女王训斥得痛哭流涕,语无伦次。据当时在场的侍者说,英格兰女王伊丽莎白一世怒气冲天,实属罕见。一位枢密院大臣说,他从未见过优雅的女王如此激动。此外,自命不凡的大臣们感受到了女王的怒火,像受到鞭打的学生一样痛哭不止。虽然枢密院的大臣们向英格兰女王伊丽莎白一世下跪求情,但女王依然下令逮捕威廉·戴维森及其亲信。这是非常严厉的惩罚。英格兰女王伊丽莎白一世似乎期待苏格兰人领她的情,但不知牺牲了威廉·戴维森后,苏格兰人是否会感到欣慰。最终,她并没有判威廉·戴维森死刑。威廉·戴维森罪有

查尔斯·霍华德
(1536—1624)

第3章 英格兰女王伊丽莎白一世的困惑

应得。为了讨女王欢心,大臣们将他关进了伦敦塔,判处他缴纳一万马克罚款。但苏格兰人对此并不满意。面对将威廉·戴维森关进伦敦塔的判决,众人意见不一。英格兰女王伊丽莎白一世提出的惩罚可能是最轻的。实际上,对威廉·戴维森的惩罚也不可能太残酷。1588年,当人们不再关注威廉·戴维森的时候,威廉·戴维森被秘密释放,之前的高额罚款也全部退回,继续担任英格兰大臣的职务。后来,威廉·戴维森抱怨自己曾身处卑微境地,但他的卑微是相对的。

威廉·戴维森的突然消失令人遗憾。虽然他重新担任了英格兰大臣一职,但最终,这一重要职位使他身败名裂。一些人固执地认为,在动荡不安的政治环境中,威廉·戴维森首先要做的是保住自己的性命。当威廉·戴维森秘密拿到英格兰女王伊丽莎白一世签署的处死苏格兰女王玛丽的手令后,是否可以选择一种更体面的方式处死苏格兰女王玛丽,而不是在公众面前行刑?当时,威廉·戴维森并不理解英格兰女王伊丽莎白一世的想法,但当他明白了女王的意图时,非常震惊。英格兰女王伊丽莎白一世按照自己的意愿下达了命令。威廉·戴维森很不情愿地将女王的命令转达给了埃米亚斯·波利特爵士。随后,他收到了埃米亚斯·波利特爵士的回信。信中,埃米亚斯·波利特爵士义愤填膺,拒绝按照法律和女王的命令处死苏格兰女王玛丽。有人怀疑,可能是由于埃米亚斯·波利特爵士的凛然正气,英格兰女王伊丽莎白一世才对忠于自己的清教徒贵族大发雷霆。即使是刚上任的大臣,也没能逃过女王的责难。几百年来,一些历史学家缺乏敏感的判断,常常赞成威廉·戴维森的态度,谴责英格兰女王伊丽莎白一世的观点。但他们可能忘了,无论英格兰女王伊丽莎白一世的立场如何,苏格兰女王玛丽都难逃一死。按照当时的习惯,人们对王室的暗杀很宽容,不会依

埃米亚斯·波利特
(1532—1588)

法处死王室成员。实际上,威廉·戴维森和埃米亚斯·波利特爵士都签署了《保王协议》,但现在的情况发生了变化,他们转而要求走判决程序。最后,在错综复杂的政治环境中,神色严肃的贵族们十分紧张。他们求同存异,共同将英格兰女王伊丽莎白一世推向了万劫不复的深渊。英格兰女王伊丽莎白一世对他们的阴谋心知肚明。她给了威廉·戴维森一次冰释前嫌的机会,但威廉·戴维森不断激化了矛盾。

威廉·戴维森拿到手令时,英格兰女王伊丽莎白一世曾警告过他。但手令送达福瑟陵格前,英格兰女王伊丽莎白一世梦见苏格兰女王玛丽死于威廉·戴维森之手,但她对此一无所知。英格兰女王伊丽莎白一世又悲伤又生气。如果威廉·戴维森出现在她面前,她一定会严厉惩罚他。后来,威廉·戴维森说,幸好自己当时不在女王身边。如果英格兰女王伊丽莎白一世早点警告威廉·戴维森,结果会怎样呢?威廉·戴维森离开女王后,拿到了枢密院法官判处苏格兰女王玛丽的国印。当时,由于弗朗西斯·沃尔辛厄姆爵士病重,英格兰女王伊丽莎白一世命威廉·戴维森在伦敦逗留几个星期,将手令交给其他人。她补充道:"我悲痛欲绝,想马上处死威廉·戴维森。"考虑到弗朗西斯·沃尔辛厄姆爵士痛恨苏格兰女王玛丽,难道英格兰女王伊丽莎白一世只是开了一个无心的玩笑?英格兰女王伊丽莎白一世的讽刺远比玩笑更让人捉摸不透。她的意图也许是让威廉·戴维森猜测,是否见到处死苏格兰女王玛丽的手令后,能让她的追随者们心生慰藉。然而,威廉·戴维森非常死板,没能领会英格兰女王伊丽莎白一世的暗示。威廉·卡姆登认为,威廉·戴维森只是个替罪羊,不必为他感到惋惜。从伦敦塔出来后,威廉·戴维森继续担任要职。很多人嫉妒他,其中包括苏格兰女王玛丽的残

威廉·卡姆登
(1551—1523)

第 3 章 英格兰女王伊丽莎白一世的困惑

余势力,从中可以预见他即将面临的灾难。当威廉·戴维森再度失势后,他的位置立即被别人取代了。

英格兰女王伊丽莎白一世对威廉·戴维森的态度不仅是为了照顾苏格兰人的情绪,还为了平衡整个欧洲。她给法王亨利三世写了一封信,表达了自己的震惊、愤怒和悲伤。很快,她在信中描述的情感传遍了巴黎的大街小巷。威尼斯大使认为,英格兰女王伊丽莎白一世希望通过签署手令的方式满足英格兰人的愿望,但很后悔将手令交给威廉·戴维森。英格兰女王伊丽莎白一世将一切责任归咎于威廉·戴维森,谴责威廉·戴维森越过自己的权限鲁莽行事。她已经下令逮捕威廉·戴维森,罢免了他的职务。她做的一切都是为了表达自己的悲痛。很快,欧洲其他国家得到了苏格兰女王玛丽被处死的消息。在伦敦,英格兰女王伊丽莎白一世的亲信们为大臣们的所作所为感到震惊,对女王绝对忠诚。伯纳迪诺·德·门多萨虽然是英格兰女王伊丽莎白一世的劲敌,但一直盼望借助佛兰德斯商队的力量从巴黎回到伦敦。他写信给西班牙国王腓力二世,认为英格兰女王伊丽莎白一世因苏格兰女王玛丽的死悲痛欲绝。英格兰女王伊丽莎白一世无疑是个出色的演员,但她的表演是否具有强大的说服力还未可知。

与此同时,我们不需要查实一切是否都是英格兰女王伊丽莎白一世的表演。对英格兰女王伊丽莎白一世这类复杂的人物来说,不做定论更为妥当。人们猜测,英格兰女王伊丽莎白一世很擅长隐藏自己,避免了承担将手令交给威廉·戴维森后引发的可怕后果,但她对事件发展过程感到惊讶是确信无疑

腓力二世
(1527—1598)

的。还有人认为，英格兰女王伊丽莎白一世对苏格兰女王玛丽的爱并不真诚。她与苏格兰女王玛丽之间只有敌意，因为苏格兰女王玛丽对她的生命和英格兰的安全构成了致命威胁。英格兰女王伊丽莎白一世用另一种方式终结了与苏格兰女王玛丽之间的敌对关系。因此，人们认为，面对苏格兰女王玛丽的死，英格兰女王伊丽莎白一世本可以控制自己的悲伤，不必感到悲伤和悔恨。但面对苏格兰女王玛丽突如其来的死讯，英格兰女王伊丽莎白一世有理由痛苦。福瑟陵格大厅里的斧子落下的一刻，英格兰的过去彻底被斩断。英格兰女王伊丽莎白一世比任何人都清楚这一点。

对五十三岁的英格兰女王伊丽莎白一世来说，彻底告别过去的辉煌，面对崭新的未知世界并不是一件容易的事。自从登基以来，法兰西短暂的灾难性经历使英格兰女王伊丽莎白一世明白了战争爆发的不确定因素。战争会带来巨额开销。英格兰女王伊丽莎白一世尽量避免战争，避免做出任何承诺。她的外交政策是：使英格兰主权避免受到任何外来侵犯。有时，她一贯坚持的政策也会前后矛盾。英格兰女王伊丽莎白一世统治时代，"做时代的宠儿"是治国的金科玉律。时代解决了很多难题，使变化万千的世界出现了意想不到的格局，使最精明的政客甘愿在被动中保全自己，在机会中小心谨慎。英格兰女王伊丽莎白一世得到的远远超过时代赐予她的一切。她与时代抗争，有时甚至全盘推翻传统。一成不变的是她永远不会墨守成规。随着时间的流逝，由于故步自封，整个欧洲经济下滑，冲突不断。但英格兰女王伊丽莎白一世的反复无常、优柔寡断似乎给英格兰施了魔咒，使大不列颠半岛永葆生机。英格兰的外交家们普遍认为，英格兰女王伊丽莎白一世仅凭幻想，不费吹灰之力就使英格兰恢复了往日的辉煌。欧洲各国发现，正如英格兰使臣们说的那样，英格兰女王伊丽莎白一世像月亮一样善变，城府很深，让人难以捉摸。英格兰女王伊丽莎白一世的外交政策多变，但总能左右逢源，轻易化解一次次危机，让精明的政客们目瞪口呆。如果想要效仿英格兰女王伊丽莎白一世的外交政策，就必须在欧洲采用强硬手段。英格兰女王伊丽莎白一世对自己的政治策略很满意。

英格兰女王伊丽莎白一世的首要任务是统治欧洲最难统治的天主教国家。因此，她要时刻保持独立判断，避免让强势的大臣们在她面前展示男性优势。在她面前，英格兰大臣们甚至不敢大胆提议"你应该这么做"。英格兰女王伊丽莎

第3章 英格兰女王伊丽莎白一世的困惑

白一世善用女性的智慧和圆滑手段,不仅会深思熟虑,还会严词拒绝,对模棱两可的事物有着清晰的直觉,似乎有一种让人猜不透的神秘力量。她的目标是让大臣们心甘情愿臣服。通过精心策划,她巧妙地使欧洲各国的外交使者、国王和强权势力相互制衡,自己坐收渔翁之利。多年来,她一直是自己一手策划的芭蕾舞剧的女主角。只要想操控,她就会信心满满地成为主导力量。

然而,事实上,即使是充满魔法的舞剧,也离不开时代的舞台。二十五年来,在历史的进程中,英格兰女王伊丽莎白一世守护着英格兰王国,使其免受敌人的威胁和侵犯。在历史的舞台上,她总是一枝独秀。时过境迁,历史塑造了一代光辉的女王形象。英格兰女王伊丽莎白一世不是霸主,而是王室主宰。她不会像其他君主那样评价自己的子民。英格兰人从她身上受到了鼓舞,坚定了决心,充满热情和斗志。她很高兴看到英格兰人勇敢跨过大海,征战西班牙,但很难说她清楚航海的意义。她一直坚守自己的立场。西班牙国王腓力二世狡猾危险,守护着自己的低地王国,试图侵略英格兰。如同英格兰女王伊丽莎白一世不赞同西班牙国王腓力二世迫害清教徒,她也不赞成因对方是天主教徒而发起圣战。人们对英格兰女王伊丽莎白一世的冷酷和多疑从来不抱任何幻想,就像西班牙的黑暗势力一样,都使英格兰人费解。越来越多的英格兰人积极参战,打破了英格兰和西班牙之间的微弱平衡,使英格兰女王伊丽莎白一世能坚持自己的决定。"金鹿"号得意洋洋地行驶在泰晤士河上。越来越多的人认为,必须用枪炮唤醒西印度群岛土著的反抗意识。英格兰议会中的两股势力发生了微妙且不可逆转的变化,元老贵族和新兴贵族之间、宗教的保守派和清教徒之间相互制衡。现在,枢密院力量日渐壮大,将英格兰女王伊丽莎白一世逼得无路可走。英格兰女王伊丽莎白一世必须勇敢面对一切。

当然,事实上,历史促成了欧洲现在的局面。任何魔力都无法调和欧洲各国之间的冲突和矛盾。西班牙跨越欧洲的脚步加剧了各国之间的冲突。欧洲各国的力量已经不再均衡,只有武力才能解决这一问题。伯利勋爵威廉·塞西尔不得不接受当前的局面。英格兰女王伊丽莎白一世承认了西班牙的威胁,派弗朗西斯·德雷克率海上舰队突袭西印度群岛,并派莱斯特伯爵罗伯特·达德利带兵攻打尼德兰,通过暗杀奥兰治亲王威廉一世,使所有欧洲清教徒势力被迫臣服于自己。但她依然不满足。弗朗西斯·德雷克的海上舰队到达卡特赫纳后,羞辱了西班牙王国，激怒了西班牙民众。但西班牙的海上力量并没有受到丝毫影响，弗朗西斯·德雷克也没有得到任何好处。莱斯特伯爵罗伯特·达德利烦恼不断，面对着重重考验。人们似乎意识到，英格兰女王伊丽莎白一世投入攻打尼德兰的钱非常微薄。由于财力不足和使用不当，攻打尼德兰的钱很快如流沙般消耗殆尽。前线的英格兰将士饥肠辘辘，衣衫褴褛。尼德兰人开始怀疑英格兰女王伊丽莎白一世的出兵动机，战事不利的时候，他们的要求也变本加厉。1587年到1588年，英格兰为战争投入了二十五万英镑，成千上万将士和勇敢的绅士为此付出了生命，其中包括英格兰女王伊丽莎白一世最信赖的菲利普·西德尼①。然而，所有努力似乎都无法阻挡所向披靡的西班牙舰队②。1587年7月，弗朗西斯·沃尔辛厄姆爵士给莱斯特伯爵罗伯特·达德利写信说："女王陛下的性情自相矛盾，一方面怀疑战争不会结束，另一方面又增派兵力，但她很后悔让英格兰卷入战争。"然而，情况并没有因增兵而好转。两个多星期以来，英格兰女王伊丽莎白一世终于明白，威廉·斯坦利爵士和罗兰德·约克背叛了英格兰，将代芬特尔和聚特芬的堡垒卖给了西班牙人，并且对英格兰紧张的财政状况置之不理。1587年2月17日，即福瑟陵格事件发生前一天，英格兰女王伊丽莎白一世与尼德兰使者展开了激烈辩论，断然拒绝了荷兰人要求的财政和军力方面的支援，直截了当地告诉使者，尼德兰的地位不值一提。她担心战争永无止境。耗资巨大的战争已经超出英格兰的承受能力，英格兰女王伊丽莎白一世不得不听取大臣们的意见。伯利勋爵威廉·塞西尔、莱斯特伯爵罗伯特·达德利、弗朗西斯·沃尔辛厄姆爵士和威廉·戴维森，以及枢密院的所有大臣，都极力逼她做出一个个重大决定。

处死苏格兰女王玛丽就是英格兰大臣们逼英格兰女王伊丽莎白一世做的决定之一。迄今为止，英格兰与西班牙之间的战争存在局限性。英格兰既不主动宣战，也不被动迎战。自从奥兰治亲王威廉一世去世后，英格兰女王伊丽莎白一世就极力封锁消息，用警告和禁令限制将领们的行动，调解他们之间的意见分歧，为自己留有退路。这是一场危险复杂的游戏，处死苏格兰女王玛丽是其中一个典型例

---

① 菲利普·西德尼（Philip Sidney，1554—1586），英格兰诗人、学者，伊丽莎白一世时代的著名人物。1586年，他参加了聚特芬战役，为捍卫清教事业抗击西班牙，不幸战死沙场。——译者注
② 西班牙无敌舰队指1588年从里斯本起航、由梅迪纳·西多尼亚公爵阿朗索·佩雷斯·德·古斯曼率领的规模庞大的西班牙舰队。此前与英格兰舰队交战的舰队称西班牙舰队。——译者注

第3章 英格兰女王伊丽莎白一世的困惑

子,也是二十多年来欧洲最重要的一件事。只要打败英格兰女王伊丽莎白一世,苏格兰女王玛丽就能赢得胜利。西班牙国王腓力二世思考再三,最终决定全力攻打英格兰。苏格兰女王玛丽代表法兰西势力。法兰西王国虽然暂时衰落,但一直是西班牙哈布斯堡王朝的敌人。无论亏欠西班牙多少,苏格兰女王玛丽一有机会就会倾向法兰西王国。最终,西班牙国王腓力二世发现,比起其他异教徒,如果让亲法的天主教女王掌握英格兰的王权,一定会日益削弱他在西班牙的势力,威胁他在欧洲的霸权地位。西班牙国王腓力二世的父亲是神圣罗马帝国皇帝查理五世。查理五世终其一生都坚持这一观点,离间法兰西和英格兰。虽然受到了英格兰女王玛丽一世的蔑视和拒绝,但他不会冒险将英格兰王国推向法兰西的怀抱。在这一方面,西班牙国王腓力二世与父亲的观点一致。英格兰女王伊丽莎白一世希望西班牙国王腓力二世能一直坚持这一观点。只要苏格兰女王玛丽活着,西班牙国王腓力二世就会为了自己的利益,平衡受到威胁的宗教正统意识和尊严受损之间的关系。西班牙国王腓力二世和英格兰女王伊丽莎白一世一样,都不愿通过武力冒险决一死战。

无论是狡猾的外交使臣还是本国的大臣,都无法理解英格兰女王伊丽莎白一世的想法。直到现在,也没有人能理解。英格兰女王伊丽莎白一世是真正的霸主,但她通过言辞隐藏了自己真实的想法。她的故事充满政治家的艺术。无论谈及政治问题还是人际关系,她总是善于拐弯抹角,错综复杂的语言如同一条条盘起来的大蛇,其中隐藏着她真实的想法、暗指、希望和拒绝。最后,她会使谈话自然地转向与议题无关的话题,但达到了谈话的真正目的。在枢密院和公开的讨论中,她偶尔会直言不讳,毫无保留地表达强烈的个人情感。然而,即使是最了解她的人,也不确定她的真实意图,因为在她的言辞中透露的真实想法很难捕捉。

她痛恨战争。作为统治者,这是男性君主唯一无法与英格兰女王伊丽莎白一世相比的统治艺术。她痛恨战争的原因,是粗鲁的暴力触犯了她的秩序感吗?是战争需要花费大量金钱吗?是战争从本质上来说不可预测、不可控制吗?是因为她的童年没有安全感,所以对战争怀有挫败感吗?还是童年的情感成为她人生的主要情感来源,因此,她要掌控一切,要成为英格兰的霸主吗?无论出于什么原因,总之,英格兰女王伊丽莎白一世痛恨战争。她曾违背自己的意愿向西班牙

弗朗西斯·德雷克
（1540—1596）

菲利普·西德尼
（1554—1586）

发动战争。但同时,她一直希望通过其他办法解决与西班牙的矛盾,也希望保住苏格兰女王玛丽的性命。然而,拖延处死苏格兰女王玛丽会让她冒更大的风险。但无论她多么在乎苏格兰女王玛丽的生命,那终归不是她自己的生命。虽然她一直竭力抵制判处苏格兰女王玛丽的决定,但处死苏格兰女王玛丽的呼声日渐高涨。现在,另一扇门已经关闭。英格兰女王伊丽莎白一世躺在格林尼治王宫的床上,在昏暗的光线下望着窄窄的门廊,发现已经没有退路可寻,只能接受事实。她为苏格兰女王玛丽的死痛哭流涕。我们没有必要怀疑她的泪水是否发自内心。

第4章　法王亨利三世的狂欢结束

1587年2月28日，在福瑟陵格处死苏格兰女王玛丽十天后，消息才传到巴黎。如果不是英吉利海峡的风暴和道路泥泞，那么消息可能会更快传到巴黎。但有人怀疑法兰西大使卷入了处死苏格兰女王玛丽的阴谋，认为他有意阻止正常的外交沟通，阻碍了横跨英吉利海峡的沟通。两个星期以来，法兰西驻英格兰大使一直没有回国。当法兰西得知处死苏格兰女王玛丽的消息时，法王亨利三世希望法兰西大使能提供更多有关处死苏格兰女王玛丽的信息。

在巴黎，除了英格兰大使，最早得到消息的人是驻法的西班牙大使伯纳迪诺·德·门多萨，但这件事并没有引起他的兴趣。法兰西王太后凯瑟琳·德·美第奇特意找伯纳迪诺·德·门多萨谈了一次话，虚伪地表达了对苏格兰女王玛丽的同情，言辞轻率。伯纳迪诺·德·门多萨很睿智，并不相信法兰西王太后凯瑟琳·德·美第奇说的话。法王亨利三世的大臣们对伯纳迪诺·德·门多萨的态度也发生了变化，殷勤地回答伯纳迪诺·德·门多萨的问题，但对其他大使

凯瑟琳·德·美第奇
（1519—1589）

依旧冷淡无礼。有时,与伯纳迪诺·德·门多萨交谈时,法王亨利三世甚至也会用一些赞美之词。伯纳迪诺·德·门多萨听到法王的赞美后,沾沾自喜,但依然能狡猾地洞察到亨利三世的真实意图。

如果涉及机密内容,伯纳迪诺·德·门多萨就会闭口不言。他有外交密探,但外交密探提供给他的只是一些无关紧要的信息。在巴黎,伯纳迪诺·德·门多萨是获得信息最快的大使。他是天主教的捍卫者,代表西班牙国王腓力二世为天主教拨款,由吉斯公爵亨利一世组织天主教联盟反对保皇党的阴谋。作为神圣联盟的领袖,吉斯公爵亨利一世重权在握,将西班牙提供的大部分财政支持据为己有,并向伯纳迪诺·德·门多萨泄露了机密。即使没有外界的诱惑,也没有人愿意对自己的宗教和国王忠诚。但在某种程度上,伯纳迪诺·德·门多萨可以做到忠诚。他利用"十六人委员会"将城市暴乱变成革命力量。流亡的苏格兰、爱尔兰和英格兰的天主教徒会定期带着他们的谣言、恐惧和个人计划觐见为他们的信

吉斯公爵亨利一世
(1550—1588)

第4章 法王亨利三世的狂欢结束

仰而战的大使——伯纳迪诺·德·门多萨。伯纳迪诺·德·门多萨赢得了国外势力和各国大使的信任。各国大使遵守承诺,彼此忠诚。从波兰到戈尔韦的前线,天主教徒做了严密的战略部署。直到1587年,一些细节误导了伯纳迪诺·德·门多萨,当时的旁观者可能也受到了误导。伯纳迪诺·德·门多萨和耶稣会结成了联盟,关系比他和西班牙国王腓力二世之间的关系更亲密。近来,一条新的信息渠道使伯纳迪诺·德·门多萨更有信心。一位不知名的来访者多次拜访伯纳迪诺·德·门多萨,使他确信驻巴黎的英格兰大使爱德华·斯塔福德爵士迫切希望效忠西班牙国王,"但必须是在不触犯英格兰女王伊丽莎白一世利益的前提下"。1587年2月28日清晨,不知名的来访者给伯纳迪诺·德·门多萨带来了最新消息,即1587年2月18日,苏格兰女王玛丽已经被处死。

不久,苏格兰女王玛丽被处死的消息传遍了整个巴黎。关于处死苏格兰女王玛丽的事件出现了很多不同的版本,一些版本甚至与事实不符。最后,爱德华·斯塔福德爵士向法兰西枢密院汇报了处死苏格兰女王玛丽的英格兰官方版本。教会的教士们认同自己的版本,认为通过司法手段谋杀苏格兰女王玛丽,是英格兰的"耶洗别"[①]犯下的最不可饶恕的罪行。法王亨利三世虽然不是主犯,但也是帮凶。如果没有法兰西的承诺,或法王亨利三世的愤怒不是在做表面文章,英格兰女王伊丽莎白一世也不敢处死苏格兰女王玛丽。出于对吉斯公爵亨利一世的嫉妒,加上被无神论政客们不断怂恿,法王亨利三世选择与英格兰女王伊丽莎白一世和纳瓦拉国王一类的异教徒结盟,忽视了西班牙和天主教会的态度。如果懈怠信仰,上帝一定会做出迅速而可怕的裁决。

巴黎很多神职人员的雄辩言论无异于叛国。狂热的托钵僧和蛊惑人心的教士们暗自较量,中伤、讽刺、传播可怕的谣言。离法王亨利三世最近的人是一位神秘的清教徒,他已经将灵魂卖给了魔鬼。人们还不知道异教和巫术的毒液已经渗透到法兰西宫廷的心脏。一万名神秘的胡格诺派教徒武装潜伏在巴黎附近,准备夜深人静时屠杀所有天主教徒。也许,正是因为圣巴塞洛缪大屠杀,巴黎民众才开始在宗教争论中受到谣言的影响。人们不免猜测,为什么法王亨利三世没有对猖狂的异教徒采取任何行动,保护法兰西忠诚的臣民?

---

① 耶洗别(Jezebel),喻指无耻恶毒的女人,出自《旧约·列王记下》。——译者注

巴黎发生了相当于叛国的暗杀，针对巴黎发布的中伤言论，英格兰的枢密院做了相应的回应，与发表中伤言论的作者和出版商进行了诚挚沟通。在巴黎索邦神学院的管辖区和英格兰都铎家族的辖区，中伤英格兰的言论迅速传播开来。但由于没有王权的限制，奥尔良和勃艮第的两大家族引领了长达一个半世纪的激烈争论后，争论者们更加肆无忌惮。法王亨利三世佯装没有听到任何言论，对外界的争吵不闻不问。吃饭的时候，他命人设了一排隔板，将自己与大臣们分隔开。这道隔板象征着法王亨利三世与外界的距离越来越远。

1573年，瓦卢瓦家族的亨利[①]当选波兰立陶宛联邦的国王。年轻时，他因占领了雅纳克和蒙孔图尔闻名于世。但经历了圣巴塞洛缪大屠杀的惨案后，作为

凯瑟琳·德·美第奇在杜伊勒里宫举行舞会，
纪念波兰使者们将波兰王位献给她的儿子亨利

---

① 瓦卢瓦家族的亨利（Henry of Valois，1551—1589），即法王亨利三世。1573年，他当选波兰立陶宛联邦的国王，但只在波兰待了六个月。1574年，法王查理九世驾崩后，他回国继承了法兰西王位。——译者注

第4章 法王亨利三世的狂欢结束

捍卫信仰的骑士,他重返法兰西继承了王位。此后,一切开始变得难以控制。法王亨利三世不再经历动人心魄的胜利,或激动人心的午夜屠杀,而在乏味的谈话、妥协和逃避中,逐渐变得优柔寡断,最终陷入了困境和失败。重振法兰西王国的伟大计划成了纸上谈兵,王室的财政入不敷出,国库空虚。法兰西王国逐渐走向衰落,甚至比法王亨利三世的母亲凯瑟琳·德·美第奇摄政时期更加衰败。法兰西的几个省陆续被胡格诺派教徒、天主教联盟或贪婪的贵族掌控。当时,在皇家军队的巡视和市民的合作下,一些地区的社会秩序相对稳定,但其他地区一片混乱。十三年时间足以使自信开朗的年轻人变得畏首畏尾、犹豫不决。法王亨利三世纤细的双手一刻也不安稳,说话时总是随着悠扬的声音摆出各种姿态。安静下来时,他的双手又会抚摸长尾猴、膝上的小狗、皮手笼或年轻男子的头发和耳朵。他的眼窝深陷,犹如行尸走肉,目光中满是羸弱、愠怒和怀疑。

最终,法王亨利三世选择无视国内的敌人和内心的敌人。在公众面前,他依然亲切、庄严地展现王室排场,他是这方面的大师。他的为政之道是认真聆听大臣们的汇报,委婉表达自己的见解。他还修改了法令,并希望民众遵从。此外,他颁布了详尽的改革措施,以为自己的改革措施可以顺利实行。他经常会见外国使臣,给法兰西大使写信时,好像法兰西王国还像他父亲亨利二世统治时期一样强大。同时,他履行了自己的职责,体现出一定的宗教奉献精神,好像他不是众矢之的,不被任何人关注。他餐桌上的隔板是一道坚不可摧的围墙,只要他愿意,就可以将自己围在里面。

1587年的狂欢季格外欢乐。法王亨利三世的秘书布律拉尔非常担心财

亨利二世
(1519—1559)

政支出，但还是举办了一场奢华的舞会。其间，卢浮宫内的灯光和音乐传到了巴黎的街道上。法王亨利三世经常将自己打扮成宫女的模样，在一群巴黎使臣中间傻笑。年轻英俊的官员谄媚地叫他美人。卢浮宫内彻夜狂欢。清醒的巴黎民众逐渐适应了宫廷的狂欢，早已对其听而不闻。法王亨利三世突然离开后，狂欢才会结束。他换下华丽的服装，穿上粗糙的悔过服，启程前往最喜欢的圣奥诺雷修道院。据说，他一整天都跪地禁食，惩罚自己，一边哭泣一边祈祷，虔诚的祈祷中没有一丝伪善。事实上，法王亨利三世所做的一切并不是为了刻意安抚公众情绪。在圣奥诺雷修道院，刚才沉浸在狂欢中的法王亨利三世不顾周围人的目光，虔诚忏悔自己的愚蠢行为，陷入自责中无法自拔。人们不免猜测，法王亨利三世悔过的泪水和自我鞭打其实是对接下来的狂欢的讽刺。

  法王亨利三世并不关心苏格兰女王玛丽的生死，但处死苏格兰女王玛丽的消息传来时，他非常震惊。他的悲伤也许并非出于个人感情。当苏格兰女王玛丽成为法兰西宫廷仰慕的对象时，法王亨利三世还只是个婴儿。苏格兰女王玛丽离开巴黎前往苏格兰后，开始了自己的悲惨旅程。当时，法王亨利三世只有十岁。法王亨利三世继承王位后，苏格兰女王玛丽向他提出了很多无力满足的财政请求。他和英格兰的关系逐渐陷入僵局，时常遭到苏格兰女王玛丽的亲属吉斯公爵亨利一世的恐吓和谩骂。西班牙王国、耶稣会和天主教联盟对法王亨利三世采取了行动。当然，法王亨利三世是无辜的。他曾明确下令，让法兰西大使竭尽全力采取合法措施，保住苏格兰女王玛丽的性命。法兰西大使按照他的指示做了，但所有努力都归于失败。现在，不幸的苏格兰女王玛丽被处死。多年来，苏格兰女王玛丽和吉斯公爵亨利一世一直是法王亨利三世的敌人，他们的损失就是法王亨利三世的收获。法王亨利三世认为，法兰西与英格兰之间的主要障碍被清除了，苏格兰女王玛丽的死也许是两国关系好转的开端。

  然而，为了荣誉、政策和顺应民意，法王亨利三世下令全国哀悼苏格兰女王玛丽。苏格兰女王玛丽曾是亨利三世的哥哥弗朗索瓦二世的妻子，是法兰西的王后，也是大权在握的吉斯公爵亨利一世的表亲。她是坚定的天主教徒，却死在了异教徒手中。人们都认为苏格兰女王玛丽是为了自己的信仰殉教。在法兰西宫廷，甚至在吉斯公爵亨利一世的敌人眼中，苏格兰女王玛丽一直很有魅力。法王亨利三世的悲伤和愤怒可能只是出于政治原因，但也有一部分是发自内心的。

亨利三世的宫廷狂欢

在巴黎的大街小巷，民众的悲伤与愤怒溢于言表。吉斯公爵亨利一世一直认为，苏格兰女王玛丽的经历、情感和政治立场对巴黎人很有利。苏格兰女王玛丽一直是成千上万苏格兰人最爱戴的女王，很少有人记得她曾是法兰西国王弗朗索瓦二世的王后。苏格兰女王玛丽的黑衣画像悬挂在窗户上，歌颂她的民谣响彻巴黎大街小巷。人们歌颂苏格兰女王玛丽为捍卫宗教殉难，痛斥迫害她的人。苏格兰女王玛丽被处死的消息成为巴黎各个神坛的主题。在一次布道中，一位雄辩的演说家与听众一起痛哭，后来不得不停止布道。群众在卢浮宫外游行，高呼为苏格兰女王玛丽复仇。法王亨利三世写信给爱德华·斯塔福德爵士，告诉他为了生命安全，不要离开大使馆。

现在，我们只能猜测巴黎民众对苏格兰女王玛丽的哀痛，以及对处死她的人的愤怒是否真实。在一定程度上，民众的悲伤和愤怒被夸大了。突如其来的变革令人费解，引发了巴黎和法兰西其他地方民众的恐慌。货币迅速贬值，货币价值不到法王亨利二世统治时期的货币价值的四分之一。虽然商品价格上涨，但由于税务压力和动荡的时局，商人和手工艺人依然获利微薄。与此同时，教堂权威和王国传统受到挑战，法兰西人的忠诚面临考验。在百年战争中，法兰西王国的精力和财力几乎消耗殆尽，整个王国陷入阴谋的威胁中。人们将法兰西遭遇的所有不幸都归咎为胡格诺教徒，一些人开始为了生存斗争。法兰西人越来越恐慌，吵闹着屠杀异教徒，以暴制暴。处死苏格兰女王玛丽一事，使巴黎人陷入了崩溃的边缘。

然而，法兰西人对苏格兰女王玛丽的忠诚和对异教徒的盲目仇恨，很可能被某些政治势力利用。如果巴黎和法兰西其他信奉天主教的地区没有反应过激，天主教联盟就无法操控民众的情绪。但诸多不相干的因素导致的复杂情感并不是毫无动机和意义的。天主教联盟的目的清晰明确，采取的措施有序合理。总之，天主教联盟是为罗马教皇及其绝对权力服务的，反对胡格诺派和高卢主义。天主教联盟是为吉斯公爵亨利一世的利益服务的，反对当政的瓦卢瓦家族和波旁家族的继承者。因为西班牙王国从财政上支持天主教联盟，所以天主教联盟也为西班牙的利益服务。天主教联盟视敌人为异教徒，宣称为法兰西的正统宗教效力。

自从天主教联盟成立以来，其最主要的目标就是迫害异教徒。法兰西国王和政府也无法反对他们的目标。与此同时，随着英格兰的分裂，天主教联盟对法王亨利三世的态度摇摆不定。一旦法兰西分裂，法兰西的未来就需要重塑。当时，

第4章 法王亨利三世的狂欢结束

英格兰的天主教徒遭受了残忍的折磨。他们的痛苦无异于信奉新教的英格兰人、尼德兰人和西班牙人在西班牙的宗教裁决中遭受的凌辱。斗志昂扬的清教徒宣传者和天主教联盟的宣传者发现,他们的教派也存在类似的痛苦。

在各教派的宣传下,苏格兰女王玛丽的死使法兰西国内秩序井然。十四天以来,巴黎神职人员同情可怜的苏格兰女王玛丽,痛斥苏格兰女王玛丽邪恶的敌人和背叛她的虚伪朋友。在巴黎圣母院,苏格兰女王玛丽的葬礼将民众的情绪推向了高潮。天主教联盟事件是布尔日主教雷诺·德·波恩上演的一出阵容强大的戏剧。布尔日主教雷诺·德·波恩为苏格兰女王玛丽发表了常规的颂文,但不是王室的颂文,而是洛林家族的颂文。这些颂文是献给吉斯公爵亨利一世和马耶讷公爵查尔斯的,赞美他们是法兰西的西庇阿兄弟[①],为苏格兰女王玛丽复仇,为

雷诺·德·波恩
(1527—1606)

---

① 西庇阿兄弟(Scipios),古罗马最伟大的军事指挥家和战略家。——译者注

神圣教堂的支柱、上帝喜爱的人民的幸福和希望所在。在法王亨利三世及其王后面前,布尔日主教雷诺·德·波恩的雄辩没有受到丝毫影响。法王亨利三世陷入沉思,仿佛置身于自己的葬礼,聆听着他的继承者对他的赞美。然而,他并不是躺在棺材中的尸体,而是前来吊唁的宾客。因此,在此时寂静中,他的名字不会被人遗忘。过去的十三年里,虽然一切发展得并不顺利,但他至少了解了法兰西王室经历巨大不幸的能力。苏格兰女王玛丽的死似乎减轻了来自吉斯公爵亨利一世的压力。外交僵局打破后,对英格兰来说,只有与潜在同盟联合起来才能对抗西班牙。与此同时,法王亨利三世也能平静地度过政治风波。

1587年3月13日,前往巴黎圣母院参加苏格兰女王玛丽葬礼的各国大使对苏格兰女王玛丽的死造成的影响各执一词。毫无疑问,爱德华·斯塔福德爵士的

巴黎圣母院

第 4 章 法王亨利三世的狂欢结束

信引起了英格兰女王伊丽莎白一世对枢密院的不满,也引起了英格兰王室的不满。弗朗西斯·沃尔辛厄姆爵士命爱德华·斯塔福德爵士不要再写信了。对此,爱德华·斯塔福德爵士十分恐慌。此外,意大利的观察者们发现,虽然他们向罗马、威尼斯和佛罗伦萨汇报了相关情况,表达了强烈抗议,并发誓要为苏格兰女王玛丽复仇,但总的来说,大多数人一致认为,处死苏格兰女王玛丽提高了英格兰在欧洲的地位。英格兰不仅平息了国内的反叛势力,还打消了法兰西参与英格兰内政的念头,并为 16 世纪的高级政治[①]开辟了一条道路,即成立英法同盟。由于意大利受到西班牙的压制,得到西班牙的势力受到削弱的消息时,意大利的政客们不禁十分欣喜。意大利的政客们都在秘密寻求机会。面对宗教冲突,他们选择保持沉默。在这场争夺权力的游戏中,欧洲人打着各自的算盘。意大利大使的愿望实现了,但不得不面对苏格兰女王玛丽被处死的残酷现实。1587 年 3 月,见多识广的巴黎政客们似乎达成了一个共识。

伯纳迪诺·德·门多萨的理解非常深刻。与自己的耶稣会盟友一样,伯纳迪诺·德·门多萨已经不再考虑苏格兰女王玛丽的死。他非常理性,认为没有外国势力的参与,英格兰的天主教不可能成为英格兰的主导宗教势力。然而,其他势力的干预首先威胁到的是苏格兰女王玛丽的生命。虽然往日的辉煌使苏格兰女王玛丽依旧充满魅力,但在伯纳迪诺·德·门多萨的眼中,苏格兰女王玛丽只是一件牺牲品,已经退出历史舞台。1585 年,伯纳迪诺·德·门多萨曾希望自己的敌人除掉苏格兰女王玛丽。现在,还没有等到计划实施的最后一刻,可能差六个月?一年?两年?这反而简化了这场复杂的游戏。伯纳迪诺·德·门多萨无视英法同盟。在法兰西,他唯一相信的是天主教联盟及其领袖吉斯公爵亨利一世。当开始实施计划时,他希望吉斯公爵亨利一世成为法兰西国王,而不是瓦卢瓦家族的亨利。苏格兰女王玛丽的死为他赢得了吉斯公爵亨利一世的信任,向目标又迈进了一步,为架构法兰西王权提供了一个支撑因素。从马德里到罗马,伯纳迪诺·德·门多萨给天主教联盟成员写了一千多封信,公开暗指蓬波纳·德·贝利埃弗尔为英格兰女王伊丽莎白一世执行的特殊任务实际上是个骗局。法兰西大使的控诉不但没有阻止英格兰的大臣们处决苏格兰女王玛丽,而且坚定了他们的决

[①] 高级政治(high politics),指国际关系和政治科学,包括诸如国家及国际安全等所有关乎国家存亡的重要问题。——译者注

心。从马德里到罗马，从布鲁塞尔到布拉格，天主教联盟的支持者都认为这是个谎言。为了信仰的胜利，无论在臣民的忠诚方面，还是整个欧洲的支持方面，削弱法王亨利三世的力量都是必要的。

然而，伯纳迪诺·德·门多萨主要考虑的不仅是法兰西，还有英格兰。他乘船出使英格兰但遭到了驱逐，不得不返回西班牙王国，因为他的计划"侵扰了英格兰王国"。最后，在英格兰大臣们的注视下，伯纳迪诺·德·门多萨登上了船，并说："去告诉你们的女王，我生来不是要侵扰诸国，而是要征服诸国。"

后来，西班牙伟大的帝国计划正式开启，意味着伯纳迪诺·德·门多萨的个人复仇计划以及为信仰而战的开始。伯纳迪诺·德·门多萨遭到英格兰驱逐后不久，提出了一项倡议。他向西班牙国王腓力二世、英格兰和苏格兰天主教领袖汇报了英格兰的军队状况，称英格兰女王伊丽莎白一世的海军懈怠、腐败，英格兰的军队不堪一击。因此，他深知自己的计划不但进展缓慢，而且布局不周密，但主要的阻力不是别人，是西班牙人拥护的"谨慎之王"——西班牙国王腓力二世。伯纳迪诺·德·门多萨试图利用苏格兰女王玛丽的死刺激西班牙国王腓力二世。收到处死苏格兰女王玛丽的消息后，他立即向西班牙国王腓力二世总结了英格兰、法兰西和基督教界的反应。他不需要提醒法王亨利三世，因为法兰西凯瑟琳·德·美第奇王太后掌握着法兰西的王权，会对西班牙征服英格兰产生威胁。关于他亲自将苏格兰女王玛丽签署的重要文件转寄给西班牙国王腓力二世一事，他也没有提到。虔诚、荣誉和自我防卫，都在呼唤西班牙对英格兰的暴行进行惩罚。他总结道："因此，我乞求陛下尽早建立帝国。这是上帝的旨意，上帝希望陛下统领诸国。"

第5章　帕尔玛公爵亚历山大·法尔内塞的计划

伯纳迪诺·德·门多萨给西班牙国王腓力二世写信的同时，将苏格兰女王玛丽被处死的消息告诉了驻守在尼德兰的西班牙大臣帕尔玛公爵亚历山大·法尔内塞。但驻扎在冬季营地时，帕尔玛公爵亚历山大·法尔内塞已经听说了消息。当时，他正在评估欧洲的局势。尼德兰反叛导致的复杂局势中牵涉一系列不确定因素，其中最让人恼火的因素已经被剔除。苏格兰女王玛丽横渡英吉利海峡，被押送到英格兰，受到英格兰女王伊丽莎白一世处置。1568年，尼德兰落入西班牙的魔爪。从那时起，西班牙国王腓力二世竭力压制反叛的臣民，想尽办法让他们臣服，以及向罗马教皇臣服。然而，压制反叛耗尽了西班牙的财富。西班牙不仅血流成河，还牺牲了将士们和贵族们的生命和名誉。其间，苏格兰女王玛丽的存在使问题变得越来越复杂。西班牙国王腓力二世试图派驻尼德兰的军队前去解救苏格兰女王玛丽，英格兰对此感到恐惧，双方矛盾不断激化。

亚历山大·法尔内塞
（1545—1592）

1577年12月，在尼德兰，帕尔玛公爵亚历山大·法尔内塞支持自己的舅舅奥地利的胡安。爱冒险的骑士——奥地利的胡安冲过英吉利海峡，营救苏格兰女王玛丽，并试图进军伦敦，罢黜英格兰女王伊丽莎白一世，在英格兰复兴古老的天主教信仰。显然，对于这一伟业只有一种合适的回报。继达恩利勋爵亨利·斯图亚特和博斯维尔伯爵詹姆斯·赫伯恩之后，苏格兰女王玛丽几乎没有任何理由拒绝班勒陀战役的英雄——奥地利的胡安的求婚。奥地利的胡安的任务是安抚尼德兰的反叛民众。在生命的最后几个月，他与自己的任务目标渐行渐远。虽然西班牙控制着尼德兰为数不多的城镇，但西班牙军队财政紧张，濒临解散，指挥官尸位素餐。苏格兰女王玛丽和奥地利的胡安支持的计划举步维艰。他们原本打算将苏格兰、英格兰天主教势力、教皇、吉斯公爵亨利一世和西班牙国王腓力二世联合在一起。接管尼德兰政府前，奥地利的胡安在给西班牙国王腓力二世的信中写道："大家都认为尼德兰的局势一片混乱，唯一的补救方法是任命一位为陛下效忠的统治者。如果不能任命一位统治者，就意味着尼德兰的毁灭，以及陛下王权的巨大损失。"这似乎是奥地利的胡安一贯的想法。

　　与1577年相比，参与1587年3月的尼德兰斗争的势力更多。英格兰女王伊丽莎白一世支持的军队进驻尼德兰。欧洲大多数政治家和尼德兰的反叛势力认为，英格兰是尼德兰主要的支持力量。在帕尔玛公爵亚历山大·法尔内塞的支持下，西班牙在尼德兰的势力越来越大。

　　在政治和外交方面，帕尔玛公爵亚历山大·法尔内塞已经证明自己的实力与劲敌奥兰治亲王威廉一世不相上下。在战争中，帕尔玛公爵亚历山大·法尔内塞是最杰出的统帅，他勇猛、强悍，乐于与将士们同甘共苦，对战争时机的把握使敌人闻风丧胆。他一旦下定决心，就会为了一个目标不惜一切代价。在军事力量与谋略分析方面，他将战争艺术提升到了前所未有的高度。他对地形的掌握无人能比。他手下的士兵们抱怨说自己拿铲子劳作的时间远多于拿着长枪冲锋陷阵的时间。但他深知，一旦改变河道，决堤开流，就会形成新的运河。运河的作用远大于血腥拼杀。帕尔玛公爵亚历山大·法尔内塞的头脑中装着尼德兰的战略地图，包括错综复杂的水系。因此，即使是伟大的阿尔巴公爵费尔南多·阿尔瓦雷斯·德·托莱多，甚至是奥兰治亲王威廉一世，也会在尼德兰复杂的地形中鲁莽乱撞。但帕尔玛公爵亚历山大·法尔内塞的每一步都是在可操作的计划中有序完成。

奥地利的胡安
（1547—1578）

詹姆斯·赫伯恩
（1534—1578）

班勒陀战役

奥兰治亲王威廉一世
（1533—1584）

费尔南多·阿尔瓦雷斯·德·托莱多
（1507—1582）

与此同时，帕尔玛公爵亚历山大·法尔内塞笼络到很多雇佣兵。雇佣兵们团结合作，发挥巨大的作战潜力。先遣军队阵容强大，是可以信赖的辅助力量。西班牙人、意大利人、德意志人和瓦隆人团结起来，形成了一支武器不同、组织不同、军事策略不同、军事传统不同的战无不胜的精锐军队。帕尔玛公爵亚历山大·法尔内塞出生前，以及他的外祖父神圣罗马帝国皇帝查理五世亲历战场前，西班牙军队已经所向披靡，令敌人闻风丧胆。西班牙军队之所以无坚不摧，是因为专业化的训练和创造的许多奇迹，以及后来的统帅帕尔玛公爵亚历山大·法尔内塞的盛名。

接管西班牙军队后，帕尔玛公爵亚历山大·法尔内塞开始系统化地训练军队。随后，他率军收复了南方失地。在帕尔玛公爵亚历山大·法尔内塞的武力威胁下，佛兰德斯和布拉班特向他臣服。最后，他控制了北欧大城市安特卫普的港口。1585年8月，经历了一场激战后，由于两军力量相差悬殊，安特卫普投降了。1584年7月，在代尔夫特，一次疯狂的暗杀结束了奥兰治亲王威廉一世的生命。奥兰治亲王威廉一世的去世对尼德兰的打击很大，甚至超过了安特卫普沦陷造成的打击。帕尔玛公爵亚历山大·法尔内塞准备征服尼德兰和泽兰。在西班牙，一位消息灵通的大臣坚持说战争已经接近尾声，不久就会结束。

奥兰治亲王威廉一世的死和安特卫普的沦陷彻底将英格兰卷入了对荷战争。英格兰女王伊丽莎白一世被使臣说服，认为西班牙军队成功跨越北海对英格兰造成了巨大威胁。因此，英格兰参战，在资金和人力上给予了尼德兰很大帮助，也为西班牙提供了对荷战争的充分正当理由。英格兰女王伊丽莎白一世与荷兰人签订了协议，约定如果西班牙国王腓力二世企图派帕尔玛公爵亚历山大·法尔内塞进入英格兰的领地，英格兰女王伊丽莎白一世就会出兵进驻布里尔和弗拉辛。1586年，战争爆发前，在枢密院贵族的支持下，英格兰女王伊丽莎白一世派五千步兵、一千骑兵进驻尼德兰。

英格兰军队由莱斯特伯爵罗伯特·达德利率领，不是号称"黑杰克"的约翰·诺里斯支持的雇佣兵，但军队内部存在意见分歧。英格兰人将英格兰军队描述成一群武器不足、衣衫褴褛、没有纪律、四处流浪的可怜散兵。事实确实如此，英格兰军队的武器主要是盾和矛。莱斯特伯爵罗伯特·达德利写道："士兵们连一件完整的衬衫都没有。"尼德兰军队抱怨英格兰军队偷窃、喧闹。帕尔玛公爵亚历山大·法尔内塞了解了实情后，并没有低估英格兰军队。英格兰和西班牙的第一次血战发生在默兹河的泥潭边。英格兰步兵与手持长矛的西班牙步兵短兵相接，结果，英格兰步兵败退。在瓦伦斯费尔德的激战中，菲利普·西德尼阵亡。尼德兰的士兵回忆在瓦伦斯费尔德战役中，身穿盔甲的英格兰重骑兵手持长矛突破重围，多次击溃数倍于他们的西班牙轻骑兵和步兵。因此，帕尔玛公爵亚历山大·法尔内塞应对英格兰的重骑兵时，非常谨慎。他估算了加德地区的英格兰兵力和卫戍部队的数量，从未小觑英格兰军队的实力。

1586年的战役中，帕尔玛公爵亚历山大·法尔内塞没有取得预期的胜利。一部分原因是英格兰的增援部队，另一部分原因是英格兰的财政状况，还有一部分原因是荷兰军队的士气。帕尔玛公爵亚历山大·法尔内塞竭力保持供给路线畅通，坚守聚特芬。在1586年冬季，尼德兰的北部各省依然势均力敌。帕尔玛公爵亚历山大·法尔内塞利用西班牙军队作战速度快和英勇机智的特点，先发制人。如果指挥得当，他定会一举占领布拉班特。英格兰参战后，按照帕尔玛公爵亚历山大·法尔内塞的计划，战争会很快扩展到尼德兰和泽兰的中心地带。因此，他回想起奥地利的胡安的判断，要征服尼德兰，必须先与英格兰军队一决胜负。

帕尔玛公爵亚历山大·法尔内塞不赞成奥地利的胡安的决定，因为在征服英格兰问题上，他没有奥地利的胡安那么自信。此外，相比征服英格兰，他对征服尼德兰更有兴趣。他在报告中详细阐述了尼德兰的政治和军事境况，不仅分析了自己的军营，还阐述了尼德兰的地理、经济、财政、军队供给、兵力、心理等因素，以及军队的远大志向、士兵们的嫉妒、恐惧、仇恨和个人忠诚等问题。在相关文件中，甚至在寄给母亲的信函中，他没有提及自己的动机，因为唯一的动机就是他自己。即使整个尼德兰完全忠诚于帕尔玛公爵亚历山大·法尔内塞，也不会让人感到惊讶。他在尼德兰度过的时光远多于其他国家。十年来，他已经完全融入尼德兰。

帕尔玛公爵亚历山大·法尔内塞是比利时的主要缔造者。帕尔玛公爵亚历山大·法尔内塞的首要任务是收回尼德兰南部的十七个省，但这一任务尚未完成。作为曾经最富饶的国家之一，尼德兰现在正面临饥荒。遭受了多个国家的蹂躏后，尼德兰已经变成一片荒原，工业重镇早已被废弃。安特卫普赫然标榜："不分国别，不分语言，为一切商人服务。"在安特卫普，聚集着不同国家和说不同语言

亚历山大·法尔内塞用船架起桥梁包围安特卫普

船舶被摧毀

西班牙军队与安特卫普叛乱分子激战

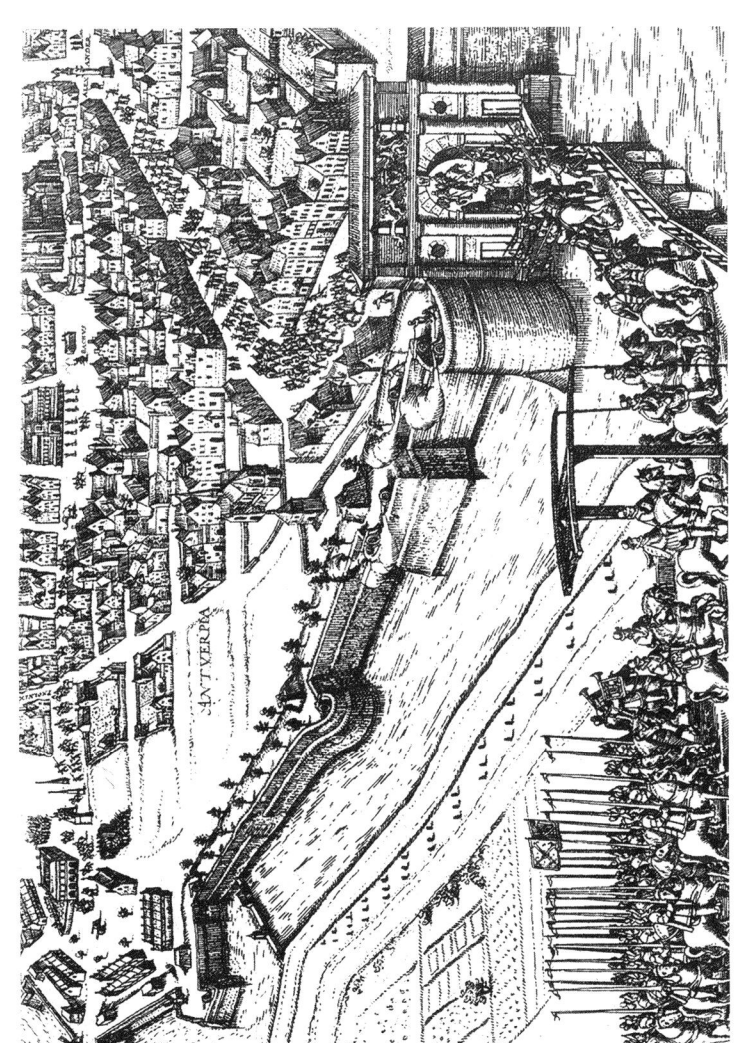

安特卫普投降,西班牙军队入城

的商人。商人们为了敛聚钱财聚到一起。只要尼德兰军队封锁斯凯尔特的港口，停留在港口的货物就会腐烂。因此，只要我们读懂帕尔玛公爵亚历山大·法尔内塞言辞之后的真正动机，就能了解他的伟大目标。

西班牙国王腓力二世派帕尔玛公爵亚历山大·法尔内塞试探英格兰的虚实。帕尔玛公爵亚历山大·法尔内塞提醒西班牙国王腓力二世，争取不确定的收益可能会导致巨大损失，最好的方式是耐心等待。如果尼德兰参加西班牙与英格兰的战争，法兰西就会进驻尼德兰南部没有防御的诸省。法兰西曾多次尝试进入尼德兰南部。到时，作为一名杰出的将领，帕尔玛公爵亚历山大·法尔内塞军队的贮备会被洗劫一空，营地会受到重创。现在，他正身处北海艰难的战役中无法自拔。即使他相信吉斯公爵亨利一世和天主教联盟会在侧面和后面掩护他，西班牙舰队的行动也存在问题。

帕尔玛公爵亚历山大·法尔内塞曾经试图在夜幕的掩护下，突袭英吉利海峡，并在敌人发现前，离开佛兰德斯登陆英格兰。但他错过了时机。他的军队只能通过舰队的掩护登陆英格兰。远海海域，或者难以用锁链或海岸炮防御拦截的内陆航道，都是尼德兰的管辖之地。西班牙舰队控制了布里尔和弗拉辛后，帕尔玛公爵亚历山大·法尔内塞掌握了尼德兰唯一的深水港口。远航的西班牙船可以安全航行，横跨英吉利海峡不再需要舰队的护送。英吉利海峡风暴和英格兰军队一样强大，英格兰军队为此感到无比自豪。很多人告知西班牙国王腓力二世，只有征服英格兰，才能征服尼德兰的反叛势力。帕尔玛公爵亚历山大·法尔内塞越来越认为，只有联合尼德兰才能成功入侵英格兰。

现在，帕尔玛公爵亚历山大·法尔内塞坚信，英格兰的参战增加了他在1586年战争中获胜的难度，同时加大了在将来战争中取胜的难度。在这方面，他的态度很谦逊。然而，在枢密院会议上，莱斯特伯爵罗伯特·达德利的态度很激进，提出要分裂、对抗和激怒他的朋友们。莱斯特伯爵罗伯特·达德利认为，头衔弥补了他在军事经验不足方面的缺陷。约翰·诺里斯是个冷酷的英格兰军人，曾在奥兰治亲王威廉一世麾下为荣誉战斗。后来，他放弃了军权，回到了英格兰，得意的认为再也不用为莱斯特伯爵罗伯特·达德利效力了。尼德兰军队的另一个将领是霍恩洛厄-诺伊恩施泰因的菲利普。他是霍恩洛厄-朗根贝格的伯爵，为人粗鲁，经常在战场上或酒后与人厮打，非常可怕。莱斯特伯爵罗伯特·达德利

第 5 章 帕尔玛公爵亚历山大·法尔内塞的计划

霍恩洛厄-诺伊恩施泰因
的菲利普（1550—1606）

初次来到尼德兰时，霍恩洛厄-诺伊恩施泰因的菲利普曾恣意闹事。现在，几个月过去了，霍恩洛厄-诺伊恩施泰因的菲利普的朋友们认为，他和莱斯特伯爵罗伯特·达德利如果碰面，一定会发生血拼。与此同时，霍恩洛厄-诺伊恩施泰因的菲利普正忙着革除莱斯特伯爵罗伯特·达德利的部下，驱逐卫戍部队，排挤莱斯特伯爵罗伯特·达德利的党羽和尼德兰人。在英格兰，莱斯特伯爵罗伯特·达德利同样身处险境。在与英格兰女王伊丽莎白一世会谈时，他无法挽回自己的运势，或重拾国家在海外的希望，但他有办法安抚世界上唯一令他畏惧的人——英格兰女王伊丽莎白一世。莱斯特伯爵罗伯特·达德利费尽心思，逼迫尼德兰人按照他的方式作战，并煽动派系斗争，差一点引发了尼德兰的内战。

帕尔玛公爵亚历山大·法尔内塞对英格兰的情况了如指掌。在尼德兰的每个城市，在伦敦，甚至在英格兰女王伊丽莎白一世的枢密院，都有他的密探。他成功的部分原因在于他的聪明才智。他完全有理由相信，英格兰介入战争会拖慢战争节奏。同时，他有能力打击英格兰的军事力量。1587年11月，返回英格兰前，莱斯特伯爵罗伯特·达德利任命了两名将领。两名将领都是天主教徒，在尼德兰防线控制其中最重要的两个港口，最近又攻克代芬特尔和聚特芬，并建立堡垒密切监视和围攻驻聚特芬的西班牙卫戍部队。尼德兰人极力反抗，他们或许可以容忍罗马天主教徒举行宗教活动，这使怀有清教主义政治思想的莱斯特伯爵罗伯特·达德利不能容忍。同时，在重要战役中，尼德兰人不会信任天主教徒担任军事指挥官。莱斯特伯爵罗伯特·达德利傲慢地回复说，他会以生命担保自己部下的忠诚。幸运的是，他不必这样做。1587年1月28日，威廉·斯坦利爵士用武力打开了代芬特尔通往西班牙的大门，命令一千二百名爱尔兰将士为西班牙冲锋陷阵。与此同时，罗兰德·约克背叛了英格兰，将聚特芬的堡垒卖给了西班牙人。

根据我们对罗兰德·约克的了解，宗教和利益对他来说同等重要。但威廉·斯坦利爵士没有背叛英格兰。他出身古老显赫的家族，在博斯沃思战役后，他的命运与都铎王朝紧密联系在了一起。他忠心耿耿地为英格兰女王伊丽莎白一世效力，获得了莱斯特伯爵罗伯特·达德利的信任和赞赏。他会继莱斯特伯爵罗伯特·达德利之后，担任英格兰女王伊丽莎白一世在爱尔兰的副总督。西班牙没有任何东西可以使他背叛英格兰。帕尔玛公爵亚历山大·法尔内塞向西班牙国王腓力二世保证，他与威廉·斯坦利爵士之间的谈话不涉及酬劳问题。威廉·斯坦利爵士做的一切都没有违背自己的良心。在多事之秋，和其他人一样，宗教冲突已经跨越了国界。威廉·斯坦利爵士不得不在对国家忠诚和对宗教忠诚之间划清界限。代芬特尔投降后不久，他知道自己必须做出选择。代芬特尔投降几个星期后，威廉·斯坦利爵士任命英格兰军队的一名上尉担任西班牙一个报酬丰厚的职务。但这名英格兰上尉义正词严地拒绝了他，称宁愿做忠诚的乞丐，也不昧着良心做贪图富贵的卖国贼。威廉·斯坦利爵士对这位上尉的决定大加赞赏，并说："他的选择也是我的做人准则。"他的话意味着他摆脱了不堪的两难境地。"过去，我为魔鬼服务。现在，我为上帝献身。"

尼德兰的英格兰天主教难民经常向帕尔玛公爵亚历山大·法尔内塞保证，许多英格兰人的信仰和威廉·斯坦利爵士一样。一些英格兰人认为，为西班牙服务就是为上帝服务。还有一些人为了丰厚的报酬选择为魔鬼服务。帕尔玛公爵亚历山大·法尔内塞充满希望，打算在1588年建立一个比以往更繁荣的市场。他在写给西班牙国王腓力二世的信中说："聚特芬和代芬特尔是1586年夏天战役的真正目标，是攻占格罗宁根和尼德兰其他省的关键。对陛下来说，这些战役的花费微不足道。但好的一面是，背叛会使英格兰与反叛者之间互相猜疑，因此，没有人知道应该信任谁。"

总之，作为欧洲最优秀的将军之一，帕尔玛公爵亚历山大·法尔内塞在完成任务的过程中，看到了前所未见的征兆。在西班牙，他召集了民众，获得了充足的资金支持。同时，他对清除尼德兰内陆地区的反抗和切断沿岸城镇之间的水路交通充满信心。如果反叛者依然不知悔改，那么现在时机已经成熟，对荷兰和泽兰的战争一触即发。战争虽然艰难，但不会比安特卫普问题更难，何况帕尔玛公爵亚历山大·法尔内塞已经解决了安特卫普问题。此外，他掌控着尼德兰北部海港及其运输，无形间增强了自己的实力。如果西班牙国王腓力二世想要征服英格兰，胜算会很高。对帕尔玛公爵亚历山大·法尔内塞来说，与其说征服英格兰是一场入侵，不如说是一场赌博。

然而，当帕尔玛公爵亚历山大·法尔内塞得到苏格兰女王玛丽被处死的消息后，写信给西班牙国王腓力二世，称英格兰的做法触犯了西班牙的荣誉和天主教的信仰。他也许认为，因为西班牙国王腓力二世不能挽救苏格兰女王玛丽的生命，就一定会为她复仇。但这也许只是他的猜想，复仇比营救更顺理成章。不管什么理由，总之，帕尔玛公爵亚历山大·法尔内塞不仅在信中，还在行动中表明，苏格兰女王玛丽的死改变了他的整个计划。代芬特尔沦陷后，帕尔玛公爵亚历山大·法尔内塞一直紧盯尼德兰东北部，清理依赛尔河流域和通往格罗宁根的航道，以及尼德兰西北部的乌得勒支到阿姆斯特丹的航道。在1587年3月初，帕尔玛公爵亚历山大·法尔内塞研究了斯凯尔特河的入海口。随后，他下的第一道命令是大军南移，军火转向佛兰德斯。集结所有西班牙军队时，如果缺少理想的深水区停靠港，那么西班牙舰队至少需要一个聚集点，与帕尔玛公爵亚历山大·法尔内塞的大军会合。在尼德兰东部的奥斯坦德的掩护下，西班牙舰队可以在贝享奥普佐姆登陆。贝享奥普佐姆应该是个不错的港口，像西佛兰德斯的奥斯坦德或斯勒伊斯港一样。

与此同时，帕尔玛公爵亚历山大·法尔内塞试图安排一些与英格兰和谈的会议。英格兰女王伊丽莎白一世更倾向避免战争，迫切希望与西班牙和谈。实际上，英格兰还没有做好应战的准备。帕尔玛公爵亚历山大·法尔内塞得知苏格兰女王玛丽的死讯后，很快做出了决定，没有一丝犹豫。

第6章 英格兰北部的天主教势力

伯纳迪诺·德·门多萨入睡前得知了苏格兰女王玛丽的死讯。随后，他派出了三位使者。第一位使者前去拜见国王腓力二世；第二位使者去见帕尔玛公爵亚历山大·法尔内塞，因为伯纳迪诺·德·门多萨和帕尔玛公爵亚历山大·法尔内塞一直联系密切；第三位使者去见西班牙驻罗马大使奥利瓦雷斯伯爵恩里克·德·古兹曼。伯纳迪诺·德·门多萨试图通过马德里、布鲁塞尔和罗马进驻英格兰。只要马德里的将领一声令下，马德里的海陆两军就会对英格兰发动进攻。在布鲁塞尔，驻扎着准备入侵英格兰的世界上最精良的西班牙军队，由伯纳迪诺·德·门多萨亲自指挥。伯纳迪诺·德·门多萨一直为自己的军队感到自豪。罗马的军队中混杂着神父和政客。伯纳迪诺·德·门多萨虽然对此十分不满，但深知在罗马，神职人员是不可或缺的。

伯纳迪诺·德·门多萨知道如何与神父打交道。他能像奥利瓦雷斯伯爵恩里克·德·古兹曼的家族一样，平等地和红衣主教谈话。伯纳迪诺·德·门多萨对待上一任教皇格里高利十三世态度坚决，对现任教皇西克斯图斯五世的态度同样如此。除了伯纳迪诺·德·门多萨，没人敢这样对待教皇。奥利瓦雷斯伯爵恩里克·德·古兹曼和伯纳迪诺·德·门多萨一样，对君主的优柔寡断十分着急。奥利瓦雷斯伯爵恩里克·德·古兹曼虽然没有与伯纳迪诺·德·门多萨类似的个人仇恨，但也想速战速决。当然，在这种局势下，他是值得信赖的。

然而，当听到处死苏格兰女王玛丽的消息后，伯纳迪诺·德·门多萨也听到了丧钟。他有一种强烈的无法解释的预感，一场危机或一场变革即将来临。与此同时，西班牙在罗马的一切外交活动都不容忽视，不论以前强调过多少次，每个问题都必须清晰明了。

格里高利十三世
（1502—1585）

西克斯图斯五世
(1502—1585)

伯纳迪诺·德·门多萨认真考虑了苏格兰女王玛丽的死。首先，苏格兰女王玛丽成了殉难者，因为她是天主教徒，是所有英格兰天主教徒的希望。伯纳迪诺·德·门多萨对此深信不疑。其次，苏格兰女王玛丽遇难时，甚至此前几个月，她曾拒绝让儿子詹姆斯六世继承王位，打算将苏格兰王位和苏格兰人民一并交给天主教最高君主——西班牙国王腓力二世。伯纳迪诺·德·门多萨持有这封信函的副本，另外两份副本，一封在西班牙，一封在罗马。他的宗教情感使他意识到，法王亨利三世的立场并不坚定。法王亨利三世曾派法兰西大使营救苏格兰女王玛丽，但显然这是一场骗局。事实上，法兰西大使很可能建议英格兰女王伊丽莎白一世尽快处死苏格兰女王玛丽。虽然没有听到法兰西大使和英格兰女王伊丽莎白一世之间的对话，但伯纳迪诺·德·门多萨对此深信不疑。现在，除非法王亨利三世真的被吓坏了，否则他一定会下令军队重创西班牙。宗教情感使伯纳迪诺·德·门多萨意识到，在法兰西，教会会依赖吉斯公爵亨利一世和洛林家族。与此同时，英格兰已近在咫尺，由于宗教情感，伯纳迪诺·德·门多萨格外关注英格兰的天主教徒，对他来说，英格兰的天主教徒很有利用价值。帕尔玛公爵亚历山大·法尔内塞的军队一旦登陆英格兰，就需要引路人。威廉·艾伦①担任英格兰的红衣主教，并以教廷使者身份陪同西班牙舰队作战。英格兰的所有天主教徒公开或秘密地信任并听从威廉·艾伦博士的指挥。因此，奥利瓦雷斯伯爵恩里克·德·古兹曼萨授意自己的秘书，用鹅毛笔写了一封信。

威廉·艾伦
（1532—1594）

---

① 威廉·艾伦（William Allen，1532—1594），罗马天主教驻英格兰的红衣主教。他的主要任务是建立神学院，派教士秘密返回英格兰光复天主教。1588年，威廉·艾伦参与了西班牙无敌舰队入侵英格兰的计划。该计划以失败告终。——译者注

第 6 章 英格兰北部的天主教势力

他迟疑地盯着壁炉里的余烬,发出了当天最后一道命令。他的言辞非常坚毅,如同西班牙的步兵见到敌军一样,虽然并没有加快步伐,但营造出一种紧张气氛。这是一封很长的信。

从没有一位使者像伯纳迪诺·德·门多萨的使者一样,日夜兼程。但1587年春天,由于积雪融化,从巴黎到罗马的路泥泞不堪,路上还会遇到以劫掠为生的南方胡格诺派制造的危险。直到1587年3月24日清晨,伯纳迪诺·德·门多萨的使者才通过了西斯托桥,经由意大利的朱利亚大道到达西班牙大使馆。这位使者最早抵达罗马。

奥利瓦雷斯伯爵恩里克·德·古兹曼立即采取行动。他见到了教皇的秘书——红衣主教卡拉法。1587年3月24下午,根据伯纳迪诺·德·门多萨和奥利瓦雷斯伯爵恩里克·德·古兹曼本人的一些想法,奥利瓦雷斯伯爵恩里克·德·古兹曼下达了命令。其中一条命令既是建议,也是命令,建议教皇在圣彼得堡大教堂,为苏格兰女王玛丽举办安魂弥撒。此外,他提议教皇尽快向异端女王英格兰女王伊丽莎白一世寻仇。他的这一提议比之前的提议更迫切。奥利瓦雷斯伯爵恩里克·德·古兹曼认为,西班牙应该尽快向教皇索要财政补给,确保西班牙军队

西斯托桥

踏上英格兰领土的时候，可以从教皇手中得到一百万达克特。一年多来，奥利瓦雷斯伯爵恩里克·德·古兹曼一直盼望能得到这笔钱，这也是他与红衣主教卡拉法之间的约定。一得到苏格兰女王玛丽被处死的消息，红衣主教卡拉法就立即同意与教皇商讨奥利瓦雷斯伯爵恩里克·德·古兹曼的提议。1587 年 3 月 24 傍晚，教皇西克斯图斯五世得知了苏格兰女王玛丽的死讯，但他说了什么不得而知。

　　即使我们知道教皇西克斯图斯五世说了什么，也不会感到振奋，因为教皇西克斯图斯五世的性格和政策一直掩盖在语言泡沫中，有时掩盖在他与其他人的言辞中。教皇西克斯图斯五世在位期间，罗马流传着很多有关他的故事，有的充满恶意，有的恐怖吓人，有的为人们津津乐道，有的让人肃然起敬，有的会使人感到愤怒，有的让人难以置信。五年时间里，帕斯奎诺和莫福利奥①雕像底座贴着的讽刺性诗文，都是关于教皇西克斯图斯五世的话题。教皇西克斯图斯五世令外交使者感到困惑。所有大使馆都流传着他的轶事。如果他的言辞非常荒谬轻率，使各国大使感到害怕时，他的轶事就会被人描述得神乎其神。一些让人窒息的言辞主要源自教皇西克斯图斯五世本人，也揭示了他的性格。他会随口说出不加思考的言论，不考虑后果，而且非常情绪化，将他的性格暴露无遗，但不会暴露实质性的内容。有人猜测，教皇西克斯图斯五世的言论表面上任性冲动，实际上是在刻意回避内心真实的想法，他的真实想法不会表现在他的行动上。在有关教皇西克斯图斯五

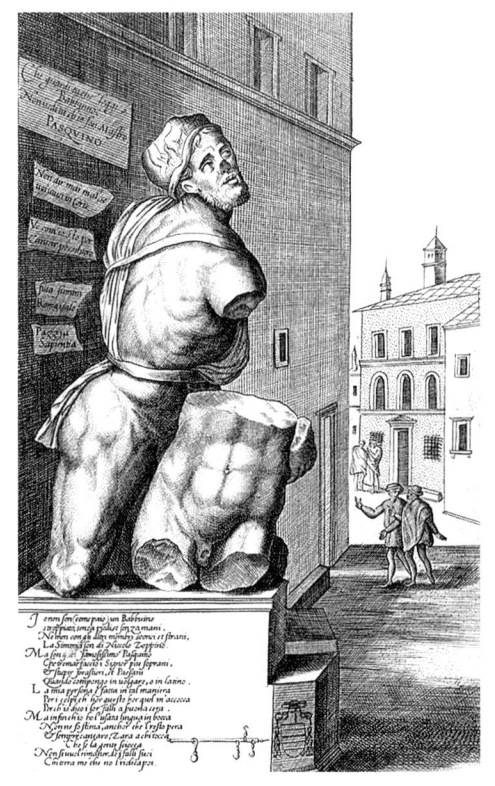

帕斯奎诺

---

① 帕斯奎诺（Pasquino）和莫福利奥（Morforio），公元前 3 世纪希腊风格的雕塑，15 世纪在罗马出土。16 世纪，人们用罗马方言写下讽刺诗文贴在雕塑底座，表达人们对教会的不满。——译者注

第 6 章 英格兰北部的天主教势力

世言辞的记载中，或有关他的流言蜚语中，都能找到类似的记载，证明这位伟大的教廷统治者为教廷和罗马带来了和平与秩序。如果想了解教皇西克斯图斯五世，就不要听他说了什么，而要看他做了什么。

譬如，一提到英格兰女王伊丽莎白一世，教皇西克斯图斯五世总是表现出仰慕之情。英格兰女王伊丽莎白一世是一位伟大的女性，是一位伟大的公主，也是一位伟大的统治者，充满勇敢和智慧。如果英格兰女王伊丽莎白一世是天主教徒，那么教皇西克斯图斯五世会荣幸地视她为挚友。教皇西克斯图斯五世曾对西班牙国王腓力二世说过类似的话，语气生动，时而幽默诙谐，时而热情似火。然而，如果据此判断教皇西克斯图斯五世希望英格兰女王伊丽莎白一世胜利或西班牙国王腓力二世失败，就太草率了。西班牙国王腓力二世永远是教皇西克斯图斯五世的盟友，但他的言论使两人都很恼火。振兴统一基督教是他们共同的使命。对教皇西克斯图斯五世来说，西班牙国王腓力二世是不可缺少的盟友。英格兰女王伊丽莎白一世是他们共同的敌人。此外，异教拒绝天主教的统治，教皇西克斯图斯五世深知英格兰的阴谋和财力。最近，在法兰西、尼德兰和苏格兰爆发的清教徒革命都得到了英格兰的支持。德意志和斯堪的纳维亚都听从英格兰的命令，与边界地区的天主教军队保持安全距离。教皇西克斯图斯五世会嘲弄西班牙国王腓力二世，并敦促西班牙国王腓力二世为了自己的利益与英格兰决一死战。但他深知，此事牵涉到整个基督教世界。特伦托会议①后，没有一位伟大的天主教皇会像教皇西克斯图斯五世一样，一意孤行，一心想收复失去的领土。教皇西克斯图斯五世虽然极力宣扬他对英格兰女王伊丽莎白一世的仰慕，但同时不遗余力地想要推翻英格兰女王伊丽莎白一世的政权。面对苏格兰女王玛丽的死，不管教皇西克斯图斯五世有什么感受或说了什么，都不重要。对他来说，真正重要的问题只有一个，是鼓舞犹豫不决的西班牙国王吗？过去几个星期，他做的一切似乎表明他就是这样想的。

1587 年 3 月 24 日夜晚，奥利瓦雷斯伯爵恩里克·德·古兹曼的消息通过各种途径，经过层层过滤，传到了法兰西、威尼斯和佛罗伦萨等国的驻罗马大使那里。在不同场合，教皇西克斯图斯五世提出了自己的问题。英格兰神学院距驻罗

---

① 特伦托会议，指 1545 年到 1563 年，在意大利北部城市特伦托举行的会议。会议谴责了清教异端行为，系统颁布了天主教的教义，是天主教反对宗教改革的具体体现。——译者注

特伦托会议

马的英格兰大使馆不远,附近有一间几乎没有任何装饰的房子。在这间房子里,教皇西克斯图斯五世再次提出了自己的问题,显得比以往更迫切。在告知红衣主教卡拉法之前,通过这种方式,教皇西克斯图斯五世将消息泄露给了各国的使臣。一位可靠的人将消息写在了奥利瓦雷斯伯爵恩里克·德·古兹曼派的仆人的手上。与此同时,伯纳迪诺·德·门多萨极力推荐奥利瓦雷斯伯爵恩里克·德·古兹曼和罗马神学院的另一位创始人——威廉·艾伦担任杜埃神学院的创始人和校长。

现在,罗马的英格兰神学院仍然像威廉·艾伦时代一样,屹立在蒙塞拉托大道旁,但大门旁的小房子不见了。在一些尘封的信函中,零星记载着与这间小房子相关的事。小房子的门朝向街道,旁边有一条窄窄的小巷,也许是昏暗的庭院唯一的秘密通道。通过朝向街道的大门,可以进入一个大厅,拜访威廉·艾伦的人一般在大厅里等他。仆人们晚上在大厅里睡觉,白天在大厅里嬉笑打闹。做饭的地方在屋子里面。威廉·艾伦的房间在小房子前面二楼的主楼层。他的房间

第 6 章 英格兰北部的天主教势力

里摆着一张很大的桌子、几条板凳和一只巨大的箱子，箱子里面装着教皇赏赐的礼物，此外还有吊在墙上的书架。房间里有一个圆弧状的低矮凹室，只能放下一张床架，上面挂着耶稣十字架和一些挂衣服的衣夹。

室内非常简陋，因为威廉·艾伦穷。他的收入很少，但开销很大。不过，他还能买得起帷幔和一两把椅子。然而，多年后，即使当上了红衣主教，他也

杜埃神学院

没有再购置其他家具。但居住简朴并不说明他不讲排场，也不符合他的风格。威廉·艾伦只在这里短暂居住过几年，因此，他也许认为这里不值得按照新规矩讲排场。其他遭到放逐的人的居住环境大体如此。威廉·艾伦来到英格兰已经二十二年了。二十二年来，他从未去过牛津。三十岁前，他一直以圣者自居，做事问心无愧。他从来没有回过兰开夏郡罗萨尔的家，即使疾病缠身，意识模糊，为他治病的比利时医生建议他回家准备后事时，也没有回去。遭到放逐离开英格兰后，威廉·艾伦彻底明白了一个道理，即在陌生的环境中，一定是如履薄冰，寝食难安。

在被放逐的日子里，威廉·艾伦从未放弃工作、谋划，希望有朝一日回到家乡。1561年，他辞去了牛津大学圣玛丽学院的院长一职。无论对自己来说，还是对英格兰的天主教徒甚至难民来说，都认为回家的日子已经临近。一些遭到放逐的人将希望寄托在法王弗朗索瓦二世的遗孀苏格兰女王玛丽身上。1561年夏天，年轻的苏格兰女王玛丽已经乘船前往苏格兰。一些人开始谈论，认为法兰西或西班牙，抑或两国都在执行教皇的诏书。多数人倾向用和平方式解决问题，希望上帝要么除掉安妮·博林的女儿——英格兰女王伊丽莎白一世，要么感化她的心。对乐观派来说，甚至对有经验的政客来说，后者是最可行的方案。多年来，天主教难民一直心怀希望。作为一个女人，英格兰女王伊丽莎白一世不可能一直一个人统治动荡不安的英格兰王国，而所有追求她的人都是天主教徒。一旦英格兰女王伊丽莎白一世结婚，就会放弃清教统治，英格兰会再次臣服于罗马教廷。

很快，英格兰的天主教难民的希望破灭了。1562年，威廉·艾伦重返英格兰，惊讶地发现英格兰人背离了传统宗教。很多自称天主教徒的人加入了英格兰国教，神父同意并鼓励改变信仰的行为。1565年，威廉·艾伦辞职，最后一次呼吁英格兰重新回归天主教。他曾协助建立了杜埃的英格兰神学院。对杜埃神学院来说，他的想法极具启发性。

不久，北方爆发叛乱，但此次叛乱的失败使很多天主教难民痛苦不堪，心灰意冷。他们见证了因宗教冲突流的鲜血。在北方，绞刑示众、财产充公使天主教徒的命运更加悲惨。很多英格兰天主教徒选择留在尼德兰，一些人逃亡巴黎、马德里或罗马，叫嚣着要报仇雪恨。但只有罗马听到了他们的呼声。西班牙国王腓力二世还要处理其他事情，如荷兰人引发的一系列麻烦、反叛的摩尔人、土耳

第6章 英格兰北部的天主教势力

其海域虎视眈眈的海军。虽然遭到了英格兰的挑衅,但西班牙国王腓力二世希望用和平方式解决诸多纠纷,无论付出多大的代价。法兰西如果没有陷入宗教战争,可能会比西班牙更想攻打英格兰。1557年2月25日,在通谕《至上统治》中,教皇西克斯图斯五世称英格兰女王伊丽莎白一世为异教徒,因迫害天主教徒被逐出教廷。此外,罗马教廷发布了声明,宣布教皇西克斯图斯五世剥夺英格兰女王伊丽莎白一世"虚假的王位继承权",英格兰人可以反抗英格兰女王伊丽莎白一世的统治,从此不必遵守英格兰女王伊丽莎白一世颁布的法律和命令。

由于教皇西克斯图斯五世的通谕,十分严峻的局势进一步恶化。一位英格兰天主教难民采用了温和的方式,向伯利勋爵威廉·塞西尔汇报说:"我宁愿遵循天主教的教义,也不愿不听从枢密院的法案。"但无论对天主教徒还是新教徒来说,这意味着选择支持罗马教廷的权威,拒绝遵守英格兰的法律。各国政府一致否定教皇西克斯图斯五世的谕令。西班牙国王腓力二世、法兰西国王亨利三世和英格兰女王伊丽莎白一世都声称参与暴乱的人是叛国贼,要依法处置他们。但16世纪,很多人为了自己的良知,包括天主教徒和新教徒,采取了密谋或武装叛乱等方式捍卫自己的信仰。教皇西克斯图斯五世的通谕号召天主教徒为自己的信仰斗争。

教皇西克斯图斯五世的通谕一开始就与威廉·艾伦密切相关。威廉·艾伦指出,教皇西克斯图斯五世的通谕是拯救他在信函中多次提到的"迷失的祖国"的唯一方式。关于这封信函的时间,我们无从得知。1575年,威廉·艾伦试图通过武力营救苏格兰女王玛丽,声称英格兰女王伊丽莎白一世是暴君和王位篡夺者。1577年,威廉·艾伦的朋友尼古拉·桑德在写给他的信中说:"基督教世界会对英格兰进行猛烈攻击。"毫无疑问,威廉·艾伦对此持默许态度。后来,尼古拉·桑德参加了爱尔兰反叛,失去了生命。威廉·艾伦成为英格兰天主教难民的代表,呼吁外国势力参与英格兰的宗教斗争,联合英格兰天主教徒对抗英格兰女王伊丽莎白一世。

接任尼古拉·桑德的任务后,十多年来,威廉·艾伦屡屡受挫。一次次信心满满的谋划,以及计划的十字军东征,都无果而终。1582年,他在信中写道:"如果此次计划无法实施,我的余生将会痛苦不堪。"几个月后,他精心策划的计划宣告破产。随后,他开始坚持不懈地构建另一项计划。再次失败后,他失望至极,决定放弃政治，但在信中他说会发起一项全新的计划。自始至终，威廉·艾伦一直在辩论、书写、解决问题，并指导两个英格兰神学院的工作，安排印刷图书并秘密发行，暗中护送神父、学生、使者和天主教难民进出英格兰。英格兰政府搜出了神学院的图书并全部焚毁。但按照威廉·艾伦的估算，仍然有两万多册图书在英格兰人中间传阅。英格兰女王伊丽莎白一世的间谍在城郊追杀天主教神父，用酷刑折磨他们，最后对他们施行了中世纪的绞刑，或用船将一些神父驱逐出境。然而，1587年，整个英格兰王国幸存的天主教徒超过三百人，其中有贵族和绅士。他们一直坚持自己的信仰，期待宗教解放的到来。

英格兰的天主教徒还有一线希望。大规模战争还未爆发，以前的伤痛尚未抚平。威廉·艾伦为天主教徒和神父们写道："伟大的主啊，你最了解我们的伤痛，知道我们犯下的罪行。我们不该将宝贵的年华浪费在祖国之外。我们应该为祖国奉献一生，心存感恩。我们的生命、事业和奉献都留在了异国他乡，而不是我们热爱的祖国。"虽然英格兰天主教徒坚持自己的信仰，但只有天主教徒掌握了王权，威廉·艾伦及其同党才能为英格兰，为自己伟大的祖国做出贡献。

遭到驱逐的英格兰天主教徒感到十分焦虑，他们必须加快行动的步伐。威廉·艾伦的感受最强烈，因为他是遭到驱逐的英格兰天主教徒的领袖。一开始，威廉·艾伦就劝告英格兰神学院的学生们，远离异教徒，千万不要为英格兰国教服务，从而犯下罪恶。他认为只有这样，普通学生的坚定信仰才不会动摇。因此，狂热的天主教徒必须公开宣扬自己的信仰。天主教在英格兰北部兴起的几年里，教皇西克斯图斯五世的通谕、里多尔菲阴谋[①]和圣巴塞洛缪大屠杀改变了清教徒对天主教的看法。

英格兰政府通过残酷的迫害，回应了英格兰天主教徒的反抗活动。1580年，教皇格里高利十三世颁布了对英格兰女王伊丽莎白一世的通谕，进一步恶化了局势。教皇格里高利十三世说，虽然英格兰女王伊丽莎白一世及其异教徒被驱逐出了教廷，同时受到了诅咒，但天主教徒必须服从英格兰女王伊丽莎白一世的统治，

---

① 里多尔菲阴谋（Ridofi Plot），1571年，意大利佛罗伦萨银行家罗伯托·里多尔菲（Roberto Ridolfi）策划，由阿尔巴公爵费尔南多·阿尔瓦雷斯·德·托莱多率军一万经由尼德兰攻打英格兰，煽动英格兰北方天主教贵族的叛乱，促成苏格兰女王玛丽与诺福克公爵托马斯·霍华德联姻，谋杀伊丽莎白一世女王。这场阴谋以失败告终。——译者注

第6章 英格兰北部的天主教势力

尊称她为至高无上的女王，不必存任何恐惧。也就是说，向公众公布通谕前，教皇需要召集所有英格兰天主教徒履行职责。实际上，在"所有国内事务上"，英格兰天主教徒拒绝忠于英格兰女王伊丽莎白一世。只要一有机会，他们就会推翻英格兰女王伊丽莎白一世的统治。伯利勋爵威廉·塞西尔制定了新的叛国罪及相关法律，但不是针对公开的叛国言论和行为，而是针对"隐蔽的思想上的叛国罪"。因此，英格兰加剧了对天主教徒的迫害。

威廉·艾伦激励神父们，让他们面对绞刑架的考验时不要害怕。但清教徒有一种比绞刑更残酷的武器。1559年，只要是星期天没有参加教堂礼拜的人，都会受到十二便士的罚款。1580年，罚款额度上涨到每月二十英镑。然而，只有少数富人能支付得起罚款。英格兰议会颁布了法案，通过罚款来没收天主教徒的土地和动产。威廉·艾伦所有重振天主教会的计划都要依赖拥有土地的天主教贵族。如果不断支付罚款，天主教贵族也无法保证自己的贵族地位。与此同时，如果推迟执行教皇格里高利十三世的通谕，就会导致天主教的核心力量和财富骤减，最终无力支撑下去，"分裂者"叛国的危险也会越来越大。为国教服务的同时，英格兰人也同情天主教徒。威廉·艾伦越来越依赖英格兰天主教徒，但他深知，多年来，由于自己故意将英格兰天主教徒与自称天主教徒的人分开，英格兰天主教徒与罗马的联系以及与英格兰的教皇追随者们的联系越来越少。英格兰政府对天主教徒的经济惩罚持续得越长，英格兰的天主教势力就会越来越弱，最终将无力帮助威廉·艾伦。威廉·艾伦确信，如果没有英格兰天主教徒的帮助，那么国外力量的干涉必定会失败。

十年来，威廉·艾伦一直急于实施计划。一旦机会来临，他就会抓住不放。他回忆着各种争议，原来的梦境再次展现在眼前。英格兰原本是一片开放的土地，港口众多，十分安全。后来，英格兰兵力减弱，防守不利，局势开始动荡。没有一个城市能抵抗住三天围攻。英格兰人不喜欢战争，也不是西班牙军队的对手。更重要的是，英格兰军队中有三分之二的士兵都是天主教徒或天主教事业的同情者。自称天主教徒的军队因恐惧被迫服从英格兰女王伊丽莎白一世的命令，没有责任效忠女王。因此，只要有机会，他们会立即加入西班牙的天主教军队。威廉·艾伦在信中提到，一些值得信赖的"分裂者"会加入西班牙军队，还有一些人会因为良知，或因为心中壮志，或因为痛恨英格兰女王伊丽莎白一世及其周围的人，选择加入西班牙军队。此外，其他持观望态度的人静观战争发展态势。深得英格兰女王伊丽莎白一世信赖、事业蓬勃发展的冒险家和趋炎附势的人选择与英格兰女王伊丽莎白一世站在一起。在英格兰南部和东部地区，人们生活腐化，无力抵抗强悍的北部和西部天主教徒。英格兰的天主教徒生活简朴，懂得如何使用武器。威廉·艾伦看到，内维尔家族及其追随者重返威斯特摩兰郡；戴克勋爵亨利·伦纳德率领朋友们冲锋陷阵；诺森伯兰伯爵亨利·珀西的儿子们聚集在珀西家族管辖的乡村，试图为他们遇害的父亲报仇雪恨；蒙塔古子爵安东尼·布朗、摩利勋爵爱德华·帕克、托马斯·洛弗尔爵士和约翰·斯托顿男爵为了共同的事业聚集起来，势力越来越强大。牛津伯爵爱德华·德·维尔和德比伯爵亨利·斯坦利、坎伯兰伯爵乔治·克利福德和南安普顿伯爵亨利·赖奥思利，也许，攻打伦敦塔的激战能够取胜。阿伦德尔伯爵菲利普·霍华德会率领霍华德家族加入起义军的阵营。上述贵族中，有不少人是威廉·艾伦的好友和亲属，一直追随着他。同行的贵族在他的左手边。教皇的使者按照威廉·艾伦的计划进军。看到教皇使者后，威廉·艾伦才确信这不是一场梦。

威廉·艾伦如果没有参加神学院耶稣会教士罗伯特·帕森斯召开的集会研究，一定会很奇怪。过去几年里，在英格兰，罗伯特·帕森斯与威廉·艾伦一样有名。罗伯特·帕森斯与爱德蒙·坎皮恩一起在英格兰执行任务。两位耶稣会教士仿佛是一支强大的入侵英格兰的军队，所到之处影响巨大。他们利用小册子的宣传力度，一定会对英格兰造成巨大影响。威廉·艾伦的敌人可能会称赞他，但罗伯特·帕森斯的名字却蒙上了一层邪恶阴影，也许是因为他属于神秘组织。外界对罗伯特·帕森斯与爱德蒙·坎皮恩并不了解，只知道耶稣会教士经常通过危险方式暗中执行秘密任务。

无论从外表、气质还是声誉上，威廉·艾伦和罗伯特·帕森斯都截然不同。威廉·艾伦长得像英格兰北方的绅士，身材高大挺拔，外表严肃优雅，黄油色的头发已经开始变白，脸部的线条展现出他严谨的态度和常年忍受疾病的痛苦。虽然忍受了十年病痛的折磨，但他的神情中充满"慈祥的容光"，前庭饱满，鼻子修长，脸部轮廓分明，眼睛的颜色如同晴空下暖风吹过的碧蓝色的莫克姆湾。他的声音缓慢而轻柔，但从不夹杂任何犹豫，神态镇定自若，说话时配合着肢体动作。威廉·艾伦十分有耐心，从不轻易生气。第一次见到他的人几乎都会喜欢并信任他。很多人忠心为他效力。他虽然没有超乎常人的睿智，但是一个天生的领导者，"天生就是做大事的人"。

罗伯特·帕森斯比威廉·艾伦小十四岁，人们一直以为他是清教徒，属于英格兰的另一阶层。他体格健壮，皮肤黝黑，毛发粗糙，有一双棕色的眼睛。棕色眼睛在英格兰很常见，但多见于英格兰西南部。在英格兰人中，罗伯特·帕森斯的相貌有点像凯尔特人，但在凯尔特人来英格兰半岛前，拥有棕色眼睛的人种已经存在。棕色眼睛的人种和巨石阵、"好人"罗宾，以及奎恩托克山一样古老。罗伯特·帕森斯出生在英格兰的下斯托伊，据说他的父亲是一个铁匠。罗伯特·帕森斯的手脚很大，肩膀宽厚，胸膛结实。如果他没有成为一名学者，一定是个很不错的铁匠。他的头很大，面部五官大而粗犷，像一件缺少精雕细琢且未完成的作品。但人们很少关注他的外表。比起内在的智慧幽默，外表显得微不足道。罗伯特·帕森斯说话娓娓动听，手势丰富，声音成熟而生动，完全具备演说家的雄辩才能。见过他的人很容易忘记他笨拙粗犷的外表，但永远不会忘记他出色的演说。他很自律，耐心的外表掩盖了狂热的探索精神。有时，如果他的情绪不稳定，就会让人感觉他非常不容易。此外，他的思想深邃，能以英格兰人的口吻将一本充满愤怒情绪和嘲笑言辞的宣传册，用简单甜美的语言描绘成一本让人赏心悦目的奉献之书。

从表面上看，威廉·艾伦和罗伯特·帕森斯没有太多相似之处，但六年来，罗伯特·帕森斯一直是威廉·艾伦的左膀右臂。罗伯特·帕森斯曾作为使者觐见西班牙国王腓力二世和罗马教皇。除了威廉·艾伦，没有人比他更清楚打败英格兰的复杂计划和双方协商的情况。在威廉·艾伦的众多助手中，罗伯特·帕森斯凭借雄辩的口才与突出的文笔，以及充满智慧的头脑，脱颖而出。所有人，包括威廉·艾伦，都没有像罗伯特·帕森斯那样，积极争取国外势力参与战争。因此，威廉·艾伦听从了罗伯特·帕森斯的决定。威廉·艾伦和罗伯特·帕森斯的一个共同之处是，都流亡在外，对自己逃离的土地充满热忱，为了重新踏上英格兰而斗争。威廉·艾伦和罗伯特·帕森斯的联合还有更深层的原因，即他们的能力互补。因此，他们的合作属于强强联合，双方似乎都能意识到对方的缺点和不足。威廉·艾伦和罗伯特·帕森斯的联合成为中世纪英格兰社会的缩影。

我们知道，无论从哪方面来看，在过去十年中，威廉·艾伦和罗伯特·帕

安东尼·布朗
（1528—1592）

亨利·赖奥思利
(1573—1624)

乔治·克利福德
（1558—1605）

菲利普·霍华德
（1557—1595）

亨利·斯坦利
（1531—1593）

爱德华·德·维尔
（1550—1604）

森斯的合作都是天衣无缝的。从他们初次见面到西班牙无敌舰队幸存者们历尽千辛万苦重返西班牙（当时，威廉·艾伦在罗马奄奄一息，罗伯特·帕森斯在西班牙灰心丧气），认识他们的人都不认为他们之间存在嫌隙。

1585年秋天，威廉·艾伦与罗伯特·帕森斯一同前往罗马。此后，他们开始合作。譬如，最近他们在做详细的谱系研究，根据血统证明，爱德华三世的后裔，西班牙国王腓力二世，是仅次于苏格兰女王玛丽的最有资格继承英格兰王位的正统君主。他们将研究文件交给西班牙国王腓力二世。随后，他们开始研究英格兰的宣传材料，为威廉·艾伦在代芬特尔向帕尔玛公爵亚历山大·法尔内塞投降一事辩护。直到威廉·艾伦传来信息，他们一直致力于此事。因为上次得到来自代芬特尔的消息是在三个星期前，所以他们的书还有三个星期交付印刷。

罗伯特·帕森斯
（1546—1610）

威廉·艾伦和罗伯特·帕森斯的书是一本很薄的书，但写作过程并不顺利。坦率地说，这本书的目的是解决天主教贵族威廉·斯坦利爵士关于自己处境的顾虑。书中涉及让西班牙委托威廉·斯坦利爵士守卫尼德兰做法的合理性，以及英格兰士兵曾向英格兰女王伊丽莎白一世宣誓，现在却置身敌军阵营，这一现象应该怎么解释。当然，这本书涵盖的范围十分广泛，内容不仅针对尼德兰的英格兰天主教徒，还包括欧洲所有天主教徒，以及在英格兰秘密活动的天主教徒和对外标榜的天主教徒。此书根据《圣经》和教会法，清晰阐明了引文。威廉·艾伦的阐述如下：

第6章 英格兰北部的天主教势力

自从伊丽莎白一世继承英格兰王位以来,在英格兰国内颁布的正义法案都是教会和信徒的公开言论。宣称是上帝的敌人和异教徒……冠以被逐出教会之名……根据上帝与人民的法律宣布无效。因此,伊丽莎白一世没有权力发动任何战争。根据法律,任何人都不能效忠或帮助异教徒女王,但如果异教徒女王被逐出教会……与上帝决裂的人不能让其子民宣誓或表达忠诚。

因此,威廉·艾伦希望英格兰最好不要参加任何战争,无论在国内还是国外。此外,英格兰的宗教战争应该效仿威廉·斯坦利爵士的军团。"为全能的上帝献身、世界上最伟大公正的君主当然是西班牙国王腓力二世,以及西班牙杰出的军队统帅帕尔玛公爵亚历山大·法尔内塞……尊贵的协助者……让我们的人民信仰天主教,劝导天主教徒的朋友和兄弟远离邪恶的、让人无法容忍的异端邪说。"如果苏格兰女王玛丽的死意味着决战时机已经到来,那么威廉·艾伦希望尽早完成这本书的手稿,并在英格兰秘密发行。

威廉·艾伦和罗伯特·帕森斯需要立即处理其他事务。他们经常一起应对重大问题,从各个可能的角度商议可行的应急措施。他们都是现实主义者,没有考虑过营救苏格兰女王玛丽,因为苏格兰女王玛丽被监禁起来,没有一点营救的希望。此前,吉斯公爵亨利一世和其他法兰西盟友在通信中已经提到,如果发起突袭,苏格兰女王玛丽很可能还没有等到入侵的军队登陆英格兰,就已经被处死了,更可能在入侵舰队起航前被处死。

威廉·艾伦和罗伯特·帕森斯决定第二天早晨前往西班牙大使馆,与西班牙大使奥利瓦雷斯伯爵恩里克·德·古兹曼商讨具体行动的细节和相关指示。罗伯特·帕森斯一一列出了行动细节,让大使带回西班牙。过去一段时间,威廉·艾伦和罗伯特·帕森斯一直认为,拜见并征询意见是与奥利瓦雷斯伯爵恩里克·德·古兹曼打交道的最简单方法。奥利瓦雷斯伯爵恩里克·德·古兹曼高度认可他们的谨慎态度和睿智头脑,以及他们对宗教的虔诚与谦卑。

罗伯特·帕森斯同时承担了罗马教廷的紧急任务,召集了三四个值得信赖的红衣主教。教皇西克斯图斯五世应该做出有力声明,告诉人们苏格兰女王玛丽的死与他没有任何关系。关于苏格兰女王玛丽的死,教皇西克斯图斯五世从几个渠道获得了消息。法兰西对苏格兰女王玛丽的死态度冷漠，甚至更糟糕。威廉·艾伦和罗伯特·帕森斯的新任务是让苏格兰女王玛丽的儿子詹姆斯六世皈依天主教。目前，这样做并不合时宜。如果威廉·艾伦和罗伯特·帕森斯表现出的热忱没有引起西班牙国王腓力二世的疑心，教皇西克斯图斯五世的态度也没有过于冷漠，这件事一定会被处理得很好。让詹姆斯六世皈依天主教是推动宗教运动发展的绝佳时机，威廉·艾伦很可能荣升主教。一切都在罗伯特·帕森斯的推动之下。

对威廉·艾伦来说，他需要写信给英格兰的天主教难民，因为他与苏格兰贵族还没有建立直接联系。此时，他需要将自己想说的话通过兰斯传到英格兰和苏格兰。然而，他首先需要给西班牙国王腓力二世写信。这封信应该是庄严、充满男子气概的，号召西班牙国王腓力二世惩罚英格兰犯下的错。信中没有提到驻扎在尼德兰的英格兰军队，也没有提到最近发生在西印度群岛的弗朗西斯·德雷克的突袭。威廉·艾伦很了解罗伯特·帕森斯。在信中，他提到了英格兰的天主教势力。除了西班牙国王腓力二世国王，英格兰的天主教徒不知道向谁寻求帮助。威廉·艾伦的信涉及国王对上帝的责任、对天主教的责任和为信仰而战的必胜信念。多年来，威廉·艾伦给苏格兰女王玛丽写过一些信，称其为"最让人敬畏的女王"。这一称呼表明他不再忠于英格兰女王伊丽莎白一世，将永远忠诚于苏格兰女王玛丽。他用拉丁文给西班牙国王腓力二世写信，措辞模棱两可。但他向朋友直截了当地提到了自己的职责。信尾，他署名："陛下忠诚的臣子与仆人，威廉·艾伦。"苏格兰女王玛丽死后，威廉·艾伦准备称西班牙国王腓力二世为自己法律意义上的国王。

第 7 章　西班牙国王腓力二世的决定

　　伯纳迪诺·德·门多萨派使者前往西班牙和罗马。使者很快到达了西班牙和罗马。1587 年 3 月 23 日夜晚，苏格兰女王玛丽的死讯传到了埃斯科里亚尔修道院。从巴黎到马德里的路比巴黎到罗马的路更难走。途中，加斯科涅路段充满危险，旧卡斯提尔路段荒凉陡峭，但路程较短。前往西班牙的使者出发较早，并在马厩中找到一匹最好的坐骑。一到边境，他就朝西南方疾驰而去。西班牙国王腓力二世虽然会修改文件中的错误，但无法修改文件中的每个疏漏。因为没有明确记载，所以我们不能完全确定使者到达的日期。直到 1587 年 3 月 31 日，各国大使才得知苏格兰女王玛丽的死讯。在马德里，大使们冻得瑟瑟发抖。虽然从埃斯科里亚尔圣洛伦索修道院到马德里只有三十英里，道路也没有因下雨或下雪变得泥泞不堪，但流言蜚语传了一个星期后，各国大使才得到信息。他们最想知道的是，这一个星期里西班牙国王腓力二世到底在干什么。

　　1587 年 3 月 31 日前，西班牙国王腓力二世没有采取任何行动，其中原因错综复杂。使者将消息带到了埃斯科里亚尔圣洛伦索修道院。情况紧急，西班牙大臣收到消息后，与相关人员一起来到西班牙国王沉闷的办公室，在办公室的长桌上破译了消息，并连同原文呈给了西班牙国王腓力二世。西班牙国王腓力二世办公室的长桌上堆满各种政务文件，包括驻外大使的信函，总督、官员、海关、财政和王室的账目，请愿书、纪念品、司法调查证据、船厂和矿山的账目及王室日常开销记录等。每天都有从四面八方送来的文件，包括卡斯蒂尔王国、阿拉贡、葡萄牙，以及西班牙国王腓力二世统治下的其他领地，如那不勒斯、西西里、米兰、弗朗什－孔代、比利时诸省、墨西哥、秘鲁、巴西、"黄金之地"果阿、非洲索发拉、东西各大洋上的诸多岛屿。迄今为止，没有一位君主像西班牙国王腓力二世一样，统治的疆域如此之广，包括王国、公爵领、伯爵领、公国等。当然，也没有一位君主像他一样需要处理这么多文件。西班牙国王腓力二世每天都要批阅很多文件，虽然不能全部批阅，但会批阅大部分。在文件的空白处，他会用潦草的笔迹密密麻麻地写上精准的评语，并修改细微的拼写和语法错误。每一处睿智的注释都体现了他对臣民的关怀。然而，有时他也会延迟批阅文件。如果伯纳迪诺·德·门多萨送来的紧急文件连续几天没有得到国王的批阅，甚至放在国王的办公桌上超过几个星期，那么这并不算意外情况。

然而，通常情况下，西班牙国王腓力二世会及时处理比较紧急的文件。如果延误处理，那么一定是经过了审慎思考。他会按照自己的步骤，有条不紊地整理各方观点，然后根据相关文件列出提纲后分目书写。他也会耐心听取大臣们的汇报，但很少发言。然后，他会安静地阅读一大堆文件。在闪烁的烛光下，大臣们在房间角落里打着哈欠，西班牙国王腓力二世静静思考着，随后独自做出决定。

埃斯科里亚尔圣洛伦索修道院的建筑风格体现了西班牙国王腓力二世安静的性格。在尼德兰为父亲——神圣罗马帝国皇帝查理五世打仗时，他就希望建造一座像埃斯科里亚尔圣洛伦索修道院一样的建筑。一有这样的想法，西班牙国王腓力二世就打算在西班牙选址并修建一座修道院式的王宫。一返回西班牙，他就开始四处选址。挖地基前，他爬上埃斯科里亚尔荒凉的山坡，喝着山泉，呼吸着新鲜的空气，感受着微风拂过和雨滴滑过脸庞的感觉。随后，他做出了决定，并立即出兵来到埃斯科里亚尔，与圣哲罗姆派修道院的所有修士一同前往他选择的地点。此后，他一直密切关注修道院的建造进度。他喜欢如同修道院一般充满田园气息的建筑，不喜欢像托莱多或阿兰胡埃斯一样金碧辉煌的宫殿。二十年来，埃斯科里亚尔圣洛伦索修道院迟迟没有竣工。西班牙国王腓力二世一直在研究建筑计划，经常与建筑师商量，饶有兴致并充满热情地鼓舞工匠们。他对大臣们从未有过类似的好态度。修道院的主要布局和很多细节都遵循了西班牙国王腓力二世的想法。

很早以前，西班牙国王腓力二世就计划在埃斯科里亚尔圣洛伦索修道院的中央建一个贵族教堂，将父亲的遗体和自己将来的遗体放在教堂里。这样一来，

埃斯科里亚尔圣洛伦索修道院

教堂就可以每天为他们的灵魂做弥撒，永不停息。此后，他开始担心驾崩前看不到自己的陵墓。他命令工匠们加快施工进度。大臣们抱怨道，国王花在建造修道院上的时间与花在治理国家上的时间一样多。现在，虽然修道院早在1585年就已经建成，但只要西班牙大臣们能在威尼斯找到一幅画，或在佛兰德斯找到一张挂毯，或在那不勒斯、罗马找到一尊经典雕塑，修道院的内部装饰就永远不会结束。西班牙国王腓力二世开始活在自己的梦里。巨石堆砌的修道院像他的服饰一样，彰显了他的独特个性。之前，欧洲没有一座建筑能符合他的精神要求。

埃斯科里亚尔圣洛伦索修道院坐落在山腰上。修道院后面是高耸的瓜达马拉山脊，山脊上的岩石边沿呈锯齿状。修道院前面是绵延不断的山脉。从远处看，埃斯科里亚尔圣洛伦索修道院就像建在基座上的纪念碑，俯视着整个西班牙。站在修道院内远眺北方，阳光、空气，一切都沉浸在一片宁静和孤独中，仿佛与世隔绝。高高的石墙上没有任何点缀，仿佛与山融为一体。嵌在墙上的窗户犹如洞穴的入口或大炮的炮眼。

埃斯科里亚尔圣洛伦索修道院的中央是圆顶教堂，轮廓和圣彼得堡大教堂很像，没有脱离当代的建筑特色。不论德意志人选谁做君主，西班牙国王腓力二世都认为自己是上帝的神圣选择，应该和教皇享受同样的荣光。埃斯科里亚尔圣洛伦索修道院的教堂规模比罗马教堂小。但在16世纪的现代建筑中，除了圣彼得堡大教堂和梵蒂冈教堂，没有一座教堂的规模能与埃斯科里亚尔圣洛伦索修道院的教堂媲美。显然，埃斯科里亚尔圣洛伦索修道院是一座宫殿与教堂融合的建筑，但没有沿袭以前的风格，建筑风格是16世纪80年代最流行的建筑风格，透露着反宗教改革的气息。与圣彼得堡大教堂相比，西班牙国王腓力二世时代的埃斯科里亚尔圣洛伦索修道院的轮廓线条不够流畅，内部装饰并不奢华，也没有圣彼得堡大教堂那样开放的气息。修道院四面高墙耸立，像一座堡垒，最里面的城堡像军队方阵中央神圣的军旗。圣彼得堡大教堂是罗马的精神象征，是天主教坚定而夸张的自我标榜。埃斯科里亚尔圣洛伦索修道院象征捍卫正教的一把利剑。异教徒试图推翻天主教，不惜一切代价发动了邪恶的革命。

实际上，埃斯科里亚尔圣洛伦索修道院象征着对欧洲异教徒的蔑视和威胁。西班牙国王腓力二世经常将建造过程中遇到的麻烦或延误归结为异教徒间谍的阴谋，建筑理念也绝不效仿以前的建筑。修道院的中央既是教堂，也是陵墓。建教

第 7 章 西班牙国王腓力二世的决定

堂的计划影响了整个修道院的复杂建筑结构。为西班牙国王腓力二世及其家族做弥撒不仅透露出他的宗教态度,还反映出他的家族在基督教世界的地位,因为他选择建陵墓的位置充分说明了自己高高在上的地位。埃斯科里亚尔圣洛伦索修道院展现出的是西班牙国王腓力二世的社会形象。在这座伟大建筑的核心位置,即修道院右侧,有几间隐蔽的房子,常用作西班牙国王腓力二世的书房或办公场所。房间采光很好,但布局狭窄。圣坛旁边的凹室是卧室,卧室装有百叶窗,窗户朝向修道院内的教堂。埃斯科里亚尔圣洛伦索修道院内的宫殿和陵墓仅是一个用来掩盖撤退和避难的藏身之所。

埃斯科里亚尔圣洛伦索修道院的宫殿选址在此,确保了西班牙国王腓力二世与世隔绝。但这还不够——除了圣洛伦索修道院外,这片光秃秃满是岩石的山坡上没有人烟。而且在这座宏伟的建筑里,西班牙国王腓力二世还想建造学校、图书馆、作坊、医院等,剩下的空间几乎不能容下所有的圣哲罗姆修士和王室的家庭成员。更没有空间容纳成群的朝臣。这些人在马德里或巴拉多利德的宫殿,可以随时觐见国王。在这座宫殿,那些权力在握的表亲、贵族及讨厌的使者们都无法与西班牙国王腓力二世近距离靠近。

然而,在埃斯科里亚尔圣洛伦索修道院的宫殿里面,一堆文件使西班牙国王腓力二世与外界隔绝。按照西班牙国王腓力二世的设计,他的办公室空间狭窄,从不让外人进来,一点也不像国王的办公场所。他在这间办公室内工作的时间越来越长。由于内庭十分狭窄,无论多少人走过门廊,都会显得拥挤不堪。西班牙国王腓力二世希望掌控房间的一切,一眼就可以扫视几个房间的情况,不会与任何人不期而遇。他是个热爱家庭的人,但他的家人都住在其他地方。他信赖自己的修士,前往教堂唱诗班时,必须经过一扇隐蔽的门和一条通道。进入国王寝宫的门深藏玄机。一旦回到寝宫,西班牙国王腓力二世绝对受不到任何打扰,就像中世纪隐居的修士一样,拥有隐私特权。通常,一个人地位越高,越想成为众人的焦点。但西班牙国王腓力二世对隐私的重视程度与日俱增。他的传统信仰让人觉得年龄越大,越像一名修士。

在某种意义上,西班牙国王腓力二世的确有修士的特点。他提倡禁欲主义,双眼红肿,患有痛风,手指僵硬。他的主要任务是为西班牙王国奉献一生。随着年龄的增长,他不再参加打猎、跳舞、宴会等任何王室娱乐活动。他也放弃了真正喜欢的娱乐活动如赏花、绘画、游览或与儿童为伴。在位期间，他需要做出重大决定时，都会冥想。众所周知，西班牙国王腓力二世认为，上帝对国王的期待远高于普通人，对西班牙国王的期待也高于其他国王。他认为自己肩负的责任沉重而独特。因此，在狭小的内室独处，听着教堂颂诗的声音，也许有助于他像其他孤独的修士一样，完成上帝交给自己的任务。

西班牙国王腓力二世曾在办公室坐了整整一个星期。据我们所知，关于英格兰的事情，他没有写一行字或与任何人商量。静坐期间，他只做了一件事，即为苏格兰女王玛丽的殉难忏悔。没有人和他商讨苏格兰女王玛丽的死。如果说英格兰威胁了西班牙国王腓力二世近二十年，那么面对英格兰的威胁，西班牙国王腓力二世能够认真考虑的时间只有四年。他的脑海中装着大量卷宗，并形成了一个成熟的计划。他做的一切都是为西班牙的发展做准备。他了解西班牙大臣们最关心的问题，大臣们也了解他现阶段的计划。西班牙在下一阶段的目标是什么，政府的力量能达到什么水平，只有西班牙国王腓力二世知道。

16世纪80年代早期的一天，西班牙国王腓力二世在葡萄牙阅兵后返回西班牙时，埃斯科里亚尔圣洛伦索修道院盖上了最后一片瓦。突然，他想到了关于英格兰的计划。葡萄牙人是海上先锋，征服葡萄牙意味着西班牙在大西洋的实力增强了。在印度洋，葡萄牙人用装有枪炮的船打败了埃及和土耳其，赢得了海上霸权。在非洲和巴西海域，葡萄牙人的帆船成功击退了法兰西、英格兰和西班牙舰队的袭击。在西班牙征服葡萄牙的最后阶段，亚速尔群岛失守。在法兰西港口，西班牙人的舰队击败了葡萄牙舰队，赢得了两次胜利。这是两支舰队在大西洋的战役。随后，西班牙认为自己击败了英格兰舰队和法兰西舰队。在胜利的欢呼声中，西班牙舰队的指挥官——参加过勒班陀战役的圣克鲁斯侯爵阿尔瓦罗·德·巴赞写信给西班牙国王腓力二世，说只要国王一声令下，西班牙舰队就能歼灭英格兰海军。

西班牙国王腓力二世在回信中问圣克鲁斯侯爵阿尔瓦罗·德·巴赞，打败英格兰需要多少海军。西班牙国王腓力二世实事求是的态度发人深省。最后，估算表明，英格兰的海军力量不容低估。圣克鲁兹侯爵阿尔瓦罗·德·巴赞提出

第 7 章 西班牙国王腓力二世的决定

西班牙军队在亚速尔群岛登陆

需要一百五十艘大船,包括当时的战舰加莱赛战船①、重吨位的大型商船、吨位为四十的乌尔卡船②,以及三百二十艘不同类型的小型舰,包括通信快船、巡逻哨艇和用于侦察追击的巡航舰。此外还需要五百一十艘帆船和四十艘加莱桨帆船③。整支舰队配备三万名水手,六万四千名士兵。西班牙舰队是欧洲海域从未出现过的一支强大舰队。阿尔巴公爵费尔南多·阿尔瓦雷斯·德·托莱多计算了所需的军用品,包括火绳枪、盔甲、长枪、火药、炮弹、绳索、锚、饼干、大米、油、盐、咸鱼等长达八个月的战役所需的一切物资,总价达三百八十万达科特④。如果按照西班牙国王腓力二世的实际花销计算,这笔钱是远远不够的。但西班牙舰

---

① 加莱赛战船(Galleass)源于商用的加莱桨帆船,比加莱桨帆船更高、体积更大。船桨多达三十二只,每只桨最多由五个人操作。加莱桨帆船通常有三根桅杆、一个船首楼和一个船尾楼组成。——译者注
② 有人认为乌尔卡船是一种巨大的货船。——原注
③ 加莱桨帆船(Galleys)的特点是船体细长,吃水浅,顺风时使用帆,靠人力推进。加莱桨帆船起源于地中海沿岸的航海文明,直到 19 世纪早期,一直用于战争、贸易和海盗活动中。——译者注
④ 达科特(Dacourt),中世纪后期到 20 世纪在欧洲流通的金币或银币,根据金属含量和购买力分为不同的类型。——译者注

队总指挥报了三千八百万达科特的预算。此外，舰队还有其他方面的需求。但无论是总预算还是逐渐加重的负债压力，都超出了西班牙国王腓力二世的支付能力。即使再准备一段时间，也不可能筹到一笔巨额军费或建立一支大规模舰队。为了集合五百艘船，西班牙舰队总指挥调来了西班牙和意大利海港的所有船。从完成军事任务的角度，西班牙舰队总指挥的预算是合理的，但从现实财力角度，他的预算显得不切实际。

西班牙国王腓力二世手中还有一份来自海军指挥官的预算，与圣克鲁斯侯爵阿尔瓦罗·德·巴赞的预算持衡。圣克鲁斯侯爵阿尔瓦罗·德·巴赞提出，他指挥的主要军事力量可以从海上航行至英格兰。帕尔玛公爵亚历山大·法尔内塞认为，西班牙舰队可以不需要海军。他觉得在英格兰境内，西班牙的三万名步兵

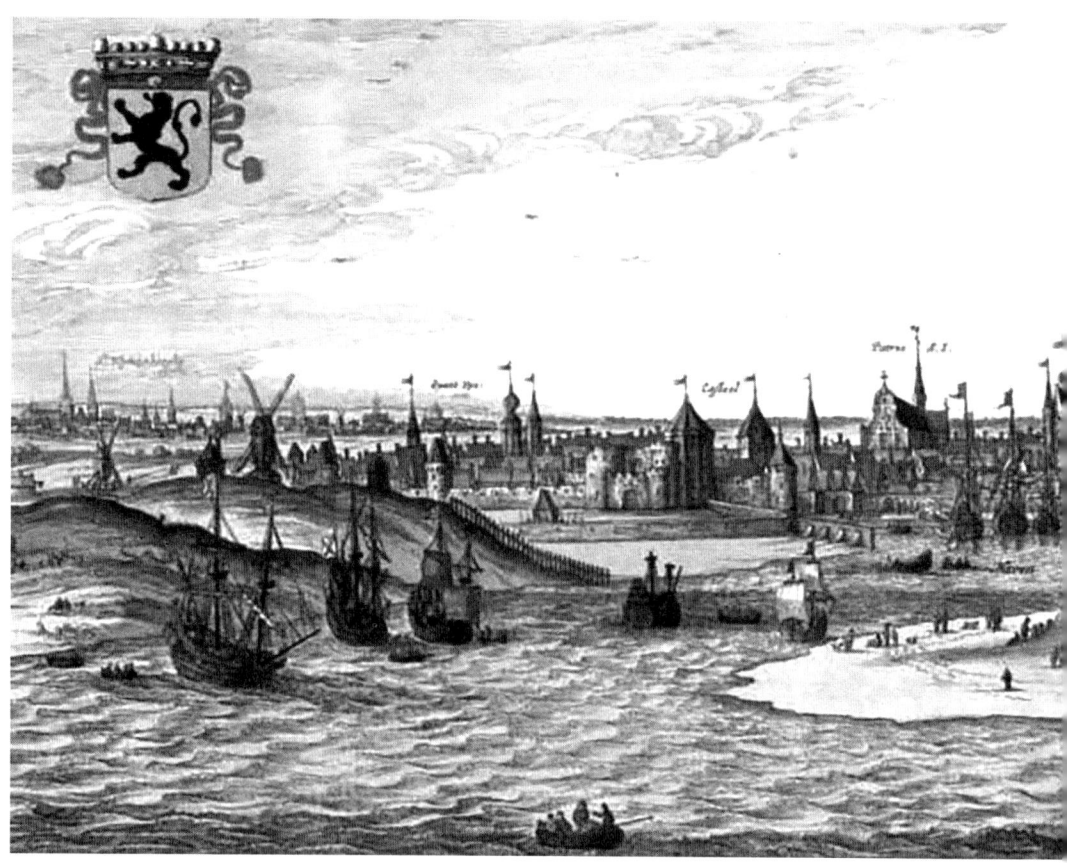

敦刻尔克

第 7 章 西班牙国王腓力二世的决定

和四千名骑兵如果得到天主教徒的帮助,一定能完成任务。到时,他可以用一夜时间,率军乘船从纽波特港抵达敦刻尔克。多年后,拿破仑和希特勒也有过同样的想法。帕尔玛公爵亚历山大·法尔内塞认为,计划成功的核心条件是运气。虽然他没有明确说过,但西班牙的三万四千名步兵和七八百艘驳船聚集在佛兰德斯港时一定会被英格兰人发现。他的理由也许是,如果西班牙军队真的被英格兰人发现,那么英格兰的舰队会遭到从尼德兰赶来支援西班牙的舰队的攻击。西班牙国王腓力二世已经注意到了这一计划的危险。最后,在帕尔玛公爵亚历山大·法尔内塞需要靠运气完成的计划上,他重重写了一笔"不切实际"!

除了两位得力军事将领的计划,西班牙国王腓力二世也制订了一份计划。帕尔玛公爵亚历山大·法尔内塞要求意大利从陆地上增援西班牙舰队。如果不选

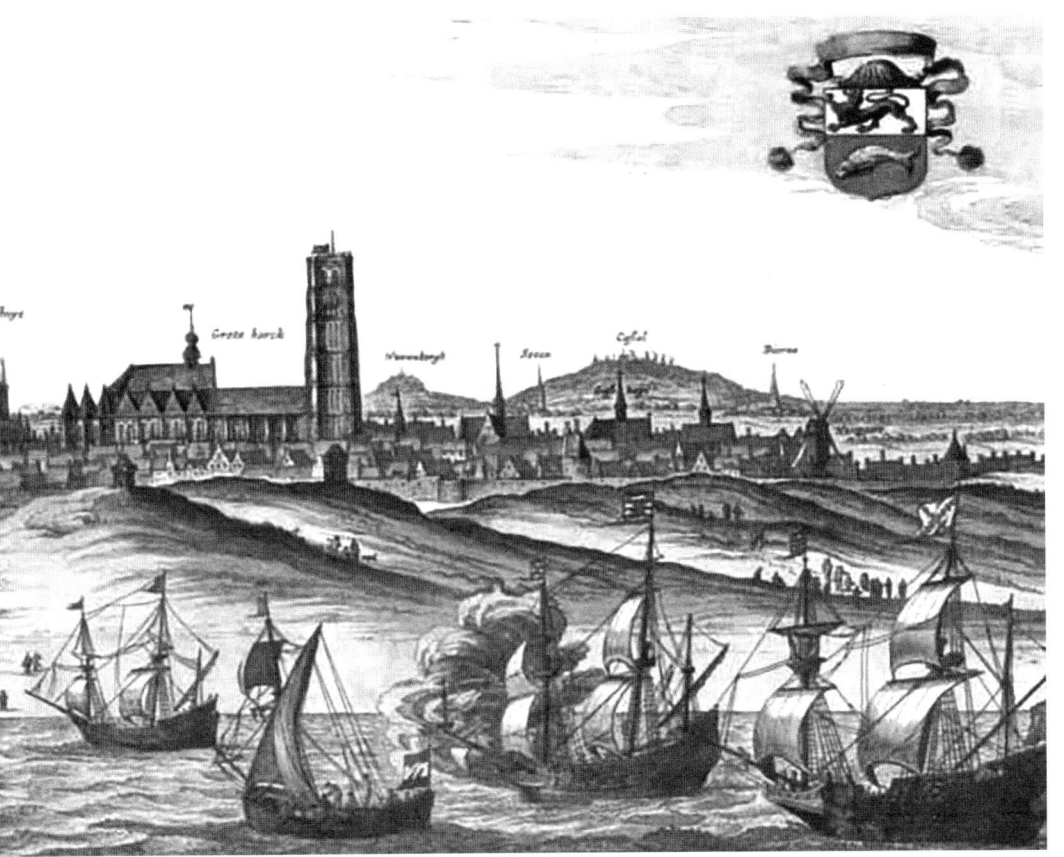

择意大利,他也会要求其他地区的军队前来增援。时间迫近,他必须平衡佛兰德斯海岸的陆军和海军力量。与此同时,在葡萄牙首都里斯本,圣克鲁斯侯爵阿尔瓦罗·德·巴赞要集结军队。西班牙舰队不仅要与英格兰海军交锋,还要护送西班牙强大的陆军横跨英吉利海峡,驶向英格兰。帕尔玛公爵亚历山大·法尔内塞开始集结自己的军队,并派西班牙舰队护送陆军前往已经选定的泰晤士河港口。一旦西班牙舰队将陆军安全护送到英格兰,圣克鲁斯侯爵阿尔瓦罗·德·巴赞就会与帕尔玛公爵亚历山大·法尔内塞的舰队会合。如果英格兰海军发起攻击,或西班牙舰队占据了先机,圣克鲁斯侯爵阿尔瓦罗·德·巴赞就会与英军交战,并消灭敌人。西班牙舰队的主要任务是护送陆军。我们不知道圣克鲁斯侯爵阿尔瓦罗·德·巴赞是否完全了解作战计划。苏格兰女王玛丽死后的半年里,伯纳迪诺·德·门多萨深知自己肩负的责任。与伯纳迪诺·德·门多萨一样,帕尔玛公爵亚历山大·法尔内塞也深知自己的任务。

从某种程度上来说,西班牙国王腓力二世的计划很好。他的计划不像帕尔玛公爵亚历山大·法尔内塞的计划那么依赖英格兰的天主教势力。虽然没有英格兰国内力量的参与,但入侵英格兰的西班牙军队不足以征服整个英格兰王国。为了节省开支,帕尔玛公爵亚历山大·法尔内塞派手下经验丰富的老兵横跨英吉利海峡,并没有通过西班牙战舰入侵英格兰。此外,西班牙国王腓力二世无法召集到圣克鲁斯侯爵阿尔瓦罗·德·巴赞要求的军队数量,更无法找到足够的船运送西班牙军队到英格兰。帕尔玛公爵亚历山大·法尔内塞的军事才能无人能比,是最适合指挥陆战的将领。与此同时,西班牙的作战计划没有留给帕尔玛公爵亚历山大·法尔内塞与西班牙国王腓力二世交流或撤退的可能,只能孤注一掷奋力一搏,要么征服英格兰,要么全军覆没。之所以精简海军兵力,是因为作战计划希望海军满足战事需求即可。当然,西班牙的作战计划是一个复杂严谨的计划,不允许出现任何失误或意外。西班牙国王腓力二世信赖帕尔玛公爵亚历山大·法尔内塞的军事能力和忠诚度,似乎没有比这更好的计划了。

然而,截至目前,西班牙的准备工作进展缓慢。按照计划,西班牙舰队需要准备大量饼干、咸鱼、帆布和索具,以及召集新兵壮大军队力量。在神圣罗马帝国和意大利,西班牙国王腓力二世的大臣们竭力搜集用于海战的大炮、加农炮、长重炮,以及可以装载在战船上的青铜和铁器,甚至小到做不成武器的

第 7 章 西班牙国王腓力二世的决定

里斯本

金属也被搬上了船。在西班牙南部的安达卢西亚和比斯开湾港口，停泊着各种各样的船，包括来自那不勒斯、热那亚、法兰西和丹克斯的船，还有一些船来自当地，通过分租或指派完成最终任务。在里斯本，船上虽然没有大炮和水手，但仍然可以将大型船改造成加莱赛战船，以便维修废旧的船。港口一片喧嚷，不过，即便再喧嚷，也没有与英格兰决一死战一事紧迫。1587年春天，驻马德里的意大利大使包括一名威尼斯人、一名热那亚人、一名佛罗伦萨人、一名曼图亚人，以及教皇的两个代表，他们都不能确定的是，西班牙的一切准备是否是针对英格兰的。

也许，西班牙国王腓力二世还没有下定决心。他受到了英格兰人的极大挑衅。弗朗西斯·德雷克狂妄放肆，率军横跨西印度群岛，袭击了西班牙海岸。与英格兰前任女王玛丽一世联姻后，西班牙国王腓力二世开始感觉到了英格兰天主教徒的命运，认为自己有不可推卸的责任。教皇西克斯图斯五世力劝西班牙国王腓力二世采取行动。英格兰流亡的天主教徒祈求西班牙国王腓力二世伸出援手。主战的西班牙大臣也劝自己的国王采取行动。但西班牙国王腓力二世迟迟不动，正如他曾写的那样，面对大事时要放慢脚步。

此外，有关英格兰的一切都让西班牙国王腓力二世感到反感。首先是财政支出。来自墨西哥和秘鲁的财政收入并没有改变西班牙每年的财政赤字。西班牙国王腓力二世努力集聚每一份收入，支付越来越高的开销。西班牙的很多钱都流入了尼德兰。葡萄牙曾垄断了霍尔木兹和印度的全部财富，但现在几乎和西班牙一样面临破产，甚至比西班牙的财政状况更糟糕。西班牙国王腓力二世了解到，西班牙海军的军费开支比陆军多很多。

对西班牙来说，比财政赤字更糟糕的是作战计划的不确定性。战争是冒险的，但谨慎的西班牙国王腓力二世讨厌冒险。他一直认为自己不会主动挑起战争，除非出于防御目的，否则不会参加任何战争，更不会派西班牙军队侵扰和欺压邻国。帕尔森神父轻蔑地写道："西班牙国王腓力二世害怕战争，就像被火灼伤的孩子会一直害怕火焰一样。"西班牙国王腓力二世最害怕的是与英格兰交战。作为国王，他了解自己的国家。他对自己的计划或有关英格兰的任何计划了如指掌，但此次战争是一场无望的赌博。西班牙国王腓力二世的笔不止一次地在那些认为征服英格兰易如反掌的文件上写下"荒谬"二字。

16世纪80年代的腓力二世

他曾写道："英格兰王国现在是，而且以后永远是海上霸主。英格兰的地理环境为其提供了安全屏障。"因此，他最英勇

第 7 章 西班牙国王腓力二世的决定

善战的军队指挥官告诉他，英格兰的海上实力很强大，甚至会一直强大下去，挑战英格兰的海上力量需要冒极大的风险。

成功征服英格兰面临的风险比失败的风险更大。如果苏格兰女王玛丽还在世，那么当西班牙国王腓力二世的军队打败英格兰的军队，苏格兰女王玛丽就会顺理成章地成为英格兰的新女王。苏格兰女王玛丽是一名天主教徒，一直想获得英格兰的王位。到那时，她一定会很感激西班牙国王腓力二世。但苏格兰女王玛丽更青睐法兰西王国。西班牙国王腓力二世的父亲神圣罗马帝国皇帝查理五世曾告诉他，西班牙最大的威胁是英法联合。如果西班牙人用鲜血和财富赢得战争，换来的却是法王亨利三世再次成为欧洲霸主，那么对西班牙来说，这将是多么辛辣的讽刺！上帝能否让英格兰重新信仰天主教呢？

现在，法王亨利三世再次成为欧洲霸主的威胁已经不存在。我们并不确定苏格兰女王玛丽的死对西班牙国王腓力二世有多重要，也无法知道西班牙国王腓力二世读到伯纳迪诺·德·门多萨的秘信时，想到了什么。我们只知道，得到苏格兰女王玛丽的死讯几天后，西班牙国王腓力二世重新拿起相关文件，但并没有落笔批示。他的秘书呆呆站在一边。1587 年 3 月 31 日傍晚，在埃斯科里亚尔圣洛伦索修道院的秘密房间里，一切尘埃落定，西班牙国王腓力二世决定采取行动。1587 年春天结束前，圣克鲁斯侯爵阿尔瓦罗·德·巴赞必须做好航海准备。卡塔赫纳与马拉加的船和储备物资都要立即运往里斯本。比斯开湾的造船匠需要两万五千埃斯库多，以便缩短建船工期。在巴塞罗那，海军兵工厂需要检查作战所需的武器和物资，并将武器和物资装在大西洋的西班牙无敌舰上。那不勒斯收到了同样的命令。西班牙国王腓力二世重点询问了热那亚硝石延误运送的原因。帕尔玛公爵亚历山大·法尔内塞收到了西班牙国王腓力二世寄来的一封简短含蓄的信，信中写道："按照近期的情况，必须加快速度。"伯纳迪诺·德·门多萨也收到了一封几乎一样的信，决定和苏格兰大使一起去巴黎吊唁苏格兰女王玛丽。关于其他问题，西班牙国王腓力二世没有最新指示。伯纳迪诺·德·门多萨也许认为自己的建议得到了国王的批准。

1587 年 3 月 31 日夜晚，西班牙国王腓力二世命人将一摞内容直白的信送到了罗马。他知道，自己寄给帕尔玛公爵亚历山大·法尔内塞和伯纳迪诺·德·门多萨的信可能会遭到胡格诺派的拦截。对胡格诺派来说，封印没有任何神圣意义，但寄往罗马的包裹不存在类似的风险。送到罗马的信中，除了对红衣主教卡拉法的亲切问候，还有对威廉·艾伦的一些指示。奥利瓦雷斯伯爵恩里克·德·古兹曼在信中提到了借款，提醒教皇西克斯图斯五世不能信任法王亨利三世，并向教皇西克斯图斯五世呈交了所有支持西班牙国王腓力二世继承英格兰王位的文件，希望得到教皇的秘密授权。当然，西班牙国王腓力二世最后会将一切交给他的女儿。他并不想开疆拓土，但苏格兰女王玛丽的死让他比以往更迫切地想要推翻英格兰女王伊丽莎白一世的统治。

西班牙国王腓力二世在另一封信中写道："苏格兰女王玛丽的死令我悲痛欲绝。她是担任英格兰和苏格兰君主的最佳人选，只有她有能力使英格兰重新信仰天主教。但既然上帝有此旨意，就会通过其他方式让天主教徒取得胜利。"我们或许可以认为，这段话是西班牙国王腓力二世国王独自冥想的最终结果。西班牙国王腓力二世暗下决心，不论谁退缩，他都会义无反顾地向前，像梦游人一般，被异象指引着。下定决心前，他也许正在读伯纳迪诺·德·门多萨的信："这似乎是上帝的旨意，加冕陛下为两个王国的国王。"

第8章　弗朗西斯·德雷克的行动

然而，在埃斯科里亚尔圣洛伦索修道院宫殿的深处，西班牙国王腓力二世正思考着苏格兰女王玛丽的死造成的影响。在格林尼治的王宫，弗朗西斯·德雷克比西班牙国王腓力二世更坚信上帝的旨意。在西班牙国王腓力二世之前，他就知道上帝想要通过战争解决问题。弗朗西斯·德雷克的父亲埃德蒙·德雷克是德文郡的神父。从父亲那里，弗朗西斯·德雷克了解了自己与生俱来的使命。如同西班牙国王腓力二世遵从神圣的罗马教皇的教诲一样，弗朗西斯·德雷克谨遵父亲的教诲。西班牙国王腓力二世和弗朗西斯·德雷克的气质、性格虽然截然不同，但有一点很相像，即他们对自己的信仰非常坚定虔诚，从未动摇。

在埃德蒙·德雷克的教导下，弗朗西斯·德雷克明白了清教徒的基本信仰。世间的一切都由上帝的意志决定，上帝希望彻底毁灭罗马主教及其从事的事业。因此，上帝对罗马教廷的态度十分坚决，一个明显的标志是：人类永远和上帝在一起，人类是上帝的选民。弗朗西斯·德雷克从未动摇过自己的信念。于是，他发动了对西班牙的战争，并使战争达到了高潮，打破了人们的偶像崇拜，就像《旧约》里的英雄一样。

然而，弗朗西斯·德雷克向西班牙开战是出于公共或宗教责任，源于心底对天主教深深的不满。1568年，年轻的弗朗西斯·德雷克和表兄约翰·霍金斯来到圣胡安-德乌卢阿港。随后，战争爆发。武装起来的英格兰商船停泊在驻扎着西班牙驻防舰队的港口，局势十分危急。战争结束后，弗朗西斯·德雷克乘漏水的小船回到了朴茨茅斯的家。这艘小船是战争中唯一幸存的船。约翰·霍金斯乘另一艘船艰难地回到了家，并在战争结束后说："我们十分痛苦，但在战斗打响的那天晚上，'朱迪斯'号抛弃了我们。"约翰·霍金斯没有指责自己的属下，

约翰·霍金斯
（1532—1595）

圣胡安－德乌卢阿战役

但他也许担心人们会说他因为害怕西班牙人，所以放弃了自己的船。弗朗西斯·德雷克摸了摸口袋，发现自己筹到的所有钱已经都花在此次航行上了，口袋已经空空如也。

1588年，弗朗西斯·德雷克开始偿还之前航行欠下的债款，同时赢回自己的声誉。不光彩地返回朴茨茅斯后，十八年来，他也曾衣锦还乡。第一次衣锦还乡是在1573年8月的一个星期天。当时，弗朗西斯·德雷克和一群来自德文郡的伙伴截获了一艘西班牙护卫舰，从农布雷·德·迪奥斯带回了金银财宝。最令人振奋的是1580年秋天，弗朗西斯·德雷克绕雷姆岬周游世界，从太平洋海域带回了黄金、珠宝、香料和丝绸等。此次航海的所有股东都会分得高达百分之四千七百的红利，其中一部分是给船长和英格兰女王伊丽莎白一世的。近来，弗朗西斯·德雷克又带回一支强大的军队，并在伊比利亚半岛的港口公然挑衅西班牙国王腓力二世，在西印度群岛打败了西班牙商船。伦敦商人认为，弗朗西斯·德雷克的此次航行是一次失败的航行，因为他损失了近一半财富。对此，西班牙人或许会感到些许安慰。1586年，秘鲁和墨西哥的白银从未成功穿越大西洋，塞维利亚人濒临破产，西班牙的银行家们开始恐慌。

英格兰女王伊丽莎白一世虽然将王室的船借给了弗朗西斯·德雷克，并从中获利，但她表示对弗朗西斯·德雷克的计划毫不知情，也对他的行为不负任何责任。因此，在西班牙人眼中，弗朗西斯·德雷克是一个海盗。弗朗西斯·德雷克自称在与西班牙国王作战。他不止一次地公开表示对西班牙国王腓力二世的蔑视。对他来说，他和西班牙之间的战争是从圣胡安-德乌卢阿战役开始的。不打败西班牙，他绝不会罢休，至少要击溃西班牙舰队，就像他的船"朱迪斯"号受到重创后，船员们狼狈逃回朴茨茅斯港那样。

弗朗西斯·德雷克只是一名骑士，却独自对天主教世界的国王发起了挑战，充分体现了伟大的骑士精神。16世纪的现实生活中，有人取笑弗朗西斯·德雷克像唐·吉诃德一样疯狂。弗朗西斯·德雷克从未承认自己的疯狂，也许是源于他无可救药的自信。更令人震惊的是，整个欧洲都认同弗朗西斯·德雷克的想法。饶舌者、小册子作家，甚至各国政客和外交大使都在讨论西班牙和英格兰之间的海战，称其为西班牙国王腓力二世和弗朗西斯·德雷克之间的个人决斗。1581年，神圣罗马帝国和斯堪的纳维亚的新教君主，以及胡格诺派的领主们和西班牙的其

第 8 章 弗朗西斯·德雷克的行动

他敌人,开始四处传播弗朗西斯·德雷克的画像。不久,人们都熟悉了弗朗西斯·德雷克。弗朗西斯·德雷克身材健壮,肩膀宽阔,精力旺盛,显得咄咄逼人,而且面色红润,蓝色的眼睛大而明亮,目光中透露出坚定不移,胡须是棕色的。随后,英格兰和西班牙共同掌握了英吉利海峡。德意志人、法兰西人、西班牙人和意大利人都在做战事记录,好像英格兰的舰队是弗朗西斯·德雷克船队的扩大版一样。他们写道:"星期日,发现了弗朗西斯·德雷克。""弗朗西斯·德雷克的舰船击毁了很多船……他也损失了很多船……离开了怀特岛……弗朗西斯·德雷克来到了加来……弗朗西斯·德雷克被打败了……弗朗西斯·德雷克胜利了。"这些记录让人觉得英格兰女王伊丽莎白一世的舰队没有其他将领,只有弗朗西斯·德雷克,甚至这支舰队根本不是英格兰女王伊丽莎白一世的舰队一样。间谍和作家们写道:"弗朗西斯·德雷克正在壮大自己的力量……弗朗西斯·德雷克的计划是做舰队的拦截板……弗朗西斯·德雷克会突然造访巴西。"英格兰女王伊丽莎白一世舰队的所有行动好像都由弗朗西斯·德雷克指挥。

弗朗西斯·德雷克往返于伦敦和格林尼治的王宫之间。他先从格林尼治到格雷夫森德,然后再到伦敦。他由衷希望民间流传的所有故事都是真的,也很乐意听听水手的意见。他能嗅到南方吹来的风,从朋友那里了解到西班牙正在积极备战。他的朋友是英格兰女王伊丽莎白一世的秘书弗朗西斯·沃尔辛厄姆爵士。通过加勒比海战役中的突袭,弗朗西斯·德雷克知道了如何阻止西班牙备战。与此同时,他个人的战争已经升级成为国家之间的战争。如果他能立即发动猛烈突袭,西班牙的无敌舰队就会在起航前宣告失败。英格兰舰队受到英格兰女王伊丽莎白一世的统治,没有女王的命令,舰队不得航行。弗朗西斯·德雷克对此懊恼不已。1587 年 3 月逐渐过去了,弗朗西斯·德雷克还在等待英格兰女王伊丽莎白一世的命令。英格兰女王伊丽莎白一世曾经一天召见了弗朗西斯·德雷克九次。但几个星期过去了,弗朗西斯·德雷克一直没有见到英格兰女王伊丽莎白一世。

弗朗西斯·德雷克的传记解释了英格兰女王伊丽莎白一世生气的原因,因为他在西印度群岛航海失败,没有带回金银财宝。毫无疑问,英格兰女王伊丽莎白一世对他很失望。很多事情都需要英格兰女王伊丽莎白一世自掏腰包。1586 年冬天,英格兰女王伊丽莎白一世希望弗朗西斯·德雷克突袭加勒比海,如果幸运的话,还能带回满船的财宝。与此同时,英格兰女王伊丽莎白一世的侍臣认为,女王不想听弗朗西斯·德雷克的解释,因为她现在最关心的是苏格兰女王玛丽的命运,对处决苏格兰女王玛丽一事忧心如焚。因此,她根本不想过问其他事。

也许在一定程度上,上面的两种解释都有道理。苏格兰女王玛丽被处死后的一个月里,英格兰女王伊丽莎白一世一直处在深深的悲痛中,面对大臣时喜怒无常,态度急躁,根本没有心情管其他事。此时,法兰西人显得很平静。英格兰女王伊丽莎白一世流露出的悲伤之情给法兰西人留下了深刻印象,在一定程度上阻止了西班牙与法兰西,或西班牙与苏格兰之间的联盟,同时推迟了英格兰舰队对西班牙无敌舰队的突袭。1587年2月下旬和1587年3月,英格兰女王伊丽莎白一世情绪好转。在1587年1月,通过委婉的方式,英格兰女王伊丽莎白一世曾授权沃尔特·罗利手上的一名西班牙囚犯,将相关提案交给西班牙国王腓力二

沃尔特·罗利
(1552—1618)

世。与此同时,与英格兰女王伊丽莎白一世议政的大臣有多少,我们不得而知,但英格兰女王伊丽莎白一世一直谨慎地与帕尔玛公爵亚历山大·法尔内塞谈判。如果福瑟陵格的斧子没有落下,面对动荡的局势,英格兰女王伊丽莎白一世一定会尽力维持之前的局面。

同时,不容忽视的是,英格兰受到西班牙三方面的威胁。

首先,第一个威胁是尼德兰。帕尔玛公爵亚历山大·法尔内塞的军队驻扎在佛兰德斯海岸。英格兰女王伊丽莎白一世需要尼德兰的支持,尼德兰也需要英格兰的支持。英格兰女王伊丽莎白一世认为,尼德兰统治者傲慢且小气。迄今为止,英格兰的远征军遇到了军事和财政方面的困难。但无论如何,英格兰都会筹到钱维持海上舰队,使尼德兰安心,继而重建两国同盟。英格兰女王伊丽莎白一世虽然很生气,但依然要在苏格兰女王玛丽死后的一个月里,处理好所有事。

其次,英格兰女王伊丽莎白一世必须抽时间考虑来自法兰西的威胁。法王亨利三世也许是个可悲的失败者,但他在外交上取得了胜利。所有人都认为他是一位不可信赖的国王。伯纳迪诺·德·门多萨和西班牙国王腓力二世认为,法王亨利三世可能会在西班牙无敌舰队起航时,选择与英格兰和纳瓦拉联手。与此同时,爱德华·斯塔福德爵士和弗朗西斯·沃尔辛厄姆爵士,甚至英格兰女王伊丽莎白一世也害怕法王亨利三世会加入西班牙和吉斯公爵亨利一世的阵营。英格兰和西班牙一致认为,对待法王亨利三世必须使用武力。西班牙主要依赖天主教联盟。英格兰女王伊丽莎白一世的议政大臣主张用神圣罗马帝国的清教徒军队加强胡格诺派的力量。英格兰女王伊丽莎白一世非常希望说服德意志为了宗教而不是金钱而战。但她自己对此并没有把握。她叹息着同意给德意志人五万英镑的补贴。当补贴金额涨到十万英镑时,英格兰女王伊丽莎白一世有些害怕,但没有退缩。同时,她还要竭尽全力为一文不名的纳瓦拉国王挤出一点钱。弗朗西斯·沃尔辛厄姆爵士为新教事业奋斗的热情并没有使英格兰女王伊丽莎白一世感到安慰。英格兰女王伊丽莎白一世意识到,面对当前的危局,她应该设法让法兰西忙于内政。

第三,英格兰面临的最大威胁来自西班牙,必须时刻提防西班牙的海上侵袭。对此,英格兰已经做好海战准备。16世纪战争间隙期,没有人会让战舰一直保持备战状态。幸运的是,由于约翰·霍金斯,英格兰女王伊丽莎白一世做好了充足的应战准备。英格兰有很多可以作战的船，一切已经准备就绪。即使一些船需要修理，成本也并不高。无论何时何地，英格兰舰队都有信心打败西班牙，但无论战争发生在西班牙沿岸还是在英吉利海峡，都会是一次可怕的冒险。弗朗西斯·德雷克认为自己的计划成本最低。他希望突袭西班牙海岸，将西班牙无敌舰队挡在西班牙海港内。英格兰女王伊丽莎白一世犹豫不决，不想主动挑衅西班牙国王腓力二世，也不想多花一分钱。她知道，弗朗西斯·德雷克一类的煽动者会让她卷入麻烦，给她带来危险。当然，如果西班牙无敌舰队推迟起航时间，甚至推迟一年，那么谁也无法预料结局。也许，可以使此次航海伪装成一次个人冒险，使女王与西班牙的和谈尚有回旋余地。

英格兰女王伊丽莎白一世干预了英格兰的作战计划。弗朗西斯·德雷克需要英格兰女王伊丽莎白一世为他配备四艘一等规格的盖伦帆船和两艘舰载艇。同时，他得到了授权，将会获得伦敦商船的支持。英格兰海军总指挥也提出派两艘加莱赛战船和一艘舰载艇加入弗朗西斯·德雷克的船队。在朴茨茅斯港，弗朗西斯·德雷克用自己的四艘船和其他船组成了一支小型巡航舰队。巡航舰队一般是有利可图的。因此，从某种意义上来说，弗朗西斯·德雷克的此次航行是一次平民组织的商业冒险，但他的目标是"破坏西班牙舰队的海上计划，阻止西班牙舰队在里斯本集结"。弗朗西斯·德雷克下达了命令，"在西班牙港口击毁了西班牙的战舰"。他是在执行英格兰女王伊丽莎白一世的命令。最后，弗朗西斯·德雷克对西班牙发动的个人战争演变成了英格兰与西班牙之间的战争。

如果航期延误，弗朗西斯·德雷克也许会遇到更多波折和变故。对此，他曾与弗朗西斯·沃尔辛厄姆爵士商量过。据弗朗西斯·德雷克的记录，他执行任务的时间是1587年3月15日，即旧历1587年3月25日。但伯纳迪诺·德·门多萨的间谍得知，弗朗西斯·德雷克准备通过英格兰女王伊丽莎白一世的军舰结束整场战争的时间比这一时间早几天。1587年3月18日，弗朗西斯·德雷克命令伦敦商船和英格兰女王伊丽莎白一世的舰船在格雷夫森德港起航，但他没有和船队一起出发。他也许打算留下来等待格林尼治王宫的问询。如果真的是这样，那么问询一定会是一场秘密召见。随后，弗朗西斯·德雷克和妻子迅速赶到了多佛。一艘舰载艇将他们送上了旗舰。弗朗西斯·德雷克下达了命令。1587年3月28日，他率领舰队来到了朴茨茅斯湾。

莱赛战船

在朴茨茅斯湾，弗朗西斯·德雷克只待了一个星期，全身心投入工作。随后，他看到了自己的四艘船，同时等待英格兰女王伊丽莎白一世的补给。他在匆忙执行任务的过程中，由于过于草率，导致朴茨茅斯的伦敦商船和英格兰王室的军舰供给严重不足，引发了一系列麻烦。朴茨茅斯谣言四起。弗朗西斯·德雷克默默执行任务的时候，谣言并没有消散。一些人谣传弗朗西斯·德雷克此次航海的目标不是西印度群岛和西属美洲大陆，尽管那里有贸易集市和富裕的种植园，还可以从敌船上掠夺银比索，使穷困的水手富裕起来。此外，他的目的地不是防守不严的巴西，也不是亚速尔群岛，而是加的斯和里斯本。很多人认为加的斯和里斯本堡垒群立，弗朗西斯·德雷克可能会用军舰和武器猛烈攻击这些堡垒。可以确定的是，弗朗西斯·德雷克最先公布的航海目的地是加的斯。弗朗西斯·德雷克的舰队即将离港的时候，消息传到了伯纳迪诺·德·门多萨耳中。弗朗西斯·德雷克怀疑有叛徒泄了密，因此，立即写信给英格兰的海军将领，认为此事严重威胁到了英格兰女王伊丽莎白一世的利益，应该严惩叛徒。同时，他安排好了值班表。看到英格兰王室的军舰和自己的四艘船，以及剩下的伦敦商船后，1587年4月1日，弗朗西斯·德雷克准备起航。

1587年4月2日清晨，在旗舰"伊丽莎白·博纳旺蒂尔"号上，弗朗西斯·德雷克开始给朋友弗朗西斯·沃尔辛厄姆爵士写告别信。他的信虽然句法蹩脚，但充满热情。他写道："我们都感受到了舰队强大的凝聚力。感谢上帝，所有人众志成城，为了我们伟大而亲切的女王和王国，抵抗一切敌人。感谢上帝，在伟大的绅士威廉·伯勒船长、托马斯·芬纳船长和贝林厄姆船长的协助下，我才能谨慎、高效地执行任务。尊敬的先生，如果您看到我们的舰队已经起航，知道舰队上所有人万众一心，您一定会非常高兴。因此，请您放心，任何力量都无法摧毁我们的舰队……我向您保证，我们不会错过任何战机……"

随后，弗朗西斯·德雷克抱怨说："在整个行动中，一些人不怀好意……一些人事不关己，高高挂起；一些人试图干预女王的决策。我向上帝发誓，我不会让他们得逞。"写信的时候，令弗朗西斯·德雷克感到苦恼的是，他无法确定身边谁是阴暗危险的敌人。不久，他确信威廉·伯勒船长是敌人之一。

正如弗朗西斯·德雷克在信中说的那样，也许主张和平的英格兰大臣中，如他和弗朗西斯·沃尔辛厄姆爵士的敌人，都不愿英格兰与西班牙交战。我们无

第8章 弗朗西斯·德雷克的行动

法确定弗朗西斯·沃尔辛厄姆爵士是否提醒过弗朗西斯·德雷克，英格兰女王伊丽莎白一世也许会改变主意，限制对他的财政支持。弗朗西斯·德雷克一再强调速战速决，好像有人要求他速战速决一样。当然，他知道英格兰女王伊丽莎白一世和帕尔玛公爵亚历山大·法尔内塞之间的会谈有了进展。为了攻打西班牙海岸，英格兰女王伊丽莎白一世一定不会让会谈失败。不论发生什么，都不会改变弗朗西斯·德雷克的计划。弗朗西斯·德雷克得意洋洋地在信的结尾写道："风向催促我立即行动。我们的舰队即将起航。无论是我们的舰队还是西班牙舰队，都生活在对上帝的敬畏中。无论在英格兰国内还是在国外，上帝都在帮助英格兰女王伊丽莎白一世陛下。赶快出发！登上'伊丽莎白·博纳旺蒂尔'号！"

英格兰女王伊丽莎白一世改变了主意。使者立即出发前往朴茨茅斯，将英格兰女王伊丽莎白一世的新指示告诉了弗朗西斯·德雷克。英格兰女王伊丽莎白一世听说西班牙国王腓力二世希望双方调和矛盾，不愿意激化矛盾，因此，她要求弗朗西斯·德雷克："暂时不要进入西班牙的任何港口或向西班牙的舰船开炮，也不要在西班牙的领地内做出任何敌对行为。你和舰队依然要竭尽全力，尽量避免流血牺牲，更不要妄想占领西班牙国王或其臣民的船只和领地。"无论弗朗西斯·德雷克和其他好战的英格兰人的理由多么充分，英格兰女王伊丽莎白一世的目的都很明确，不会向西班牙宣战。

当然，如果弗朗西斯·德雷克收到并服从英格兰女王伊丽莎白一世的指示，那么战争结果可能会截然不同。然而，关于弗朗西斯·德雷克的多部传记显示，他并没有收到英格兰女王伊丽莎白一世的指示。其中一本传记记载，1587年4月19日，英格兰枢密大臣秘密签署了撤销命令的指示，并派人将指示送往朴茨茅斯。1587年4月19日，伯纳迪诺·德·门多萨在巴黎得到消息，弗朗西斯·德雷克已经率舰队起航。奇怪的是，关于弗朗西斯·德雷克的起航是否影响了格林尼治王宫的决议一事，没有任何记载。使者带着英格兰女王伊丽莎白一世的指示，乘舰载艇追赶弗朗西斯·德雷克的时候，弗朗西斯·德雷克已经出发九天。弗朗西斯·德雷克根本不需要躲避使者的追赶。他率舰队离开菲尼斯特雷角的几天前，暴风雨将使者的舰载艇吹回了英吉利海峡。使者的舰载艇在英吉利海峡上漂流，截获一艘葡萄牙商船，这表明追赶弗朗西斯·德雷克并非紧急的任务。

一位著名的历史学家评论说，新的指示"极具英格兰女王伊丽莎白一世的特点"。当然，他想表达的是，他不主张女性参与男性主导的事件。对此，英格兰女王伊丽莎白一世的很多枢密大臣深有同感。然而，越考虑新的指示一事，越能感受到英格兰女王伊丽莎白一世的行事风格。此事蒙着一层神秘的面纱，是一个蓄谋已久的阴谋。新指示中的言辞模棱两可，让人难以捉摸，而且仅仅是关于财政安排的。英格兰女王伊丽莎白一世直言不讳，特别强调了战利品的份额，也许这份指示是她亲自写的。最终，无论是否是故意而为，大多数人都认为是有意为之。面对两个完全相左的命令，弗朗西斯·沃尔辛厄姆爵士在写给爱德华·斯塔福德爵士的信中说，英格兰女王伊丽莎白一世禁止弗朗西斯·德雷克进入西班牙的任何港口。爱德华·斯塔福德爵士是否会将此事告诉伯纳迪诺·德·门多萨呢？伯利勋爵威廉·塞西尔可能会以名誉向帕尔玛公爵亚历山大·法尔内塞的代表德·卢保证，英格兰女王伊丽莎白一世已经下达命令，禁止弗朗西斯·德雷克对西班牙采取任何挑衅行为。弗朗西斯·德雷克如果既不服从命令，也无法澄清自己，就会受到严厉的惩罚。事实证明，西班牙和英格兰还没有开战，尼德兰会谈将继续进行。与此同时，弗朗西斯·德雷克擅自阻止西班牙舰队集结。英格兰女王伊丽莎白一世认为，弗朗西斯·德雷克比任何人都清楚战争的结局。

第9章 首要目标——攻打加的斯

1587年4月29日下午4时，阿兰胡埃斯的查理五世狩猎别墅的花园里风景迷人，西班牙国王腓力二世度过了愉快的下午时光。在新卡斯蒂尔的高原，只有阿兰胡埃斯有美丽的鲜花和春光盎然的美景。每年5月初，西班牙国王腓力二世都会住在阿兰胡埃斯。加冕葡萄牙国王①后，西班牙国王腓力二世再也没有来过阿兰胡埃斯。他曾写下怀念阿兰胡埃斯的美景和夜莺歌声的诗篇。1587年，一离开马德里，他就赶到了阿兰胡埃斯。春日下午的阳光很适合治疗他的痛风。1587年4月12日，当西班牙国王腓力二世欣赏着美丽的鲜花，沉浸在阿兰胡埃斯的美景中时，伯纳迪诺·德·门多萨的信从巴黎传来了。信中说，弗朗西斯·德雷克已经率领三十艘船从朴茨茅斯港起航。弗朗西斯·德雷克的目标很明确，即阻止西班牙舰队集结。他第一个目的地可能是加的斯。西班牙国王腓力二世可能在花园逗留了很长时间，或他因严重的痛风早早上床休息了。总之，不管出于什么原因，直到1587年4月13日早晨，他才看到伯纳迪诺·德·门多萨的信。然而，一切已经太迟。

1587年4月29日星期三下午4时，威廉·伯勒船长登上了弗朗西斯·德雷克的旗舰——"伊丽莎白·博纳旺蒂尔"号。威廉·伯勒是一名保守派军人，弗朗西斯·德雷克的副指挥官，指挥英格兰女王伊丽莎白一世的舰船"金狮"号。威廉·伯勒是否响应了弗朗西斯·德雷克的号召，以及他在弗朗西斯·德雷克战舰的后甲板上看到了哪些面孔，由于没有记载，我们无从知晓。在某种意义上，这是一场战时会议。此时，很多战舰在远处的水平线位置上只露出半个船身，因此，这场会议不是全员参加，与威廉·伯勒以往参加的战时会议不同。

---

① 西班牙国王腓力二世于1580年继承葡萄牙王位（1580—1598），称腓力一世。——译者注

情况一目了然。从低低的海岬处能清楚看到加的斯的轮廓。英格兰舰队趁西南风起航。弗朗西斯·德雷克身后的舰队与离开朴茨茅斯港时一样，气势如虹。在菲尼斯特雷角，英格兰舰队虽然因暴风雨分散，但整体航行速度依然很快，运气很好。一艘中型舰在暴风雨中失散，但途中截获了一艘葡萄牙轻快帆船。英格兰舰队离开里斯本的罗克角时有二十六艘船，其中四艘是英格兰女王伊丽莎白一世的舰船，分别是"伊丽莎白·博纳旺蒂尔"号、"金狮"号、"无畏"号和"彩虹"号。此外，还有可承载四五百吨货物的结实的盖伦帆船，船上载着能摧毁整艘船的火炮，以及三艘来自伦敦黎凡特的帆船，规模与英格兰女王伊丽莎白一世的舰船一样。由于黎凡特的贸易存在风险，船上一般装有枪炮武器，包括一些铁制枪炮和少量铜制枪炮。第二支英格兰船队有七艘战舰，承载量在一百五十吨到二百吨之间。执行侦察、纠察、派遣和岸上任务的轻帆船有十二艘。护卫舰和中型舰的承载量从二十五吨到一百吨不等，但所有船只能在公海上航行。除了大型划艇，西班牙人是否有足够的适合在西班牙所有水域执行任务的战舰，值得怀疑。

如果弗朗西斯·德雷克此前没有明确的计划，那么目前在里斯本，他的计划已经明确。他打算攻击的第一个目标是加的斯。从两艘尼德兰商船截获的情报称，里斯本停泊了很多英格兰船，都是冲着西班牙无敌舰队来的。此刻，在甲板上，弗朗西斯·德雷克问威廉·伯勒是否现在进入里斯本，还是等到第二天。

威廉·伯勒回答说应该要等到第二天清晨。等风停了，可以开会拟定一个计划。傍晚八时前在外湾停泊。

弗朗西斯·德雷克说："我的意见是，虽然明天清晨才能进港，但我们不应该等。"

虽然其他人多次劝告，但弗朗西斯·德雷克代表了整个议政会的意见。威廉·伯勒返回"金狮"号，看见弗朗西斯·德雷克的旗舰向加的斯驶进，其他舰队紧随其后。他悲观地指出，自己一直不赞成这一行动。但只要其他舰船跟在后面，弗朗西斯·德雷克就不会在意所谓的秩序。弗朗西斯·德雷克深知出其不意的益处，他曾经用过类似的战术，现在依然坚持要用该战术。

1587年4月29日星期三下午4时，加的斯镇从未如此放松。很多绅士和市民在观看喜剧巡回表演。在开阔的广场上，观众们都在赞叹翻跟斗的演员十分勇敢，杂技演员训练有素。来自各国的水手们涌上街头，走进酒馆。当众人欢呼雀跃的时候，弗朗西斯·德雷克的舰队已经缓缓停泊在海港上。加的斯镇的所有人都在关注翻筋斗和杂技表演。英格兰前导舰几乎已经离开"赫拉克勒斯之柱"纪念碑，进入加的斯港。胡安·马丁内斯·德·雷卡尔德和勇敢的巴斯克人允许英格兰船靠近加的斯港，但其他人认为绝对不可以，因为加的斯港的船太多了。此时，他们猜测，加的斯面对的敌人是法兰西人或英格兰人，甚至是可怕的弗朗西斯·德雷克。

幸运的是，由于加的斯港拥有防御工事，加的斯人最后同意让不明身份的舰队靠近港口。几天前，佩德罗·布拉沃·德·阿库纳率领八艘加莱桨帆船和一

胡安·马丁内斯·德·雷卡尔德
（1540—1588）

艘加里奥特桨帆船从直布罗陀赶来，悠闲巡视后到达了圣文森特角，与胡安·马丁内斯·德·雷卡尔德会合。两艘大型划艇为了执行任务，在上湾离开了雷亚尔港。西班牙舰队的其他船在港口待命，离岸边的旧城堡很近。战舰必须以最好状态待命。佩德罗·布拉沃·德·阿库纳命舰队以商队形式横跨加的斯港，行至下湾，又派一艘加莱桨帆船驱逐停留在港口的陌生船。前去执行驱逐任务的西班牙舰船直冲而下，桨叶闪烁。手持火绳枪和手枪的士兵们稳稳站在艏楼上，铜制武器闪闪发光，西班牙王国的旗帜在桅顶迎风飘扬，意思是向对方致敬。接近对方的炮弹射程时，英格兰舰队开始射击。首先开火的是"伊丽莎白·博纳旺蒂尔"号和其他前导舰。如果按照弗朗西斯·德雷克的习惯，紧接着他会命人升起英格兰国旗，然后从后甲板上向对方宣战，并发动猛烈攻击。

加的斯镇立即陷入一片慌乱。镇长以为英格兰人要洗劫小镇，就命妇女、儿童和老人前往岸边的旧城堡避难。加的斯镇的指挥官命人关上城门，不想让普通百姓妨碍战火。狭窄的街上没有其他出口，街道尽头的城门已经关闭。很多人向街道里面逃跑，却不知道出口在哪里。封闭的镇子里，歇斯底里的号叫声此起彼伏，蜂拥的人群已经无路可走。等到加的斯镇的指挥官和街道与露天广场上的小镇居民知道发生了什么的时候，已经有二十五名妇女和儿童遭踩踏而死。

与此同时，加的斯的守军迅速集结，宣称不管用什么武器，都要冲向战场。一支骑兵从南门谨慎前进，开始巡逻。因为没有分隔岩石和荒地的墙，所以加的斯人用一个点划分下湾和上湾。加的斯的镇长认为，英格兰人极有可能登陆。他派一支精锐步兵增援巡逻的骑兵，又派另一支步兵严守城门。从海湾传来的连续不断的炮轰声令人恐慌。

如果佩德罗·布拉沃·德·阿库纳率领更多西班牙战舰投入战斗，结果如何双方都很清楚。加莱桨帆船主宰海域两千多年，最终走向终结。加的斯湾的海战开启了海上战争的新纪元，大西洋对地中海战事的优势显而易见。这个观点虽然引人注目，但具有误导性。西班牙的加莱桨帆船是外观宏伟的大型舰船，船身长而倾斜，艏楼上挤满士兵和加农炮，航行速度很快，航行时无须考虑风力，至少在风平浪静的海域，运行和转弯就像在水里跳芭蕾舞一样灵活。尤其与其他加莱桨帆船同行时，西班牙的加莱桨帆船令人生畏。加莱桨帆船上的青铜撞角是海战致命的武器，可以剪断整排船桨或应付敌军从舰艇侧面的攻击。所有加莱桨帆

第 9 章 首要目标——攻打加的斯

船的船长都知道不能攻击正在行驶的重型帆船,因为船上的青铜枪炮会使船员在枪雨中丧命。加莱桨帆船体型很大,足以恐吓从事地中海贸易的小型商船。通常情况下,每艘加莱桨帆船上会配备五门黄铜火炮,其中四门用来攻击敌人,剩下的一门是舰首炮,炮弹有四磅到六磅重。弗朗西斯·德雷克的七艘战舰都是重吨位舰船,可以从船侧投射炮弹,射程很远。佩德罗·布拉沃·德·阿库纳所有战舰加起来的威力可能都比不上弗朗西斯·德雷克的七艘战舰。

加莱桨帆船的主要作用不是与载有重型排炮的舰船作战。除非敌方威力势不可挡,否则很难在船侧面攻击或打败加莱桨帆船。加莱桨帆船水位低,易受枪炮的攻击,因此,船上的枪炮数量很少。战争中,武装的商船比战舰更具优势,这一点在16世纪初的葡萄牙人与土耳其和埃及的战争中已经显露无遗。1586年,英格兰人见证了武装商船的威力。黎凡特的五艘高桅横帆船从东部港口返回,途经潘泰莱里亚,被西班牙西西里军队的十艘加莱桨帆船拦截。谈判无果后,西班牙人的加莱桨帆船与黎凡特的商船展开了一场激战。一艘黎凡特商船对抗两艘西班牙加莱桨帆船。最后,黎凡特商船将西班牙加莱桨帆船打得落花流水,自己毫发无损,大摇大摆地离开了。现在,黎凡特的三艘商船也跟随弗朗西斯·德雷克的舰队抵达加的斯。弗朗西斯·德雷克说,即使西班牙有十二艘战舰,甚至二十艘,也不会有太大区别。弗朗西斯·德雷克率领的商船可以从浅滩躲避西班牙战舰的追击,或者偏离航向。此外,他率领的加莱桨帆船也可以对付西班牙的战舰。

佩德罗·布拉沃·德·阿库纳不确定何时发起攻击,但很快,他知道自己已经彻底落后。英格兰战舰向他的舰船发起了猛烈攻击。他的战舰与英格兰舰队的距离超过了枪炮射程,无法进行有效反击。佩德罗·布拉沃·德·阿库纳的战舰受到四面围攻,炮弹密如雨下。他率船逃离了加的斯港,然后再次返回,攻击英格兰较小的船。英格兰的高桅加莱赛战船船舷朝向他的舰船,用船侧炮发起了猛烈攻击。佩德罗·布拉沃·德·阿库纳的舰船不得不再次逃离。在这种情况下,只能打阻滞战。最后,佩德罗·布拉沃·德·阿库纳被迫将船停泊在港口,趁机逃到了相对安全的上湾。他也许想诱骗英格兰的加莱赛战船撞击东边的暗礁。暗礁散落在靠近岸边的低湾。但英格兰的加莱赛战船并没有展开追击,迅速离开了。佩德罗·布拉沃·德·阿库纳舰船的前甲板受到重创,还有两艘船严重受损，勉强退到了圣玛丽亚港，躲避在下湾对面加的斯港北面四公里处的浅滩。弗朗西斯·德雷克以为佩德罗·布拉沃·德·阿库纳的两艘船已经沉没。

在加的斯锚地，佩德罗·布拉沃·德·阿库纳感受到了加的斯镇的恐慌。河道中间堆积着各种船，约有六十艘，其中一些是准备前往里斯本加入西班牙无敌舰队的，包括五艘霍尔克船，像圆筒一样的货船满载酒和饼干。尼德兰的很多乌尔卡船曾加入西班牙舰队，现在已经不能航行，但还是被西班牙征用了。加的斯港是个繁荣的港口，来自地中海前往法兰西、尼德兰、波罗的海的船正在等待顺风向，打算前往圣文森特角；来自大西洋前往东部的船因为某些原因在此逗留，准备前往直布罗陀海峡；一些流浪的葡萄牙船满载货物，打算前往巴西。加的斯港是西班牙小镇赫雷斯的重要港口，不同国家的船满载美酒集聚此地。虽然英西敌对，但英格兰人对西班牙酒的痴迷没有受到影响。

为了躲避劫掠，停泊在加的斯港的商船拼命逃离。小型船很容易挤过旧城堡的防波堤，加莱桨帆船已经停泊在防波堤了。停泊在防波堤的其他船或吃水不深的船会冒险经由浅滩前往上湾躲避。但很多大型船由于没有足够的水手，或无法及时升起船帆，或被搁浅，或被搁浅的船堵住了去路，只能拥挤在一起，无异于羊入虎口。

除了一艘船，所有大型船都拥挤在一起。加的斯港的外缘有一艘七百多吨的大船，是专门为黎凡特贸易造的，船上装有枪炮等武器。这艘大船最初停泊在拉古萨，英格兰人按照船的线条将其命名为"阿戈西"。但"阿戈西"号属于热那亚，船长是热那亚人。现在，在返航途中，"阿戈西"号满载运往意大利的胭脂虫红、洋苏木、兽皮和羊毛制品，等待着潮汐转流，陆风清理出航道，再经过直布罗陀海峡返回家乡，因此，"阿戈西"号上的船员都在船上待命。"阿戈西"号的船长为什么决定参加战斗，我们不得而知。弗朗西斯·德雷克将加莱赛战船停泊在加的斯港，即将找到"阿戈西"号，结果发现"阿戈西"号正向英格兰的小型船开火。

"阿戈西"号商船遇到了强敌。英格兰女王伊丽莎白一世的军舰占据了有利位置。"阿戈西"号在狭窄的水域无法灵活航行，被英格兰舰船轻而易举地击成了碎片。英格兰人并不满足，称有四十九门精良的加农炮沉入海湾，但没有办

第 9 章 首要目标——攻打加的斯

法挽救。"阿戈西"号沉没的时候，仍然燃着熊熊大火。我们不知道"阿戈西"号的船员能否逃生上岸，但弗朗西斯·德雷克一定不会营救他们，因为他不知道"阿戈西"号属于哪个国家。我们甚至不知道热那亚船长的名字，也不知道他后来的结局。如果他是西班牙国王腓力二世的盖伦帆船的船长，一定会拼杀到底，与自己的战船同归于尽，其英勇献身的精神也会受到表彰。但有人对此表示怀疑，认为"阿戈西"号的热那亚船主不会因此感激这位船长。如果"阿戈西"号的船长能返回热那亚，或许会知道热那亚并未参加西班牙与英格兰的战争，也会明白一个道理，即与其船沉大海，不如从战利品法庭[①]要回一艘中立的船只。

沉没的"阿戈西"号停止了反抗。弗朗西斯·德雷克命令舰队停泊。船员们开始挑选弗朗西斯·德雷克想要的战利品和值得打捞的货物，并清理大船残骸。夜幕降临，第一批霍尔克船被拖走、焚烧或顺海水漂走。"阿戈西"号上的熊熊大火照亮了整个加的斯海湾，映照着加的斯的白墙。

在打捞战利品的过程中，英格兰舰队没有受到任何阻碍，但不时有炮声传来。整理战利品的英格兰船员们靠近加的斯港的时候，加的斯港的炮台仍在开火，但炮火只是为了阻止摩尔人登陆，而不是向英格兰舰队宣战。因此，英格兰舰队并没有回应。加莱桨帆船分散了人们的注意力。夜幕降临，两艘船小心翼翼地离开了雷亚尔港，越过普恩托时，不管遇到谁都会向对方射击。有几次，英格兰舰队从侧面包围了这两艘船，驱走了它们。在炮火攻击下，两艘船迅速逃走，但不一会儿又返回来了，向距离最近的英格兰舰载艇投射了小型炮弹。从圣玛利亚港出来的两艘加莱桨帆船也用同样的方法，躲在相对安全的地方向英格兰舰队射击，并取得了一定胜利。

夜幕降临的时候，两艘加莱桨帆船遇到了一艘葡萄牙轻帆船。葡萄牙轻帆船离英格兰舰队后方很远。还没有人注意到发生了什么，两艘加莱桨帆船就迅速击毁了葡萄牙轻帆船。葡萄牙轻帆船鸣笛投降，但同时不断射击，好像自己是一艘盖伦帆船。很快，葡萄牙轻帆船成了加莱桨帆船的腹中物。两艘加莱桨帆船上的船员点燃了葡萄牙轻帆船的甲板，然后登船，发现船上还剩五名受伤的船员。他们将五名囚犯和战利品带回了加的斯。

[①] 战利品法庭，根据相关条款裁决海战中俘获的船是否合法，有权销售或销毁俘获的船，发配船上的船员。在海战中，如果俘获船属于中立国，战利品法庭会责令将俘获船归还船主。——译者注

据我们所知，1587年4月29日星期三晚上，除了上述突发事件，加的斯的要塞和商船没有遭受任何损失。1587年4月30日星期四黎明，英格兰舰队完成了所有破坏任务。弗朗西斯·德雷克率领舰队来到普恩托附近的新锚地。1587年4月29日星期三夜晚，他看见西班牙舰队从普恩托锚地的水道逃走了。从俘获的水手口中，弗朗西斯·德雷克得知上湾停泊着大量加莱赛战船，以及圣克鲁斯侯爵阿尔瓦罗·德·巴赞的大量私人财产。弗朗西斯·德雷克刚刚从上湾来到加的斯，打算到比斯开湾船厂运送枪炮和大量士兵。作为入侵西班牙港口的英格兰舰队的旗舰，在加的斯的突袭中，"伊丽莎白·博纳旺蒂尔"号的损失是最大的。

加的斯对面，弗朗西斯·德雷克从"伊丽莎白·博纳旺蒂尔"号战舰上下来后，上了自己的驳船。他组建了一支轻帆船和商船组成的船队。"王室商人"号是其中最大的船。在"王室商人"号的支持下，弗朗西斯·德雷克率小型船队向加的斯上湾驶去。他亲眼看见加莱赛战船燃起了熊熊烈火，轻帆船点燃了躲在普恩托背风处未离开的小船。在加的斯的背风处，其他船都逃离到了上湾。上湾有四艘停泊在浅滩和排炮后面的船，守卫着雷亚尔港。狭窄的圣彼得里海峡上有一座木桥，木桥将加的斯和陆地连接了起来。

上湾的一举一动都在守卫加的斯镇的人的紧密监视下。守卫加的斯镇的人一直高度警惕。相比加的斯港受到火攻的船，他们更担心英格兰舰队会登陆，确信弗朗西斯·德雷克率领的小型船就是登陆的前兆。当英格兰的轻帆船靠近圣彼得里海峡入口处的时候，守卫加的斯镇的人认为弗朗西斯·德雷克会烧毁木桥，而且增援部队随后就会赶到。他们祈祷两艘加莱桨帆船可以将英格兰轻帆船赶走。

情况还不是太糟。从赫雷斯出发，经过彻夜行军，1587年4月30日黎明时分，一支英格兰步兵已经登陆。此外，英格兰骑兵两个小时后到达。加的斯海湾顿时人声鼎沸，军队经过之处尘土飞扬。远处响起了战争号角，黑暗中的枪口格外刺目，照亮了橘树的叶子。梅迪纳·西多尼亚公爵竭尽全力营救，加的斯镇或许还有希望。

满怀希望的加的斯镇居民立即筹备起来。加的斯的两侧有大型的长重炮，炮管近十八英尺长，每门大炮重达数吨。长重炮能将十八英磅重的炮弹射出两英里远。如果加的斯港的长重炮也有这样的威力，那么局势可能会完全不同。此时，

第9章 首要目标——攻打加的斯

热情高涨的加的斯镇民兵将一门巨大的青铜炮拖到加的斯海湾对面的岩石高地。岩石高地俯视下湾的一切动静。加的斯海湾的对面是英格兰舰队，离青铜炮最近的是"金狮"号，只有一英里远。

"金狮"号船长威廉·伯勒——英格兰舰队的副指挥并不在"金狮"号上。威廉·伯勒对很多事感到不满，譬如分配酒和饼干等战利品。"金狮"号停泊在浅滩之间的狭窄通道上，完全暴露在西班牙加莱赛桨船和火炮船的目标范围内。英格兰轻帆船的行踪无法解释，很多英格兰舰船都向上湾驶去。最令威廉·伯勒不满的是，出发以来，英格兰舰队一直没有召开议政会议。弗朗西斯·德雷克没有打听清楚，也没有征询任何意见或发布正式命令，就率领英格兰舰队驶入了陌生的海港，陷入了未知的危险。威廉·伯勒率船紧随其后，认为这些都是不祥之兆。但他不得不承认，目前为止，一切进展顺利。现在，除了率领船队转移到海港，驶进海域，还有很多事情需要做。所有战斗没有经过商议，没有参考地图，没有明确的命令，也没有比较不同因素，无视高级指挥官的反对意见，一切似乎都不合理至极。威廉·伯勒并不是想提醒其他人。弗朗西斯·德雷克没有指挥"朱迪斯"舰队前，威廉·伯勒就曾率领一支舰队打赢了波罗的海战役。威廉·伯勒并没有以英格兰舰队副指挥的身份自居，只想知道作战的计划。因此，他离开了"金狮"号，亲自去"伊丽莎白·博纳旺蒂尔"号旗舰了解情况。

威廉·伯勒得知，弗朗西斯·德雷克已经率领轻帆船和"王室商人"号船向加的斯湾上湾驶去。他虽然没有做任何评论，但表情说明了一切。他驱船而上，经过正在大火中燃烧的圣克鲁斯侯爵阿尔瓦罗·德·巴赞的加莱赛战船，继续向海岸线方向前进，前去了解"王室商人"船队的情况。后来，有人告诉威廉·伯勒，弗朗西斯·德雷克已经回到加的斯湾下湾。最终，威廉·伯勒在"伊丽莎白·博纳旺蒂尔"号上看到了弗朗西斯·德雷克，但他们之间没有任何交流。威廉·伯勒按捺住怒气，回到了"金狮"号上。

威廉·伯勒离开"金狮"号其间，海岬对面的炮手发现"金狮"号在自己的射程范围内，距离只有七百多码，甚至一门重炮就可以射中。正如"伊丽莎白·博纳旺蒂尔"号上的炮手描述的那样，"随便怎样都能射中"。此时，西班牙舰队正在逼近，一颗炮弹就能将"金狮"号击成碎片，"金狮"号上的船员也会粉身碎骨。威廉·伯勒登上"金狮"号时，大副已经抛出船锚，准备向圣玛丽亚港行进，离开危险之地。威廉·伯勒同意了大副做法。击中船体会很糟糕，但如果击中桅杆，甚至击中弹药库，后果将不堪设想。

看到"金狮"号独自离开，脱离了英格兰舰队，西班牙的加莱桨帆船打算突袭"金狮"号。西班牙的六艘加莱桨帆船如果攻击一艘英格兰加莱赛战船，将会很有胜算。此外，西班牙的加莱桨帆船如果能追上"金狮"号，就会上演一出海上恶作剧。西班牙的加莱桨帆船追上了"金狮"号，然后散开将其包围，包围圈逐渐缩小。首先，最前面的两艘西班牙加莱桨帆船同时开炮，然后像骑兵一样分两路离开，另外两艘船开始射击。威廉·伯勒想调转船头，侧面迎战西班牙加莱桨帆船。与此同时，"金狮"号使西班牙的六艘加莱桨帆船表演了一段"水上舞蹈"，尽管当时没有人这么说。当时的风向一定是西南风，弗朗西斯·德雷克也一定看见了身处危险中的威廉·伯勒。他可以派"彩虹"号和六艘商船，或自己的轻帆船营救"金狮"号。由于"金狮"号的航向正好是顺风向，并且后有增援船队，威廉·伯勒开始反击，率领"金狮"号离开了加的斯海湾，从圣玛丽亚港切断了西班牙加莱桨帆船的去路，逼迫西班牙加莱桨帆船躲在了拉斯珀卡斯海峡的暗礁后面。在要塞与加的斯镇之间，威廉·伯勒率船用排炮攻击西班牙加莱桨帆船，守住了圣玛丽亚港。虽然后来的局势对威廉·伯勒不利，但没有人责备他。事实上，圣玛丽亚港是他精心挑选的，可以使西班牙加莱桨帆船无法从暗礁后面出来。只要风向不变，西班牙人就不能冒着被切断退路的风险兵分两路。

比起威廉·伯勒所处的位置，弗朗西斯·德雷克更关心当时的风向。早晨的风断断续续，现在已经过了正午。一切准备就绪，英格兰舰队已经到达加的斯海域。风会将威廉·伯勒的船吹向低湾入口处，到那时，西班牙舰队就没有任何希望了。目前，英格兰舰队已经摆脱西班牙小分队的追击，弗朗西斯·德雷克的旗舰来到舰队前面，旗帜鲜明，战鼓雷鸣。加的斯镇的炮轰已经是徒劳。在弗朗西斯·德雷克旗舰的前面，即"金狮"号曾经停泊的位置，英格兰舰队顺风离开了。

接下来的十二个小时没有一丝风。此次突袭令人尴尬，无果而终。但一些人认为没有结果就是最大的成功。1587年4月30日中午，梅迪纳·西多尼亚公爵来到加的斯镇，带来了增援部队，共计三百多名骑兵和三千多名步兵。援兵会为加的斯镇遭受的无助和恐惧报复英格兰舰队。加的斯的两个港湾要塞枪炮的最大射程能击中英格兰舰船，以及一些已经被点燃的船。海岬的长重炮开始射击，目标是"伊丽莎白·博纳旺蒂尔"号。梅迪纳·西多尼亚公爵到来后，西班牙的军心大受鼓舞。卫戍部队将重炮炮口对准了海滩方向距离较远的"无畏"号和"王室商人"号船。唯一能在无风的水面上行驶的加莱桨帆船也开始跳"水上芭蕾"。海边的居民和水手在小船上装满易燃武器，点燃后让小船顺流而下，攻击英格兰舰队。在燃烧小船的配合和枪炮的掩护下，西班牙加莱桨帆船占据了上风。西班牙人士气大涨。夜幕降临，小船上的烈火将加的斯照得如同白昼，此时的情形和1587年4月29日晚上一模一样。

一切努力已是徒劳。英格兰舰船停靠在狭窄的海域无法移动，周围都是浅滩和暗礁。无论是岸上的炮火还是水上的西班牙加莱桨帆船，甚至小型引火船，都没有一点杀伤力。英格兰舰船和水手都没有受伤。海岬的长重炮威力减弱，只是炮筒瞄准了目标。加的斯镇的排炮也没有什么作用。要知道，考虑到加的斯的武器水平，16世纪的炮弹非常昂贵。因此，人们不会在非战事情况下发射炮弹。炮弹的质量一般也不可靠，而且有很多可变因素。每门大炮的规格不仅不一样，使用的炮弹大小也不同。"风力"偏差、发射筒的直径差异等都是需要考虑的因素。只有教科书里才能找到特定口径和特定长度的炮筒。此外，只有投放特定型号的炮弹，才能将炮弹投射出一定距离。事实上，即使是最有经验的炮手也会犹豫不决，不知道什么时候发射，炮口是否直接对准了目标，或发射到几百英尺外。如果炮弹在炮筒裂口处炸开，很可能炸死炮手和周围的水手。因此，远距离发射的可能性几乎没有。

如果英格兰舰队能逃过加的斯的枪炮袭击，那么很大一部分原因可能是西班牙舰队的武器落后和枪法不佳，以及英格兰舰队的航海技术和应变能力优于固守陈规地使用加莱桨帆船和引火船的西班牙舰队。英格兰舰队积极躲闪和周旋，在西班牙舰队靠近前赶走了对方的加莱桨帆船。也许是因为抛锚停泊，英格兰水手们能在短时间内通过宽阔的弧线，摇摆正在行驶的帆船。最可怕的威胁是引火船。引火船十分灵活，或拖或挡或在浅滩烧毁。与此同时，弗朗西斯·德雷克开玩笑说西班牙人在为英格兰人工作，将自己舰队点燃了。1587年4月30日夜晚，英格兰人彻夜未眠，但结局令他们很欣慰。十二个小时后，英格兰人不再害怕西班牙人在岸上的炮火、加莱桨帆船的枪炮以及引火船的攻击。

最后，1587年4月30日午夜，陆上的风力变大，英格兰舰队乘风离开了加的斯海峡。佩德罗·布拉沃·德·阿库纳的帆船紧随其后，一共八艘加莱桨帆船，包括小型商船、桨船、加里奥特桨帆船和两艘桨式帆船，还有梅迪纳·西多尼亚公爵派去追击弗朗西斯·德雷克舰队的护卫舰。天亮后，西班牙加莱桨帆船开火。因此，弗朗西斯·德雷克抛锚迎战。佩德罗·布拉沃·德·阿库纳迫切希望切断英格兰舰队掉队的船只，并不想接受英格兰舰队的挑战。他给英格兰舰队的指挥官写了一封信表示敬意，并赠送了美酒和甜肉。像传奇故事中那样，两位骑士交换礼物后，开始考虑交换俘虏。在平静的海面上，英格兰和西班牙的船前后摇动。一阵清风拂过，弗朗西斯·德雷克挥手告别，率领舰队驶向圣文森特角。

据弗朗西斯·德雷克估算，他在加的斯击沉、烧毁、俘获的船共计三十七艘，但自愿参加远征的绅士罗伯特·伦格认为"大概有三十艘"。加的斯镇的一位匿名意大利人也认为是三十艘。呈交给西班牙国王腓力二世的文件上写着损失二十四艘船，总价高达十七万两千达克特。数字差异也许是因为人们计算小型帆船的数量不同，或者是否包括没有成功完成任务的西班牙引火船。分析了相关文件后，西班牙国王腓力二世说："此次损失并不大，而且勇敢进攻的精神值得嘉奖！"

各种船遭受的物质损失巨大。如果一些商船保持中立，没有将船上的物资运往里斯本，将大量输送给圣克鲁斯侯爵阿尔瓦罗·德·巴赞，那么遭受的损失可能会小一些。乌尔卡船和尼德兰商船为西班牙舰队运送物资。宏伟的盖伦帆船是最令人畏惧的战舰。弗朗西斯·德雷克说，加的斯战役烧焦了西班牙的胡子。英格兰人并不认为他在吹牛。弗朗西斯·德雷克这句话的本意比听起来更谦逊。勒班陀战役后，苏丹人称："威尼斯人击沉了我们的两艘战舰，只烧焦了我们的胡子。胡子还会再长出来，但我们占领塞浦路斯的时候，会砍掉他们的手臂。"在同一封信中，弗朗西斯·德雷克向弗朗西斯·沃尔辛厄姆爵士讲述了加的斯战役，他写道："我向您保证，并没有确凿证据表明西班牙国王腓力二世准备入侵英格兰……如果西班牙人招兵买马却没有人反对，那才是十分危险的事……这一举动是上帝的旨意，我们做了一些改变……但所有防卫准备都是权宜之计……我几乎不敢将西班牙国王腓力二世的实力写下来。做好准备，加强海防！"然后，弗朗西斯·德雷克想了想，继续写道："好好看守苏克赛斯港。"他驱船向圣文森特角驶去，深知自己的主要任务是什么。

第10章　进军拉各斯和占领萨格里什要塞

在加的斯镇,弗朗西斯·德雷克已经听说西班牙军官胡安·马丁内斯·德·雷卡尔德在圣文森特角不远的地方。胡安·马丁内斯·德·雷卡尔德是继圣克鲁斯侯爵阿尔瓦罗·德·巴赞之后,最著名的西班牙海军将领,率领着一支规模只有弗朗西斯·德雷克舰队一半大小的西班牙舰队。1587年5月2日,弗朗西斯·德雷克从加的斯出发向西航行,可能是在寻找胡安·马丁内斯·德·雷卡尔德的舰队。很快,他碰到了西班牙派遣的也在寻找胡安·马丁内斯·德·雷卡尔德的船。西班牙国王腓力二世紧急下令,让胡安·马丁内斯·德·雷卡尔德退回里斯本,避免与强大的英格兰舰队碰面。弗朗西斯·德雷克的舰队横向展开排成翅膀状,又摆回原位,向北展开。胡安·马丁内斯·德·雷卡尔德的行动十分迟缓。他了解弗朗西斯·德雷克的实力,正在等待西班牙国王腓力二世的命令。弗朗西斯·德雷克在圣文森特海岬四处巡查的时候,胡安·马丁内斯·德·雷卡尔德的舰队——包括七艘笨重的比斯开船、五艘舰载艇——顺风驶向塔霍河入口处,躲避在了守卫里斯本的要塞落锚地。

1587年5月9日,胡安·马丁内斯·德·雷卡尔德离开里斯本的要塞。弗朗西斯·德雷克突然停止了搜寻,发出信号命其他船长登上他的船召开议政会议听取他的命令。他告诉船长们,舰队要重返圣文森特角,在圣文森特角登陆并占领萨格里什要塞及其附近的其他重要据点,但没有解释原因。罗伯特·伦格说:"弗朗西斯·德雷克很激动……为了自己的声誉,率领勇敢的船长们一同为英格兰女王伊丽莎白一世效力。"罗伯特·伦格是一位参加过远征的勇敢绅士,可能希望通过航海得到真正的财富。一位维多利亚时期仰慕朱利安·科贝特的航海历史学家说:"弗朗西斯·德雷克是天生的航海指挥家。显而易见,他已经控制了著名的圣文森特角。"基于中世纪骑士传奇的记载，以及关于纳尔逊战役[①]的资料，我们发现了关于弗朗西斯·德雷克的副将威廉·伯勒的反面评价。威廉·伯勒只能牵强地算作弗朗西斯·德雷克的战友。听到作战计划的时候，威廉·伯勒在给弗朗西斯·德雷克的信中严肃而轻蔑地说："由于半英里内没有水域，只有一个池塘，这条路线非常糟糕。"他反对使用萨格里什要塞的水利设施，但弗朗西斯·德雷克对此很感兴趣。他还反对在船上使用铜制武器，并写道："如果能达到目标，你会得到什么呢？无论得到什么物质资料，都不会让人变得更好。你可能会说提升人的方法是精神的满足，'因此，我是否在西班牙的土地上在谋求什么呢？'"

关于圣文森特角的重要性，威廉·伯勒从来没有怀疑过，也曾暗示自己已经充分认识到了圣文森特角的重要性。因此，议政会议结束后，弗朗西斯·德雷克给威廉·伯勒下了命令，让威廉·伯勒负责巡视圣文森特海岬，破坏西班牙舰队的筹备计划。登陆计划存在风险而且没有必要，最令威廉·伯勒恼怒的是，议政会议没有正式的会议程序。作为英格兰舰队的副指挥，威廉·伯勒先从低级军官的争吵中了解到作战计划，后来，弗朗西斯·德雷克才亲自向他下达命令。

没有人知道威廉·伯勒对弗朗西斯·德雷克动机的误解有多深。威廉·伯勒似乎坚信，英格兰舰队可以在圣文森特海岬巡航，不用抛锚就可以完成任务。当然，后来的英格兰海军将领都采用同样的方法建立了基地。如果弗朗西斯·德雷克想整个夏天都待在圣文森特角，就必须找一个安全、不受西班牙舰队威胁的地方，一个可以泊船、清洗舰船、让船员上岸休息的地方。在加勒比海航行的时候，弗朗西斯·德雷克找到了心仪的基地。作为一名老海盗，他渴望得到战利品，同时希望在西班牙国王腓力二世的土地上与敌人一决高下。

由于天气原因，弗朗西斯·德雷克登陆的时间延迟到了1587年5月14日。他在拉各斯停了下来。拉各斯是个舒适的港口，沿东海岸十五公里处是加的斯。拉各斯曾经是个富裕的城市，但近几年逐渐衰落。弗朗西斯·德雷克发现拉各斯防御不严，不知道如何拿下拉各斯。夜幕降临，他命英格兰舰队停泊在拉各斯西边的海湾。黎明时分，英格兰士兵们登陆，没有任何人反对弗朗西斯·德雷克的

[①] 霍雷肖·纳尔逊（Horatio Nelson，1758—1805），英国海军将领，以卓越的领导能力和对非常规战术的把握著称，在海战中取得了多次决定性胜利。1805年，在加的斯附近的特拉法尔战役中，霍雷肖·纳尔逊被枪杀。——译者注

第 10 章 进军拉各斯和占领萨格里什要塞

决定。安东尼·普拉特负责陆地任务，率士兵们在海滩上安营扎寨，命一千一百人为一个纵队，散兵在前，火绳枪手在两侧和后面分别排成两个纵列，长矛队在中间。这一专业队形让葡萄牙人叹为观止。安东尼·普拉特一声令下，英格兰军队开始前进。在空旷的路上，英格兰军队横笛高亢，鼓声深沉，奏出欢欣鼓舞的乐曲，好像在接受德文郡长官的检阅一样。

虽然没有人对登陆计划提出反对意见，但英格兰军队已经引起拉各斯人的注意力。与此同时，入侵的英格兰士兵们意识到，自己躲在骑兵侧面，一点也不像一支军队，骑兵们倒是很威风。英格兰骑兵不在西班牙火枪的射程内，但随着英格兰军队越来越靠近城镇，围观的群众越来越多，也能看见城镇高地的西班牙步兵。英格兰军队沿着拉各斯的城墙行进，发现与得到的情报不同，拉各斯周围的防御十分严密。西班牙军队开始用大炮、城墙炮发射火球，用滑膛枪、火绳枪扫射英格兰军队。英格兰军队被迫撤退，停止了反击，通过壁垒屏障的掩护一路撤回了海湾。阿尔加维的长官赫尔南·特勒负责拉各斯的防御。看到英格兰军队撤退，他十分震惊，悬着的心终于放了下来。赫尔南·特勒深知英格兰军队的实力，知道对方在城墙战役中没有表现出真正的实力。他不知道拉各斯的农民和渔民能够抵挡经验丰富的英格兰军队多长时间，于是命令西班牙步兵不要突围。但看到英格兰军队败退的时候，他率领二百多名骑兵加入了平原上的西班牙骑兵队。

经过两小时激战，英格兰军队返回舰船。西班牙步兵从掩体和橄榄树后面向英格兰军队射击。在此次行动中，英格兰军队伤亡惨重。英格兰骑兵队在外围掩护，步兵停下来整理队形，最终击退了敌人。直到英格兰步兵返回岸边，骑兵才散开。军队一上船，就开始用船上的大炮向西班牙步兵开火。

威廉·伯勒曾指出，登陆计划存在风险。事实证明他是对的。两天以来，弗朗西斯·德雷克一直在思考威廉·伯勒的来信。威廉·伯勒的信言辞粗鲁，但在英格兰王国自由轻松的军队体制下，大多数人并不认为他的信违抗了上级命令或不符合规定。然而，作为军事天才，弗朗西斯·德雷克的评价显得与众不同。他记得威廉·伯勒曾试图阻止他进入加的斯镇，回想着英格兰舰队在上湾被烧之前，威廉·伯勒曾驱船匆忙离开，回忆起自己当时的痛苦心情。由于威廉·伯勒，弗朗西斯·德雷克的旗舰"伊丽莎白·博纳旺蒂尔"号遭到圣文森特海岬长重炮的攻击，被困在火中近十二个小时。在圣文森特海岬，除了弗朗西斯·德雷克的旗舰，威廉·伯勒的船也在。弗朗西斯·德雷克不记得，也许没有人告诉过他，在那个无风的夜晚，威廉·伯勒也遇到了麻烦。弗朗西斯·德雷克认为自己与威廉·伯勒之间的距离不是几英里，而是几里格，当时的威廉·伯勒完全是安全的。他命人调转航向。在离"伊丽莎白·博纳旺蒂尔"号很远的地方，威廉·伯勒进入了舰队。如果将一切联系起来，愤怒的弗朗西斯·德雷克一定会草率地处决威廉·伯勒。但弗朗西斯·德雷克经过深思熟虑，知道英格兰的很多地方存在不可告人的阴谋。一些亲西班牙势力和亲教皇势力的人非常希望英格兰舰队遭遇失败，试图破坏所有关于清教的伟大事业。弗朗西斯·德雷克深知，自从认准西班牙国王腓力二世是自己的敌人，他就一直被西班牙国王腓力二世的间谍跟踪。有时，不知姓名或看不到身影的敌人会在英格兰女王伊丽莎白一世面前诋毁他，煽动他的船员放弃航行，提醒西班牙城镇或西班牙舰队弗朗西斯·德雷克可能会发起突袭；有时，毫不掩饰的小人会散播谣言诋毁他，譬如黑人男巫托马斯·道蒂。在金色的预言传入太平洋前，弗朗西斯·德雷克在圣朱利安湾砍了黑人男巫托马斯·道蒂的头。现在，至少可以证实黑人男巫托马斯·道蒂的主要罪行是，曾暗示弗朗西斯·德雷克违背了他的教诲。威廉·伯勒也犯了同样的错误，曾批评弗朗西斯·德雷克无视英格兰女王伊丽莎白一世的指示。由于一次不敬的布道，弗朗西斯·德雷克将船上的神父弗朗西斯·弗莱彻用链条锁在甲板上。布道时，黑人男巫托马斯·道蒂和船员都在弗朗西斯·德雷克的身边。弗朗西斯·德雷克坐着对神父弗朗西斯·弗莱彻说："你将两腿交叉放在海底阀箱上，手里还拿着一双毛拖鞋。我在这里将你逐出上帝的教会，逐出所有利益和风度。我谴责你，魔鬼将与你为伴。"弗朗西斯·德雷克不可能接受下属按照海军礼仪对他温和的批评，无论下属为他效力多大，或为他效力多少年。他读了几封威廉·伯勒的来信，然后宣布派陆军军士长马奇安特接管"金狮"号，软禁威廉·伯勒。弗朗西斯·德雷克在"伊丽莎白·博纳旺蒂尔"号上召开了军事法庭会议。袭击拉各斯后的一个月里，威廉·伯勒每天都在担忧自己的性命。

软禁威廉·伯勒后，弗朗西斯·德雷克可能就将他抛在了脑后。英格兰军队进军拉各斯的计划失败。刚一登上船，弗朗西斯·德雷克就起锚远眺海岸，再次远航前往萨格里什。赫尔南·特勒正在向拉各斯增兵，但弗朗西斯·德雷克的军队已经沿着蜿蜒的悬崖峭壁，抵达了圣文森特海岬。弗朗西斯·德雷克的此次

第 10 章 进军拉各斯和占领萨格里什要塞

行动与以往不同,英格兰军队行军快速、讲究效率,指挥官决策果断,不禁让人猜测进军拉各斯是在声东击西。

从庄园前往萨格里什要塞的路畅通无阻。英格兰军队没有遇到任何抵抗,一路进驻萨格里什要塞,给萨格里什增添了皇室的光环。萨格里什海湾左边悬崖下是一座小镇,大海向南延伸到遥远的非洲,西面的海浪奔流三千英里进入大西洋,西北面距圣文森特海岬不远处是圣文森特角,西南面是伊比利亚半岛和欧洲大陆。在萨格里什的圣文森特海岬,有远见的"航海家"亨利王子曾坐在这里,远眺远处不知名的大海。在辽阔的高原上,背靠险峻的悬崖,弗朗西斯·德雷克找到了"航海家"亨利王子命人建造的古老建筑,以及"航海家"亨利王子的住所和藏书。在光秃秃的悬崖顶上,"航海家"亨利王子曾做出决定,开放了通往梦想中的大陆——神秘东方的欧洲海路。弗朗西斯·德雷克探索世界的所有想法,都只是"航海家"亨利王子梦想的微不足道的衍生物而已。

亨利王子
(1394—1460)

萨格里什要塞虽然不是王室驻地，也不是文化中心，但依然是抵抗摩尔人袭击渔村的第三级炮台。萨格里什要塞北面有坚固的城墙，是通向外界的唯一通道。城墙高四十英尺，墙体很厚，墙胸处有四个圆形瞭望塔和一座门楼。每座门楼上都有用黄铜装饰的"波廷格尔投石器"。旋转式的长炮可以发射半英磅重的炮弹，在三百码或更远的地方将敌人击毙。"波廷格尔投石器"后膛炮的发炮速度非常快。虽然守卫的士兵只有几个，但只要没有攻城炮的攻击，萨格里什要塞就是坚不可摧的。

弗朗西斯·德雷克率军来到萨格里什要塞，没有受到卫戍部队的顽强抵抗。他命滑膛枪手和火绳枪手持续射击，让守备部队离开射击孔，并与士兵们一起用浸泡的柴代替加农炮和攻城炸药箱，冒着生命危险将浸泡好的柴堆砌在大门外，然后火烧城墙。两个小时的持续进攻使坚不可摧的城墙变成了支离破碎的残垣。英格兰滑膛枪手的火力横扫萨格里什要塞的卫戍部队。卫戍部队死伤惨重，长官身负两处枪伤，最后被迫投降。弗朗西斯·德雷克提出了优厚的投降条件。除了武器，萨格里什要塞的军民可以携带所有财产安全离开。1587年5月14日下午

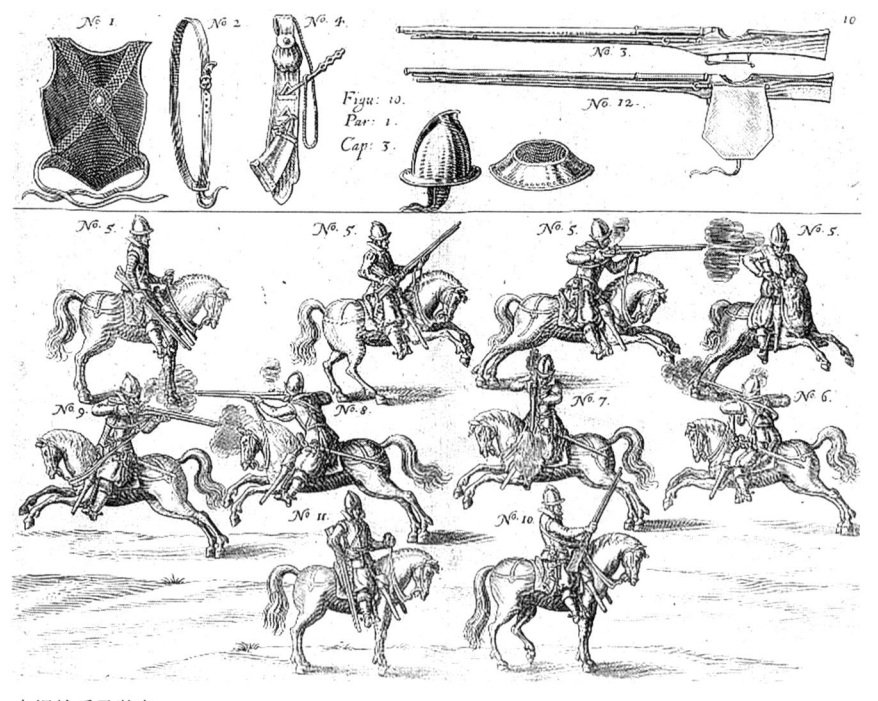

火绳枪手及装备

第 10 章 进军拉各斯和占领萨格里什要塞

3 时左右，英格兰军队占领了萨格里什要塞。英格兰军队的胜利使圣文森特角附近的一座修道院和一座小城堡又震惊又害怕。因此，一枪未发，修道院和小城堡就投降了。

不知道弗朗西斯·德雷克是否清楚或在乎，他占领的是"航海家"亨利王子的城堡。过去、现在和将来，"航海家"亨利王子的城堡一直是欧洲殖民霸权的摇篮。但毫无疑问，弗朗西斯·德雷克在乎的是，英格兰军队已经清除了圣文森特海岬附近的西班牙军队，占领了西班牙军队疏于防守的要塞。弗朗西斯·德雷克再次在陆地上战胜了西班牙国王腓力二世。但他并不想占领萨格里什要塞，只想驱逐驻扎在萨格里什要塞的卫戍部队，扫清威胁。萨格里什要塞有八门铜炮，北面城墙有五架投石器、三门大口径火炮、一门中型加农炮、一门长重炮和一门半长重炮。弗朗西斯·德雷克命令炮兵炮轰悬崖，掩护军队返回船上。最后一队英格兰士兵返回岸边前，点燃了整个萨格里什要塞，烧毁了"航海家"亨利王子城堡的前庭、凉亭和图书馆，只留下了没有屋顶的残壁。

英格兰舰队离开了里斯本，或更确切地说是离开了卡斯凯斯附近，离开了塔霍河入口西北面守卫萨格里什要塞的卫戍部队。具有葡萄牙王国副王和枢机主教双重身份的奥地利大公艾伯特七世住在里斯本。奥地利大公艾伯特七世是西班牙国王腓力二世的外甥，葡萄牙的副王。守旧派贵族圣克鲁斯侯爵阿尔瓦罗·德·巴赞的总部也在里斯本。圣克鲁斯侯爵阿尔瓦罗·德·巴赞发现英格兰舰队后，非常愤怒。他拥有十二艘葡萄牙加莱赛战船，但船上没有配备葡萄牙曾承诺过的新式武器，也没有枪手和能应战的士兵，只有一些毫无战斗力的老兵。英格兰舰队到达里斯本北边的前一天，奥地利大公艾伯特七世和圣克鲁斯侯爵阿尔瓦罗·德·巴赞召开了一次简短会议，一致认为弗朗西斯·德雷克的下一个目标是富饶开放的塞辛布拉。虽然里斯本附近的卫戍部队明显不足，但奥地利大公艾伯特七世和圣克鲁斯侯爵阿尔瓦罗·德·巴赞依然决定从里斯本调集火枪手，从胡安·马丁内斯·德·雷卡尔德的舰队调集士兵，以及从胡安·马丁内斯·德·雷卡尔德所在的圣文森特海岬附件调集加莱桨帆船和舰载艇。尽快增援塞辛布拉港。

英格兰舰队并没有将塞辛布拉作为下一个目标，而是继续向海洋方向驶去。停泊在里斯本的加莱桨帆船中，七艘由圣克鲁斯侯爵阿尔瓦罗·德·巴赞的弟弟阿朗索·德·巴赞指挥。阿朗索·德·巴赞抢在英格兰舰队前，抵达圣朱利安湾做好了应战准备。

与此同时，西班牙军队封锁了塔霍河的入口。塔霍河入口处的两条重要通道地形复杂狭窄，一条在塔霍河入口北边，一条在南边。北边的通道更深、更安全，是一条常用通道，由圣朱利安湾的炮台控制。塔霍河对面是一座旧堡垒，守卫着南边的狭窄通道。一旦经过南边的通道，英格兰舰队就会对里斯本造成致命威胁，甚至可能占领里斯本。圣克鲁斯侯爵阿尔瓦罗·德·巴赞深知，作为一名杰出的指挥官，弗朗西斯·德雷克如果在向导的带领下找到进入里斯本的通道，那么一定会选择塔霍河入口处的两条通道之一。南边的通道狭窄曲折，但旧堡垒的守卫薄弱。圣朱利安湾守卫较森严，但北边的通道便于船舶行驶，轻快的西风和潮汐会帮助加莱桨帆船毫发无损地通过通道，甚至顺利返回。

圣克鲁斯侯爵阿尔瓦罗·德·巴赞了解弗朗西斯·德雷克的作战策略，但他最担心的是，在圣朱利安湾朝向大海的一面，有一座危险的堡垒，很难从陆地一侧对其进行反击。圣朱利安湾西面是卡斯凯斯浅湾，浅湾尽头散落着几座渔村。海滩上遍布卡斯凯斯堡垒的枪炮。卡斯凯斯堡垒和圣朱利安湾朝向大海一面的堡垒之间是一条长长的海岸线。大多数情况下，海面上风平浪静，海滩上没有险峻的岩石，也没有低矮的山坡。海滩两英里外不属于卡斯凯斯和圣朱利安管辖。在延伸的海滩对面，英格兰舰队正在抛锚停泊。

听说英格兰舰队在埃斯皮谢尔角后，圣克鲁斯侯爵阿尔瓦罗·德·巴赞很快抵达了圣朱利安湾。面对弗朗西斯·德雷克的进攻，圣克鲁斯侯爵阿尔瓦罗·德·巴赞唯一能用来抵抗的是他弟弟阿朗索·德·巴赞的七艘加莱桨帆船。阿朗索·德·巴赞的船停泊在圣朱利安湾的堡垒附近。如果英格兰舰队试图在卡斯凯斯登陆，那么阿朗索·德·巴赞的加莱桨帆船会从浅水处冲出，击毁、打散英格兰舰队，使其无法靠近海岸。如果英格兰士兵试图从塔霍河入口处的北面通道穿过，那么阿朗索·德·巴赞就会使用拖延战术，让陆地上的排炮有时间击毁通道上的英格兰舰船。如果弗朗西斯·德雷克知道弯曲狭窄的南边通道的秘密，并且选择从南边通道穿过，阿朗索·德·巴赞的加莱桨帆船就会破釜沉舟，与英格兰舰队同归于尽。与此同时，里斯本的贵族绅士们组成了一支民兵队，与几百名西班牙火绳枪兵一起沿着卡斯凯斯的曲折海岸行进。奥地利大公艾伯特七世也

第10章 进军拉各斯和占领萨格里什要塞

在一天内派出了增援部队。

事实上,弗朗西斯·德雷克并没有向导,完全不知道塔霍河入口处的两条通道,也没有足够的兵力冒险登陆,更不会在海岸边发起攻击或与西班牙加莱桨帆船作战。他来到里斯本只是为了了解情况,证明自己的作战策略非常有效。虽然没有任何战果,但弗朗西斯·德雷克至少抵达了西班牙王国的前门,已经心满意足。弗朗西斯·德雷克没有找到出其不意发起进攻的机会,也无法诱骗西班牙加莱桨帆船进入空旷的海域,保护被他俘获和追赶的西班牙小船,只能尝试与西班牙舰队交换战俘。但他被告知,西班牙在里斯本战役中没有俘获英格兰战俘。

奥地利大公艾伯特七世
(1559—1621)

也许是事实，但弗朗西斯·德雷克不这么认为。他决定与圣克鲁斯侯爵阿尔瓦罗·德·巴赞决一死战，好像知道谙熟海上战争的圣克鲁斯侯爵阿尔瓦罗·德·巴赞非常憎恨自己，此时应战会很无助。就像加的斯的海风突然停下来一样，弗朗西斯·德雷克没有得到任何回复，英格兰舰队只能返回圣文森特角。在里斯本，如果英格兰舰队达到了目的，就可以打破僵局，使西班牙舰队陷入恐慌和愤怒中，自乱阵脚，同时使弗朗西斯·德雷克得到想要的效果。

第11章　截获"圣费利佩"号

停泊在萨格里什要塞期间，弗朗西斯·德雷克命船员清洗舰船、检查排水系统和更新船上的压舱物。像"伊丽莎白·博纳旺蒂尔"号这样的大型盖伦帆船，如果满载两百五十多人，在海上漂泊七八个星期后，就会变得非常肮脏。小船上的情况同样如此。伊丽莎白一世时代的人都知道，船上越脏船员越容易生病。英格兰舰船上的许多船员已经生病了，不得不上岸接受治疗。弗朗西斯·德雷克准备将身体状况最差的船员送回英格兰。同时，舰载艇最适合执行护送生病船员返回英格兰的任务。在岸上，英格兰船员们有条不紊地开展清扫工作。英格兰舰队向北行驶了十里格或十五里格后返回，然后向东往返了相同的距离。途中，英格兰舰队击沉、焚烧了遇到的西班牙舰船，或直接将一些西班牙舰船掠回了萨格里什。

护送伤员的任务一点也不令人振奋。十艘英格兰加莱桨帆船抵达拉各斯港，但显得非常谨慎，并不打算发起进攻，也不想引人注意。英格兰舰队捕获的船停泊在圣文森特海岬附近的海滩和海面上，有一百多艘。超过六十吨重的船很少，没有一艘船带来战利品。被捕的船分为两个等级，大部分是阿尔加维和安达卢西亚的渔船。渔业是西班牙的繁荣产业，但弗朗西斯·德雷克给西班牙渔业带来了沉重打击。他不仅破坏了所有能找到的捕鱼船，还破坏了海岸上的小渔村和渔网。他认为西班牙渔民"会当面诅咒自己的地方长官"。西班牙渔民或许还会诅咒另一些人。其余战利品有小型近海货船、加莱赛战船和轻帆船。这些船载着货物停泊在西班牙海岸，船上的货物大多是"桶箍、管子及类似的东西"，本来要运往加的斯或直布罗陀海峡。弗朗西斯·德雷克深知这些看似不值钱的货物的价值。他在给弗朗西斯·沃尔辛厄姆爵士的信中说："桶箍和管子超过一千六百吨或一千七百吨,如果放到桶里,重量可能会超过两万五千吨或三万吨。大多数桶适合盛液体。我已经下令将所有桶焚烧。此外,还有一些从西班牙掠夺的小船,这对西班牙国王腓力二世来说都是不小的损失。"对海上航行来说,桶是重要的必需品,不仅可以盛水和酒,还可以盛咸肉、咸鱼、饼干和其他物品。质量上乘的桶箍是制紧桶的关键,绝对不会过剩。西班牙无敌舰队对桶箍的需求很大。当西班牙无敌舰队起航时,如果桶底漏水或不干净,或由于质量不过关,盛食物的桶呈绿色,表明食物已经变质。萨格里什上空烟雾缭绕,引起了人们的强烈不满。相比焚烧加的斯的几艘西班牙战船,焚烧桶箍对西班牙的打击更大。

然而,对西班牙打击最大的是英格兰舰队出现在了圣文森特角。在里斯本,由于缺少士兵、水手、加农炮和粮草,圣克鲁斯侯爵阿尔瓦罗·德·巴赞只能按兵不动。他从地中海出发,回到了马拉加和卡塔赫纳,在直布罗陀海峡犹豫不决,在加的斯附近收到了从地中海运来的大炮、炮弹、弹药和饼干。西班牙水手和来

英格兰舰队的战舰

第 11 章 截获"圣费利佩"号

自那不勒斯军团的老兵、由武装商人护送的"逃债商人"部队、来自那不勒斯的四艘大型军舰,以及一些西西里战舰组成了圣克鲁斯侯爵阿尔瓦罗·德·巴赞的舰队。圣克鲁斯侯爵阿尔瓦罗·德·巴赞的舰队急需补给。他收到了西班牙国王腓力二世在阿兰胡埃斯给忠诚的梅迪纳·西多尼亚公爵下达的最新命令。停泊在塞维利亚河上的船出发前往里斯本。弗朗西斯·德雷克逗留在圣文森特角时,没有人轻举妄动。随后,他离开了圣文森特海岬。西班牙国王腓力二世命人将急需的大炮搬上加莱桨帆船,命所有水手登船,然后冲向里斯本。后来,他返回圣文森特海岬,但英格兰加莱赛战船留在了里斯本。英格兰军队打算向里斯本进军,带着所有能移动的东西,包括大炮和物资。

与此同时,弗朗西斯·德雷克和托马斯·芬纳船长非常清楚自己占据的地理优势。托马斯·芬纳船长详细了解了英格兰舰队的作战记录和西班牙舰队的战略部署。他了解到的情况与事实十分接近。具体内容如下:

> 上帝保佑,我们占领了圣文森特角。圣文森特角对我们意义重大,对西班牙舰队非常不利。目前,西班牙舰队已经有二十五艘船和七艘加莱桨帆船在里斯本集结,剩下的船并未到达目的地,原因是还没有准备好战备物资……
>
> 战争一开始就令人振奋。因此,我们怀疑上帝是否会让后面的战事出现转折……人多不一定能取悦上帝,或让上帝伸出援助之手。

弗朗西斯·德雷克在写给弗朗西斯·沃尔辛厄姆爵士的信中,因大胜西班牙舰队洋洋得意。然而,他对战事的乐观很快被蒙上了一片阴云:

> 只要取悦上帝,我们就会得到食物和水,我们的船就能顺风航行。您一定听说了我们在圣文森特海岬的战事,每天都在期待我们能执行女王陛下和您的命令。
>
> 上帝让我们感激女王陛下能及时派给我们军舰。
>
> 如果女王陛下能多派六艘二等战舰增援我们,我们就更有把握阻

止西班牙舰队集结[①]。或许，下个月我们可以从各个方向阻止西班牙舰队集结，让西班牙舰队返回西班牙。根据我的判断，有了伟大的英格兰女王伊丽莎白一世的支持，我们一定可以做到。

虽然事情的开端很好，但只有坚持到底，才能取得辉煌的胜利……我们因每一次收获深深感恩上帝。虽然收获不大，但我们已经在西班牙海岸拉开了战幕。

弗朗西斯·德雷克和托马斯·芬纳船长的信都写于1587年5月24日。1587年5月30日，弗朗西斯·德雷克又在信中简要加了几句。加的斯突袭后，弗朗西斯·德雷克派敦刻尔克的船护送信件前往英格兰，自己返回舰队。同时，敦刻尔克的船载着信件和生病的士兵返回了英格兰，预计1587年6月1日启航。英格兰舰队起航，护送敦刻尔克的船到达了圣文森特海岬。日落时分，敦刻尔克的船向北驶去，剩下的英格兰舰船驶向大西洋的开放海域，再也没有返回萨格里什要塞。

英格兰舰队的目的地是亚速尔群岛。英格兰舰队突然离开圣文森特角似乎充满神秘色彩。据我们所知，返回英格兰的船并没有暗示弗朗西斯·德雷克要离开。事实上，弗朗西斯·德雷克派船返回英格兰送信，想要继续坚持两个月，并请求英格兰女王伊丽莎白一世的增援。在信中，弗朗西斯·德雷克写道："只有坚持到底，才能取得辉煌的胜利。"毫无疑问，他根本不知道自己最后只坚持了五天。这是一场弗朗西斯·德雷克和自己的博弈吗？突然返回英格兰的原因不可能是为了获取补给或运送生病的船员。此外，作为一位能力出众的指挥官，弗朗西斯·德雷克不达目的不罢休的执着不会屈服于上级或船员的压力。但他为什么会仓促离开圣文森特角呢？英格兰舰队中的一些船还没有驶进圣文森特角，为什么会调转方向返回呢？原因不得而知，但我们猜测，弗朗西斯·德雷克一定找到了新的作战目标。

"圣费利佩"号是一艘商用卡拉克船，途经果阿将香料和来自葡萄牙殖民地的东方货物运到西班牙。"圣费利佩"号上的货物从莫桑比克和圣多美运到了

[①] 显然，弗朗西斯·德雷克是在向英格兰女王伊丽莎白一世提出增援请求。——原注

东印度公司驻伦敦总部。西班牙国王腓力二世担心弗朗西斯·德雷克会知道关于贸易船的消息，因为几内亚的贸易轻快帆船正向拉各斯驶去，或经过圣文森特海岬前往里斯本。到时，英格兰舰队一定会发现贸易船。如果弗朗西斯·德雷克从印度开始追踪返国的"圣费利佩"号，而不是攻打非洲海岸，一定会一路穿过东北信风，追踪从佛得角到亚速尔群岛的贸易船，借助西风到达里斯本。一旦弗朗西斯·德雷克得知"圣费利佩"号的消息，一定会计算"圣费利佩"号的航行速度，伺机拦截。毫无疑问，1587年6月18日，"伊丽莎白·博纳旺蒂尔"号在亚速尔群岛的圣米格尔岛。与此同时，"圣费利佩"号在弗朗西斯·德雷克和圣米格尔岛之间的水域。西班牙人认为，弗朗西斯·德雷克的船舱里一定有一面神奇的镜子，能看到世界上所有海域舰船的行驶情况。

一些英格兰舰船离开了"伊丽莎白·博纳旺蒂尔"号。不久，离开的英格兰舰船看到了"圣费利佩"号。1587年6月3日，狂风大作，整整刮了两天两夜。重组舰队后，英格兰女王伊丽莎白一世的帆船和其他三艘私人帆船出现。重组后的英格兰舰队包括弗朗西斯·德雷克的"托马斯"号、海军大臣埃芬厄姆勋爵查尔斯·霍华德的"白狮"号、威廉·温特爵士的"崇拜者"号，以及一些小型帆船，但所有伦敦商船都不见了。不久，获悉伦敦商船安全返回了泰晤士河。

1587年6月4日，"金狮"号、"间谍"号和小型帆船接到命令，前去追踪一艘陌生船。"间谍"号独自返回，船长是约翰·马奇安特。约翰·马奇安特汇报陌生船是英格兰的舰船。但"金狮"号的船员在前船长威廉·伯勒的煽动下，反对加入弗朗西斯·德雷克的舰队，正在返回英格兰的途中。弗朗西斯·德雷克发现自己的怀疑得到了证实。他收集了一些材料准备呈交法庭，建议以叛国罪判处威廉·伯勒死刑。然后，他不再考虑威廉·伯勒的问题。历史记载，"金狮"号上没有人因叛国罪受到处罚，包括威廉·伯勒，所有船员都得到了奖赏。控诉威廉·伯勒的人回到英格兰后，提供了更多有关战争的材料，一些在其他地方找不到的材料。

英格兰舰队失散，遭到了"金狮"号的离弃。弗朗西斯·德雷克的舰队只剩六艘盖伦帆船和一些轻帆。虽然舰队规模减小，但弗朗西斯·德雷克依然有足够的加莱桨帆船抵抗"圣费利佩"号。事实上，"圣费利佩"号比英格兰的加莱赛战船高很多，就像佩尔什马站在一匹小马驹面前一样。"圣费利佩"号的吨位超过英格兰舰队的舰船吨位总和。与大多数葡萄牙卡拉克帆船返航时一样,"圣费利佩"号上的船员们身体虚弱,疾病缠身。本来用于放置炮台的主甲板上堆满货物,艏楼甲板和后甲板上堆满黄铜。"圣费利佩"号虽然可以轻易击退印度洋海域或北非海岸的海盗,但绝不是英格兰舰队长重炮的对手。为了荣誉,"圣费利佩"号上的船员们顽强抵抗,但最后还是乖乖投降。弗朗西斯·德雷克派一艘船将"圣费利佩"号上的船员们载到圣米格尔或他们想去的地方。随后,英格兰舰队满载有史以来最丰厚的战利品,驶向遥远的朴茨茅斯。

被截获的"圣费利佩"号满载胡椒、肉桂、丁香、印花布、丝绸和象牙,以及大量黄金白银和珠宝首饰,总价高达十一万四千英镑,是在加的斯突袭中所有船、货物、沉船和被毁物资的总价值的三倍多。西班牙的所有桶箍和渔船都抵不上"圣费利佩"号上的货物总值。虽然伦敦的商船没有参加此次行动,但伦敦商人们坚持分享战利品。即便如此,弗朗西斯·德雷克分得的战利品依然高达一万七千英镑。英格兰女王伊丽莎白一世分得的战利品高达四万英镑。现在,重修"伊丽莎白·博纳旺蒂尔"号需要两千六百英镑,租船的费用是每月二十八英

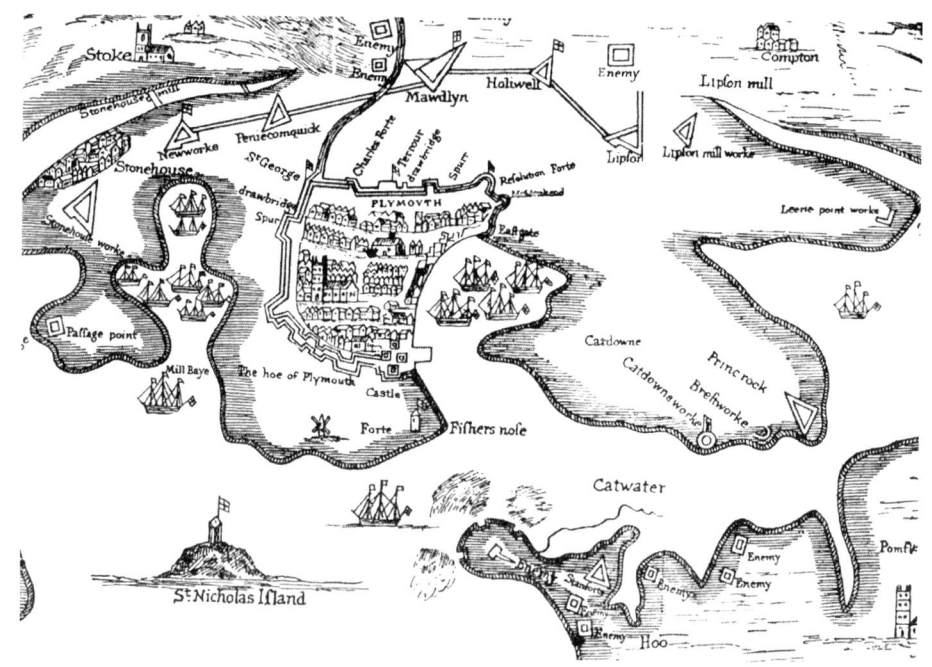

朴茨茅斯

第 11 章 截获"圣费利佩"号

镑,船上的水手工资和食物每月十四先令。"伊丽莎白·博纳旺蒂尔"号上全体船员的薪水和食物费用每月不超过一百七十五英镑。一万七千英镑可以买下一座庄园,四万英镑足以支付陆军参加一场战斗的费用。无论对弗朗西斯·德雷克还是对英格兰女王伊丽莎白一世来说,由于截获了"圣费利佩"号,此次航行更像一次商业冒险。

鉴于 16 世纪的历史真相,弗朗西斯·德雷克的现代传记似乎会因为"圣费利佩"号感到窘迫。然而,与弗朗西斯·德雷克同时代的人认为很有必要解释一下。一种解释是,"饥饿和疾病使弗朗西斯·德雷克离开了圣文森特角"。事实上,"金狮"号称食物储备不足,四十六名船员即约五分之一船员患病,所有船员因饮食不好身体虚弱。也许真相真的是这样,"金狮"号好像从一开始就像英格兰舰队的"养子"一样,怀有二心。但 1587 年 3 月前,英格兰女王伊丽莎白一世的船应该为英格兰舰队提供了补给。后来,英格兰舰队的所有舰船一起起航,但"金狮"号九个星期后才返航。与此同时,除了从截获的船上和岸上得到补给,英格兰女王伊丽莎白一世的军舰可以优先获得从加的斯突袭中获得的大量酒、饼干和油。直到 1587 年 5 月底,弗朗西斯·德雷克和托马斯·芬纳船长从未担心过补给问题。当然,伦敦商船也不会为船上补给而担心,这些食物可以维持九个月。

伦敦商人的行为是弗朗西斯·德雷克突然返航谜团的核心。无论出于什么原因,弗朗西斯·德雷克被自己的舰队"抛弃"了。因此,他无法返回圣文森特角。现在,正如我们说的那样,伦敦商人得到了充足补给。没有任何迹象表明,英格兰舰队在暴风雨后遇到了麻烦。对英格兰舰队来说,此次航行属于商业冒险。目前为止,英格兰舰队的收益不算十分丰厚。暴风雨过后,英格兰舰队离开菲尼斯特雷角,舰船逐渐分散。伦敦商船像其他英格兰舰船一样,并没有遇到阻止它们与弗朗西斯·德雷克会合的困难。令人感到奇怪的是,伦敦商船显然没有为集合做任何努力。此外,弗朗西斯·德雷克似乎也没有召集舰队集合,也许他并不想暴露自己的目标。弗朗西斯·德雷克迫切地想离开吗?他想完全隐秘地完成此次突袭吗?或他凭借直觉不想让其他同伴发现、分享他的战利品吗?

无论如何,我们相信,不管弗朗西斯·德雷克率领多少艘船,截获"圣费利佩"号后,他都不会再回到圣文森特角,原因之一是他已经离开圣文森特角十八天了,即使风向有利,也需要一个星期才能返回。如果西班牙人行动迅速,圣克鲁斯侯爵阿尔瓦罗·德·巴赞已经做好应战准备，那么弗朗西斯·德雷克此时的实力是无法与西班牙舰队较量的。主要问题是，弗朗西斯·德雷克不能冒险丢了刚刚截获的战利品。16世纪的战争本质就是争夺财富。弗朗西斯·德雷克虽然得到了五十万达克特，但不知道"圣费利佩"号上的其他货物。过去多年来，葡萄牙国王[①]的所有货物都来自印度。"圣费利佩"号上的货物被全部抵押给了各地的银行家。银行家们为了得到高额利息，继续支持杂货批发业务。葡萄牙国王的东方帝国经营的杂货批发业务已经濒临破产。"圣费利佩"号被劫加剧了西班牙国王腓力二世的财政危机，他很难用增长的流动资产弥补财政赤字。弗朗西斯·德雷克对此一无所知，他知道自己必须将截获的战利品分给英格兰女王伊丽莎白一世，因为这对他的舰队来说很重要。他即使不在乎能分得多少战利品，也不会用一大笔财富去冒险。

英格兰人兴奋地数着从"圣费利佩"号上掠夺来的战利品。显然，没有人记得曾经的豪言壮语："只有坚持到底，才能取得辉煌的胜利。"也没有人记得自己曾坚决反对弗朗西斯·德雷克的决定。事实上，如果弗朗西斯·德雷克没有在圣文森特角停留太长时间，如果他的船员没有在海上航行七个星期后疾病缠身，他就会紧跟七艘英格兰舰船离开。16世纪，无论哪个国家的船，只要船上拥挤不堪，都会发生船员生病的情况。弗朗西斯·德雷克打乱了西班牙的作战计划。他离开圣文森特角后的一个月里，西班牙几乎停止了物资运输。1587年，不管英格兰舰队是否离开了圣文森特角，西班牙无敌舰队都不会向英格兰进军。

---

① 指西班牙国王腓力二世，1581年到1598年兼任葡萄牙国王。——译者注

第12章 围攻斯勒伊斯

弗朗西斯·德雷克突袭加的斯给西班牙造成了巨大损失，也使一位受人尊敬的谷物商人遭受了损失。这位商人叫扬·威奇盖尔德，出生在德意志北部，是一位生活在西弗兰德省的地地道道的迪克斯迈德人。他在波罗的海的小麦生意已经破产。但像其他有商业头脑的商人一样，只要有能力他就会再次投资。然而，不幸的是，他投资的一批敦刻尔克货物在加的斯被弗朗西斯·德雷克截获。有时，扬·威奇盖尔德会按照自己的方式，在西班牙或地中海发贸易传单。他能流畅地使用西班牙语和弗兰芒语。有时，他会将一批没有加工完成的布料运到莱茵河小镇，或将一批勃艮第葡萄酒运到阿姆斯特丹。一方面，扬·威奇盖尔德要向帕尔玛公爵亚历山大·法尔内塞或西班牙国王腓力二世缴纳高额的税；另一方面，他要为西班牙军队提供食物。他不仅为西班牙军队提供用波罗的海小麦做成的饼干，还提供黄油、奶酪和从尼德兰和泽兰运来的咸鱼。他还要面对强大的竞争对手，因为尼德兰小镇为英格兰军队提供物资，称是为了尽快结束战争。此外，由于扬·威奇盖尔德和帕尔玛公爵亚历山大·法尔内塞之间的供粮关系，扬·威奇盖尔德还有另一个隐秘的身份——弗朗西斯·沃尔辛厄姆爵士最聪明、最得力的间谍。

战争期间，在佛兰德斯做生意十分困难。1587年6月，扬·威奇盖尔德在合法情况下出航，但依然被截获了。如果胡格诺派海盗知道扬·威奇盖尔德是弗朗西斯·沃尔辛厄姆爵士的间谍，一定会手下留情，因为他们更愿意抢劫天主教徒的商船。但他们抢了扬·威奇盖尔德的所有钱财和货物。扬·威奇盖尔德身无分文，只剩下一件衬衫，狼狈地在布伦上岸。一到迪克斯迈德，就有人警告他，如果他想加入帕尔玛公爵亚历山大·法尔内塞在布鲁日的军队，就要加入护送马车

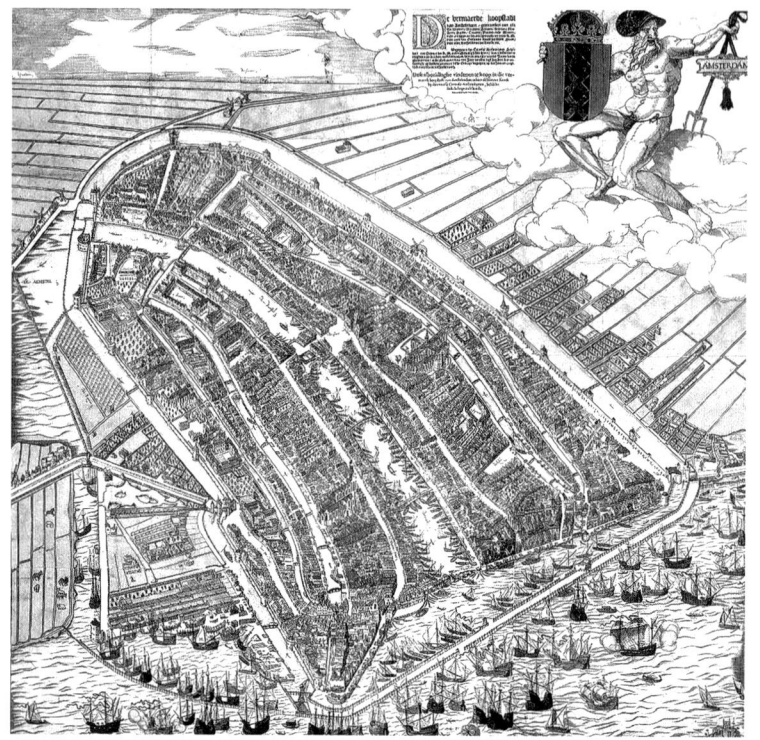

阿姆斯特丹

的护卫队。周围全是敌人，无论走到哪里都不安全。西班牙军队的逃兵和农民沦为匪徒，伏击或谋杀了路上遇到的每一个人。

  西班牙护卫队护送的马车相对安全。奥斯坦德的英格兰驻军清理了乡村街道，然后等待西班牙护卫队的到来。事实上，扬·威奇盖尔德本来想加入埋伏在迪克斯迈德的英格兰军队。他向弗朗西斯·沃尔辛厄姆爵士汇报说西班牙护卫队死亡二十五人，英格兰军队死亡一人，并发现英格兰军队扫荡了车队。他接着说，奥斯坦德的英格兰警备队非常厉害，除非西班牙护卫队有二三百人，否则绝对不敢轻举妄动。英格兰军队刚打响第一枪，一些瓦隆人就逃走了。扬·威奇盖尔德注意到，伏击存在一个缺陷。下一次，英格兰分遣队应该切断西班牙护卫队的退路。由于太过小心谨慎，英格兰军队没有注意到玉米商人。玉米商人骑着马进入了迪克斯迈德，兜里装着一万到一万五千弗兰芒钱币。扬·威奇盖尔德打算等待下一支西班牙护卫队的到来。如果可以，他想尽快到达帕尔玛公爵亚历山大·法

第 12 章 围攻斯勒伊斯

尔内塞驻斯勒伊斯的营地。时间紧迫，他必须骑马横跨乡村地区。扬·威奇盖尔德极速前进，他不能像真正的商人那样急功近利。

关于西班牙军队的围攻，扬·威奇盖尔德上次汇报的时间是四个星期前。弗朗西斯·沃尔辛厄姆爵士想获得更新的消息。1587 年初春，谣言四起，称帕尔玛公爵亚历山大·法尔内塞会打击佛兰德斯的最后一批英格兰势力。但 1587 年 6 月，帕尔玛公爵亚历山大·法尔内塞将司令部和一半军力转移到了布鲁日。兵力迅速转移，战略出其不意，佛兰德斯各郡几乎都在帕尔玛公爵亚历山大·法尔内塞的掌控下。佛兰德斯的各代表团不再出席联省议会。安特卫普失守后，泽兰和尼德兰的商人们认为，佛兰德斯已经被西班牙军队占领。佛兰德斯西北部的奥斯坦德和斯勒伊斯依然在抵抗。奥斯坦德和斯勒伊斯是两个相邻的战略重地，可以相互支援。奥斯坦德靠近北海。斯勒伊斯港曾是佛兰德斯最重要的港口，但由于齐文水域不断淤塞，斯勒伊斯港变得越来越萧条。

奥斯坦德由英格兰守军防守，斯勒伊斯由民兵守卫。弗兰芒人和瓦隆人再也不愿向家园的方向退让一英里，他们得到了激进的加尔文主义流亡者的支持。

布鲁日

双方的卫戍部队不断袭扰西班牙布鲁日附近的港口。他们有足够的力量守卫，但没做好进攻的准备。当他们得知，帕尔玛公爵在附近佣兵七千、一万四千、甚至一万八千，双方的指挥官都向帕尔玛公爵请求食物、弹药，和军队的支援。这份请求送到了荷兰联省议会、驻海牙的巴克赫斯特勋爵托马斯·萨克维尔、英格兰法拉盛的总督弗朗西斯·沃尔辛厄姆爵士、莱斯特伯爵罗伯特·达德利，当然还有伊丽莎白一世女王陛下。

尼德兰联省议会认为弗兰芒人可以靠自己的力量进行防卫，但英格兰显得非常关切。在莱斯特伯爵罗伯特·达德利不在场的情况下，多塞特伯爵托马斯·萨克维尔命奥斯坦德的英格兰增援部队为斯勒伊斯提供补给，并得到了周围城镇居民的大力支持。多塞特伯爵托马斯·萨克维尔认为，最近的两三个月内，只要自己能掌控局面，就可以猜到帕尔玛公爵亚历山大·法尔内塞在奥斯坦德的行动计划。现在，他打算用武力威胁斯勒伊斯，命久经沙场的罗杰·威廉姆斯爵士与英格兰步兵一起离开奥斯坦德。然后，他开始向斯勒伊斯派增援部队。与此同时，英格兰女王伊丽莎白一世应莱斯特伯爵罗伯特·达德利的要求，拨了一大笔军费，并派了增援部队。她仍然希望能和帕尔玛公爵亚历山大·法尔内塞将军斡旋，但也知道不应该对和谈抱太大希望。在佛兰德斯海岸，只要西班牙人逼近一英里，就会对英格兰产生极大威胁。英格兰女王伊丽莎白一世命莱斯特伯爵罗伯特·达德利必须改变斯勒伊斯的局面。

帕尔玛公爵亚历山大·法尔内塞攻击奥斯坦德并不是声东击西，而是武力增援。他本来希望出其不意占领奥斯坦德。但当他到达奥斯坦德时，发现英格兰的增援部队已经上岸。海面上的英格兰舰队似乎在提醒他，只要英格兰军队掌控了佛兰德斯海岸，奥斯坦德就不会被攻克。奥斯坦德的防御十分严密。帕尔玛公爵亚历山大·法尔内塞召开了议政会议，投票决定撤退。

帕尔玛公爵亚历山大·法尔内塞将军队分成三路，向佛兰德斯北部和东部行进，打算先去占领奥斯坦德和斯勒伊斯之间的交通要塞布兰肯柏，然后从布鲁日出发前往奥斯坦德东边，从布兰肯柏附近的斯勒伊斯北侧进入齐文水域。

第一个目标达成后，帕尔玛公爵亚历山大·法尔内塞再次召开了军事会议。军官们凝视着地图，看着周围的地形，频频摇头。斯勒伊斯处在一块拼图的中心，附近岛屿被运河隔开，又由运河连成一片网络。齐文海峡的水闸比普通运河的水

第 12 章 围攻斯勒伊斯

闸宽一点，受到强烈潮汐的冲刷，每天至少要放两次水。据说，齐文水域是斯勒伊斯的主要水路，五百多艘船停泊在齐文水域错综复杂的河道入口处。一座古老的城堡守卫着斯勒伊斯。最近，木桥将齐文水域与斯勒伊斯古堡连接了起来。齐文水域的每个入口都被水道分隔开，形成一座水道迷宫。想要包围斯勒伊斯的任何军队都有被切断后路的危险。帕尔玛公爵亚历山大·法尔内塞的下属们一致认为，围攻斯勒伊斯耗时、耗力、耗财，没有任何好处，甚至会全军覆没。他们再次提议撤退。

然而，帕尔玛公爵亚历山大·法尔内塞不同意撤退。毫无疑问，他会与自己的军队共患难。他没有告诉下属们，如果可以速战速决，他打算进攻奥斯坦德，继而占领斯勒伊斯。不是因为斯勒伊斯是离深水区最近的港口，而是因为斯勒伊斯横跨布鲁日和佛兰德斯东边的整座水道迷宫，是西班牙军队入侵英格兰的核心据点。然而，帕尔玛公爵亚历山大·法尔内塞的一些亲信早已知道，斯勒伊斯附近的水道迷宫是帕尔玛公爵亚历山大·法尔内塞最感兴趣的军事据点。帕尔玛公爵亚历山大·法尔内塞知道如何使用尼德兰特有的防御工事，实施自己的进攻计

围攻斯勒伊斯

划。斯勒伊斯的弗兰芒指挥官知道，决战的关键是卡扎德岛——一座荒芜的沙漠岛屿。

齐文海峡位于卡扎德岛西侧，斯勒伊斯古堡的对面。卡扎德岛东侧与岛屿分离。涨潮的时候，卡扎德岛东侧会形成一道汹涌的海峡；退潮的时候，卡扎德岛只剩下一片污浊的沼泽。1587年6月13日上午，帕尔玛公爵亚历山大·法尔内塞率领一支精锐军队艰难前进。为了避免弹药受潮，士兵们高举武器。泥水没过了士兵们的胸口，一些人不幸滑到，全身沾满泥浆。帕尔玛公爵亚历山大·法尔内塞也是一身泥水。

整整一天，西班牙军队一直挤在卡扎德岛荒凉的沙丘上。除了湿透的饼干，他们没有其他食物，也没有帐篷、燃料、取暖和烘干衣服的炉子，甚至没有一滴能喝的水。帕尔玛公爵亚历山大·法尔内塞等待的船也无故来迟了。卡扎德岛没有森林和庇护所，一直在下雨，雨水淋湿了点燃火枪的火柴和弹药。齐文海峡切断了帕尔玛公爵亚历山大·法尔内塞的军队与大部队的联系。此时，帕尔玛公爵亚历山大·法尔内塞的军队随时会受到来自海上的攻击。士兵们疲惫不堪，饥寒交迫，手握无法开火的冰冷铁枪，完全没有反击能力。他们怨声载道，不知情的人甚至会将他们当成叛军。无论如何，抱怨过后，士兵们搭起帐篷，挖了掩护火枪手的壕沟。壕沟周围竖起了一排排枪和枪筒。其他士兵掩护正在干活的士兵。同时，帕尔玛公爵亚历山大·法尔内塞派人前去侦察尼德兰的船是否正急速赶来。

然而，由于布兰肯柏的战事，尼德兰的船来迟了。1587年6月14日，卡扎德岛的西班牙军队仍然无力反击罗杰·威廉姆斯爵士率领的英格兰舰队。在来自泽兰的两支船队的保护下，英格兰舰队炮轰了躲在战壕里的西班牙火枪手。英格兰舰队继续前进，沿途击沉、俘获了帕尔玛公爵亚历山大·法尔内塞的船。但1587年6月15日，局势发生了变化。1587年6月15日夜晚，帕尔玛公爵亚历山大·法尔内塞用一排攻城炮控制了齐文海峡。1587年6月16日清晨，英格兰舰队在退潮时返航，但被突如其来的大炮击中。英格兰舰队的船长试图避开西班牙军队的炮台，结果两艘船搁浅了。潮水退了后，西班牙军队的炮台依然在向英格兰舰队开火。英格兰舰队的船长和船员们跳下大船，登上吃水浅的小型平底船，远离西班牙军队炮台的射程，驶向法拉盛。帕尔玛公爵亚历山大·法尔内塞盯准泽兰的两支船队，在卡扎德岛附近的深海区抛锚。一道栅栏围住了卡扎德岛的浅

第 12 章 围攻斯勒伊斯

水区，河口沿岸的浮标也被挪开，引诱泽兰的两支船队驶向浅滩。英格兰舰队的指挥官得到消息，进入斯勒伊斯的通道已经被西班牙军队封锁。

上述事件发生在扬·威奇盖尔德从布鲁日抵达帕尔玛公爵亚历山大·法尔内塞营地的三个星期前。此时，帕尔玛公爵亚历山大·法尔内塞按兵不动。法拉盛的英格兰舰队也毫无动静。帕尔玛公爵亚历山大·法尔内塞渐渐控制了整个斯勒伊斯。最终，莱斯特伯爵罗伯特·达德利率领英格兰舰队满载金银返航。他的第一个任务是从帕尔玛公爵亚历山大·法尔内塞的军队的手中，解救斯勒伊斯。

扬·威奇盖尔德的主要任务是试探西班牙军队的实力。他显得有条不紊，似乎在做备战物资的预算。他发现了帕尔玛公爵亚历山大·法尔内塞率领的四支军队，每一支都实力雄厚，既可以单独迎战，也可以在遇到困难时相互支援。其第一支军队驻守在目前的主要战场布鲁日附近；第二支军队驻扎在卡扎德岛上，由帕尔玛公爵亚历山大·法尔内塞亲自指挥，不在斯勒伊斯的射程范围内；第三支军队从卡扎德岛出发，渡河后向斯勒伊斯古堡方向的圣安妮岛进发；第四支军队在横跨根特门的运河对面。按照扬·威奇盖尔德的判断，帕尔玛公爵亚历山大·法尔内塞的四支军队加起来共有五六千人，相当于西班牙、意大利、神圣罗马帝国和瓦隆所有军队的总和。但在弗朗西斯·沃尔辛厄姆爵士和莱斯特伯爵罗伯特·达德利收到的报告中，帕尔玛公爵亚历山大·法尔内塞的军队人数增加了很多，甚至翻了三倍。如果弗朗西斯·沃尔辛厄姆爵士将扬·威奇盖尔德的报告交给莱斯特伯爵罗伯特·达德利，莱斯特伯爵罗伯特·达德利一定不会相信。令人惊讶的是，帕尔玛公爵亚历山大·法尔内塞在给西班牙国王腓力二世的密函中，证实了扬·威奇盖尔德的判断。

很快，扬·威奇盖尔德提醒弗朗西斯·沃尔辛厄姆爵士说，虽然帕尔玛公爵亚历山大·法尔内塞的军队人数比报告中的人数少，但都是帕尔玛公爵亚历山大·法尔内塞精心挑选出来的精兵强将。这支西班牙军队高度警惕，经验丰富，临危不惧，在满是泥浆的战壕中坚持作战，面对英格兰军队居高临下的地理优势和枪林弹雨毫不退缩。帕尔玛公爵亚历山大·法尔内塞率领军队站在滂沱大雨中，虽然饥寒交迫，但士兵们将抱怨化成了对英格兰军队的诅咒，从不放过任何战机，也从不做不必要的冒险。"他们纪律严明……主要优势在于夜以继日地仔细观察，以及作战计划谨慎。"

英格兰军队同样强大。帕尔玛公爵亚历山大·法尔内塞在给西班牙国王腓力二世的信中说,他从没遇到过如此勇敢、狡猾的对手。西班牙步兵在战火中挖战壕,每一锹都是泥水,夜晚还会受到袭击。在布鲁日附近,双方展开了一场面对面的肉搏战。从扬·威奇盖尔德的描述中可以得知,帕尔玛公爵亚历山大·法尔内塞在信中的言辞,充满了对英格兰军队的钦佩之情。在肉搏战中,帕尔玛公爵亚历山大·法尔内塞的军队伤亡惨重,很多军官,包括他最得力的老将拉·莫特也身负重伤。帕尔玛公爵亚历山大·法尔内塞在布鲁日为伤残士兵准备了一千五百个床位,但早已人满为患。与此同时,西班牙军队在战事中没有取得任何进展。

然而,扬·威奇盖尔德认为,除非攻陷斯勒伊斯,否则英格兰军队绝不会投降。帕尔玛公爵亚历山大·法尔内塞的军队屡遭袭击,但弹药比英格兰军队充足。目前,按照西班牙军队发射炮弹的频率,扬·威奇盖尔德猜测,帕尔玛公爵亚历山大·法尔内塞一定在担心弹药供给。他坚信通过最简单的海战方式,一定可以攻陷斯勒伊斯。在炮火中,帕尔玛公爵亚历山大·法尔内塞的舰队无法靠近齐文海峡。卡扎德岛的炮台也无法击沉英格兰舰队的所有小船,形势危急,必须采取行动。有传言称,布鲁日有一座浮桥,浮桥周围是一道可以防枪弹的围栏。西班牙工程人员说,西班牙军队打算通过海路攻占斯勒伊斯。西班牙军队和英格兰军队的战略听起来很相似。1584年,帕尔玛公爵亚历山大·法尔内塞曾靠近斯凯尔特河。这座浮桥彻底改变了安特卫普的命运。

英格兰舰队载着莱斯特伯爵罗伯特·达德利及其三千名战士,沿佛兰德斯海岸行进。在布鲁日,扬·威奇盖尔德一定发现了浮桥。站在斯勒伊斯的城墙上,可以看到英格兰舰队在布兰肯柏附近向法拉盛海岸行进。敏锐的西班牙士兵很快会认出舰队的条幅和旗帜。被围攻的英格兰军队发现了援军,于是用小型武器和大炮向天空开火,表明自己的位置。西班牙人回忆说,莱斯特伯爵罗伯特·达德利率领英格兰舰队进入了斯凯尔特河西侧,听到了枪炮声,也看到了天空中的炮火。这一天是1587年7月2日,是帕尔玛公爵亚历山大·法尔内塞占领卡扎德岛的第二十三天。

又过了二十三天,即1587年7月25日,斯勒伊斯的英格兰守军再次看到了援军。其间发生了什么无从得知,但情况一定非常不妙。在布鲁日附近,经过激烈的战斗,英格兰军队击退了西班牙军队的围攻。牛津伯爵爱德华·德·维尔

第 12 章 围攻斯勒伊斯

率领英格兰军队击退了西班牙军队的进攻,不仅缴获了枪炮,还俘虏了不少战俘。斯勒伊斯古堡和外垒抵抗了多次进攻,但由于四周没有足够的守军,一旦有人战死,就无法及时补上去。与此同时,布鲁日的浮桥被发现了。浮桥连接了斯勒伊斯古堡对面的布鲁日和圣安妮岛,经过布兰肯柏,浮在齐文水域上方,形成了一道美丽的弧线,不仅封锁了齐文海峡,还可以使卡扎德岛上的西班牙军队和火炮同时向斯勒伊斯古堡和斯勒伊斯城转移。

首先,帕尔玛公爵亚历山大·法尔内塞加强了攻打斯勒伊斯古堡的火力,号召西班牙军队发起猛烈进攻。与此同时,他发现了斯勒伊斯古堡和斯勒伊斯之间的浮桥。如果英格兰军队的援军支援斯勒伊斯古堡,那么帕尔玛公爵亚历山大·法尔内塞只能烧毁或炸毁浮桥,然后将火力转向斯勒伊斯的另一边,将英格兰的卫戍部队逼入绝境。1587 年 7 月 25 日午夜,周围寂静无声,守卫斯勒伊斯古堡的近二百名英格兰士兵撤退到斯勒伊斯城内,并烧毁了斯勒伊斯古堡和浮桥。

帕尔玛公爵亚历山大·法尔内塞十分沮丧,但仍坚持作战,寻找突破口,将炮台转移到了斯勒伊斯城的围墙附近。他知道时间紧迫,尼德兰人和英格兰人一定会很快转移。因此,他打算在齐文海峡的三角地带发动战争。如果剩下的西班牙士兵团结一致,继续掌控齐文海域和斯凯尔特河的入口,那么他也许可以守住自己的阵地。但英格兰军队可能会从其他方向发动突袭。帕尔玛公爵亚历山大·法尔内塞深知什么样的决定对自己有利。

因此,帕尔玛公爵亚历山大·法尔内塞命令炮台前移,将火力集中在布鲁日附近,打算展开最后的进攻。1587 年 7 月 25 日,西班牙圣地亚哥节的清晨,西班牙军队开始轰炸斯勒伊斯城。1587 年 7 月 25 日下午,斯勒伊斯的城门变成了一堆废墟,城墙被炸开了一道很宽的缝隙,足以同时通过二十人。在城墙废墟的后面,帕尔玛公爵亚历山大·法尔内塞虽然之前受了伤,但仍一瘸一拐地亲自前来侦察。他发现无所畏惧的英格兰卫戍部队排成半月形阵势,势不可挡。根据以往的经验,他知道自己能击溃多少人。虽然有些急于求成,但他担心没有足够的兵力。于是,他命人吹起号角,准备撤退。帕尔玛公爵亚历山大·法尔内塞回到营地后,将火力集中在了斯勒伊斯城外围,兵分两路,打算从根特门一侧攀登,展开防御。

1587 年 7 月 25 日夜晚,西班牙军队发现斯勒伊斯的钟楼上火光闪烁,人头攒动,形成了从未见过的阵形。卡扎德岛的士兵前来报告,称火光是从法拉盛对岸传来的。斯勒伊斯城内传来了更多消息,也收到了一些回复,也许是最后的求救,也许是无望的感叹。

1587年7月26日早晨,斯勒伊斯和法拉盛之间的西斯凯尔特河的西侧河口上,遍布来自泽兰、尼德兰和英格兰的白色帆船、战舰和运输船。在齐文水域入海口,舰载艇负责侦察周围的情况。此外,西班牙士兵辨认出了泽兰的统帅拿骚的旗帜、英格兰海军大臣埃芬厄姆勋爵查尔斯·霍华德、奥兰治亲王莫里斯和英格兰军队的统帅莱斯特伯爵罗伯特·达德利。帕尔玛公爵亚历山大·法尔内塞听

奥兰治亲王莫里斯
(1567—1625)

第 12 章 围攻斯勒伊斯

拿骚的尤斯蒂努斯
（1559—1631）

到消息后，陷入了沉思。来自诸国的军队威胁着斯海尔托亨博斯，也威胁着佛兰德斯东边的军队与西班牙右翼军队。帕尔玛公爵亚历山大·法尔内塞迅速重组军队。他看出了尼德兰人和英格兰人的意图，知道斯勒伊斯不会再遭到袭击。现在，帕尔玛公爵亚历山大·法尔内塞如果依然能保持冷静，那么一定意识到了自己如履薄冰、进退维谷的处境。

实际上，尼德兰人和英格兰人很清楚自己接下来的行动。莱斯特伯爵罗伯特·达德利想用浅水船驶进齐文海峡，然后装好炮台击毁浮桥，开辟出一条进入斯勒伊斯的路。但他的计划需要尼德兰人的船和引航员的协助。拿骚的尤斯蒂努斯不愿意冒险，引航员也拒绝行动。据说，也许是由于春季的潮汐和西北风，齐文海峡禁止任何人通行。齐文海峡很快会涨潮。莱斯特伯爵罗伯特·达德利建议英格兰军队在卡扎德岛登陆，控制西班牙军队的炮台，破坏浮桥。但他唯一能用的船只有泽兰和尼德兰提供的"皇家方舟"号，而且没有联省议会的授权，他不能擅自使用"皇家方舟"号。拿骚的尤斯蒂努斯提议英格兰军队在奥斯坦德登陆，沿着沙丘向布兰肯柏行进，逼退帕尔玛公爵亚历山大·法尔内塞的军队。如果英格兰军队成功了，尼德兰人就会通过齐文海峡。莱斯特伯爵罗伯特·达德利十分不情愿地同意了拿骚的尤斯蒂努斯的提议。一开始，虽然风向不利，但在威廉·佩勒姆爵士的率领下，英格兰的救援船队离开斯勒伊斯港一周后，在卡扎德岛登陆。

英格兰军队向布兰肯柏进军，莱斯特伯爵罗伯特·达德利和海军大臣埃芬厄姆勋爵查尔斯·霍华德率领的军队紧随其后，沿海岸行进。布兰肯柏的卫戍部队只发出了几声枪响。英格兰军队加大火力后，迅速在堤坝处打开了一条缝隙。虽然布兰肯柏的卫戍部队人数少，但帕尔玛公爵亚历山大·法尔内塞十分警觉。如果布兰肯柏失陷，那么斯勒伊斯就无力防守了。西班牙军队不可能安全撤离，但只要可以，帕尔玛公爵亚历山大·法尔内塞就会迅速调遣八百名士兵，跟随大部队一起撤离。

然而，威廉·佩勒姆爵士考虑到了堤坝的缝隙和堤坝外的大炮。在舰船甲板上，莱斯特伯爵罗伯特·达德利看到了从东边驶来的西班牙舰队的闪亮胸甲，也是帕尔玛公爵亚历山大·法尔内塞军队的先锋队。没有人知道这支先锋队有多强大。先锋队正急速前进，准备将莱斯特伯爵罗伯特·达德利训练无素的军队一网打尽。莱斯特伯爵罗伯特·达德利立即发出命令，威廉·佩勒姆爵士的军队有序撤离到了奥斯坦德，再次与斯勒伊斯附近的盟友联合了起来。帕尔玛公爵亚历山大·法尔内塞依然在重组军队，尼德兰的舰队还没有出动。

1587年7月27日傍晚，通过齐文海峡的一切已经准备就绪。与此同时，潮水开始上涨，西北风越来越强劲，但并不猛烈。拿骚的尤斯蒂努斯站在前导舰上，后面的舰队排成两列，负责掩护装载物资的大型平底船和快速平底船队。莱斯特伯爵罗伯特·达德利不顾西班牙炮火的危险，仍然在驳船上大声指挥，监督舰队通过齐文海峡。他本来打算独自率领英格兰的救援队进入斯勒伊斯，但尼德兰人派出火船烧毁了浮桥，打开了前往深水盆地的通道。

威廉·佩勒姆爵士
(1528—1587)

在浮桥上，一队瓦隆士兵手持刀枪，形成了一道坚固的墙胸。前进的火船和燃烧的火焰使局势变得异常紧张。火苗点燃了浮桥上的绳索。在潮水的推动下，火船继续向浮桥驶去。勇敢的西班牙士兵跳上火船灭火。但熊熊大火烧着了整艘船，船体内部装满耐火砖块、弹药、石头和废铁。被火船烧死的士兵比两军激战战死的士兵更多。见过"来自安特卫普的地狱火船"的人，永远不会忘记火船的威力。负责守卫浮桥的朗蒂侯爵伊曼纽尔·菲利伯特·范拉兰也见证了这一幕，同时看到了帕尔玛公爵亚历山大·法尔内塞应对第二次攻击的过程。火船燃烧殆尽时，朗蒂侯爵伊曼纽尔·菲利伯特·范拉兰命人直接解开桥锁。火船如一团烈焰从桥下驶过。因为火船上没有弹药，所以没有对斯勒伊斯海域造成任何伤害。

如果莱斯特伯爵罗伯特·达德利能紧随火船展开围攻，英格兰舰队也许能通过齐文海峡，甚至彻底毁掉浮桥。但莱斯特伯爵罗伯特·达德利在距火船一英里外的地方，无法看清前方的战况。他和泽兰的引航员争吵起来。争吵结束后，浮桥又恢复了原样。潮水变得缓慢，风向转为南风。英格兰舰队本想支援斯勒伊斯的军队，却毫无颜面地返回了法拉盛港。

长达十四天的围攻中，由于战略计划出现失误，被围攻的英格兰军队士气大落。我们可以从指挥英格兰军队的罗杰·威廉姆斯爵士的信中了解当时的情况。罗杰·威廉姆斯爵士是一位经验丰富的军人，参加过尼德兰战役。他是威尔士人，虽然身材矮小，但有勇有谋，头盔上永远插着一根长长的羽毛，"这样他的朋友或敌人就知道他在哪里了"。他和莎士比亚《亨利五世》中的弗鲁爱林上尉很像，脾气暴躁，心直口快，意志坚定。在谈论军事奇事时，军中最雄辩的人也佩服他的口才。有人甚至认为罗杰·威廉姆斯爵士与莎士比亚私交不浅，他的回忆录中对此也有记录。围攻初期，罗杰·威廉姆斯爵士向英格兰女王伊丽莎白一世汇报了战况，言辞一针见血。他写道："我们的国家地域辽阔，人口众多。我们信仰上帝并勇敢地为信仰而战……我们不会让敌人闯进我们的领土……女王陛下，我们深信不疑，您会帮助我们实现纯洁的愿望，让我们保卫王室，保卫英格兰。"不久，由于救援物资迟迟未到，罗杰·威廉姆斯爵士向弗朗西斯·沃尔辛厄姆爵士抱怨说，奥兰治亲王莫里斯和拿骚的尤斯蒂努斯受到的军事教育耗费了他们掌管的半座城。他的语气依旧坚定。罗杰·威廉姆斯爵士写道："我一直身处战争中，从未见过如此勇敢的将领和拼命的士兵……1587年7月27日11时，西班牙军

第 12 章 围攻斯勒伊斯

队翻过战壕,进入了我们的堡垒。由于船上有防枪弹的盾牌,我们驱船离开……拦截西班牙的炮兵。我们的军队彻夜坚守在水沟战壕中。在上帝的帮助下,我们花了一整夜的时间修复战壕。"

1587 年 7 月 28 日,罗杰·威廉姆斯爵士敦促莱斯特伯爵罗伯特·达德利率领加里奥特桨帆船和"皇家方舟"号进入斯勒伊斯海峡,并写信说:"如果你们的水手尽职尽责,西班牙人就无法阻挡你们。在你进入斯勒伊斯海峡前,我们会驱船迎战。因此,你面临的危险并不大。这里没有背信弃义之人,只有勇敢的船长和士兵。你可以向在座的所有人保证,即使光荣战死,也绝不苟且偷生。"1587 年 8 月 7 日,罗杰·威廉姆斯爵士再次写信给莱斯特伯爵罗伯特·达德利,描述了解除西班牙军队武力威胁的基本战略,并模仿弗鲁爱林上尉的语气说:"你一定知道,所有战争都存在危险。无论你有什么决定,我们都希望速战速决。"

1587 年 8 月 14 日,罗杰·威廉姆斯爵士终于看到了来自斯勒伊斯的救援船队。但整整三天,救援船队没有一点动静。罗杰·威廉姆斯爵士写道:"自从第一天……十二艘船中的九艘船一直守卫着斯勒伊斯。整整十八天,一半士兵手中一直握着武器……我方死伤共六百多人,包括十位将领、六位副将与十八名士官。勇敢的士兵得不到救援……我们弹尽粮绝,无法应对三场小规模战斗。对我来说,我宁愿和英勇的士兵们一同战死沙场。俗话说智慧无价,但我和将士们都愿意不惜一切代价找到走出困境的办法。"

威廉·佩勒姆和其他人对于帕尔玛公爵亚历山大·法尔内塞的行为,既不愤怒和也不打算反击。他们认为斯勒伊斯城是他们手中的一张牌,却不愿感受这些可怜的朋友们的痛苦。写完信后,罗杰·威廉姆斯爵士率军继续坚持了八天,牺牲了二百多人。火船的肋拱已经烧焦,一直在冒烟。格劳内维特提出和谈。帕尔玛公爵亚历山大·法尔内塞的条件很慷慨。斯勒伊斯的一千七百多名卫戍部队中,八百人战死,两百多人重伤,剩下的英格兰士兵带着武器、行李以及骄傲离开了。帕尔玛公爵亚历山大·法尔内塞很欣赏对手的勇敢。罗杰·威廉姆斯爵士站在军队前列,帕尔玛公爵亚历山大·法尔内塞一眼就认出了他。罗杰·威廉姆斯爵士受伤的左臂吊在胸前,盔甲上的羽毛已经破损。他极力赞扬自己的士兵们,称为了信仰和国家而战,一切都非常值得。他非常谦逊,说如果将来还能有机会为英格兰女王伊丽莎白一世效力,一定会继续为清教事业和纳瓦拉国王亨利三世而战。勇猛的西班牙军队很同情他，英格兰将士们的牺牲好像没有任何意义。罗杰·威廉姆斯爵士的情绪难以平复。此时，他再也不想为任何人效力，正在返回英格兰的路上。他身无分文，没有坐骑，不得不写信给英格兰枢密大臣："战争让我筋疲力尽。如果可以选择接下来的生活方式，我会结束戎马生涯，按照弗朗西斯·沃尔辛厄姆爵士夫人的建议，迎娶商人的寡妇。"当然，罗杰·威廉姆斯爵士并没有按照自己说的那样做。

帕尔玛公爵亚历山大·法尔内塞和罗杰·威廉姆斯爵士一样疲倦。围攻战中，近七百多名西班牙将士丧命，很多人受伤。帕尔玛公爵亚历山大·法尔内塞写信给西班牙国王腓力二世说："在尼德兰，我从没有遇到过这么多麻烦，也没有一次像围攻斯勒伊斯这样，让我焦躁不安。"但他的目标是入侵英格兰，一切损失都是值得的。他也许是在提醒自己一定要实现苏丹人的豪言。帕尔玛公爵亚历山大·法尔内塞砍下了英格兰军队的"手臂"，足以弥补他"烧焦的胡子"。

第13章　库特拉战役

纳瓦拉国王亨利三世及其军队陷入了困境。大批胡格诺派军队不可能从天主教徒的重重包围中逃离，唯一的生机是殊死一搏，全军投入这场众寡悬殊的战斗，但会冒很大的风险。纳瓦拉国王亨利三世和胡格诺派军队都有可能被铲除，从而对法兰西王国甚至整个欧洲的清教事业造成沉重打击。斯勒伊斯失守的损失并不大。为了取得宗教战争的胜利，即使损失更多像斯勒伊斯一样的城市，也是值得的。

勇敢的纳瓦拉国王亨利三世率领胡格诺派的精锐部队离开了比斯开湾。国王军队想在胡格诺派军队的前线对面，沿贝尔热拉克和群山捕获纳瓦拉国王亨利三世。1587年10月19日夜晚，胡格诺派军队的大部分将领，包括纳瓦拉国王亨利三世和波旁家族的孔代亲王亨利一世与苏瓦松伯爵查尔斯，都在库特拉休整。库特拉位于德罗讷河和伊勒河之间，在从图尔向北经普瓦捷到达波尔多的路上。1587年10月20日清晨，胡格诺派的将领们早早起床，听到库特拉远处的北面树林传来枪炮声。他们知道安尼·德·茹瓦约斯公爵正率领强大的天主教军队在晚间悄悄行军，抵达了胡格诺派军队的警戒哨。1587年10月19日下午，一个小时甚至更短，安尼·德·茹瓦约斯公爵率军进入德罗讷河与伊勒河的交叉地带，预计1587年10月20日清晨渡过伊勒河。

库特拉所处的地理位置并不好，很容易被包围。纳瓦拉国王亨利三世和胡格诺派军队刚刚在德罗讷河和伊勒河之间的楔形地带扎营，营地是一个没有任何防御工事的小村庄。安尼·德·茹瓦约斯公爵封锁了村庄入口，使其成为一个死胡同。局势变得越来越糟糕。胡格诺派军队的一支骑兵和一部分火绳枪兵还没有渡过德罗讷河。与此同时，胡格诺派军队的一支轻骑兵分成两路，准备横跨伊勒

孔代亲王亨利一世
（1552—1588）

苏瓦松伯爵查尔斯
（1566—1612）

河转移所有武器，即三门大炮，然后前往多尔多涅河。如果轻骑兵行动快速，就可以跟随先锋部队横跨伊勒河水位较深的浅滩，纳瓦拉国王亨利三世和其他军官也可以携带更多武器离开。留下大量步兵可以为转移武器提供更多时间，至少可以保住指挥官的性命，至于谁跟在后面就是另一个问题了。此外，如果胡格诺派军队在库特拉停留太久，参与战斗后败北而归，那么指挥官生还的可能性就不大了。然而，伊勒河的深度既不适合徒步涉水，也不适合游泳。库特拉后面的桥很窄，军队无法通过。安尼·德·茹瓦约斯公爵的天主教军队步步紧逼。

如果占领斯勒伊斯会使新教阵营无力抵抗，那么击垮胡格诺派军队及其领导者会使新教阵营几近瓦解。虽然到处都有零星的抵抗，但法兰西的清教徒已经受到迫害。无论如何，将来都属于洛林家族，属于天主教联盟的狂热分子。天主教联盟为西班牙国王腓力二世效力。对尼德兰的反叛势力来说，这一定是灾难性的日子；对新教阵营的领袖英格兰女王伊丽莎白一世来说，也许更糟糕；对新教联盟的总指挥、支持者来说，都是不幸的消息。一旦吉斯公爵亨利一世和天主教

第 13 章 库特拉战役

联盟控制了整个局面,胡格诺派的抵抗力量就会瓦解,波旁家族的战线也会随之消失,法王亨利三世一定会受到牵连。到时,不但帕尔玛公爵亚历山大·法尔内塞的侧翼部队不会受到任何威胁,而且法兰西的港口会为西班牙军队入侵英格兰提供安全据点,法兰西军舰和军队也会增援西班牙无敌舰队。西班牙的外交成就显著。瓦卢瓦家族的最后一位继承人——法王亨利三世的弟弟安茹公爵弗朗索瓦去世后,西班牙外交大臣通过不懈努力,使西班牙轻而易举地控制了耶稣会教士,利用了托钵僧布道的雄辩能力和罗马教廷的权威,以及所有反对宗教改革的天主教势力。很多人坚信,西班牙国王是上帝的选择,有能力让欧洲所有国家重新信仰正统宗教,因为西班牙和教会的利益是一致的。

在法兰西,西班牙外交大臣已经成功控制了反宗教改革力量。胡格诺派一直坚持战斗,以前是为了信仰而战,为了建立上帝之国而战,现在是为了自己的生命而战。纳瓦拉国王亨利三世的秘书写下了这场悲剧的主人公,欧洲诸国都在其中。1585 年 7 月,安茹公爵弗朗索瓦去世后的第十三个月,奥兰治亲王威廉一世被刺杀一年后,吉斯公爵亨利一世及其依附的天主教联盟在茹安维尔秘密签订协议,支持西班牙国王腓力二世干涉法兰西内战并解决尼德兰或英格兰异教徒问题后的第七个月,欧洲诸国被推上了战争舞台。1585 年 7 月,法王亨利三世废除了宗教宽容法案,取缔了新教归正会。1585 年 9 月,教皇西克斯图斯五世颁布了可怕的法令,谴责纳瓦拉国王亨利三世是异教徒,剥夺了他的财产,赦免了他的臣子们对他的不忠行为,宣布纳瓦拉国王亨利三世没有资格继承法兰西王位。

安茹公爵弗朗索瓦
(1555—1584)

因此,"三亨利战争"爆发。"三亨利"中的一位是法兰西国王亨利三世,也是瓦卢瓦家族现存的最后一位男性继承人;另一位是纳瓦拉国王亨利三世,依照萨利克继承法,他是法兰西王国的合法继承人;最后一位是洛林家族的吉斯公爵亨利一世。然而,吉斯公爵亨利一世是三位"亨利"中最有望胜出的。按照族谱学,吉斯公爵亨利一世家族的血统可以追溯到查理曼大帝①。相比其他于卡佩家族的后代,吉斯公爵亨利一世更有权继承法兰西王位。在普通场合,人们也许不愿谈论法兰西王位的继承人是异教徒,因为纳瓦拉国王亨利三世或

查理曼大帝
(742—814)

---

① 查理曼大帝(Charlemagne,742—814),中世纪早期统一了西欧和中欧的大部分地区,是西罗马帝国灭亡后第一个统治西欧的皇帝,被称作"欧洲之父"。——译者注

第 13 章 库特拉战役

多或少已经得到胡格诺派的认可。在传教士的引导下,巴黎人民宁愿造反也不愿接受一位异教徒国王。在西班牙财力的支持下,不论法王亨利三世赞成或反对,天主教联盟的贵族们都决定处死异教徒,因为这样既能达到宗教目的,也能满足自己的贪欲。"三亨利战争"暴露了天主教联盟的复杂动机,也是圣巴塞洛缪大屠杀的余波。

纳瓦拉国王亨利三世召集自己的党派开始反击。面对教皇的法令,他委屈地证明自己始终忠于信仰。可能是帕斯魁诺的雕像给了他勇气,他给教皇的回信洋洋洒洒,称教皇是"西克斯先生",信中的言辞充满对教皇西克斯图斯五世的谴责和嘲讽。纳瓦拉国王亨利三世将突袭和顽强抵抗结合,在一定程度上抑制了天主教的复辟大潮。但正如他说的那样,1587 年秋天,由于日夜焦虑,他的胡子都白了。只要反对者存在,纳瓦拉国王亨利三世就会一直处在焦虑中。他虽然消瘦了很多,但深知自己的事业和人民都处在危险中。

对胡格诺派来说,在法兰西的天主教势力中,除了吉斯公爵亨利一世,没有比驻扎在瓦卢尔河南岸的安尼·德·茹瓦约斯公爵更危险的人物了。安尼·德·茹瓦约斯公爵从默默无闻到一鸣惊人,年仅二十多岁就成为公爵,不仅是路易丝王后的妹夫,还拥有大片庄园,掌管着几个大省,是法兰西天主教军队的统帅。他能平步青云也许是因为法王亨利三世喜欢英俊的男子。据说法王亨利三世身边的男子都十分英俊,留着长发,在国王身边嬉戏说笑,娇嗔争宠,但其中一些人也不乏男子气概。与法王亨利三世身边的年轻人不同,由于忠诚和对使命的热忱,安尼·德·茹瓦约斯公爵深

安尼·德·茹瓦约斯
(1560—1587)

受法兰西王室的青睐。他勇敢自信，心胸宽广，给法王亨利三世和同时代的人都留下了深刻印象，但他是否还有其他高贵品质，我们不得而知。

安尼·德·茹瓦约斯公爵冲动地加入了天主教联盟的事业，将自己卷入了无休止的宫廷斗争中。他深知法王亨利三世对天主教联盟没有一丝好感，十分不情愿地签署了取缔胡格诺派的法令。也许是受到了妻子的影响，安尼·德·茹瓦约斯公爵突然从一个保守派变成了热忱的天主教徒，并得到了吉斯公爵亨利一世的支持。他希望依靠自己的力量，在二十五岁前重振法兰西王国。很多事实证明，安尼·德·茹瓦约斯公爵过于自信，所作所为威胁到了法王亨利三世的王位。法王亨利三世让安尼·德·茹瓦约斯公爵担任国王军队的统帅，为他配备了最精锐的军队。一旦安尼·德·茹瓦约斯公爵失败，法王亨利三世就会为他配备更精锐、更强大的军队。现在，安尼·德·茹瓦约斯公爵统领的已经是第二支军队。1587年10月19日午夜，这支军队沿沙莱向南行进，前往库特拉准备围困纳瓦拉国王亨利三世。

纳瓦拉国王亨利三世并不想与安尼·德·茹瓦约斯公爵作战，于是率军躲了起来。1587年的整个夏天，安尼·德·茹瓦约斯公爵通过不断地骚扰试图瓦解胡格诺派军队。多年来，清教徒没有赢得一次战役，也没有主动发起过一次挑战，只在近百次的小冲突中获得了胜利。当纳瓦拉国王亨利三世得知安尼·德·茹瓦约斯公爵再次率军前来围攻时，从拉罗谢尔战场抽调了一部分军队，并从一些信仰清教的城镇调集了军队，如普瓦图和圣通日。胡格诺派军队做好准备，从天主教军队的前方穿了过去，渡过达多尔多涅河后翻过群山，一路南下抵达波城和自己受封于贝恩的公国。纳瓦拉国王亨利三世在当地能找到增援部队，坚固的山顶城堡可以让安尼·德·茹瓦约斯公爵的军队度日如年，让此次围攻无果而终。纳瓦拉国王亨利三世切断了北边的路，雇用了瑞士和德意志唯利是图的武装力量。其中一部分费用是英格兰女王伊丽莎白一世支付的。纳瓦拉国王亨利三世认为，所有人已经准备好向瓦卢尔河源头进军。

与其他将领不同，纳瓦拉国王亨利三世率领军队急速前进。但此次行军中，纳瓦拉国王亨利三世的行动较慢，以为安尼·德·茹瓦约斯公爵的军队在二十英里以外。事实上，安尼·德·茹瓦约斯公爵的军队距他不足十英里。纳瓦拉国王亨利三世没有想到的是，看似娇贵的安尼·德·茹瓦约斯公爵会在夜晚行军，

第 13 章 库特拉战役

拉罗谢尔

并于 1587 年 10 月 20 日清晨到达了战场。现在，纳瓦拉国王亨利三世听到了几声枪响，也得到了哨兵带来的消息。形势危急，他虽然可以逃走，但不得不将军队留下来。

没有任何记载表明，纳瓦拉国王亨利三世很乐意逃离战场。事实与此相反，他给其他将领留下的印象是选择留在战场。他深知自己是胡格诺派的领袖，但领袖的身份不是继承来的，也不是源于信仰，而是因为他愿意冒着生命危险参与每场战斗。长期的党派之争使他不像一位国王或统帅，更像一位轻骑兵队长。如果纳瓦拉国王亨利三世一直逃避危险，不仅会失去军队，还会失去继承法兰西王位的希望。

纳瓦拉国王亨利三世如果对战争持乐观态度，就不会赞同其他将领拟定的战略。以前的库特拉也像现在一样，从沙莱到利布尔讷的路的两边布满房屋。当时，沿着沙莱到利布尔讷的路的东西方向，穿过德罗讷河、横跨伊勒河的路上，矗立着一座城堡。这座城堡大概是六十年前建的，十分威严，但现在已经是一片断壁残垣。没有任何明确记载，胡格诺派军队在这条东西走向的路上，安排火绳枪手躲在路边村庄的房子里，对准城堡做好防御攻势。由于受到村庄街道的限制，战场十分狭窄。树林边缘不断传来枪炮声，纳瓦拉国王亨利三世命军队向村庄北面的空旷草场前进。在强大的天主教军队到来前，他必须重新部署军队。

纳瓦拉国王亨利三世开始重新部署军队，命炮兵将炮弹重达十八磅的三门黄铜炮快速运到了伊勒河对岸，占领了前线沙丘的左侧。沙丘高度适中，可以俯瞰下面的整片田野。纳瓦拉国王亨利三世抵达沙丘的时候，一部分步兵在狭窄的街道右侧排列整齐，穿过树林跑向露天草地。

当时，纳瓦拉国王亨利三世身处险境，安尼·德·茹瓦约斯公爵也麻烦缠身。安尼·德·茹瓦约斯公爵得知胡格诺派军队已经到达库特拉，并计划午夜时分从他的军队前方溜过去。如果胡格诺派军队打算驻扎在附近散落的村庄中，一定会将天主教军队惊醒。因此，他们选择拿着火把，在一片黑暗中走狭窄崎岖的小路。几名骑兵惊醒了纳瓦拉国王亨利三世的外围岗哨。胡格诺派军队的骑兵和步兵缓慢前进，沿着沙莱到利布尔讷的路行进。因此，胡格诺派军队和天主教军队的指挥官都对目前的混乱局面不知所措。双方军队不知道如何是好，分别在草地两端部署军队，忽视了对方的存在，好像达成了默契一样，直到军队排列整齐，秩序井然。太阳升起后，安尼·德·茹瓦约斯公爵骑着马从树林里走出来，出现在了胡格诺派军队的面前。纳瓦拉国王亨利三世的军队比安尼·德·茹瓦约斯的军队晚两个小时到达战场，但却先发置人。

纳瓦拉国王亨利三世选择的作战位置较好，战术也略高一筹。沙丘右侧的城堡边缘有一条深深的水沟。纳瓦拉国王亨利三世派步兵的四个团驻扎在水沟附近。对步兵来说，水沟附近的位置易守难攻。在茂密的灌木丛中，即使没有足够的火绳枪兵，也不会有太大影响。沙丘左侧是一小队步兵，驻扎在一条沼泽小溪的后面。胡格诺派军队的重兵分成四路纵队，驻扎在草地中央。每路纵队中间都有火绳枪兵的分遣队。火绳枪兵秩序井然，持枪待命。只要天主教军队试图靠近沙丘，胡格诺派军队就会开炮攻击。第四路纵队的后面是克劳德·德·拉·特雷莫勒率领的轻骑兵。拂晓时，这支轻骑兵与天主教军队展开了小规模战斗，堵住了天主教步兵的退路。胡格诺派军队的战术灵活，利用一切有利因素取得了胜利。

在胡格诺派军队的对面，安尼·德·茹瓦约斯公爵军队的战略布局与胡格

第13章 库特拉战役

克劳德·德·拉·特雷莫勒
(1566—1604)

诺派军队相似,但更简单。天主教军队的左右两侧是皇家步兵军队,左侧军队与胡格诺派军队的四路纵队势均力敌,右侧军队比沼泽小溪的胡格诺派军队的兵力更强。草地中央是轻骑兵,正对胡格诺派的骑兵。天主教军队的重骑兵排成一路纵队,由安尼·德·茹瓦约斯公爵亲自指挥,打败了胡格诺派军队的猛烈进攻。安尼·德·茹瓦约斯向战士们承诺,不让一名,包括纳瓦拉国王亨利三世在内的异端离开战场。

在五百码宽的空旷草地上,交战双方互相审视着。胡格诺派士兵们穿着脏兮兮的衣服,手持灰暗的武器,看上去已经厌倦了战争。士兵们的盔甲只剩胸甲和头盔，武器只剩大刀和手枪。据说，当时，纳瓦拉国王亨利三世的头盔上插着长长的羽毛。但站在纳瓦拉国王亨利三世左手边的阿格里帕·德奥比涅说，纳瓦拉国王亨利三世当时的穿着与他身边的老兵一样。胡格诺派骑兵像磐石一样，静静坐在马背上等待着。

胡格诺派军队的对面是盔甲闪着微光的天主教军队。天主教军队的盔甲光芒时而翻腾而出，时而簇成一团。天主教士兵在队伍中不停走动，好像在做赛跑前的热身准备。一些骑兵时而勒着马，好像在向朋友示意或向胡格诺派军队投去蔑视的目光。被称为"宫廷之花"的骑士兵团跟随安尼·德·茹瓦约斯公

阿格里帕·德奥比涅
（1552—1630）

第13章 库特拉战役

库特拉战役

爵前往普瓦图。其他贵族在安尼·德·茹瓦约斯公爵的前面开路,安尼·德·茹瓦约斯公爵身边是手持武器的仆人。贵族们坚持在旗帜上加上蕾丝和彩色的丝带,以纪念自己倾慕的女士。他们展示了自己拥有的大量武器,如腿甲、饰领、遮阳铁盔等。任何战役中都不曾出现过这么多武器。每件显眼的武器表面都镶嵌着奇怪的装饰物。因此,泰奥多尔-阿格里帕·德欧比涅后来说自己从没见过裹着金箔的军队。

纳瓦拉国王亨利三世军队的三门大炮藏在沙丘后面,开始发射炮弹。与此同时,金光闪闪的天主教骑兵还在调整队形。从天而降的炮火从四面飞来,击中了天主教军队。胡格诺派经验丰富的步兵和炮兵共发出了十八枚致命的炮弹。安尼·德·茹瓦约斯公爵的炮台只发射了六枚炮弹,并且对胡格诺派军队没有造成任何伤害。安尼·德·茹瓦约斯公爵的副将拉瓦丁大喊:"再等下去,我们就彻底输了!"安尼·德·茹瓦约斯公爵命人吹响号角,开始反击。

处在天主教军队左侧的拉瓦丁第一个冲了出去。他率领的军队势不可挡,直接冲向了克劳德·德·拉·特雷莫勒的轻骑兵和布永公爵亨利的骑兵中队，展开了猛烈攻击，将胡格诺派军队赶到了村庄的街道上。布永公爵亨利召集了自己的军队。最近有十八名苏格兰人志愿加入了他的核心部队。然而，英勇作战的胡格诺派轻骑兵们奔走相告，称纳瓦拉国王亨利三世战胜。但胡格诺派的其他军队听到后面的村庄传来天主教军队高呼"胜利"的声音。

胡格诺派军队的左翼步兵以为无论主动出击还是被动受敌，都会战死沙场，于是横跨沼泽小溪，进入了灌木丛林。此时，天主教军队才知道发生了什么。他

布永公爵亨利
（1555—1623）

们手持刀剑,将胡格诺派步兵驱赶了出去。受了惊吓的天主教军队打破了队列,战场陷入一片混乱。与此同时,胡格诺派军队的右翼步兵迅速应战,既没有全力抵抗,也没能反击天主教骑兵。

整场战役悬而未决。安尼·德·茹瓦约斯公爵的军队吹响了号角。穿着铠甲的天主教军队勇往直前,用长枪对准了胡格诺派军队。三角旗倒在了地上,鼓声震耳欲聋。胡格诺派步兵口传相告:"太快了!"当安尼·德·茹瓦约斯公爵军队的号角再次吹响时,胡格诺派骑兵的随军神父刚刚做完祷告。手持武器的天主教士兵安静地坐在马上,唱起了战歌:

> 这是快乐的一天
> 上帝让它充满
> 平凡的快乐……
> 这是上帝创造的日子
> 我们欢欣鼓舞
> 为此感到高兴

这首战歌是《诗篇》第一百一十八篇改编而来的。开头是:"这是我主耶和华所定的日子,我们无比欢乐。"天主教军队一边唱着歌,一边加快了奔跑的速度。一些身穿铠甲的士兵来到安尼·德·茹瓦约斯公爵面前,兴高采烈地高呼:"哈,这些懦夫!他们吓得瑟瑟发抖,自己都得承认。"安尼·德·茹瓦约斯公爵右手边的老兵说:"将军,胡格诺派军队已经做好激战的准备。"话音未落,胡格诺派的火绳枪手迅速出击,奔向了天主教军队。

胜负已定。在胡格诺派军队的猛烈攻击下,天主教军队溃不成军。胡格诺派军队开始从侧面进攻。经过一番殊死搏斗,孔代亲王亨利一世被击中下马。他的对手见他下马,也毫不迟疑地下了马,将自己的金属护手交给孔代亲王亨利一世以示投降。纳瓦拉国王亨利三世用一只手枪对准对手,而自己的头则被对手用枪猛击。他认出对方是沙托雷纳尔的领主。此时,天主教军队节节败退。纳瓦拉国王亨利三世抓着对手高呼:"屈服吧,敌人!"

在战场的另一边,安尼·德·茹瓦约斯公爵打算逃跑,但被一群胡格诺派骑兵拦了下来。他扔掉手里的剑，大喊："我的赎金高达十万克朗。"但一名胡格诺派骑兵对准他的头部开了一枪。天主教军队的指挥官曾下令击毙战场上的所有胡格诺派士兵。胡格诺派士兵按照战争公约投降后，均被处以绞刑。现在，轮到天主教士兵了，他们没有任何生还的机会。事实上，直到纳瓦拉国王亨利三世愤怒地出面制止屠杀降军，天主教军队依然没有幸免于难。三千名普通士兵、四百多名骑士和绅士，以及许多公爵、侯爵、伯爵和男爵都死在了战场上。阿格里帕·德奥比涅认为，遭到屠杀的战俘人数比 16 世纪三场战争中战死的人数还要多。最后，金光熠熠的天主教军队全军覆没，天主教势力也彻底被摧毁。纳瓦拉国王亨利三世说："至少，库特拉战役结束后，再没有人敢说胡格诺派军队打不赢一场战役了。"

第14章 三亨利战争

赢得战争是一回事,面对胜利是另一回事。在库特拉战役中,胡格诺派军队大获全胜。但如何面对胜利果实,胡格诺派内部意见纷纭。普瓦图的绅士们认为,必须收复失去的城镇和城堡,清理卢瓦尔河南边的天主教势力。孔代亲王亨利一世开辟了一片独立的领地,重建家族的公爵封地。然而,加斯科涅人说,卢瓦尔河西南部依然有一支天主教军队。马蒂尼翁有一支四千人的军队,正联合安尼·德·茹瓦约斯公爵的军队,向北进军。加斯孔人认为,在马蒂尼翁率军返回波尔多前,可以将他的军队一举歼灭,实现多年来第一次肃清吉耶纳的天主教军队的愿望。纳瓦拉国王亨利三世精明的大臣们认为,现在只有一条路可走。此时,在靠近卢瓦尔河源头的地方,有一支受到英格兰女王伊丽莎白一世财力支持的雇佣军。这支雇佣军包括多纳伯爵法比安一世率领的八千名德意志骑兵和八千名德意志雇佣兵、一万八千名瑞士士兵、布永公爵纪尧姆－罗伯特·德拉马克率领的雇佣兵,以及六千名胡格诺派的增援士兵,是近三十年来法兰西最强大的雇佣军。如果纳瓦拉国王亨利三世加入并领导雇佣军,那么他的军力会大幅增强。到时候,法王亨利三世要么投降,要么应战。1587年的第一场雪来临前,纳瓦拉国王亨利三世就可以结束令人心力交瘁的连年内战,大获全胜。苏利公爵马克西米利安·德·贝休恩和忠诚的胡格诺派军队永远不会原谅纳瓦拉国王亨利三世错过了一个绝佳机会。

事实上,库特拉战役结束后,纳瓦拉国王亨利三世停下来处理伤员、赎金和战利品等问题。天主教军队负伤大半,胡格诺派军队的伤亡人数非常少。随后,纳瓦拉国王亨利三世并没有考虑太多,突然进军波城。他的情妇黛安·德昂端将安尼·德·茹瓦约斯公爵军队的旗帜踩在了脚下。胡格诺派军队解散,士兵们失

黛安·德昂端
（1554—1621）

望地摇头离去。众所周知，纳瓦拉国王亨利三世的致命弱点是垂涎美色，他是一个不折不扣的风流浪子。作为国王和军队指挥官，他虽然已经过了而立之年，但在保卫法兰西的宗教方面依然表现得像一个优柔寡断的男孩。他为了一个女人扔掉了手中的胜利果实，让整个胡格诺派军队陷入失望和迷茫中，令人痛心不已。然而，垂涎美色确实是纳瓦拉国王亨利三世的弱点，这个弱点让他的追随者们感到愤怒。

第14章 三亨利战争

纳瓦拉国王亨利三世垂涎美色的弱点也许是导致他最终失败的主要原因。但有人暗示，他的失败有更复杂的原因。纳瓦拉国王亨利三世与黛安·德昂端在一起后，从库特拉战役中缴获旗帜成为他们的告别礼。纳瓦拉国王亨利三世是一名出色的骑手。令人费解的是，一天晚上，他在路上停下来与一位绅士彻夜长谈，这位绅士的城堡偏离他的路线。有人怀疑他专程赶来不只是为了和这位城堡主人米歇尔·德·蒙田会谈。他深知米歇尔·德·蒙田是一位天主教徒，也是法兰西国王忠诚的子民，性格温和，主张和平包容。纳瓦拉国王亨利三世一直将他视为朋友。

米歇尔·德·蒙田
（1533—1592）

纳瓦拉国王亨利三世和米歇尔·德·蒙田具体说了什么，我们不得而知。但纳瓦拉国王亨利三世向米歇尔·德·蒙田详细解释了接下来的计划。他可能会这么说："正像孔代亲王亨利一世和胡格诺派的绅士们想的那样，进军普瓦图，帮助孔代亲王亨利一世开拓疆域。"虽然进军普瓦图并不是法兰西王室的意图，但纳瓦拉国王亨利三世的意图与法兰西王室的意图相似。马蒂尼翁是一个坚定的天主教徒，性格温和，为法兰西国王效力。他也许会建议纳瓦拉国王亨利三世联合雄心勃勃的盟友，进军吉耶纳。法兰西西南部到处是血腥的围攻和野蛮的袭击。越靠近西南部，景象越悲惨，纳瓦拉国王亨利三世越难维持内心的平和。在法兰西西南部，王室的利益和纳瓦拉国王亨利三世的利益是一致的。当前最可行的办法是，多纳伯爵法比安一世率德意志黑衫骑士军队进军巴黎，挑起法王亨利三世与其继承者纳瓦拉国王亨利三世之间的战争。除此之外，还会有什么结果呢？天主教联盟、胡格诺派和政治派，都想利用多事之秋为自己争得土地和权利。因此，挑起法王亨利三世与纳瓦拉国王亨利三世之间的战争对他们非常有利。

纳瓦拉国王亨利三世之后说了什么不难猜测。法兰西王室的意图是维护国内和平，重新颁布《普瓦提埃赦令》，控制吉斯公爵亨利一世的势力。吉斯公爵亨利一世逼迫法王亨利三世违背意愿，废除《普瓦提埃赦令》。法兰西北部的战役也许有损亨利吉斯公爵亨利一世的威望。如果想通过战争统一法兰西王国，抵抗西班牙人的入侵，就需要实施进一步的计划。现在，法兰西王国面临的主要问题是恢复和平。法王亨利三世必须依赖纳瓦拉国王亨利三世的支持。

库特拉战役结束后，一位被捕的大臣说："赢得战争除了惹怒纳瓦拉国王亨利三世，你们什么也得不到。"凶悍的异教徒说："哈！是上帝派我们来的。我们每星期都会惹怒纳瓦拉国王亨利三世一次！"纳瓦拉国王亨利三世的想法和被捕的大臣的观点如出一辙。在其他场合，他曾说自己不会选择开战。出于对法王亨利三世的尊敬，纳瓦拉国王亨利三世打算逃到其他地方。纳瓦拉国王亨利三世也许不止一次地和米歇尔·德·蒙田谈论过自己的想法。

不管纳瓦拉国王亨利三世和米歇尔·德·蒙田说了什么，不久，纳瓦拉国王亨利三世离开了米歇尔·德·蒙田的城堡。米歇尔·德·蒙田帮纳瓦拉国王亨利三世整理了战马鞍囊，目送他向北方出发。纳瓦拉国王亨利三世已经五十四岁，忍受着痛风和肾结石带来的痛苦，横穿法兰西，途中遇到了流浪的士兵和冰凉的秋雨。大多数传记作家似乎对此深信不疑。但机警的伯纳迪诺·德·门多萨并不相信。他虽然没有听到米歇尔·德·蒙田与纳瓦拉国王亨利三世之间的对话，但似乎知道米歇尔·德·蒙田已经使纳瓦拉国王亨利三世和天主教阵营建立了联系，至少在法兰西宫廷的时候就知道了。米歇尔·德·蒙田作为马蒂尼翁和纳瓦拉国王亨利三世的朋友，肩负神秘的政治任务。因此，伯纳迪诺·德·门多萨很容易产生怀疑，尤其是关于法王亨利三世的问题。

米歇尔·德·蒙田是否给法王亨利三世带来了关于纳瓦拉国王亨利三世的消息，我们不得而知。如果有，那么会是什么消息呢？米歇尔·德·蒙田涉足政治，更像是一位沉默寡言的家庭律师。他虽然带来了一些消息，但为时已晚。库特拉战役结束几个星期后，法王亨利三世再次失去了控制局势的机会。

实际上，法王亨利三世也许对库特拉战役的结局并不生气。大臣们窃窃私语，法王亨利三世开始宠信埃佩农公爵让·路易·德·诺加雷。法王亨利三世发现以前的宠臣安尼·德·茹瓦约斯公爵掌握大权后，使一切陷入了尴尬。其他大臣们指出，安尼·德·茹瓦约斯公爵转向天主教联盟后，取得的胜利导致了天主教联盟对法王亨利三世的束缚。爱德华·斯塔福德爵士甚至向法王亨利三世汇报说，在库特拉战役爆发前的几天，如果安尼·德·茹瓦约斯公爵战胜纳瓦拉国王亨利三世，就会毁掉整个法兰西王国。无论他是否有这样的想法，法王亨利三世的计划都不会依赖安尼·德·茹瓦约斯公爵的胜利。此外，安尼·德·茹瓦约斯公爵战败对法王亨利三世更有好处。

法王亨利三世精心策划了1587年的战役。他在雅纳克和蒙孔图尔战争中的作用并非他想的那么重要。大多数情况下，法王亨利三世并不迂腐，战略战术也不难猜测。目前，安尼·德·茹瓦约斯公爵正忙着卢瓦尔河南部的战役。法王亨利三世担心纳瓦拉国王亨利三世会挫败安尼·德·茹瓦约斯公爵的锐气。同时，多纳伯爵法比安一世和德意志黑衫骑士会从东北方向入侵法兰西。法王亨利三世完全了解英格兰女王伊丽莎白一世与帕拉蒂伯爵约翰·卡西米尔、布永公爵纪尧姆-罗伯特·德拉马克和瑞士人的计划。安尼·德·茹瓦约斯公爵的军队和法兰西的财政、内政、陆军及海军都有可能出现危机，但法兰西的外交使团会像以前那样发挥作用。德意志的军队会经过洛林地区，也许还会在洛林附近逗留一段时间。当然，吉斯公爵亨利一世会保护自己的领土和家族。事实上，他的职责就是

让·路易·德·诺加雷
（1554—1642）

保卫法兰西北方边疆地区。如果没有足够的兵力，吉斯公爵亨利一世就会动用自己的资源。法王亨利三世曾经承诺的增援部队不会来了。新教军队可能会将吉斯公爵亨利一世的军队歼灭，或包围他的城堡，将他驱赶出去，抑或放了他，让他夹着尾巴逃回法兰西。但吉斯公爵亨利一世一定不会屈辱投降，也不会轻易被俘或被杀死。

天主教联盟的失败给法王亨利三世带来了一线生机。1587年夏季，在埃唐

第14章 三亨利战争

普和拉沙里泰之间，法王亨利三世召集了约四万人。一部分军队用于守卫卢瓦尔河的渡口，其余军队在埃佩农公爵让·路易·德·诺加雷的指挥下，准备阻止纳瓦拉国王亨利三世和德意志的骑兵会合。无论法兰西军队全军覆没还是成功与他会合，法王亨利三世都已经做好准备。时机来临时，法王亨利三世会登上世界舞台，面对即将来临的暴风雨。吉斯公爵亨利一世战败后，法王亨利三世信心十足，决心再次成为法兰西王国真正的君主。

关于库特拉战役的争议十分激烈。虽然大多数观点缺乏预见性，但依然在纳瓦拉国王亨利三世的计划之中。在得到消息前，法兰西北方的战事进展不利。布永公爵纪尧姆-罗伯特·德拉马克和瑞士军队希望在洛林附近逗留一段时间，占领吉斯公爵亨利一世的城镇，劫掠乡村地区。但多纳伯爵法比安一世和德意志骑兵想要立即进军法兰西。多纳伯爵法比安一世强调，他通过霍拉肖·帕拉文奇诺与英格兰女王伊丽莎白一世达成了协议。德意志骑兵对攻打洛林感到不安。最终，洛林附近的农民将食物和其他物资搬到了防守森严的城镇，采取措施阻止供给粮食给入侵者。法兰西其他地方的粮食比洛林多，因此，在没有任何命令的情况下，多纳伯爵法比安一世率领的黑衫骑士和其余军队闯入了法兰西，无视洛林的居民。吉斯公爵亨利一世既没有被迫应战，也没有坐以待毙。

瑞士军队和德意志军队向南散开，形成了一条长长的弧线，占领了马恩河和塞纳河周围的平原。法兰西的编年史记载，雇佣兵找到了很多牛肉、鸡肉、鸡蛋、面包和美酒，他们一辈子都没有见过这么多食物。雇佣兵喜欢缓慢、轻松的行军，物资充裕，一般驻扎在城边，常常劫掠当地居民，极少发起战争。他们不喜欢炎热的仲夏，因为食物会变质，很多人会患病。此外，沿途愤怒的农民可能会要了雇佣兵的命。马车载着患病的士兵，排着长长的队伍，增加了军队的负担。此外，雇佣军选择的行军路线在平原上，而不是纳瓦拉国王亨利三世建议的崎岖山路。雇佣军很快发现前方有大批法王亨利三世的军队。埃佩农公爵让·路易·德·诺加雷派人侦察情况时，与雇佣军发生了小规模冲突。瑞士军队听说法王亨利三世亲自在战场上观战，他们拒绝发动进攻。在法王亨利三世的指挥下，法兰西军队顽强抵抗。法兰西军队的士兵是从瑞典信仰天主教的地区征募来的，看到眼前的瑞士军旗，他们不会主动发起进攻。雇佣兵入伍的时候，承诺反攻吉斯公爵亨利一世和洛林家族的军队，但绝不会抵抗法王亨利三世的军队。然而，他们已经几个月没有拿到薪酬。德意志军队也没有拿到薪酬。几个星期以来，这支散漫的、争吵不休的军队根本不像军队，反倒像一群土匪强盗。现在，他们因相互指责决裂，打算各自返乡。

目前发生的一切和法王亨利三世预料的一模一样。但法王亨利三世没有预料到的是，与此同时，多纳伯爵法比安一世的三万大军无法抵挡吉斯公爵亨利一世五六千人的军队。吉斯公爵亨利一世谨慎地将德意志军队团团围住，堵住了对方的去路，并展开了猛烈进攻，发动了一两次小规模战斗，然后迅速撤退。德意志军队进军法兰西。吉斯公爵亨利一世率军紧随其后，并与德意志军队保持约五里格的距离。他从右侧靠近德意志军队，派轻骑兵侦察对方，拦截了德意志军队向西部的进军，始终保持一定距离以防对方突袭。多纳伯爵法比安一世并没有发起突袭，德意志军队也没吉斯公爵亨利一世的军队强大，因此，不足以抵挡吉斯公爵亨利一世军队的进攻。此时，多纳伯爵法比安一世的战略目标不是巴黎。法王亨利三世很清楚，多纳伯爵法比安一世没有胆量进攻巴黎。在战场上，法王亨利三世拥有强大的军队，攻击路线也有卫戍部队的堡垒掩护。但巴黎人对此一无所知，只能从神职人员的公告中获得信息。在守护巴黎和反抗入侵者之间，吉斯公爵亨利一世有自己的立场。他会用自己的方法，除非他战死沙场，否则他不会让德意志军队进入巴黎。巴黎的传道士认为，法王亨利三世应该守卫自己的首都。但现在，法王亨利三世正潜伏在卢瓦尔河的某个地方。这是对异教徒的纵容。如果不是吉斯公爵亨利一世军队的英勇奋战，巴黎人一定已经被异教的强盗们杀死了。

关于库特拉战役的消息传到了德意志军中，及时阻止了德意志军队的分裂。多纳伯爵法比安一世说服了与其意见相左的小分队，使小分队跟随他离开了卢瓦尔河，并找到了前往沙特尔的捷径。纳瓦拉国王亨利三世选择的集结点并不具备优势。人们认为，这个集结点不是最佳选择，也没有太高的战略价值。博斯是一个富饶的地方。近年来，博斯没有发生过火灾，也没有遭到过抢劫，因此，部队暂时驻扎于此，是个不错的选择。他们等待着来自英格兰、纳瓦拉、吉耶纳的王公贵族，以及法王亨利三世为他们提供的财政支持。

1587年10月26日，德意志军队散漫不整，抵达蒙塔日。因为蒙塔日由法王亨利三世的重兵把守，所以没有人敢强行包围戒备森严的蒙塔日城镇。德意志军队每隔三到六英里，分成小队在附近的村庄休整，距蒙塔日五英里左右。多纳

第 14 章 三亨利战争

沙特尔

伯爵法比安一世有点儿优柔寡断,将营地设在维莫里。吉斯公爵亨利一世立刻得知了消息,决定黎明前向多纳伯爵法比安一世的军队发起进攻。

接下来发生的事没有详细记载。在黑夜中,吉斯公爵亨利一世派小纵队冒雨抵达维莫里。令吉斯公爵亨利一世的军队震惊的是,到达维莫里后,他们看见村庄的第一排房子前并没有多少哨兵。随后,吉斯公爵亨利一世军队的步兵冲进村庄,开始四处放火。德意志士兵从睡梦中醒来,起来迎战时遭到了扫射。吉斯公爵亨利一世的军队劫掠了很多马车,将街道堵得水泄不通。此时,突袭结束。

想要逆转局势并不容易。多纳伯爵法比安一世跳上马鞍,率领黑衫骑士通过一个小巷,从村庄的另一边撤到了一片旷野。村庄的街道上挤满马车,一半房子被大火笼罩。因此,骑兵部队不适合在村庄里作战。在一片黑暗中,多纳伯爵法比安一世的军队遇到了吉斯公爵亨利一世的弟弟马耶讷公爵洛林的查尔斯率领的骑兵。马耶讷公爵洛林的查尔斯的骑兵部队的马都戴着面具。总体来说,黑衫骑士实力较弱。在黑暗中,双方军队没有因突然遇到对方感到惊慌失措。战争一

洛林的查尔斯
(1554—1611)

触即发，如同一场猛烈的暴风雨即将来临。与此同时，根据法兰西的历史记载，德意志军队的后援部队是否赶来增援，增援部队从哪里赶来，或者吉斯公爵亨利一世是否认为多纳伯爵法比安一世的所有兵力都卷入了这场战役等问题，都只是猜测。在村庄外的旷野上，德意志军队与马耶讷公爵洛林的查尔斯的军队交战。吉斯公爵亨利一世以六千兵力对战德意志的三万大军也许只是一个大胆决策，还需要慎重考虑。无论如何，最终，吉斯公爵亨利一世命军队撤退。黎明时分，吉斯公爵亨利一世的军队撤到了蒙塔日的郊外。

第14章 三亨利战争

战役结束后,交战双方都称自己获胜。多纳伯爵法比安一世认为自己获胜,因为他击退了比自己强大的吉斯公爵亨利一世的军队。吉斯公爵亨利一世认为自己获胜,因为他袭击了多纳伯爵法比安一世军队的总部,俘虏了很多士兵、马匹和军备物资。在维莫里,德意志军队的兵力不及吉斯公爵亨利一世的军队,也没有明显证据证明德意志援军参与了此次战役。多纳伯爵法比安一世的军队进入博斯平原,根本没有将吉斯公爵亨利一世放在眼里,就像一条大狗拼命摇晃身体,想要摆脱咬住自己的小狗一样。此外,吉斯公爵亨利一世认为多纳伯爵法比安一世在追击他,率军从蒙塔日撤退后,立即前往蒙特罗－福特－约讷,一路急行,和德意志军队失去了联系。除了凶悍世俗的雇佣军,没有人在意多纳伯爵法比安一世的命令。此外,雇佣军不会认为多纳伯爵法比安一世因一路追踪来袭者蒙受

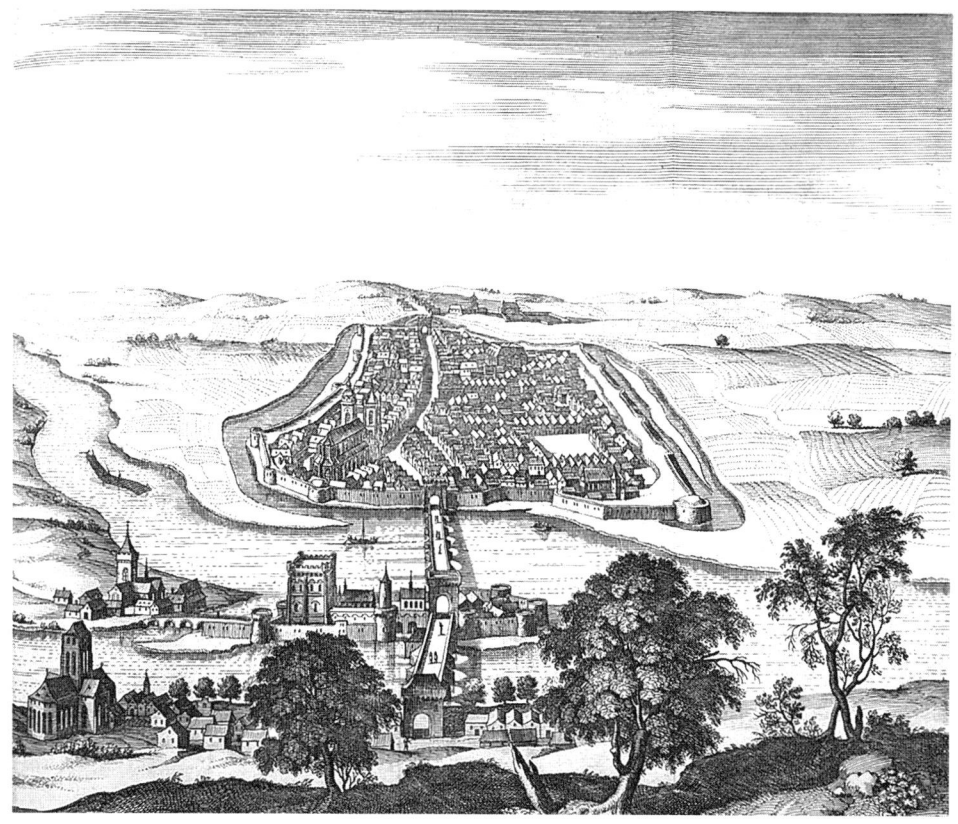

蒙特罗福约讷

了耻辱。多纳伯爵法比安一世的行李成了吉斯公爵亨利一世的战利品。吉斯公爵亨利一世抢走了维莫里的胜利果实，还得到了德意志军队的马车队。他将令人闻风丧胆的黑衫骑士绑在身后示众，以此取悦巴黎的暴徒。他还占用了多纳伯爵法比安一世的私人帐篷和个人用品。最重要的是，他得到了两匹骆驼。这两匹骆驼是多纳伯爵法比安一世从帕拉蒂伯爵约翰·卡西米尔手中得到的。帕拉蒂伯爵约翰·卡西米尔打算将骆驼献给纳瓦拉国王亨利三世。这些战利品足以举办一场罗马式凯旋庆祝会了。足以让巴黎人相信德意志军队惨遭杀戮的故事。布道者为了取悦巴黎人，编造了德意志军队惨遭杀戮的故事。

在博斯，入侵者再次命军队分散开来安营扎寨。生病的士兵越来越多。秋天的美酒十分醇香，士兵们几乎一直处在醉酒状态。瑞士军队与法王亨利三世再次展开斡旋，为了一些没有价值的东西讨价还价。最终，瑞士军队决定返乡。多纳伯爵法比安一世虽然没有从英格兰女王伊丽莎白一世那里得到很多钱，但得到了纳瓦拉国王亨利三世模棱两可的承诺。因此，他也决定返乡。两个星期前，纳瓦拉国王亨利三世告诉胡格诺派信徒，他会率领德意志军队前往卢瓦尔河的集结点。多纳伯爵法比安一世告诉法兰西的将士们，除非纳瓦拉国王亨利三世带着钱和军队在集结点等候，否则他会继续向东经过勃艮第和弗朗什-孔代，返回家乡。很多人认为纳瓦拉国王亨利三世一定不会出现在集结点，因为战争已经结束。

与此同时，吉斯公爵亨利一世再次陷入困局。像其他参战者一样，他意识到战争已经结束，但自己身处劣势，只能以毫无荣誉可言的斡旋结束战争。伟大的天主教国王用国王的威严平息了争吵。入侵者在法王亨利三世面前谦恭有礼，感谢他的不杀之恩和法兰西王室的恩典，乖乖返回家乡。吉斯公爵亨利一世了解到，多纳伯爵法比安一世派一小支军队驻扎在距沙特尔十英里的奥诺小镇。法兰西的卫戍部队依然为法王亨利三世坚守着城堡。加斯科涅的守军指挥官面对多纳伯爵法比安一世的武力威胁，虽然手持武器，态度强硬，甚至出言不逊，但还是投降了。此时，德意志军队急需找一处干燥的地方休整。街垒通往城堡，营地不在滑膛枪的射程范围内。因此，德意志军队只能睡在街垒，但显得十分满足。由于没有受到关注，加斯科涅的守军指挥官十分恼怒，派人告诉吉斯公爵亨利一世，城外的法兰西军队可以从城堡进入城区。吉斯公爵亨利一世的军队再次准备在夜晚行军。

第14章 三亨利战争

第二次突袭结束。谁取得了胜利已经无关紧要。多纳伯爵法比安一世派一部分黑衫骑士开路，剩下的军队困在城堡内全军覆没。这不是战争，更像一场大屠杀。马车再次载着战利品在巴黎人面前炫耀。巴黎传来了令人欣喜的消息。布道者公布的杀敌人数与德意志实际牺牲的人数大体相当。

多纳伯爵法比安一世试图带领剩下的德意志军队返回奥诺小镇，找到吉斯公爵亨利一世家族的军队，然后在其没有准备的情况下伺机进攻。但德意志军队已经筋疲力尽，毫无战斗力。瑞士军队接受了法王亨利三世的条件，率军悄悄离开了。1587年10月31日，埃佩农公爵让·路易·德·诺加雷追上了瑞士军队。吉斯公爵亨利一世穷追不舍，追上了瑞士军队的右翼部队。德意志军队紧随其后。法王亨利三世的条件并不苛刻。作为回报，瑞士军队承诺永远不再为纳瓦拉国王亨利三世效力。埃佩农公爵让·路易·德·诺加雷同意瑞士军队安全离开，将他们送到了弗朗什－孔代，保护其不受吉斯公爵亨利一世的袭击。

有人怀疑，吉斯公爵亨利一世在奥诺小镇的胜利没有对黑衫骑士产生任何影响，也没有缩短战争时间。没有瑞士军队的参与，多纳伯爵法比安一世的德意志军队和孔蒂亲王弗朗索瓦·德·波旁指挥的胡格诺派分遣队几乎没有能力迎战法兰西军队，更没有可能逃走。在薪酬被拖延了一个月的情况下，雇佣军接受了法王亨利三世提出的条件。吉斯公爵亨利一世进攻多纳伯爵法比安一世的军队不是在帮法王亨利三世取得胜利，而是蓄意的干扰。吉斯公爵亨利一世后来的行动大同小异，目的是在多纳伯爵法比安一世的军队和法兰西军队到达中立点弗朗什－孔代时，突袭蒙贝利亚尔，屠杀德意志军队的残余兵力。城郊天主教联盟的军队毫无抵抗力，作为法兰西的一支军事力量，与德意志军队一样野蛮、贪婪。

除了影响军事决定，胜利还有其他用途。法王亨利三世向巴黎人详细描述了他在战争中的作为。虽然他打败了入侵者，还将军费支出和流血牺牲降到了最低，甚至为自己的胜利高唱赞歌，但他做的一切都毫无意义。巴黎人信任的不是法王亨利三世，而是吉斯公爵亨利一世。他们将吉斯公爵亨利一世的画像摆在商店的橱窗里，神职人员到处宣传赞美吉斯公爵亨利一世，称吉斯公爵亨利一世独自将法兰西从异教徒手中拯救了出来。巴黎人唱着凯旋之歌"扫罗杀敌千千，大卫杀敌万万"，为法王亨利三世找了一个比"扫罗"更难听的绰号。一些神父发现，关于法王亨利三世的绰号是明显的异位构词，是含蓄的俏皮话，是一种嘲讽称呼,在宣传册和在神坛演讲中将其称为"恶棍赫罗德斯"。这一称呼迅速传播开来,表现出人们对法王亨利三世的憎恶和蔑视。法王亨利三世准备再次入住卢浮宫,庆祝圣诞节。巴黎大学的博士和教师们坚定地认为,他们对法王亨利三世的威胁和侮辱,是不会受到任何惩罚的。他们召开秘密会议,认为按照法兰西人的说法,"原则上"宣布国王因渎职失去了人民的信任,推翻玩忽职守的政府是合法的。巴黎弥漫着大革命的气息。

与此同时,伯纳迪诺·德·门多萨为西班牙国王腓力二世总结了战争结果。他写道:"总体来说,虽然纳瓦拉国王亨利三世取得了胜利……埃佩农公爵让·路易·德·诺加雷的表现很出色……但陛下应该为发生的一切感到高兴。巴黎人永远值得信赖,他们对吉斯公爵亨利一世从未如此忠诚。"但吉斯公爵亨利一世会永远忠诚于自己的财政支持者,即西班牙国王腓力二世。这一点无须伯纳迪诺·德·门多萨赘述。

第 15 章　王国衰败的预言

1587年底，恐惧席卷了整个西欧。在某种程度上，人们的恐惧完全是理性的焦虑。冬季来临，西班牙无敌舰队在里斯本集结，打算在1587年底起航的计划越来越不可能实现，只能等到1588年春天向英格兰进军。事实上，西班牙国王腓力二世写信给西班牙大使伯纳迪诺·德·门多萨，命伯纳迪诺·德·门多萨保守西班牙无敌舰队目的地的秘密。与此同时，伯纳迪诺·德·门多萨在巴黎一直保持沉默，尝试了各种他能想到的安全和反间谍措施。帕尔玛公爵亚历山大·法尔内塞试图误导其他人，称西班牙无敌舰队的真正目标不是英格兰，而是瓦尔赫伦。西班牙国王腓力二世的计划不会出错。里斯本有很多外国人、船、水手、士兵和大炮，但并不仅仅是为了保护印度贸易或防止欧洲各国在印度挑起战争，这一点所有人都能看出来。佛兰德斯依然是贸易枢纽，人口众多，当地人都同情反叛者。在众目睽睽之下，帕尔玛公爵亚历山大·法尔内塞实施了自己的计划，说服弗兰芒人从海陆两方面入侵瓦尔赫伦，但需要开凿运河连接斯勒伊斯和纽波特港。运河开凿完成后，驳船不用冒险进入开阔的海域就可以通过斯凯尔特河，从安特卫普直接到达敦刻尔克港。按照帕尔玛公爵亚历山大·法尔内塞的计划，只要天气晴好，从夜晚到第二天黎明，小型舰队就可以从敦刻尔克到达北福兰的低岬和马盖特。

1587年11月月底，在西班牙无敌舰队的支持和保护下，帕尔玛公爵亚历山大·法尔内塞的军队横跨英吉利海峡。伯利勋爵威廉·塞西尔和弗朗西斯·沃尔辛厄姆爵士，以及尼德兰和英格兰的海军都做了相应的部署。对奥格斯堡的银行家来说，威尼斯的商人和巴黎酒店里争吵的闲人都是一样的。基督教世界的所有人都在关注海上霸主英格兰和新兴的海上巨人西班牙王国之间的竞赛。

对大多数聪明的旁观者来说，战事仍不明朗。毫无疑问，以前的英格兰舰队是大西洋海域最具威慑力的舰队，现在依然如此。经验表明，16 世纪的战争中，入侵者很难征服顽强抵抗的国家。此外，根据相关记载，帕尔玛公爵亚历山大·法尔内塞的军队多次打败了训练有素的英格兰军队。大家一致认为，帕尔玛公爵亚历山大·法尔内塞是当代最伟大的领袖。但事实与此相反，英格兰军队是缺少作战经验的新兵，指挥官莱斯特伯爵罗伯特·达德利没有卓越的军事才能。英格兰没有一个地方建有防御堡垒。很多人认为，英格兰已经人心涣散，毫无抵抗决心。帕尔玛公爵亚历山大·法尔内塞一旦登陆英格兰，就会发现英格兰比尼德兰和泽兰更容易征服。众所周知，为了协助帕尔玛公爵亚历山大·法尔内塞登陆英格兰，西班牙国王腓力二世付出了很多。西班牙国王腓力二世召集了地中海的所有海军力量，吸收了葡萄牙海军，组成了大西洋海域第二强大的海军力量。西班牙舰队的一些船长曾经是深习水性的水手。最重要的是，在西班牙国王腓力二世的统治下，西班牙舰队取得了一次次胜利。16 世纪，人们将"命运"称为"天意"，即不可违抗的上帝意志。几个世纪后，人们会谈论"未来的浪潮"或历史上的胜利，但真正的意思是指无论何时，成功与失败都是相互依存的，因为定式思维总是比改革更容易。在此基础上，即使是谨慎的威尼斯人或土耳其人，抑或异教徒，也不会忌恨西班牙舰队的一次次胜利。相反，他们希望西班牙国王腓力二世成功入侵英格兰。

然而，也许很多人在猜测西班牙获胜的概率。如果西班牙再次获胜，那么没有人会怀疑欧洲的命运。西班牙一旦战胜了英格兰，占领尼德兰就指日可待了。西班牙征服英格兰后，自然会控制英格兰周围的海域。如果尼德兰不能控制沿岸海域，就无力抵抗。大多数人认为，尼德兰坚持抵抗是愚蠢的行为。至于分裂的法兰西，英格兰的溃败必然会葬送胡格诺派的事业，葬送瓦卢瓦王朝的统治并打破法兰西内战的平衡。法兰西唯一的出路是做西班牙的傀儡，像木偶一样被西班牙国王腓力二世控制，或者被不屑一顾地踢到一边。吉斯公爵亨利一世会成为傀儡政府的国王。在他的强烈要求下，西班牙国王腓力二世会重振吉斯家族，归还吉斯家族曾经失去的领地。由于西班牙的影响，圣战的旗帜永远不会倒，政教合一将遍及整个欧洲。波城、阿姆斯特丹、海德尔堡、日内瓦、威尼斯及罗马的乐观派们认为，如果西班牙无敌舰队战败，欧洲就会摆脱西班牙的宗教影响。整个

第 15 章 王国衰败的预言

冬天,勇敢的士兵们一直驻扎在朴茨茅斯、法拉盛和泰晤士河畔。他们并不乐观,只想看到西班牙舰队起航。

1588年,阴云笼罩着西欧,似乎比战争更神秘可怕。一个世纪或几个世纪前,灾难来临的预兆已经显现。随着1588年的临近,一场灾难即将降临。整个西欧弥漫着谣言。邪恶的预言基于圣约翰的《启示录》,参照了《但以理书》第十二章的种种暗示。如果预言是真的,那么借助《以赛亚书》令人恐惧的章节,就可以扩大预言的影响力。仔细研究过历史的人似乎坚信,自耶稣诞辰元年开始,历史就被分成无数个周期,以数字十和七的倍数形成非常复杂的数字序列,每个周期因大事件结束,整个序列会在1588年终结。菲利普·梅兰希顿①研究倒数第二个周期时,发现1518年以马丁·路德反对教皇结束。这起事件遗留下来的问

菲利普·梅兰希顿
(1497—1560)

马丁·路德
(1483—1546)

① 菲利普·梅兰希顿(Philip Melancthon,1497—1560),神圣罗马帝国宗教改革家、神学家和新教领袖,也是路德教的改革者和路德教教义的主要创始人之一。——译者注

巴比伦之囚

题会在十个七年后，即巴比伦之囚①终结。直至打开第七封印，推翻反基督教的力量，宣读最后的审判。苦难降临时，热情的清教徒们在菲利普·梅兰希顿的预言中找到了慰藉。他们以歌谣的形式，用德语、尼德兰语、法语和英语将预言传诵至今。

　　现在流传的预言比菲利普·梅兰希顿的预言更加老。15世纪中期，哥尼斯堡的数学家约翰·穆勒与雷乔蒙塔努斯②一样著名。约翰·穆勒为克里斯托弗·哥伦布和其他航海家提供了天文表，绘制了毁灭之年的天堂画卷。他发现1588年2月的日食出现后，1588年3月和8月又发生了两次月食。第一次月食出现一段时间后，土星、木星、火星会和月球重合，这是不祥之兆。雷乔蒙塔努斯的预言是什么意思呢？以下是雷乔蒙塔努斯预言的拉丁歌谣：

---

① 巴比伦之囚（Babylonian captivity），指公元前7世纪到前6世纪，许多犹太人被掳到巴比伦为奴。后来，波斯人打败巴比伦王国，犹太人得以重返耶路撒冷。——译者注
② 雷乔蒙塔努斯（Regiomontanus，1436—1476），文艺复兴时期的数学家和天文学家。去世几十年后，他的研究对哥白尼"日心说"的发展产生了重大影响。——译者注

第15章 王国衰败的预言

千年之前
生命诞生
五百年后
繁衍生息
八十八年
盛世开启
灾难迭起
如果今年
灾难不降
如果山河大地
不会毁于一旦
世界巨变

雷乔蒙塔努斯
（1436—1476）

克里斯托弗·哥伦布
（1451—1506）

纪尧姆·波斯特尔
（1510—1581）

君权瓦解

宇宙悲鸣

天文学家雷乔蒙塔努斯能从天堂图中看到未来并不乐观的形势。睿智的约翰·施特夫勒、学识渊博的西普里亚努斯·利奥维提乌斯和博学的纪尧姆·波斯特尔证实了雷乔蒙塔努斯的发现，肯定了雷乔蒙塔努斯的预言。现代最深奥的科学与《圣经》手稿中的数字命理预言非常一致。因此，很多人认为 1588 年将会面临可怕的灾难。甚至有人指出，伯利恒①上空出现新星后，1572 年，一颗新星

---

① 伯利恒（Bethlehem），《马太福音》和《路加福音》中记载的耶稣诞生地。——译者注

第 15 章 王国衰败的预言

再次出现在浩瀚的夜空，持续时间长达十七个朔望月。从新星消失到 1588 年出现第一次月食之间的间隔时间是两个七年，距第二次月食出现应该还有一百七十个朔望月零一百一十一天。这些天启数字十分重要。神秘之星的出现既是预示也是警示。

预言很快传遍了整个欧洲。各国对 1588 年预言的接受态度和解释不尽相同。在西班牙，腓力二世认为所有试图预测未来的行为都是愚蠢的，是不虔诚的。宗教法庭不赞成预测和占星。官方无视各种形式的预言，宣传单和年鉴上都没有预言的相关记录。也许官方行为有助于消除预言带来的不利影响。

然而，官方无法消除预言带来的所有影响。西班牙到处都充斥着世界末日的论调。1587 年 12 月，里斯本的很多船员离开了舰队，情况令人担忧。一名占卜师被捕，罪名是"传播虚假的、蛊惑人心的预言"。巴斯克衫地区各港口一直招不到船员，"因为到处流传着恐怖的凶兆流言"。马德里各省流传着关于怪物诞生的谣言。迷信的谣言也影响了西班牙国王腓力二世。关于有人试图说服西班牙国王腓力二世，1588 年是不祥之年一事没有任何记载。但西班牙无敌舰队的士气受到了影响，因此，西班牙国王腓力二世采取了一些措施。1587 年圣诞节后，神父的布道减少了占星术、巫术和不祥预言的传播。西班牙人受到了雷乔蒙塔努斯预言的影响。欧洲各国试图消除的是谣言带来的影响，还是强大的西班牙王国的威胁呢？

在意大利，尤其在威尼斯和罗马，与西班牙一样，人们热烈讨论着 1588 年的预言，但不知道这个预言具体指哪个王国。一封来自威廉·艾伦或牧师的匿名信，引起了教皇的关注，使局势发生了变化。有人泄露，在格拉斯顿伯里大教堂的基石上，人们发现了几个世纪前埋在教堂地窖下面的秘密。地窖里的大理石板上写着火一般的文字——一首以"千年之前，生命诞生"开头的预言诗——世界正在发生神秘巨变。显然，刻在大理石上的文字如同带有预示性的诗文，但不是现代德意志人写的。伟大的雷乔蒙塔努斯也看到了类似的文字。只有巫师梅林使用黑魔法或得到上帝的旨意，才能写出这样的诗句。后来，这些文字被世人发现，为英格兰人推翻亚瑟王的王国埋下了伏笔。众所周知，巫师梅林曾预言了重建亚瑟王的王国和其他重大事件。因此，1588 年的预言格外引人关注。来自蒙塞拉托大道的评论并未表明红衣主教威廉·艾伦和朋友们认真讨论了预言。没有任何

鲁道夫二世
(1552—1612)

迹象表明 1588 年的预言是英格兰人编造的谣言。"王国会被推翻",但敌对势力对此持怀疑态度,并用现代意大利语写道:"并未说明推翻哪个王国或推翻几个王国。"

哪些王国受到了预言的威胁呢?同样的问题困扰着神圣罗马帝国皇帝鲁道夫二世。1587 年冬天,神圣罗马帝国皇帝鲁道夫二世经常从赫拉茨金城堡向外看,欣赏布拉格屋顶上的白雪。一天,他看见三颗行星向他靠近,认为是不祥之兆。

第 15 章 王国衰败的预言

在欧洲,没有一位君主像鲁道夫二世一样,坚定地相信占星术,也没人知道如何准确地解释奇异星象。神圣罗马帝国皇帝鲁道夫二世能像专业的占星家那样读懂星象。他能轻而易举地辨别出江湖骗子和占星师,一直孜孜不倦地探索着,直到他的结论与当代的权威占星师的结论相符。通过书信或派使者,他与几位可靠的占星师,甚至与西西里卡塔尼亚或丹麦汶岛海峡的占星师们探讨问题。随着 1588 年 2 月的临近,神圣罗马帝国皇帝鲁道夫二世更痴迷于观察星象。他十分繁忙,连续几个星期没有时间接见西班牙国王腓力二世派来的大使。威尼斯的百姓听说,来自波兰的重要信函堆在鲁道夫二世的桌子上,但他一直没有时间拆开信函。

与占星师们的探讨坚定了神圣罗马帝国皇帝鲁道夫二世的预测。没有任何星象表明世界会毁灭,也没有预兆表明人们坚信的最后的审判会发生。神圣罗马帝国皇帝鲁道夫二世的推测与其他著名占星师的判断相符。他否定了谣言,怀疑《圣经》中的一切数字命理学,也排斥太阳迷信。根据星象显示,1588 年确实会出现异常天气,譬如灾难性洪水和地震,但都是自然灾害,不会出现可怕的人为灾难。此外,欧洲一定会爆发前所未有的革命,各王国走向衰败,到处充斥着悲鸣之声。

神圣罗马帝国皇帝鲁道夫二世和其他占星师都不确定哪个王国会走向衰败。不管波兰发生什么,在与瑞典竞争者争夺王位时,鲁道夫二世的弟弟马克西米利安遇到了很多困难。可怕的迹象预示着波兰政界的动荡不安。欧洲很可能面临危机。西班牙国王腓力二世也许会取得胜利,征服英格兰王国,甚至推翻法兰西政权。如果他失败了,西班牙王国就会走上衰败之路,星象的警示也会得到验证。神圣罗马帝国皇帝鲁道夫二世是哈普斯堡皇室的成员,至少在正式场合依然是天主教徒,但他厌恶西班牙国王腓力二世的自负和取得的成就。一想到西班牙会取胜,鲁道夫二世就感到不高兴。然而,很多国王都自称帝王,但只有神圣罗马帝国皇帝鲁道夫二世才是帝王。在历史进程中,鲁道夫二世喜欢用死亡提醒人民,自己才是基督教的统治者,其高贵血统可以追溯到耶稣受难时所承认的罗马皇帝。异乎寻常的预言威胁着神圣罗马帝国的所有子民。当然,预言源于自然,永远不会消失。但普通人看不到一个王国的衰败。神圣罗马帝国皇帝鲁道夫二世只能看到王国衰败的可能性。在星象的警示下,他的帝国摇摇欲坠。目前,他认为最安

马克西米利安
(1558—1618)

全的做法是不见任何人,尽量减少赫拉茨金的骚动。时间会揭示哪个王国身处危险中。但在此之前,没有人能得出任何论断。神圣罗马帝国皇帝鲁道夫二世在逃避可怕的星象之谜,也是他未来几年一直追求的东西。

巴黎的传教士们躁动不安,对《圣经》中的预言和星象征兆深信不疑。这意味着上帝的责罚之日已经到来。英格兰女王伊丽莎白一世将受到上帝的惩罚。尼德兰的叛乱终会平息。事实上,法兰西的异端分子在圣巴塞洛缪大屠杀中幸免于难,但也会遭受命运的惩罚。然而,一切都是为了推翻邪恶的"暴君希律王"——

第 15 章 王国衰败的预言

法王亨利三世。法王亨利三世昏庸无能,恶习累累。他反对自然法则,违背了上帝的旨意,也违背了法兰西的基本法律。他拒绝用上帝制定的法则根除异教,也没有按照法兰西人的诉求铲除异教徒,甚至教唆民众支持异教徒领袖做法兰西王位的继承人。此时,上帝厌倦了法王亨利三世的不敬行为,打算推翻、打败他,用剑处死以他的名义掌权的政客们并让狗去舔这些政客的鲜血。推翻法兰西王国的旧政权,建立新政权是宗教经文中的预言,也是星象显现出的预兆。现在,种种迹象表明,法兰西王国会出现怪物和可怕的景象,以及无法预测的雾霾、霜冻和冰雹。

一些无知的托钵僧大胆批判教皇西克斯图斯五世颁布的政策。在英格兰,托钵僧们传播着对王权不敬的言论,付出了惨重代价,譬如砍头或被割下双耳。在西班牙,托钵僧们用宗教经文煽动叛乱,但很快受到了宗教组织的惩罚。法王亨利三世痛恨攻击王权的人。他坐在卢浮宫的王位上,召集了最高法院的法官们,指责巴黎大学的神学家和布道者们对他和法兰西王权的诽谤与诬蔑。法王亨利三世擅长通过王室的威严、雄辩的口才、无可辩驳的逻辑与神学家与布道者们展开辩论,言辞充满智慧和悲伤。坐在他脚下的法官们怒视着受到惊吓挤在一起的神父们。也许没有人能像法王亨利三世那样,发表一场出色的控诉演讲。法王亨利三世接下来的行为体现了他的软弱和愚蠢。也许不会有人像他那么做。法王亨利三世最后宣布,故意编造谎言的神父们有意叛国,应该立即被免职,并警告他们只有对国王忏悔才能得到宽恕。在卢浮宫的前厅,神父们团结起来,昂首离开了卢浮宫,并发出阵阵冷笑。法王亨利三世如果不惩罚神父们,就永远没有机会了。接下来的十四天,煽动者的言论比以往更大胆。

胡格诺派撰写宣传册的神父们与天主教联盟的观点一致。宣传册上的讽刺意味十足。关于法王亨利三世的命运,两派的立场不同但愿望一致。

除了天主教联盟和胡格诺派,一些人认为尼德兰人在预言中找到了希望。对尼德兰人来说,1587 年的冬天格外寒冷。处理了斯勒伊斯失守问题后,联省议会试图破坏尼德兰人的团结力量,分割尼德兰的领土。莱斯特伯爵罗伯特·达德利已经退回英格兰。尼德兰的大使跟随莱斯特伯爵罗伯特·达德利来到英格兰,向英格兰女王伊丽莎白一世抱怨。英格兰女王伊丽莎白一世严厉指责了他们,承诺联合尼德兰与西班牙达成和平共识。尼德兰大使回复说,如果英格兰与西班牙和解的代价是牺牲尼德兰，那么尼德兰人将战斗到底。1587年底，围攻莱登后，尼德兰军队似乎越来越不团结，并且物资紧张。然而，尼德兰和泽兰的海军总指挥拿骚的尤斯蒂努斯为尼德兰人提供了便利，让尼德兰人率领一支强大的舰队在斯凯尔特河西部和佛兰德斯海岸巡视，抵抗帕尔玛公爵亚历山大·法尔内塞的海军，借此保护英格兰和瓦尔赫伦免受袭击。同时，在四面楚歌的情况下，尼德兰人用预言鼓励盟友，恫吓西班牙舰队，但没有人记录或注意到他们的观点。

阿姆斯特丹的印刷业蒸蒸日上，出版的年鉴在被征服的佛兰德斯、布拉班特地区和其他自由省销售。面对即将到来的灾难，这些地区的天主教徒和清教徒显得非常平静。他们认为没有必要纠结恐怖的战争，瓦解自己的政权。阿姆斯特丹的读者已经见怪不怪了。无论如何，预言预示着恐怖事件，足以令很多人感到恐慌。年鉴中引用了很多权威人士的言论，包括雷乔蒙塔努斯、代芬特尔皇家天文学家鲁道夫·格拉夫、上帝青睐的马斯特里赫特的威廉·德·弗里斯。阿姆斯特丹的出版家在店里为每个人阐述即将到来的自然灾难，保证1588年会发生暴雨、洪水、冰雹，以及仲夏会下雪、正午陷入一片漆黑、怪胎诞生、人们出现奇怪的抽搐等。1588年8月后，灾难会稍有平息，秋天过后会缓和很多。根据阿姆斯特丹出版的年鉴，1588年会发生很多灾难。阿姆斯特丹的出版家迎合了大众的需求。

英格兰的出版家如果有机会，可能会像阿姆斯特丹的出版家这样做。但他们没有得到机会。阿姆斯特丹出版的年鉴很少保留下来，即使留下来也没有任何意义。沃特·格雷是一个典型的例子。在有关1587年冬天的预言中，他说："根据人工计算，1588年的每个季节都会发生很多奇怪的事。但经过认真考虑后，年鉴中省略了即将发生的灾难。只有全能的上帝知道会发生什么。他不会让灾难降临，阿门。"针对这两次月食，沃特·格雷说："我刻意忽略了1588年发生的两次月食带来的影响……很可能发生地震并伴随瘟疫。"年鉴通常不会在乎读者的感受。出售年鉴的商人们煽动了人们的恐慌情绪。地震和瘟疫给人们带来的恐慌情绪远不及此。这种恐慌情绪的幕后操纵者就是英格兰枢密院。

社会舆论管制源自英格兰女王伊丽莎白一世吗？英格兰女王伊丽莎白一世对天文学了解多少？我们对英格兰女王伊丽莎白一世的信仰知之甚少。当然，英格兰女王伊丽莎白一世命约翰·迪伊为她讲解占星学，一起探讨星象学和地理学。

第15章 王国衰败的预言

约翰·迪伊
(1527—1609)

在这个问题上,她还咨询过其他大臣。在这一方面,英格兰女王伊丽莎白一世了解了很多。当然,约翰·迪伊也告诉英格兰女王伊丽莎白一世,她的命运取决于月相。英格兰女王伊丽莎白一世不需要占星师告诉自己,可怕的第二次月食出现在她生日的十二天前。在英格兰,初涉占星术的人都知道两者之间可怕的联系。英格兰枢密院警告印刷公司,有关预言的年鉴不能间接预示君权的灭亡,这是很严重的叛国罪。

我们虽然不知道英格兰女王伊丽莎白一世对待预言的态度有多严肃,但知道她禁止人们大肆讨论国家政务。英格兰女王伊丽莎白一世试图将有关预言的影响降到最低。1587年冬天,英格兰人都非常紧张。1587年12月,谣传西班牙舰队抵达了英吉利海峡。英吉利海峡沿岸的居民纷纷逃亡内地，沿海各郡的治安官无计可施，英格兰女王伊丽莎白一世为此大怒。罗马人听说，迷信的英格兰人专注于各种预兆。伯纳迪诺·德·门多萨收到一封来自英格兰人的信函："英格兰东部流传着一个古老的预言：征服英格兰要等到大雪落在盔甲之时。这个预言即将实现。"与此同时，人们对雷乔蒙塔努斯预言的讨论越少越好。

当然，雷乔蒙塔努斯的预言早晚会被世人熟知。1576年畅销的宣传册曾详细讨论过雷乔蒙塔努斯的预言。英格兰枢密院警告印刷公司之前，拉斐尔·霍林斯赫德的《编年史》第二版的编者出版了这本书。书中包含雷乔蒙塔努斯的古老预言——1588年是奇异的一年，世界会走向灭亡或发生可怕的变革。当时，私人信函中也在讨论这个预言。因此，在酒馆里，人们觥筹交错，讨论着雷格蒙塔努斯的预言。起初，英格兰枢密院严守秘密，后来被迫公之于众，但禁止年鉴印刷商们散播预言。英格兰政府支持两本驳斥预言的宣传册，一本是托马斯·泰姆的评论，他虔诚地提出劝诫："要做好预防1588年预言实现的准备。"另一本评论完全是学术争论，标题一页用字母简写着："有关预言问题，应该得到人们的重视……要消除预言对诸国可怕的威胁。众所周知，1588年是伟大的一年，是致命的一年。"作者是埃德蒙·斯宾塞的弟弟约翰·哈维。约翰·哈维博学多识，写过很多年鉴，是英格兰研究星象的主要人物之一。

约翰·哈维引用了雷乔蒙塔努斯的拉丁诗文，并将其翻译成优美的古典英文。这也是埃德蒙·斯宾塞一直倡导的。约翰·哈维继续怀疑阿姆斯特丹出版的年鉴作者并嘲笑年鉴的支持者们。他在星象研究的事实和结论中找到了漏洞，提出了预言与过去的一些不祥联系，但并没有引起人们的恐慌。事实上，1588年并没有发生可怕的灾难。毋庸置疑，不论从学识上还是才智上，约翰·哈维的驳斥都是成功的。争议的有些方面避重就轻，好像约翰·哈维故意给自己留了一条退路，以防灾难真的降临。像约翰·哈维这样的学者，如果没有接到官方邀请，一般不会参与论战。英格兰女王伊丽莎白一世是否亲自或命人邀请约翰·哈维参与论战呢？这似乎不是英格兰女王伊丽莎白一世的作风，因为她不会立即压制和驳斥令人不愉快的争论。

第16章　英格兰与西班牙和谈

为了平息和驳斥令人厌恶的争论，英格兰女王伊丽莎白一世一只手友好地与争论者握手言和，另一只手充满敌意地握着武器。她同时站在两个不可调和的立场，扮演着两个对立的角色，内心充满激情。即使是她的老朋友，也不知道她在演戏。演戏是英格兰女王伊丽莎白一世惯用的政治手段。当政三十年后，她的言辞依然模棱两可，让人猜不到她的真正意图。除了敌人，她的仆人和亲信也经常对她的言辞感到困惑。在令人焦虑的1587年冬天，西班牙无敌舰队随时会登陆英格兰。英格兰女王伊丽莎白一世的行为使所有人感到困惑。

帕尔玛公爵亚历山大·法尔内塞的军队宣称西班牙国王腓力二世试图挑起战争，里斯本正在积极备战。英格兰女王伊丽莎白一世让弗朗西斯·德雷克留在朴茨茅斯港。约翰·霍金斯计划封锁西班牙海岸。英格兰女王伊丽莎白一世并不反对约翰·霍金斯的计划，声明自己不想也不希望与西班牙国王腓力二世交战。她希望驻扎在尼德兰的西班牙军队返回自己的国家。1587年秋天，英格兰女王伊丽莎白一世的高桅横帆船都停泊在港口，船上没有索具和物资，除了看守的水手，再没有其他人。后来，帕尔玛公爵亚历山大·法尔内塞说，如果圣克鲁斯侯爵阿尔瓦罗·德·巴赞在1587年10月抵达英吉利海峡，他的军队就可以毫无阻力地冲进伦敦。英格兰王室按兵不动，毫无防御。英格兰的水手和政客们都意识到了危险，十分担心。

1587年12月，一则不确切的消息传来，也许是西班牙国王腓力二世直接向西班牙海军总指挥下达的命令。弗朗西斯·沃尔辛厄姆爵士告诉英格兰女王伊丽莎白一世，在圣诞节前，圣克鲁斯侯爵阿尔瓦罗·德·巴赞的海军就会离开里斯本。不到两个星期，英格兰舰队已经行动起来，做好了应战准备。英格兰女王伊丽莎白一世的所有船和可利用的商船都武装起来，配备了水手和供给物资，整装待发。圣克鲁斯侯爵阿尔瓦罗·德·巴赞如果遵照西班牙国王腓力二世的命令，就会受到英格兰的热情接待。毕竟，英格兰对战争不是毫无准备。

英格兰的"接待委员会"准备就绪，随后接到通知，称西班牙推迟"来访"。英格兰的将领们沮丧不已，他们认为英格兰舰队毫无战斗力。英格兰女王伊丽莎白一世直接削减了军力。四艘加莱赛战船中，最大的"羚羊"号的排水量高达四百吨。四艘轻帆船协助尼德兰人巡视佛兰德斯海岸，剩下的舰船留在梅德韦或朴茨茅斯港。伯利勋爵威廉·塞西尔手中有一份字迹潦草的战略计划，还有一份记载着薪酬和供给开销的文件，每月可以为英格兰女王伊丽莎白一世节省两千四百三十三英镑十八先令四便士。按照英格兰女王伊丽莎白一世的财政预算，节省下来的这笔钱很重要。但英格兰女王伊丽莎白一世对此漠不关心，这使将领和大臣们心寒。他们并未将削减军力归于女王的节俭，而是认为英格兰女王伊丽莎白一世被巧舌如簧的帕尔玛公爵亚历山大·法尔内塞欺骗了，为了虚假的和平削减了防御军力。

可以肯定的是，英格兰女王伊丽莎白一世非常渴望和平。即使在1588年春天，她仍然希望获得和平。虽然战争温度持续升高，但英格兰女王伊丽莎白一世的清教子民们仍然支持她。英格兰清教徒渴望和平，希望继续维持本国的纺织贸易。兰开斯特王朝统治期间，英格兰议会曾宣称："纺织业是英格兰王国的支柱产业，维持着英格兰人的生计。"一个多世纪以来，英格兰的纺织业越来越重要。一般情况下，羊毛制品的出口占英格兰出口总额的五分之四。如果出口量降低，纺纱工和纺织工们很快会失业，乡绅们的羊毛也会失去销路。羊毛市场的萧条比其他任何经济损失都大。事实上，英格兰的羊毛市场已经开始衰败。安特卫普的市场关闭了。随后，塞维利亚的市场也关闭了。幸运的是，帕尔玛公爵亚历山大·法尔内塞的将领们和马丁·申克，经莱茵河，将英格兰的纺织品出口到了神圣罗马帝国的南部城镇。海上运输存在一定风险。在汉堡，由于西班牙外交和商业同业公会的排挤，英格兰的货物滞销。1587年，掠夺西班牙舰队获的财富依然不能弥补英格兰纺织业的损失。从伦敦的纺织商人到科茨沃尔德的家庭主妇，都对尼德兰因修改条款产生的争议感到高兴。英格兰的纺织业即将恢复。需要记住的是，英格兰的纺织贸易中还有其他成员。他们将自己的问题归咎于西班牙人，并借争议高声宣战。

第 16 章 英格兰与西班牙和谈

汉堡

相比同时代的其他君主,英格兰女王伊丽莎白一世对本国的经济困境更敏感,十分清楚经济繁荣与王室财政之间的密切关系。此外,由于一些直接原因,她非常担心英格兰的财政问题。虽然尼德兰人抱怨英格兰女王伊丽莎白一世太吝啬,英格兰将领们也怨声载道,但英格兰女王伊丽莎白一世在尼德兰战争上投入了很多钱。这些钱都打了水漂,没有发挥任何作用。与此同时,爱尔兰十分安静,但不会一直默不作声。英格兰与西班牙开战一定会在爱尔兰引发新的麻烦。面对与西班牙的战争,英格兰议会夸下海口。英格兰女王伊丽莎白一世深知,在英格兰,对罗马天主教势力和西班牙宣战的呼声很高。然而,英格兰无力支付尼德兰战争、爱尔兰战争和西班牙沿岸的海上战争等开销。

英格兰女王伊丽莎白一世即使认为自己能支付得起战争开销,也会采取避战策略。然而,正因为英格兰女王伊丽莎白一世害怕战争,所以约翰·佩罗特爵士不会避战。有时,英格兰女王伊丽莎白一世喜欢吹嘘自己像父亲亨利八世一样勇敢,甚至比亨利八世勇敢。她会冒着生命危险推行自己的政策,这一点是亨利

约翰·佩罗特
(1528—1592)

亨利八世
(1491—1547)

八世比不上她的。她还喜欢预测风险，但战争总是出人意料。一旦发动战争，英格兰就会卷入无法抵抗的洪流和黑暗中。英格兰女王伊丽莎白一世如果赢得战争，重获和平，就可以一如既往地统治整个英格兰王国。

对英格兰女王伊丽莎白一世来说，恢复和平似乎很简单。西班牙国王腓力二世曾经接受过英格兰的和解条件。1577 年，他的副将奥地利的胡安接受了英格兰女王伊丽莎白一世的和平条款，即尊重尼德兰十七个省的主权，西班牙军队从尼德兰撤离。与此同时，尼德兰人要忠于世袭的领主，承诺信仰天主教。事实上，西班牙国王腓力二世已经做出让步，曾说会放弃尼德兰的税收，放弃在尼德兰建立中央集权政府。他虽然没有明确说会包容异教徒，但至少默许包容尼德兰一些省的异教徒，因为这些地区历来倡导宗教自由。西班牙军队撤离后，如果尼德兰政府拒绝执行条约，西班牙就没有必要继续迫害异教徒，但需要挽回颜面。尼德兰的官方宗教只有一个，即罗马天主教。英格兰的官方宗教也只有一个。英格兰女王伊丽莎白一世认为，条约中关于信仰自由的条款也许会安抚固执的尼德兰人。但至今为止，尼德兰没有参战的意愿，也没有参战的必要。稍加思考就会发现，条款提出的信仰自由也是尼德兰政府的选择。

然而，西班牙国王腓力二世宁愿统治一片荒漠，也不愿意尼德兰到处都是异教徒。他曾经说没有第二种选择。当时，佛兰德斯和布拉班特无异于一片荒漠。如果西班牙国王腓力二世无力征服尼德兰和泽兰，那么情况会越来越糟糕。英格兰女王伊丽莎白一世发现，西班牙国王腓力二世很难赢得战争。以前，西班牙国王腓力二世展现给世人的是他感性的一面。他善于妥协，不愿将事情做得太过分。现在，只要有一线生机，他就会坚持到底，向尼德兰发动破坏性战争，支持古老的盎格鲁-勃艮第联盟，轻而易举地阻止法兰西入侵尼德兰。如果尼德兰退出战争，英格兰也会退出。局势十分明朗，英格兰女王伊丽莎白一世和伯利勋爵威廉·塞西尔不相信尼德兰人会退出战争。尼德兰人和泽兰人不会拒绝优惠的和解条款。如果拒绝，他们将孤军奋战。

英格兰女王伊丽莎白一世全力支持和谈委员会。在和谈委员会前往奥斯坦德的路上，她已经做出指示，并提出了和谈条件和相关问题。在西班牙国王腓力二世的许可下，英格兰的舰船可以自由出入新大陆的港口。在美洲和西班牙，英格兰水手是自由的，不用遭受宗教审判的折磨。在双方担保的情况下，英格兰水手不愿提及葡萄牙的主权问题。英格兰女王伊丽莎白一世唯一不会妥协的问题是，在起义的联省地区，英格兰向起义者提供财政支援。如果英格兰军队从起义城镇撤离，荷兰、泽兰的联省议会或西班牙国王腓力二世就必须赔偿英格兰在起义联省地区的财政投入。

帕尔玛公爵亚历山大·法尔内塞欺骗了英格兰女王伊丽莎白一世。英格兰女王伊丽莎白一世认为，英格兰和西班牙在1588年有机会达成和平协议。她是否信任帕尔玛公爵亚历山大·法尔内塞，我们无从知晓。帕尔玛公爵亚历山大·法尔内塞试图让英格兰女王伊丽莎白一世相信西班牙希望获得和平。至少在1587年春天，他一直是这样标榜的。如果没有尼德兰的舰队和深海港，西班牙想要征服英格兰的希望就会很渺茫。此外，帕尔玛公爵亚历山大·法尔内塞喜欢一次只对付一个敌人。1587年秋天，按照西班牙国王腓力二世的指示，西班牙无敌舰队入侵英格兰，拒绝任何和谈条件。英格兰女王伊丽莎白一世受到欺骗，竭力斡旋。但西班牙一直拖延时间使英格兰人感到困惑，英格兰各方势力的态度摇摆不定。

帕尔玛公爵亚历山大·法尔内塞按照计划行事。最后，英格兰和谈委员会的五名成员从多佛抵达奥斯坦德。和谈会议已经推迟了几个星期，不能继续推迟。最终，英格兰和西班牙决定在布尔堡召开和谈会议。但又过了几个星期，会议召开时间才确定下来。和谈会议的议题是双方代表最终要达成什么决议。在帕尔玛公爵亚历山大·法尔内塞的命令下，经验丰富的西班牙大使一直采用拖延策略，愚弄英格兰大使詹姆斯·克罗夫特爵士和瓦伦丁·戴尔博士，甚至使一直持怀疑态度的德比伯爵亨利·斯坦利对和谈成功抱有幻想。英格兰人一直受到欺骗。西

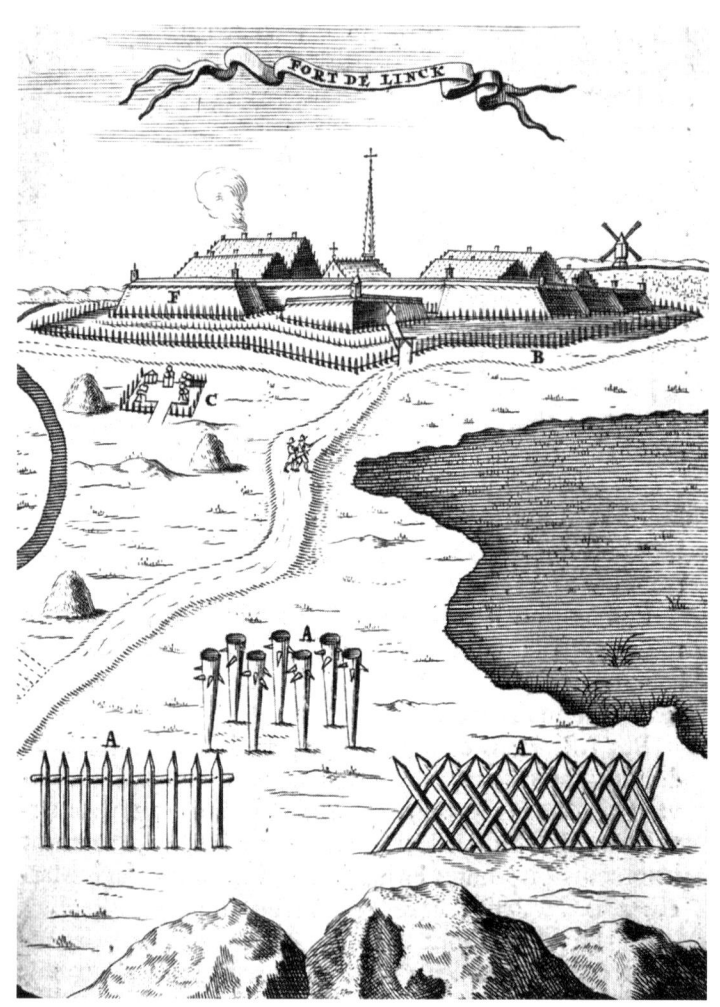

布尔堡

第16章 英格兰与西班牙和谈

班牙通过各种方法暗示自己总在屈服。一旦和谈会议顺利召开，就会持续一段时间，即使会使尼德兰和英格兰的主战派失望也没有关系。但最后传来的消息不是和谈成功，而是西班牙无敌舰队抵达了英吉利海峡。最终，英格兰女王伊丽莎白一世宣称自己从未关闭和谈的大门，一直竭尽全力为和谈努力。像弗朗西斯·沃尔辛厄姆爵士一样的英格兰政客们和像约翰·霍金斯一样的主战派们虽然十分愤怒，但认为英格兰迟早会因伊丽莎白一世的无知灭亡，最好的办法是马上宣战。布尔堡的长期斡旋损害了英格兰的利益，助长了西班牙的士气。

事实上，英格兰并没有遭受很大损失。1587年9月，意大利增援部队使帕尔玛公爵亚历山大·法尔内塞的军力达到顶峰。一时间，帕尔玛公爵亚历山大·法尔内塞的弹药库和金库充实，兵力强盛。英格兰大胆进攻能否取胜，我们不得而知，但帕尔玛公爵亚历山大·法尔内塞一定会收获颇丰。他仅用一小部分兵力就收复了安特卫普，随后又收复了奥斯坦德。佛兰德斯和瓦尔赫伦都逃不过帕尔玛公爵亚历山大·法尔内塞的魔爪。西班牙国王腓力二世下令通过和谈牵绊英格兰，使西班牙无敌舰队的准备行动不会打草惊蛇。在寒冷的冬天，帕尔玛公爵亚历山大·法尔内塞的精锐军队日渐变弱，营地潮湿，供给不足，疾病迅速蔓延。1588年7月，帕尔玛公爵亚历山大·法尔内塞军队的兵力由1587年9月的三万人变成了一万七千人。潜在的战争消耗巨大。整整一年时间，战事没有任何进展。在帕尔玛公爵亚历山大·法尔内塞眼中，英格兰变得越来越可怕。

英格兰并没有放松警惕，建了很多烽火台。只要发现西班牙无敌舰队，英格兰军队就会在英吉利海峡沿岸和内地各郡燃起烽火。英格兰枢密院如果听到有关烽火台的任何意见，就会立即加固或改进烽火台，做好应战准备。只要看见烽火台上的烟火，听到钟声，训练有素的英格兰军队就会在事先安排好的地点集结，在地方治安官和副将的率领下攻打西班牙人。

受过训练的英格兰军队也许无须和帕尔玛公爵亚历山大·法尔内塞率领的久经沙场的军队一决高下。但英格兰的士兵们拥有绅士精神、坚强的意志和精良的武器。因此，在很大程度上，他们并不是手持武器而未受训练的民兵，也并非所有人都没有上过战场。现在，英格兰面临领土遭到入侵的威胁。1587年冬天，英格兰人焦躁不安。一旦英格兰枢密院下达命令，参加过尼德兰战争的士兵们就会武装起来，作战能力也会与日俱增。与此同时，英格兰南部海岸和东部各郡清理和加深了战壕，修缮了长满青苔的城墙缺口。傅斯沃恩战役结束后，这些战壕和城墙就一直没有修缮过。现在，城墙上重新砌了一层泥，可以抵御大炮的袭击。英格兰沿海的城镇每隔一段距离就有一门大炮，增强了沿海炮台的力量。与1587年秋天相比，1588年4月，英格兰内陆地区的应战准备更充分。

英格兰人深知战争迟早会爆发，但从不认为战争会在英格兰内陆地区爆发。几年后，英格兰人逐渐意识到，海上防御才是守卫的重点。百年战争的进程和结局坚定了英格兰人的想法。在建造海上战船方面，亨利八世投入的钱比欧洲其他君主都多。加来失守和西班牙与日俱增的敌意，使他决定依靠海战。截至1588年，英格兰女王伊丽莎白一世成为欧洲的女霸主。她有十八艘盖伦帆船。盖伦帆船是英格兰在海上的武力支柱，最小的战船的排水量也有三百吨。盖伦帆船采用了当时最先进的建造技术，能够与海上的任何舰船战斗。重达一百多吨的盖伦帆船有七艘。此外还有很多航海帆船，以及轻便、快速、灵活的小船，主要用于完成侦察、派遣和岸上任务。

作为战舰，盖伦帆船主要用于战争而不是商业贸易。因此，盖伦帆船的龙骨和船宽比例比一般商船大。最初的盖伦帆船也许是由葡萄牙人改良的。1570年，盖伦帆船成为大西洋海域的普通战舰。但英格兰女王伊丽莎白一世的盖伦帆船与众不同。十年来，约翰·霍金斯一直负责建造和改良英格兰战舰。他对海战有着超前的想法，命人建造的帆船很宽，可以装载更多枪炮。他希望战船的甲板高于水手的腰部，使船帆更好地借风力。因此，英格兰战船的甲板很深。以前，站在甲板上的水手们完全暴露了目标，不能躲在木墙后面。现在，甲板围板超过了他们的身高，将他们围在堡垒内。甲板上的其他地方还可以放更多大炮。因为约翰·霍金斯认为作战必须使用枪炮，所以他设计的战船的船头和船尾都建了艏楼，但艏楼规模减小了很多。守旧的船长们喜欢高耸的艏楼，"以显示女王的威严"，但约翰·霍金斯一并废除了这些传统。如果需要解释，那么他会说，甲板上高耸的艏楼会增加船的重量，甲板上需要安放炮台、投石器和其他武器装备。此外，高耸的艏楼阻碍了船的行驶速度，可能会引发翻船事故。约翰·霍金斯即使没有做出任何解释，也会按照自己的设计建船。在他的监管下，英格兰的新式舰船都是按照他喜欢的线条建造的。他几乎将所有老式舰船按照自己的想法进行了改造。最后，大西洋海域上出现了能借风行驶、速度更快的战舰。

第16章 英格兰与西班牙和谈

与此同时,约翰·霍金斯的对手和同党威廉·温特爵士也按照约翰·霍金斯的设计,武装了自己的船。威廉·温特爵士减少了船上攻击人的枪炮,增加了攻击船的枪炮,用铜制轻炮取代了铁制枪炮,采用重炮和半口径重炮。在一千码距离内,他的船上的长枪可以投射十八磅重的炮弹,速度快,射击精准。轻炮逐渐取代了像半口径加农炮一样的短粗桶状的重炮。老式炮重三十磅,射程不确定。1587年,我们不确定英格兰女王伊丽莎白一世的多少艘船是按照威廉·温特爵士的方式武装的,但在威廉·温特爵士的努力下,约翰·霍金斯建造的战船可以在任何时候出海迎战任何人。在一定射程内,九磅重的半口径加农炮可以轻易击毙对方。

弗朗西斯·德雷克、约翰·霍金斯、以及后来的史学家们一直抱怨的是,英格兰女王伊丽莎白一世并未让这支强大的舰队直接驶向西班牙海岸,切断西班牙与印度群岛的海上贸易,将西班牙战舰封锁在港口内。相反,英格兰女王伊丽莎白一世命大部分战船停泊在港口,只有少许船员处在二级戒备状态。她的做法

威廉·温特武装的战船

违反了英格兰海军的基本作战准则。她也许应该听从弗朗西斯·德雷克和约翰·霍金斯的建议,通过突袭取得胜利。错过了时机,再采取突袭战术时可能会事倍功半。在选择作战策略方面,英格兰女王伊丽莎白一世总是犹豫不决。英格兰沿海的居民知道,对舰船和船员来说,在广阔的大西洋海域度过漫长的冬天没有任何好处。如果冒险远航,战船需要新的桅杆、绳索、帆布,以及必要的倾斜和反转测试等。在肮脏的船上,船员们挤作一团,吃腌制的牛肉、鱼肉和饼干等,用啤酒解渴。由于饮食不洁,他们身体虚弱,渐渐患上了可怕的斑疹伤寒和"船热"。斑疹伤寒和"船热"多发于长期航海期间,一半船员因此丧命。英格兰女王伊丽莎白一世统计了潜在危险,认为减少使用舰船次数和节省开支一样。有人怀疑,如果不是为了前往布尔堡和谈,英格兰女王伊丽莎白一世也许不会冒险在冬天派船前往西班牙。

在英格兰女王伊丽莎白一世的部署下,英格兰船员们都驻扎在陆地上,吃着新鲜的食物。一半船员完全可以自给自足,从而节约了粮食。罐装食物是为春天的战斗准备的,没有花英格兰女王伊丽莎白一世一分钱。英格兰的一些船长蓄势掠夺了西班牙的商船,试图威慑西班牙国王腓力二世,以便让英格兰舰队更好地备战。在朴茨茅斯,弗朗西斯·德雷克爵士的西部舰队已经做好准备,并期待伦敦的使者带来期盼已久的开战命令。年迈的朴茨茅斯市长威廉·霍金斯是约翰·霍金斯的哥哥,年近七十,负责朴茨茅斯的所有战舰。1588年1月至2月,威廉·霍金斯命所有加莱赛战船搁浅在海滩上。白天,船员们在船的一侧涂油脂,夜晚借助火把和标灯的光线在另一侧涂油脂。因此,所有战船在水里的时间不超过二十四小时。威廉·霍金斯看见约翰·霍金斯设计的船搁浅在海滩上,感到非常高兴。加莱赛战船如同"长在海滩上的大树"。涂油脂的任务并没有花费多少钱。

约翰·霍金斯与海军大臣埃芬厄姆勋爵查尔斯·霍华德,以及东部分队驻扎在梅德韦,沿吉林厄姆和查塔姆船厂停泊着小型舰艇。在梅德韦,能看见罗切斯特大桥和大型舰艇"昆伯勒"。春潮时期,所有舰船需要刮涂油脂,但约翰·霍金斯并没有注意到这些。重建英格兰海军时,约翰·霍金斯曾承诺要掌控大西洋海域。他既是财政大臣又是海军委员会成员,一直忙着做最后的应战准备,处理相关账目和其他文件。他几乎没有时间关注英格兰女王伊丽莎白一世与帕尔玛公

第16章 英格兰与西班牙和谈

爵亚历山大·法尔内塞之间的斡旋，也没有注意到西班牙无敌舰队已经逐渐逼近英格兰。他坚持用腐朽的木头造船。因此，大多数战船不能下海。

与弗朗西斯·德雷克一样，海军大臣埃芬厄姆勋爵查尔斯·霍华德迫切希望英格兰舰队出海。他年过半百，担任英格兰海军总指挥已经三年了。他能够担任海军总指挥的主要原因，是他的家族有三代都曾担任英格兰海军总指挥，为都铎王朝效力。他是热忱的清教徒，对宗教十分忠诚。他没有海上作战经验，但决心刻苦学习，用自己的名誉担保完成重任。同时，他希望壮大英格兰的海军力量，并相信谣言，认为帕尔玛公爵亚历山大·法尔内塞的军队会从敦刻尔克出发，或西班牙无敌舰队会途经多佛，占领苏格兰。最终，海军大臣埃芬厄姆勋爵查尔斯·霍华德派出八艘战船执行任务，自己在敦刻尔克和法拉盛之间巡航。与此同时，他彻夜未眠，命所有船停泊在梅德韦，并派人前去侦察。结果发现约翰·霍金斯设计的船漏水，而且木头已经朽烂，原本满心欢喜，现在却落得徒劳无功。

海军大臣埃芬厄姆勋爵查尔斯·霍华德热爱自己的舰队。在给弗朗西斯·沃尔辛厄姆爵士的信中，他写道："我向神发誓，如果不是为了觐见女王陛下，我宁愿一直待在战舰上，也不愿去别的地方。"检查结束后，他继续写道："除了我，没有人敢乘'伊丽莎白·博纳旺蒂尔'号前往普拉塔河。"当英格兰女王伊丽莎白一世的"伊丽莎白·博纳旺蒂尔"号在法拉盛入海口搁浅时，他难以掩饰自己的喜悦之情，和威廉·温特爵士登上了"伊丽莎白·博纳旺蒂尔"号，发现"伊丽莎白·博纳旺蒂尔"号曾经两次被潮汐困住，漂泊在海上。"其间，没有泄露一滴水……除非是钢铁造的船，否则不可能出现这种情况。老实说，我从来没见过像'伊丽莎白·博纳旺蒂尔'号这么奇怪的船。"海军大臣埃芬厄姆勋爵查尔斯·霍华德挑了一艘盖伦帆船作为旗舰，然后写信给伯利勋爵威廉·塞西尔说："我希望你告诉女王陛下，她的钱都用来造'罗利方舟'号了。我认为，这艘船一定会所向披靡。无论敌船有多大，都逃不过'罗利方舟'号"的追击。"

"罗利方舟"号引起了海军大臣埃芬厄姆勋爵查尔斯·霍华德的关注。他深爱着英格兰舰队，但他的下属们没有像他那样的热情。他的表弟亨利·西摩勋爵负责指挥"伊丽莎白·博纳旺蒂尔"号。亨利·西摩勋爵吹嘘说，"伊丽莎白·博纳旺蒂尔"号可以与西班牙舰队大战十二个小时，就像在浅滩上停泊十二个小时那么简单。威廉·温特爵士认为，只要他从海军大臣埃芬厄姆勋爵查尔斯·霍华德的手中夺过英格兰女王伊丽莎白一世的舰队建造权,就可以在英格兰枢密院攻击约翰·霍金斯欺骗了英格兰女王伊丽莎白一世和英格兰,建造的船不适合海上航行。现在,他热情赞美自己造的船,并写道:"我们的船如同勇士一般。我保证,在这些船上,人心会向善。"不止一位船长说过"这是世界上最好的船"。船长们有一个共同的愿望,只要西班牙舰队抵达英格兰海域,就要亲眼见证这些战船的威力。虽然他们质疑过英格兰舰队的实力,但只要战船下海,和王室的船停在一起,面对即将爆发的战争,他们就会镇定而自信。不管谁对胜利持怀疑态度,英格兰的船长们绝不怀疑。

1587年冬天,如果英格兰女王伊丽莎白一世同意英格兰舰队袭击西班牙沿岸,那么英格兰的船长们也许会和现在一样自信。1588年春天,战争刚刚打响,英格兰海军精神饱满,身体健康,储备了充足的弹药、枪支、食物和水。英格兰海军需要新桅樯、绳索、帆布、滑轮和小船。威廉·温特爵士直白地写道:"这些都是今年海战的战利品。"最终,在英吉利海峡,英格兰舰队会和西班牙无敌舰队交战。这支舰队已经达到最佳作战状态,没有人再说英格兰女王伊丽莎白一世太过吝啬谨慎。

第17章　西班牙无敌舰队起航

　　西班牙海军总指挥圣克鲁斯侯爵阿尔瓦罗·德·巴赞和参加过勒班陀战役、特塞拉岛战役等其他著名战役的指挥官，是入侵英格兰计划的西班牙军队指挥官。入侵英格兰计划一确定，西班牙国王腓力二世就任命圣克鲁斯侯爵阿尔瓦罗·德·巴赞为海军总指挥。1588年2月9日，圣克鲁斯侯爵阿尔瓦罗·德·巴赞在里斯本去世。后来，人们认为圣克鲁斯侯爵阿尔瓦罗·德·巴赞是西班牙海军的领袖，是西班牙获胜的最大希望。现在，即使圣克鲁斯侯爵阿尔瓦罗·德·巴赞活着，继续指挥西班牙海军，形势也与以往不同了。然而，在圣克鲁斯侯爵阿尔瓦罗·德·巴赞的努力下，西班牙无敌舰队准备就绪。西班牙国王腓力二世的一再敦促使圣克鲁斯侯爵阿尔瓦罗·德·巴赞非常伤心。圣克鲁斯侯爵阿尔瓦罗·德·巴赞六十二岁时与世长辞。当时的西班牙编年史记载了很多关于他的传奇故事。

　　令人难以置信的是，1588年，由霍雷肖·纳尔逊率领的西班牙无敌舰队即使起航，也不一定取胜。事实证明，在里斯本，圣克鲁斯侯爵阿尔瓦罗·德·巴赞因过度劳累去世。从他写给西班牙国王腓力二世的二十多封信中可以看出，他认为入侵英格兰的时机还不成熟，现在不能起航，但时机很快会降临。西班牙国王腓力二世回信中的用词并不严厉，但显得很不耐烦。现在，人们证实了传言。事实上，1587年冬天，西班牙国王腓力二世和圣克鲁斯侯爵阿尔瓦罗·德·巴赞似乎互换了性格。西班牙国王腓力二世曾经写道："英格兰是一个伟大的王国，是时候改变局势了。"他继续写道："成功主要取决于速度。一定要快！"圣克鲁斯侯爵阿尔瓦罗·德·巴赞曾提出主动出击，反对拖延时间和防御战略。现在，他的观点发生了变化。他认为草率起航会使西班牙沿岸失去防御力量，投入一场没有做好准备的战役是不明智的。

圣克鲁斯侯爵阿尔瓦罗·德·巴赞的建议无法打动西班牙国王腓力二世。1587年9月，圣克鲁斯侯爵阿尔瓦罗·德·巴赞从亚速尔群岛返回。西班牙国王腓力二世下令，那不勒斯的加莱桨船队和安达卢西亚的运粮船队加入西班牙舰队后，圣克鲁斯侯爵阿尔瓦罗·德·巴赞就可以率领舰队前往马盖特角和泰晤士河入口处，进军英格兰。速度和秘密行动是作战的重要因素。冬天出海虽然很危险，但在上帝的保佑下，西班牙舰队定会顺风顺水。在亚速尔群岛，西班牙舰队遭受了损失。因此，西班牙国王腓力二世同意推迟几个星期起航。圣克鲁斯侯爵阿尔瓦罗·德·巴赞得到命令后，在港口重整舰队，将起航时间推迟了一个星期左右。1587年12月，虽然西班牙舰队的船不足三十五艘，但西班牙国王腓力二世依然坚持立即起航，不管舰队是否由圣克鲁斯侯爵阿尔瓦罗·德·巴赞指挥。在横跨英吉利海峡的地方，帕尔玛公爵亚历山大·法尔内塞率领的陆军得到了西班牙海军的援助。圣克鲁斯侯爵阿尔瓦罗·德·巴赞被迫答应起航。与此同时，英格兰军队整装待发。在英吉利海峡，英格兰舰队力量强大。于是，西班牙国王腓力二世同意推迟起航时间，因为三十五搜船确实远远不够。圣克鲁斯侯爵阿尔瓦罗·德·巴赞希望继续壮大西班牙的海军力量。但西班牙国王腓力二世规定，西班牙舰队不能晚于1588年2月15日起航。随着起航日期的临近，西班牙国王腓力二世派丰特斯伯爵佩德罗·恩里克斯·德·阿塞维多前往里斯本，敦促圣克鲁斯侯爵阿尔瓦罗·德·巴赞按照计划起航。

西班牙国王腓力二世改变了主意。他一直非常谨慎，经常说"时间是时间，我是我"。他还喜欢说"利用时间""等待时机成熟"。1588年，面对情况紧急时，他像一个即将离世的人一样，一直在催促。他并不确定帕尔玛公爵亚历山大·法尔内塞是否已经准备就绪，命圣克鲁斯侯爵阿尔瓦罗·德·巴赞率舰队起航，并命帕尔玛公爵亚历山大·法尔内塞立即横渡英吉利海峡，不必等待圣克鲁斯侯爵阿尔瓦罗·德·巴赞的舰队。每次询问行军情况时，西班牙国王腓力二世都非常烦恼，认为除非无计可施，否则不能有任何延误。他一直是一名虔诚的天主教徒。但后来，他认为一切困难和危险都是上帝的旨意，行事不必过于小心谨慎。他不是一个以自我为中心或独断专行的人，从未提过自己坎坷的命运，只提到过肩负

第 17 章 西班牙无敌舰队起航

佩德罗·恩里克斯·德·阿塞维多
（1525—1610）

的重要职责。然而，只要认定一件事，他就会勇往向前，决不退缩。与历史上的君主或伟人一样，西班牙国王腓力二世盲目自信，坚持自己的想法，不喜欢听别人的意见。

虽然圣克鲁斯侯爵阿尔瓦罗·德·巴赞一再承诺几个星期内率舰队起航，在信函中，西班牙国王腓力二世强烈反对他的建议，并怀疑他在故意拖延时间。圣克鲁斯侯爵阿尔瓦罗·德·巴赞无须向西班牙国王腓力二世保证自己为上帝而战，但经历了土耳其的多次战役后，他过于自信。他坚信如果有五十艘盖伦帆船，就可以打败英格兰舰队。目前，他只有十三艘战船，其中一艘船十分破旧，木头朽烂，很可能不能下海。此外，他希望获得一百艘装备齐全、食物储备充足的船，以及四十艘霍尔克船、六艘盖伦帆船、四十艘加莱桨帆船和一百四十到一百六十艘各类小船。然而，事实上，截至1588年1月，他只有十三艘加莱赛战船、四艘加莱赛战船、六七十艘其他船，以及在波罗的海到亚得里亚海之间的海域租赁或征用的船，其中一些船漏水严重，一些船破损不堪。船上的水手十分笨拙，动作缓慢。最好的战船是吉普斯夸的奥肯多战船，但船员很少，武器配备不足。整支舰队的小舰艇数量不到所需数量的一半。

然而，圣克鲁斯侯爵阿尔瓦罗·德·巴赞认为，起航时机已经到来。他积极备战，命人将食物和弹药装上船，并命监狱的警员和医务人员在里斯本集合。所有商船停泊在里斯本港，船员严重不足，只能让监狱的警员和医务人员充当船员。起航前一个星期，圣克鲁斯侯爵阿尔瓦罗·德·巴赞在睡梦中与世长辞。

西班牙国王腓力二世很快找到了接替圣克鲁斯侯爵阿尔瓦罗·德·巴赞的人。圣克鲁斯侯爵阿尔瓦罗·德·巴赞去世的消息一传到马德里，西班牙国王腓力二世就立即公布了三天前准备好的命令。他任命梅迪纳·西多尼亚公爵阿朗索·佩雷斯·德·古斯曼接任西班牙海军总指挥。

1587年，梅迪纳·西多尼亚公爵阿朗索·佩雷斯·德·古斯曼及时支援加的斯的民兵组织，以防加的斯受到弗朗西斯·德雷克的突袭。迄今为止，梅迪纳·西多尼亚公爵阿朗索·佩雷斯·德·古斯曼支援加的斯也许是为西班牙王室效力最显著的一次。他一直以贵族身份维持着安达卢西亚的和平，亲眼见证了镇压英格兰人、法兰西人和巴巴里海盗的骚乱，并负责招募新兵，将各种供给物资运到里斯本。总之，他一直认真履行自己的职责，妥善处理了所有事务。这些事实也许对西班牙国王腓力二世挑选海军总指挥有一定影响。梅迪纳·西多尼亚公爵阿朗索·佩雷斯·德·古斯曼性格温和，和蔼可亲，没有勃勃野心，不会与帕尔玛公爵亚历山大·法尔内塞产生争执。帕尔玛公爵亚历山大·法尔内塞既不骄傲也不固执，更不会咄咄逼人。因此，梅迪纳·西多尼亚公爵阿朗索·佩雷斯·德·古斯曼很适合做帕尔玛公爵亚历山大·法尔内塞的下属。西班牙国王腓力二世也许认为，梅迪纳·西多尼亚公爵阿朗索·佩雷斯·德·古斯曼履历清白，是虔诚的天主教徒，更重要的是，他是古斯曼·艾布耶诺家族的首领，卡斯蒂尔资格最老、声誉最好的贵族。没有人认为梅迪纳·西多尼亚公爵阿朗索·佩雷斯·德·古斯曼不适合担任西班牙海军总指挥。大家都仰慕他的为人，服从他的指挥。

第 17 章 西班牙无敌舰队起航

阿朗索·佩雷斯·德·古斯曼
(1550—1615)

从画像和信函中可以得知,梅迪纳·西多尼亚公爵阿朗索·佩雷斯·德·古斯曼中等身材,骨骼较小,嘴角、前额和眼睛显露出深思熟虑的神情。他敏感多虑,神情胆怯,但也不是没有智慧和魅力。肖像上的梅迪纳·西多尼亚公爵阿朗索·佩雷斯·德·古斯曼神情忧虑。这幅肖像绘制的三年前,他遇到了人生最大的挫折。因此,从肖像上的他看上去不像一个幸运的人。

从梅迪纳·西多尼亚公爵阿朗索·佩雷斯·德·古斯曼写给西班牙国王腓力二世的秘书的信中,我们对他有了更全面的了解。接到任命后,梅迪纳·西多尼亚公爵阿朗索·佩雷斯·德·古斯曼不相信西班牙国王腓力二世会任命他为海军总指挥。信的内容如下：

> 我的身体状况不适合海上航行。我经验不足，在海上经常感染风寒。我们家族的债务高达九十万达克特，无法为国王分担财政压力。我没有海上作战经验，无法承担重大作战任务。我对圣克鲁斯侯爵阿尔瓦罗·德·巴赞一无所知，也不像他那样熟悉英格兰的情况，因此，我认为自己不能担此重任。如果盲目应从，一定会依赖他人的意见，无法辨别是非。甚至有人会想取代我成为总指挥。尊贵的卡斯提尔的行政长官比我更适合这个职位。他有丰富的海上作战经验，并且是非常虔诚的基督徒。

与征服墨西哥和秘鲁不同，西班牙虽然威慑整个欧洲，但有时会受到嘲笑。这是诚实的自我评价，体现出敢于暴露真相的勇气。梅迪纳·西多尼亚公爵阿朗索·佩雷斯·德·古斯曼的信真诚坦率。西班牙贵族不会自我贬低，也不会在身居要职时自毁形象。后来，西班牙国王腓力二世再次施压。梅迪纳·西多尼亚公爵阿朗索·佩雷斯·德·古斯曼接受了任命。梅迪纳·西多尼亚公爵阿朗索·佩雷斯·德·古斯曼并不是对西班牙国王腓力二世不忠诚，也不是没有勇气承担重任。西班牙国王腓力二世祈祷上帝会帮助梅迪纳·西多尼亚公爵阿朗索·佩雷斯·德·古斯曼克服弱点，改正缺点。随后，梅迪纳·西多尼亚公爵阿朗索·佩雷斯·德·古斯曼告别了桑卢卡尔的家人，直奔里斯本。

抵达里斯本后，梅迪纳·西多尼亚公爵阿朗索·佩雷斯·德·古斯曼发现里斯本混乱不堪。一个星期以来，他一直在处理圣克鲁斯侯爵阿尔瓦罗·德·巴赞的葬礼和西班牙舰队的枪支、供给等事务。船员们集合起来，随时准备出发。无论如何，不能在岸上耽搁时间了。船上的大多数士兵和水手没有钱、武器，也没有合适的衣服。一些船员甚至没有食物。有些船吃水很深，非常不安全；有些船漂浮在水面上，吃水很浅。通过野蛮的争夺，船长们得到了自己想要的东西，尤其是军械。一些船上的武器很多，但没有足够的放置空间；一些船上几乎没有武器。盖伦帆船的甲板上摆放着一些新的铜制大炮。一艘与轻帆船差不多大的比

第17章 西班牙无敌舰队起航

斯开战船得到了一门半加农炮。有的船上有炮,但没有炮弹;有的船上有射击孔,但没有火炮。西班牙海军总指挥圣克鲁斯侯爵阿尔瓦罗·德·巴赞离世后,整支舰队人心惶惶。很多军官虽然看到了问题所在,但没有能力处理问题。

梅迪纳·西多尼亚公爵阿朗索·佩雷斯·德·古斯曼首先要解决的问题是理顺局面。出于对西班牙国王腓力二世的忠诚,他试图阻止圣克鲁斯侯爵阿尔瓦罗·德·巴赞的私人秘书带走所有文件,包括战略计划、各类汇报和关于管理舰队的各种文件。圣克鲁斯侯爵阿尔瓦罗·德·巴赞的私人秘书的做法是合法的,因为所有文件属于圣克鲁斯侯爵阿尔瓦罗·德·巴赞的私人财产,都是他的个人信函。梅迪纳·西多尼亚公爵阿朗索·佩雷斯·德·古斯曼没有过问,西班牙国王腓力二世也没有下令留下文件。但梅迪纳·西多尼亚公爵阿朗索·佩雷斯·德·古斯曼非常想了解圣克鲁斯侯爵阿尔瓦罗·德·巴赞的想法。

梅迪纳·西多尼亚公爵阿朗索·佩雷斯·德·古斯曼逐渐理顺了局面。迭戈·弗洛雷斯·德·瓦尔德斯是一位聪明、有志向的军官,曾经参加过加的斯战役,后来得到了梅迪纳·西多尼亚公爵阿朗索·佩雷斯·德·古斯曼的赏识和信赖。迭戈·弗洛雷斯·德·瓦尔德斯和马罗林·德·胡安都是经验丰富的海军军官,也是西班牙国王腓力二世极力推荐的人。阿朗索·德·塞斯佩德斯认为,想要指挥炮兵部队,需要借鉴印度射击学。阿朗索·德·塞斯佩德斯有三位得力的分队指挥官,分别是佩德罗·德·瓦尔德斯、米格尔·德·奥肯多和胡安·马丁内斯·德·雷卡尔德。他们组成了战争议事会。随着对梅迪纳·西多尼亚公爵阿朗索·佩雷斯·德·古斯曼越来越了解,他们开始喜欢并尊重梅迪纳·西多尼亚公爵阿朗索·佩雷斯·德·古斯曼。梅迪纳·西多尼亚公爵阿朗索·佩雷斯·德·古斯曼也经常听取他们的意见,遵从他们的判断,态度十分和蔼可亲,与圣克鲁斯侯爵阿尔瓦罗·德·巴赞粗鲁的咆哮截然不同。一时间,整支舰队通力合作,比圣克鲁斯侯爵阿尔瓦罗·德·巴赞担任总指挥时更团结一致。

有了三位得力的分队指挥官,梅迪纳·西多尼亚公爵阿朗索·佩雷斯·德·古斯曼开始检查舰队。显然,他对发现的一些问题感到震惊,在给西班牙国王腓力二世的信中,他的言辞既透彻明白,又显得小心谨慎。梅迪纳·西多尼亚公爵阿朗索·佩雷斯·德·古斯曼对圣克鲁斯侯爵阿尔瓦罗·德·巴赞留下的麻烦只字未提。他也许认为,在疾病缠身、面对重重困难的时候,圣克鲁斯侯爵阿尔瓦

米格尔·德·奥肯多
(1534—1588)

罗·德·巴赞已经将局面处理得很好了。然而,西班牙国王腓力二世对里斯本的混乱局面十分不满。与此同时,舰队需要保留多支分队,整个冬天都要处在备战状态,并等待其他力量的加入,以充实军力薄弱的分队和战船。英格兰舰队的遣散系统很完备。西班牙国王腓力二世依然很烦躁。梅迪纳·西多尼亚公爵阿朗索·佩雷斯·德·古斯曼并没有像圣克鲁斯侯爵阿尔瓦罗·德·巴赞一样劝说西班牙国王腓力二世。

梅迪纳·西多尼亚公爵阿朗索·佩雷斯·德·古斯曼的首要任务是重新分

配枪炮和货物。频繁出现的意外令人十分不愉快，但大家都认为枪炮是最重要的。圣克鲁斯侯爵阿尔瓦罗·德·巴赞以前的属下也有同样的想法。据说，西班牙人非常珍视枪炮，认为冰冷的钢铁是海战胜利的必需品。他们认为，既然硝石是从地下挖出来的，那么只要有了大炮，就可以上战场。但军事专家们不这么认为。在大西洋海域的大多数战争中，舰船都是单独行动，目的是拦截敌船，然后登上敌船。地中海加莱桨帆船参与的战争就是如此，根据局势选择战略或同时采用两种战略直接进行肉搏战。但如果要控制海上的战舰，就必须拥有重型枪炮。圣克鲁斯侯爵阿尔瓦罗·德·巴赞的副将们曾经抱怨没有足够的枪炮或枪炮威力太小。圣克鲁斯侯爵阿尔瓦罗·德·巴赞将副将们的抱怨告诉了西班牙国王腓力二世。当然，加莱赛战船必须配备重型武器。战争议事会非常理解这一点，要求西班牙国王腓力二世提供更多资金。西班牙国王腓力二世明白道理，于是拨了一些钱。

  按照要求，马德里的兵工厂承诺在 1587 年 12 月 15 日前，为西班牙舰队提供三十六门铜制大炮、加农炮、半加农炮、长重炮和半长重炮。里斯本承诺提供三十门大炮。六七十门大炮从国外运往西班牙港口，但比较小，大多是铁制的大炮。炮弹只有六磅、四磅、两磅重。很多铜制大炮从意大利途经神圣罗马帝国汉萨港运到西班牙港口。制造枪炮不是一件容易的事。铸造大型铜制大炮的工序和雕刻一尊像本努韦托·切利尼的《珀尔修斯》雕像一样复杂。但能铸造大炮的工匠非常少。此外，威力大的大炮非常昂贵，尤其是能远程射击的长程火炮，需要大量铁和一定重量的炮弹球。因此，即使有足够的钱，铸造大炮也会受到很多限制。我们不知道枪炮是如何运到里斯本的，但过程一定很艰难。圣克鲁斯侯爵阿尔瓦罗·德·巴赞去世后，枪炮才运到，大家对此非常失望。枪炮是圣克鲁斯侯爵阿尔瓦罗·德·巴赞想尽办法得到的。现在，梅迪纳·西多尼亚公爵阿朗索·佩雷斯·德·古斯曼需要将武器分配下去。他开始思考如何弄到更多武器，以便替换小型武器，进攻英格兰舰队。军官们向梅迪纳·西多尼亚公爵阿朗索·佩雷斯·德·古斯曼汇报说，舰队的武器装备比例已经大幅提高。毋庸置疑，梅迪纳·西多尼亚公爵阿朗索·佩雷斯·德·古斯曼找到了更多武器。1588 年 5 月，西班牙舰队打算起航。与 1588 年 2 月的武器装备相比，现在的武器装备充足了很多。然而，武器数量依然没有达到梅迪纳·西多尼亚公爵阿朗索·佩雷斯·德·古斯曼和其他军官的期望。最好的战船配备了威力最大的武器。令人担忧的是，迎战英格兰舰队的第一排战船缺少远程射击大炮。

与此同时，梅迪纳·西多尼亚公爵阿朗索·佩雷斯·德·古斯曼舰队为战船数量引发了激烈争吵，尤其是战舰数量。在梅迪纳·西多尼亚公爵阿朗索·佩雷斯·德·古斯曼的一再要求下，西班牙国王腓力二世最终同意停止"守卫西印度群岛的盖伦帆船"的常规任务，派其加入进攻英格兰的舰队。1588 年 3 月底，迭戈·弗洛雷斯·德·瓦尔德斯将加的斯港的船调集过来，包括八艘装备精良的盖伦帆船，其中七艘船的规模完全一样，每艘船的排水量高达四百吨。七艘盖伦帆船的规模比"复仇"号小，但和"无畏"舰差不多大。剩下的一艘盖伦帆船的规模只有其他船的一半，但依然适合在前线作战。

葡萄牙加莱赛战船的种类比斯卡蒂尔的帆船多。葡萄牙海军曾经是仅次于英格兰海军的武装力量，有时甚至会超过英格兰海军。1580 年，阿维什王朝灭亡。数年前，阿维什家族对葡萄牙海军的资金投入越来越少。特赛拉岛战役后，葡萄牙曾修补了舰船。圣克鲁斯侯爵阿尔瓦罗·德·巴赞从亚速尔群岛追击弗朗西斯·德雷克未果，只能率领十二艘葡萄牙加莱赛战船返回。后来，十二艘葡萄牙加莱赛战船留在了欧洲海域。其中一艘船正在返回葡萄牙的途中。另一艘船经过 1587 年 11 月的风暴后，开始漏水，到达岸边时已经完全散架。梅迪纳·西多尼亚公爵阿朗索·佩雷斯·德·古斯曼发现剩下的十艘船中，几艘船需要大修，其中一艘船又小又旧，船体的木头朽烂，几乎不能航行，无法参加战斗。梅迪纳·西多尼亚公爵阿朗索·佩雷斯·德·古斯曼不得不将这艘船留在港口装载重炮。

幸运的是，圣克鲁斯侯爵阿尔瓦罗·德·巴赞高瞻远瞩，找到了让葡萄牙战船恢复往日辉煌的其他办法。在葡萄牙加莱赛战船中，"弗洛伦西亚"号是西班牙无敌舰队中威力最强的战舰。圣克鲁斯侯爵阿尔瓦罗·德·巴赞曾经打算将"弗洛伦西亚"号作为黎凡特的旗舰。托斯卡纳大公弗朗西斯科一世为了修补"弗洛伦西亚"号，从西班牙国王腓力二世手中借钱。"弗洛伦西亚"号是托斯卡纳大公弗朗西斯科一世最珍爱的船。托斯卡纳大公弗朗西斯科一世非常不愿意派"弗洛伦西亚"号加入西班牙的远征。

"弗洛伦西亚"号意外落入了圣克鲁斯侯爵阿尔瓦罗·德·巴赞手中。攻陷安特卫普和包围斯凯尔特河的战役导致欧洲香料市场陷入混乱。暴乱期间，安

第 17 章 西班牙无敌舰队起航

弗朗西斯科一世
（1541—1587）

特卫普成为欧洲贸易中心。1585 年，辣椒、大蒜、肉豆蔻干皮、桂肉等货物被堆到了里斯本的仓库。托斯卡纳大公弗朗西斯科一世不明白的是，佛罗伦萨为什么不能成为香料交易中心？自己为什么不能从中受益？通过外交问询，他发现英格兰东印度公司和葡萄牙的议会行事谨慎。在西班牙国王腓力二世的支持和鼓励下，他与西班牙达成了有关香料价格和支付的条款。达成交易后，他派新建的盖伦帆船运回香料。因为香料价值昂贵，所以只有派与"圣弗朗西斯科"号一样的大船运输，才能抵御巴巴里海盗。

乘"圣弗朗西斯科"号到达里斯本港的时候，巴尔托利船长遇到了大型商业贸易常常遇到的问题。西班牙国王腓力二世的代理商还没有做好运送香料的准备。经过一番讨价还价后，托斯卡纳大公弗朗西斯科一世骄傲地向西班牙驻里斯本的海军总指挥展示了自己的船。圣克鲁斯侯爵阿尔瓦罗·德·巴赞对"圣弗朗西斯科"号上的货物产生了浓厚兴趣。他夸赞"圣弗朗西斯科"号干净整洁、线条流畅、结构结实，尤其是船上的五十二门铜制大炮。他承认"圣弗朗西斯科"号上的武器比自己船上的武器威力更大。总之，"圣弗朗西斯科"号是圣克鲁斯侯爵阿尔瓦罗·德·巴赞见过的装备最精良的船。不论谁指挥"圣弗朗西斯科"号，都会非常愉快。几个星期后，其他西班牙船长为"圣弗朗西斯科"号发生了争吵。

时间一点点流逝，巴尔托利船长一直没有看到香料，开始起了疑心。于是，他给托斯卡纳大公弗朗西斯科一世写了一封信，决定放弃此次香料生意。托斯卡纳大公弗朗西斯科一世命巴尔托利船长将"圣弗朗西斯科"号船驶回利沃纳，因为他急需使用"圣弗朗西斯科"号。香料生意失败后，得到圣克鲁斯侯爵阿尔瓦罗·德·巴赞的许可，巴尔托利船长立即起航。随后，圣克鲁斯侯爵阿尔瓦罗·德·巴赞下令，如果托斯卡纳大公弗朗西斯科一世的船进入航道，就想办法让他的船沉入大海。1586年11月，在马德里，巴尔托利船长的主要任务是让"圣弗朗西斯科"号离开里斯本。

当做好准备追击弗朗西斯·德雷克的时候，圣克鲁斯侯爵阿尔瓦罗·德·巴赞决定派加斯帕尔·达·苏萨率领一支精锐的葡萄牙步兵登上"圣弗朗西斯科"号。圣克鲁斯侯爵阿尔瓦罗·德·巴赞命巴尔托利船长遵照加斯帕尔·达·苏萨的命令，和葡萄牙帆船队一起出发，以免遇到英格兰舰队。"圣弗朗西斯科"号在亚速尔群岛附近航行，是船队中唯一一艘没有漏水、没有丢失翼梁的船。巴尔托利船长在写给圣克鲁斯侯爵阿尔瓦罗·德·巴赞的信中，难掩骄傲之情。西班牙舰队不会让"圣弗朗西斯科"号离开西班牙。托斯卡纳大公弗朗西斯科一世去世前一直命令"圣弗朗西斯科"号返航。托斯卡纳大公弗朗西斯科一世的继承者斐迪南一世在前往英格兰的路上，一直尝试收回"圣弗朗西斯科"号。

西班牙人将"弗洛伦西亚"号改名为"圣弗朗西斯科"号，将其加入西印度群岛的西班牙卫戍舰队。因此，梅迪纳·西多尼亚公爵阿朗索·佩雷斯·德·古

第 17 章 西班牙无敌舰队起航

斐迪南一世
（1549—1609）

斯曼拥有了二十艘盖伦帆船。除了弹药，西班牙舰队的整体配备可以与英格兰最精良的舰队匹敌。二十艘盖伦帆船与那不勒斯的四艘加莱赛战船和卡斯蒂尔的大型加莱赛战船组成了西班牙无敌舰队的先锋舰队。第二排舰队由四十艘武装商船组成。虽然其中少数船的武力与英格兰第二排舰队的商船武力相当，但其他船的规模都比英格兰的船大。英格兰女王伊丽莎白一世最大的船是"胜利"号和"白熊"号。1588年2月以来，梅迪纳·西多尼亚公爵阿朗索·佩雷斯·德·古斯曼得到了大部分印度卫戍舰，其中包括威尼斯卡拉克帆船、一艘来自意大利或热那亚的船，以及来自比斯开湾各港口的六七艘船和一些商船。梅迪纳·西多尼亚公爵阿朗索·佩雷斯·德·古斯曼还得到了一些大船和霍尔克船。1588年2月，西班牙舰队的战船数量翻了一倍。1588年4月月底，梅迪纳·西多尼亚公爵阿朗索·佩雷斯·德·古斯曼拥有一百三十多艘船，其中包括各种大船和小船。西班牙舰队做好了起航准备。

在争论西班牙无敌舰队战船数量的时候，梅迪纳·西多尼亚公爵阿朗索·佩雷斯·德·古斯曼想到了增强舰队实力的其他办法。他打算尽量用里斯本当季的木头替换受损的船体和木头朽烂的船，更换裂纹梁。一些加莱赛战船和很多商船都有高耸的艏楼和艉楼。然而，西班牙和葡萄牙的加莱赛战船上没有高耸的艏楼，只有相对低矮的艉楼和舱壁。这些船虽然航行速度快，更能适应天气变化，但打仗的时候，大多数西班牙船长喜欢高耸的艏楼。在战斗中，艏楼可以掩护士兵。一些英格兰船长们，譬如马丁·弗罗比舍，也喜欢高耸的艏楼。因此，他接管里斯本的西班牙舰队后，命木匠们对没有艏楼的船进行改造。

梅迪纳·西多尼亚公爵阿朗索·佩雷斯·德·古斯曼延迟了起航日期。西班牙舰队由此获益良多。1588年3月月初，头盔、胸甲、长枪、短枪、滑膛枪、火绳枪等武器非常短缺。直到1588年4月月底，武器才达到计划数量。弹药数量也增加了几倍，几乎所有弹药都是质量上乘的"火药粉"。最重要的是，加农炮的弹药供给也增加了，每门大炮可以发射五十枚炮弹。虽然炮弹数量依然不够，但与圣克鲁斯侯爵阿尔瓦罗·德·巴赞最初计划的每门大炮发射三十枚炮弹相比，炮弹数量增加了很多。

然而，在某种程度上，梅迪纳·西多尼亚公爵阿朗索·佩雷斯·德·古斯曼的不懈努力并没有改变西班牙舰队的状况，也无法阻止西班牙舰队的衰退趋势。西班牙舰队存在很多人力不能解决的问题。每星期，里斯本港的船员们都在消耗下个星期的食物。因此，梅迪纳·西多尼亚公爵阿朗索·佩雷斯·德·古斯曼必须想办法补充供给。西班牙舰队预计1587年10月起航。但1587年6月，装在桶里的肉、鱼和饼干已经不能食用。最糟糕的是人员消耗。虽然瘟疫并没有蔓延

第 17 章 西班牙无敌舰队起航

马丁·弗罗比舍
（1535—1594）

到整支舰队,但死亡率不断上升,导致每星期的经费开支不断增加。由于饮食不洁、衣衫不足、工资拖欠等问题,每星期都有士兵和水手离开西班牙舰队。梅迪纳·西多尼亚公爵阿朗索·佩雷斯·德·古斯曼想办法找到了一些钱,但离开的士兵和水手数量依然在增加,1587 年 12 月达到了最高,1588 年 3 月和 1588 年 4 月有所减少。表面上,很多农民加入了西班牙舰队。1587 年 11 月,圣克鲁斯侯爵阿尔瓦罗·德·巴赞抱怨找不到训练有素的水手。人员流失越来越严重。训练有素的炮手十分稀缺。这个问题一直困扰着圣克鲁斯侯爵阿尔瓦罗·德·巴赞。但与弹药不足,尤其是枪炮不足相比,炮手稀缺并不算什么。

然而,梅迪纳·西多尼亚公爵阿朗索·佩雷斯·德·古斯曼不论有多少疑虑,都深知不能忽视西班牙国王腓力二世的敦促。此外,他无力弥补现存的不足。1588年4月25日,梅迪纳·西多尼亚公爵阿朗索·佩雷斯·德·古斯曼前往里斯本大教堂,祈求得到远征祝福,并宣布即将起航。此次航海具有神圣意义。参加航海仪式的每个人都承认这一点。梅迪纳·西多尼亚公爵阿朗索·佩雷斯·德·古斯曼严禁士兵和水手们亵渎神明,犯下不可饶恕的罪行,并命人搜查了所有舰船,确保船上没有女人。与此同时,他庄严地步入里斯本大教堂,同行的有奥地利大公艾伯特三世。里斯本的大主教也祝福此次远征。他将神坛上的军旗拿起来,转交给多米尼亚的市长。然后,梅迪纳·西多尼亚公爵阿朗索·佩雷斯·德·古斯曼亲自将军旗放在神坛上,表示自己愿意为此次航海献出生命。军旗放在士兵和

里斯本大教堂

第 17 章 西班牙无敌舰队起航

水手的前面。教士诵读了教皇赦令，赦免参与航海的人的所有罪恶。这是一面神圣的军旗，一面是基督在十字架受难的图，一面是圣母玛丽亚。军旗下方有一行赞美诗："主啊，请守住您的伟业！"

起航仪式非常庄重且令人感动，教皇从派往里斯本的代表那里得到了关于当时盛况的报告，十分赞赏西班牙国王腓力二世为远征所做的一切准备。相比英格兰人，西班牙人更尊敬教皇西克斯图斯五世。西克斯图斯五世继任罗马教皇后，开始敦促西班牙国王腓力二世出征英格兰。但当西班牙国王腓力二世向他借钱的时候，他会立即拒绝。然而，西克斯图斯五世的意图绝不是让西班牙国王腓力二世侵略英格兰。他拒绝为任何侵略行为提供便利，并向奥利瓦雷斯伯爵恩里克·德·古兹曼承诺说，只要西班牙军队踏上英格兰的国土，就不会借给西班牙一分钱，但在出征前，会无条件地借给西班牙国王腓力二世一百万达克特。然而，西班牙舰队起航的时候，西班牙国王腓力二世会向境内的教士收取特别赋税。无论如何，他都会这样做。不论西班牙国王腓力二世认为教皇西克斯图斯五世的祝福和赦令多么重要，都不会得到教皇西克斯图斯五世的一分钱。显然，教皇西克斯图斯五世认为，只要西班牙国王腓力二世进攻英格兰，他就有机会从中获益。

为了获得收益，教皇西克斯图斯五世不仅特意提醒驻马德里的罗马教廷大使，还派使者以处理教会事物为由前往里斯本。举行军旗仪式的前几天，教皇西克斯图斯五世对红衣主教蒙塔尔托说了一段令人深思的话。他们的谈话非常私密。

后来，教皇西克斯图斯五世直言不讳地问西班牙久经沙场的军官胡安·马丁内斯·德·雷卡尔德："在英吉利海峡，如果西班牙无敌舰队遇到英格兰舰队，你认为谁会赢得战争？"

胡安·马丁内斯·德·雷卡尔德回答道："当然是我们。"

教皇西克斯图斯五世问："为什么这么确定呢？"

胡安·马丁内斯·德·雷卡尔德说："这个问题非常简单。众所周知，我们是为上帝而战。因此，当我们遇到英格兰人，上帝会安排一切。我们会拦截并登上英格兰的船。上帝也许会制造异常天气，甚至让英格兰人失去智慧。我们如果能靠近英格兰人，就会凭借勇敢和武力取得胜利。英格兰的船比我们的船快，舰船数量和远距离发射的枪炮也比我们多。我们深知英格兰人的优势。因此，除非上帝用奇迹帮助我们，否则我们不会获胜。但这些都不是问题。英格兰人可能会用大炮将我们的船击成碎片，我们却不能对他们造成任何伤害。然而，我们千里迢迢远征英格兰，充满信心，因为我们期待发生奇迹。"

第18章　巴黎暴乱（上）

1588年5月12日星期四清晨5时，在普列大街，伯纳迪诺·德·门多萨听说大批武装部队来到了圣奥诺雷大街。他没有看出任何问题。很多壮汉模样的士兵身穿紧身上衣和宽松裤子，裤子的尺码比他们的身材肥大很多。他们将圣奥诺雷大街堵得水泄不通，手持枪戟却一枪未发。火绳枪兵和枪手们手持火把。随后，法兰西卫戍兵团从圣奥诺雷大街穿过。清晨的阳光洒在士兵们的头盔、矛尖、金色的鞋带和枪管上。伯纳迪诺·德·门多萨看着士兵们挤在狭窄的街道上。圣奥诺雷大街通往卢浮宫，东侧通向圣婴公墓。与此同时，圣奥诺雷大街上传来了法兰西卫戍兵团的乐声，响起了清脆的鼓声和悠扬的横笛声，但乐声中带有挑衅意味。

法王亨利三世似乎准备做最后的尝试。伯纳迪诺·德·门多萨对此一点也不惊讶。1588年5月11日，谣言四起，很多人称傍晚会有特殊行动。在市政厅门口，巴士底和夏特莱的卫戍部队来来往往。1588年5月11日夜晚，巴黎皇家军队在重要的广场、大门和桥梁附近巡逻，仿佛发生了不寻常的事情。

伯纳迪诺·德·门多萨虽然并不惊讶，但感到些许不安。三年来，法兰西的政变按计划秘密进行着。按照帕尔玛公爵亚历山大·法尔内塞的要求，西班牙准备入侵英格兰。然而，在西班牙军队准备行动的前一天，一颗水雷适时爆炸，炸毁了法兰西的君主政体，使法兰西陷入了西班牙国王腓力二世的控制中。过去的十四天里，巴黎的秘密组织"十六人委员会"公开了自己的身份。这是从未发生过的事情，但无法避免。与此同时，秘密组织的领袖吉斯公爵亨利一世及一些贵族和船长们出现在巴黎。虽然公然出现会冒很大风险，但很有必要。天主教联盟已经做好为夺取法兰西政权大战一场的准备，期待着法王亨利三世的决定引发

西班牙无敌舰队

圣婴公墓

暴力事件，迫使人民起义。法王亨利三世并没有轻率地做出决定。暴乱的民众涌上圣奥诺雷大街，引发了一系列暴力事件。法王亨利三世的勇气和果断出乎所有人的意料。他本来想先发制人，却不料遇到了政变。除非伯纳迪诺·德·门多萨的盟友们知道如何保护自己，否则黄昏时，一些天主教联盟的杰出领袖和平民们的尸体就会挂在卢浮宫城墙上。

1588年5月9日星期一，巴黎的局势发展令人费解。伯纳迪诺·德·门多萨十分焦虑。按照原来的计划，1588年5月9日星期一中午，吉斯公爵亨利一世抵达巴黎。他也许会被巴黎圣马丁大街上的居民认出来，但一切都在计划中。如果伯纳迪诺·德·门多萨的消息可靠，那么在吉斯公爵亨利一世到达圣马丁大街上的时候，西班牙无敌舰队正经过卡斯凯斯。事实上，如果风向有利，西班牙无敌舰队只需要一两天时间就可以经过卡斯凯斯。在伯纳迪诺·德·门多萨的协助下，吉斯公爵亨利一世按计划来到巴黎。伯纳迪诺·德·门多萨有条不紊地处理着复杂的准备工作。一切都在计划之中。

1588年5月，伯纳迪诺·德·门多萨与以吉斯公爵亨利一世为首的天主教联盟的贵族联系紧密,但几乎没有人怀疑他与"十六人委员会"的成员之间的关系。法兰西王太后凯瑟琳·德·美第奇的御医卡夫利亚纳医生认为,托斯卡纳大公弗朗西斯科一世很有政治头脑,十分睿智,并且大权在握,能够自信地掌控局势,一定是此次事件的谋划者。巴黎发生了一系列骚乱。卡夫利亚纳医生认为伯纳迪诺·德·门多萨是一个"集编舞和领舞"于一身的人。他虽然是伯纳迪诺·德·门多萨的好友,但一切只是猜测而已。"十六人委员会"的成员之一尼古拉·普兰认为,伯纳迪诺·德·门多萨与天主教联盟领袖之间的关系十分微妙。当然,尼古拉·普兰十分了解当时的局势,掌握的情报足以证实法王亨利三世对伯纳迪诺·德·门多萨的怀疑。伯纳迪诺·德·门多萨为叛乱者提供了帮助,是时候收手了。尼古拉·普兰似乎产生了一些怀疑。在巴黎的盖伊酒店、修道院和在天主教徒的家里,秘密藏着大量武器。购买武器的费用可能是伯纳迪诺·德·门多萨支付的。迄今为止,伯纳迪诺·德·门多萨如何与"十六人委员会"的成员联系依然是一个谜。伯纳迪诺·德·门多萨城府很深,不会留下过多文字记录,甚至包括他给西班牙国王腓力二世的信。

据我们所知,1585年,天主教联盟开始谋划革命。在巴黎的三个月里,伯纳迪诺·德·门多萨听说西班牙国王腓力二世已经在茹安维尔与洛林家族签订了秘密条约。西班牙承诺为天主教联盟的贵族们提供资金支持。签署条约时,伯纳迪诺·德·门多萨已经到达法兰西。最后,伯纳迪诺·德·门多萨决定留在巴黎,将和谈事务交给其他人。有人怀疑说,伯纳迪诺·德·门多萨选择留在巴黎是因为喜欢巴黎的叛乱氛围。法兰西的贵族、王子、绅士或上流社会的商人都没有参加"十六人委员会"。法兰西天主教联盟的成员包括几名小官员、一些律师、一名神父、一名拍卖商、一名外国铁匠、一名屠夫等。他们非常睿智,具有党派激情,痛恨任何改革,彼此意见不一致且各怀野心。总之,他们给人的印象是典型的"右翼激进分子"。当时,伯纳迪诺·德·门多萨认为这些人是法兰西最有价值的天主教联盟成员。最终,伯纳迪诺·德·门多萨自然而然成为法兰西天主教联盟的领袖。

即使在1585年,天主教联盟的作用也很大,这一点非常明显。不论人们的信仰是否相同,天主教联盟的成员都会告诉周围的人,所有天主教徒都必须武装起来保护自己,以防被胡格诺派屠杀。与埃佩农公爵让·路易·德·诺加雷一样的宠臣也秘密加入了天主教联盟。他们告诉天主教联盟的每个成员,为了正义,他们会尽最大努力逃脱异教徒法王亨利三世的统治。分布在法兰西各省的秘密组织纷纷响应,都希望纳瓦拉国王亨利三世驾崩后,吉斯公爵亨利一世成为法兰西国王。因此,他们急切地等待着革命的到来,认为增强军事力量的目的是控制巴黎。伯纳迪诺·德·门多萨对此十分赞同。

当然,在曼维尔,伯纳迪诺·德·门多萨也许已经和"十六人委员会"建立了联系。在巴黎,吉斯公爵亨利一世的代理人有时通过伯纳迪诺·德·门多萨了解巴黎秘密组织的情况,有时通过蒙庞西耶女公爵凯瑟琳·德·洛林了解法兰西革命的进展。蒙庞西耶女公爵凯瑟琳·德·洛林是吉斯公爵亨利一世的妹妹。伯纳迪诺·德·门多萨一到巴黎,就直接去拜访蒙庞西耶女公爵凯瑟琳·德·洛

凯瑟琳·德·洛林
(1552—1596)

林,也成了她的常客。蒙庞西耶女公爵凯瑟琳·德·洛林是一位热衷政治的政客,几乎赞助了巴黎所有演说家。她的腰间别着一把金色剪刀,"是为吉斯公爵亨利一世剃头发用的"。她经常吹嘘说,在天主教联盟中,追随她的神父和托钵僧发挥的作用比一支军队的作用还要大。由于种种复杂原因,蒙庞西耶女公爵凯瑟琳·德·洛林在天主教联盟中的地位很高。伯纳迪诺·德·门多萨与天主教联盟的联系也许是通过耶稣会教士建立。追随伯纳迪诺·德·门多萨的一个神父是耶稣会教士。伯纳迪诺·德·门多萨和克劳德·马蒂厄神父的关系也很密切。耶稣会教士是天主教联盟的支持者,受到天主教联盟的欢迎。我们了解到,起初,"十六人委员会"的集会点选在一个叫桑切斯的西班牙人经营的酒店。据说,桑切斯曾在尼德兰服役,为阿尔巴公爵费尔南多·阿尔瓦雷斯·德·托莱多效力。有人将集会的消息秘密告诉了伯纳迪诺·德·门多萨。虽然我们没有证据,但伯纳迪诺·德·门多萨很可能和天主教联盟有联系,至少和天主教联盟内部的五个核心人物有联系。他们之间的联系很直接,也很紧密,中间没有其他联络人。不久,伯纳迪诺·德·门多萨公开加入了天主教联盟。天主教联盟热烈欢迎他的加入,将他视为老朋友和合作者。伯纳迪诺·德·门多萨加入天主教联盟六个月后,将得到的一切信息汇报给了西班牙国王腓力二世,包括巴黎各界的想法,以及巴黎会怎样应对政治危机。

行动之初,伯纳迪诺·德·门多萨为"十六人委员会"精心制订的军事计划提供了多少建议,我们不得而知。每个成员都是"十六人委员会"分部的负责人。此外,其中五人是主要谋划者,是五个正式行政区的指挥官。每个分部都有自己的指挥所、武器和防御计划,发生暴动的时候与其他分部联系密切。"十六人委员会"不能从巴黎招募成员。在巴黎的一些街区,它根本没有支持者,其他地区的追随者也很少。因此,"十六人委员会"的有效作战依赖于流氓、宗教狂徒、屠夫、船夫和马夫,以及巴黎大学的学生。这些人随时准备发动骚乱。"十六人委员会"有计划地制造了恐慌。教士们叫嚣着要统治整个巴黎。

"十六人委员会"对街区作战计划做了周密部署,欣然接受了一些参加过尼德兰战争的老兵的建议,其中可能包括伯纳迪诺·德·门多萨的建议。14世纪以来,叛乱者开始用铁链封锁街道,拦截车辆、手推车和其他交通工具,建立了街垒,并认为这是非常有效的方法。事实证明,这是一项成功的发明。将装满

西班牙无敌舰队

巴士底

土和石头的桶快速运到指定地点，竖起胸墙，架起防御枪械等措施，有利于防御。此外还需要其他准备，但首先要找到储备空桶的地窖。必要的时候，可以将附近的土或鹅卵石装进桶里，还可以在屋顶或高处的窗户向下扔鹅卵石。1587年春天，"十六人委员会"信心十足，封锁了巴黎的街道，削弱了法兰西王室的力量。在夏特莱、市政厅、巴士底、军火库和卢浮宫，人们急切等待着"十六人委员会"实施计划。为了控制1587年4月的暴动，伯纳迪诺·德·门多萨和吉斯公爵亨利一世唯一能做的是秘密钻井或托运鹅卵石。伯纳迪诺·德·门多萨十分警觉。1587年的4月很快就要到了。

与此同时，新堡垒曾经容纳了几百名守卫士兵和一些立场不坚定的保王派民兵，但现在要容纳几千名步兵，伯纳迪诺·德·门多萨对此十分担心。伯纳迪诺·德·门多萨庆幸自己把握住了时机，写信给帕尔马公爵亚历山大·法尔内塞，说巴黎的时机已经成熟。1587年圣马丁节后，任何行动可以随时开始。但伯纳迪诺·德·门多萨依然需要几个星期的准备时间。他收到来自西班牙的消息，得知圣克鲁斯侯爵阿尔瓦罗·德·巴赞会在1588年2月15日起航。他为西班牙无

第 18 章 巴黎暴乱（上）

敌舰队的起航做好了一切准备。1588 年 2 月上旬，吉斯公爵亨利一世不断发出挑衅性宣言，要求清理法王亨利三世身边的异教徒。他指的是埃佩农公爵让·路易·德·诺加雷。吉斯公爵亨利一世明确支持天主教联盟。法兰西各省成立了宗教法庭，没收胡格诺派的一切财产。胡格诺派的囚犯如果拒绝放弃异教信仰，就会被判处死刑。很多迹象表明，法兰西内战即将爆发，战争可能会持续几年。吉斯公爵亨利一世和一些贵族转移到了苏瓦松。天主教联盟的领导者在巴黎聚集。吉斯公爵亨利一世的表弟欧玛勒公爵查尔斯曾煽动叛乱。现在，他再次率军袭击了法王亨利三世驻皮卡第的卫戍部队。同时，巴黎的各大讲坛开始祈祷约书亚和大卫尽早降临。

法王亨利三世十分愤怒。在埃佩农公爵让·路易·德·诺加雷的鼓舞下，他宣称会组建一支军队，亲自将天主教联盟赶出皮卡第。此时，伯纳迪诺·德·门多萨收到了圣克鲁斯侯爵阿尔瓦罗·德·巴赞逝世的消息。毋庸置疑，西班牙无敌舰队的起航时间再次被推迟了。这是否是巧合呢？1588 年 5 月 12 日清晨，法兰西王太后凯瑟琳·德·美第奇劝诫法王亨利三世用文雅的方式征服吉斯公爵亨利一世，而不是动用武力。令人惊讶的是，在苏瓦松，吉斯公爵亨利一世也赞同温和的处事方式。这不是巧合。伯纳迪诺·德·门多萨提醒吉斯公爵亨利一世原计划中存在的一些问题。吉斯公爵亨利一世回答说，如果计划推迟，那么他需要更多财政支援。这符合他一贯的作风。

1588 年 4 月，虽然西班牙国王腓力二世财政紧张，但吉斯公爵亨利一世还是拿到了钱。在入侵英格兰的计划中，天主教联盟及其领导者比任何时候都重要。虽然安尼·德·茹瓦约斯公爵逝世，埃佩农公爵让·路易·德·诺加雷手握法兰西的大权，但作为天主教徒，埃佩农公爵让·路易·德·诺加雷完全赞成法兰西海军将领弗朗西斯·德·科利尼用战争方式统一法兰西的计划。法王亨利三世让埃佩农公爵让·路易·德·诺加雷管理诺曼底。埃佩农公爵让·路易·德·诺加雷做好准备，打算在诺曼底打响战争的第一炮。法兰西军队装备精良，完全有能力封锁各个港口。埃佩农公爵让·路易·德·诺加雷计划抵达皮卡第时，将加来和布洛里的天主教联盟赶出法兰西，然后与英格兰舰队联手。如果西班牙舰队获胜，那么帕尔玛公爵亚历山大·法尔内塞会率军进入英格兰，并在法兰西军队撤离前进攻佛兰德斯和阿图瓦，再次征服法兰西。西班牙国王腓力二世可以从帕尔玛公爵亚历山大·法尔内塞、奥利瓦雷斯伯爵恩里克·德·古兹曼、伯纳迪诺·德·门多萨、流亡海外的英格兰人和西班牙间谍那里得到想要的情报。1588年4月15日，西班牙国王腓力二世向伯纳迪诺·德·门多萨保证，四个星期内，梅迪纳·西多尼亚公爵阿朗索·佩雷斯·德·古斯曼一定会率领西班牙舰队起航。

很久以前，西班牙国王腓力二世就知道接下来会发生什么。1588年4月的最后一个星期，巴黎所有教堂响起了群众的呼吁和哀悼声。西班牙国王腓力二世及其亲信一直在预谋屠杀巴黎的异教徒。如果吉斯公爵亨利一世以朋友的身份进入巴黎，那么巴黎人会同意让他捍卫上帝的真理和子民。法王亨利三世非常震惊，派人将吉斯公爵亨利一世赶出了巴黎，等待事态缓和，阻止了一起流血事件。吉斯公爵亨利一世一直在逃避问题。法王亨利三世命他担起作为公爵的职责，不要返回巴黎。

1588年5月8日清晨，蓬波纳·德·贝利埃弗尔下达了法王亨利三世的命令。他让吉斯公爵亨利一世遵照法王亨利三世的命令，不要返回巴黎。1588年5月8日傍晚，吉斯公爵亨利一世返回巴黎，当然是偷偷回来的。他连夜骑马赶路，在圣丹尼斯吃了早饭，直接赶到了军营，然后经由圣马丁大街进入巴黎。他拉低帽子遮住眉宇，用斗篷遮住了脸。在圣马丁大街，人们开玩笑地摘下他的帽子，扯下他的斗篷。巴黎人都见过吉斯公爵亨利一世骄傲、英俊、富有男子气概的脸庞。吉斯公爵亨利一世脸上的疤痕增加了他的魅力。大家奔走相告："吉斯公爵！吉斯公爵！终于到了，我们有救了！吉斯公爵万岁！教会的栋梁万岁！"商铺和教堂里涌出很多人。人们大声高呼，场面比国王出行还要隆重。

目前，一切都在按计划进行。很多人开始警觉起来。八九百名天主教联盟的成员手拿武器，偷偷来到巴黎，其中有很多经验丰富的士兵。他们在事先安排好的地点集合，譬如雅各宾派的修道院、吉斯公爵亨利一世的府邸、蒙庞西耶公馆等。经验丰富的士兵足以对抗法王亨利三世几天前组织起来的军队。埃佩农公爵让·路易·德·诺加雷是法王亨利三世最信赖的人，非常果敢。他的影响力足以说服法王亨利三世接受他的建议。此时，他率领法兰西军队抵达诺曼底，无法及时赶回巴黎，为法王亨利三世出谋划策。此外，在诺曼底，他也没有足够的兵力。如果法王亨利三世驾崩或者成为天主教联盟的囚犯或傀儡，那么诺曼底绝不

第18章 巴黎暴乱（上）

吉斯公爵亨利一世返回巴黎

会任由吉斯公爵亨利一世处置。但伯纳迪诺·德·门多萨并不在意结果，因为不论结局如何，法兰西都不会成为西班牙的威胁。

接下来发生的事出乎所有人的意料。吉斯公爵亨利一世本来应该离开圣马丁大街，前往圣安托万大街的府邸，因为他的党羽们都在那里等着他。在圣安托万大街的府邸，他可以向法王亨利三世提出条件。此时，不论建不建街垒，局势已经说明一切。然而，吉斯公爵亨利一世没有回到府邸，而是经过宽敞的圣丹尼斯大街，进入了通往圣厄斯塔什教堂迷宫一样的街道。法兰西王太后凯瑟琳·德·美第奇住在圣厄斯塔什教堂。有人认为，圣厄斯塔什教堂里住着一群忏悔的女孩。

看到吉斯公爵亨利一世越来越近，法兰西王太后凯瑟琳·德·美第奇的仆人站在窗边惊叫起来。法兰西王太后凯瑟琳·德·美第奇认为，吉斯公爵亨利一世一定是疯了。薄雾中，当她认出骑在马背上的年轻人正是吉斯公爵亨利一世时，双唇顿时失去了血色，声音也颤抖起来。显然，她不知道吉斯公爵亨利一世已经回到巴黎，也没有想到吉斯公爵亨利一世会来到她的住所。所有人都认为不可能。当法兰西王太后凯瑟琳·德·美第奇接见吉斯公爵亨利一世的时候，吉斯公爵亨利一世向她敬礼，大声澄清自己遭受的诽谤，立誓会一直效忠法王亨利三世，接受王太后的帮助和忠告。法兰西王太后凯瑟琳·德·美第奇和吉斯公爵亨利一世站在窗口，几分钟内一直没有开口。旁观者看到吉斯公爵亨利一世有些窘迫，法兰西王太后凯瑟琳·德·美第奇略显害怕。随后，法兰西王太后凯瑟琳·德·美第奇派一位使者前往卢浮宫。使者返回后，她才坐在了椅子上。

伯纳迪诺·德·门多萨听到了外面喧嚣的掌声，看到法兰西王太后凯瑟琳·德·美第奇的轿子正向卢浮宫行进，后面跟着很多人。一个人手拿帽子，向左右两旁的人群弯腰行礼。毫无疑问，这个人就是吉斯公爵亨利一世。伯纳迪诺·德·门多萨知道事情出现了转机。当教皇西克斯图斯五世听说吉斯公爵亨利一世回到巴黎后，感叹道："愚蠢的人！他会为此丢了性命！"伯纳迪诺·德·门多萨深知教皇用铁腕政策统治着罗马，但法王亨利三世永远学不会教皇的铁腕政策。法王亨利三世是瓦卢瓦王朝的最后一位君主。当时，伯纳迪诺·德·门多萨一定非常惊愕，亲眼看着吉斯公爵亨利一世将经营已久的计划毁于一旦。

事实上，卢浮宫已经开始谈论如何处死吉斯公爵亨利一世。与法王亨利三世一起密谈的是阿方斯·奥拉诺。阿方斯·奥拉诺是科西嘉人，一直忠心耿耿地为法王亨利三世效力。当法王亨利三世听到母亲的消息时，问道："吉斯公爵亨利一世又回到了巴黎。他违背了我的命令。如果你是我，你会怎么做？"

阿方斯·奥拉诺回答说："陛下，您将吉斯公爵亨利一世视为朋友还是敌人？"然后，他读懂了法王亨利三世的表情，说道："那就下令吧，陛下。我会将他的头颅放在您的脚下。"

拉·吉什、维利奎尔和蓬波纳·德·贝利埃弗尔胆小如鼠，见风使舵，遇到事情时总是吓得目瞪口呆。但修道院院长德·埃尔本十分赞同阿方斯·奥拉诺的计划，并引用了先知撒迦利亚的预言："杀了牧羊人，羊群也就散了。"修道

第18章 巴黎暴乱（上）

院院长德·埃尔本的圣经智慧无法言尽，但法王亨利三世还在为牧羊人的问题辩驳。与此同时，吉斯公爵亨利一世与追随者一起来到了卢浮宫。

卢浮宫内的气氛显得格外紧张。贵族们站在大厅里。吉斯公爵亨利一世走上台阶。台阶两边有四十五名健壮的卫兵。头脑简单但很忠诚的伯顿·德·克里伦站在卫兵的最前面。吉斯公爵亨利一世弯腰向伯顿·德·克里伦致敬。伯顿·德·克里伦按了一下帽子，僵硬地站着没有回应，目光紧盯着吉斯公爵亨利一世。吉斯公爵亨利一世不时向左右两侧的人鞠躬致敬，但没有一个人回应他。

伯顿·德·克里伦
（1543—1615）

宫殿尽头站着法王亨利三世和一群绅士。吉斯公爵亨利一世看到了人群中的阿方斯·奥拉诺。阿方斯·奥拉诺看了看吉斯公爵亨利一世，又看了看法王亨利三世，神情中充满恐惧。吉斯公爵亨利一世向法王亨利三世行礼，听到了法王亨利三世尖锐而充满敌意的质问："谁让你来的？"吉斯公爵亨利一世镇定地回答："为自己遭受的毁谤正名。"但法王亨利三世打断了他的话，说："我曾警告你不要来巴黎。"然后转身问蓬波纳·德·贝利埃弗尔："我不是警告你不要让他来这里吗？"随后，他立即转身背向吉斯公爵亨利一世，面对窗户走了几步，耸着肩膀，一会紧握拳头，一会松开拳头。一个不怀好意的旁观者看到吉斯公爵亨利一世埋下头抵在墙上，说："他并不是真心向陛下表达忠诚，而是他站不住了。"

与此同时，法兰西王太后凯瑟琳·德·美第奇出现在门口。吉斯公爵亨利一世抬高声音说："我是应王太后之邀来到巴黎的。"

法兰西王太后凯瑟琳·德·美第奇说："确实如此，是我让他来巴黎的。"她一边说，一边走向法王亨利三世。见过法兰西王太后凯瑟琳·德·美第奇的人，都认为她很有贵族气质。法兰西王太后凯瑟琳·德·美第奇美艳动人，自从丈夫驾崩后，一直统治着风雨飘摇的法兰西王国。同样，她会着手处理现在的局面。她身披黑纱，虽然行动不便，但气质优雅，面容姣美，深邃的眼神中流露着异于常人的镇定。她比男人更睿智、更沉着。虽然年事已高，但作为孀居的王太后，她才是法兰西真正的统治者。事实上，对大多数人来说，法兰西王太后凯瑟琳·德·美第奇代表法兰西王国的权威。

法兰西王太后凯瑟琳·德·美第奇向法王亨利三世走去，看了一眼吉斯公爵亨利一世，眼神中充满复杂的感情。1572年，在卢浮宫内，她也是这样走进来，看见了年少的吉斯公爵亨利一世和愤怒的法王查理九世。这次，巴黎的暴民手持武器。吉斯公爵亨利一世在法兰西王室和暴民之间扮演着双重角色，一个是野心勃勃的阴谋家，一个是宗教狂徒。法兰西王太后凯瑟琳·德·美第奇和吉斯公爵亨利一世曾经共同谋划了一个阴谋，一个充满政治权术和宗教热情的阴谋。他们试图逼迫懦弱的年轻国王亨利三世采取行动。但这一行动会使法王亨利三世的余生备受煎熬。当时，在圣巴塞洛缪大屠杀发生前夕，法兰西王太后凯瑟琳·德·美第奇和吉斯公爵亨利一世的同伙背叛了他们，准备反对他们的进攻。这个人就是

第18章 巴黎暴乱（上）

查理九世
（1550—1574）

法王亨利三世。法王亨利三世曾经统治着安茹，现在统治着整个法兰西王国，但比查理九世更软弱。然而，由于罪恶感，他变得越来越强大、果断、理智。法兰西王太后凯瑟琳·德·美第奇和吉斯公爵亨利一世的阴谋使他永远陷入了他们的掌控中。

法兰西王太后凯瑟琳·德·美第奇也许利用了法王亨利三世的怯懦，说服他答应了阿方斯·奥拉诺的请求。她指着街上拥挤的人群，让法王亨利三世心生恐惧。或者，她利用了法王亨利三世的天真，告诉法王亨利三世要通过策略战胜吉斯公爵亨利一世。此外，她也许利用了法王亨利三世的正义感，让法王亨利三世相信吉斯公爵亨利一世是无辜的。法兰西王太后凯瑟琳·德·美第奇坚信吉斯公爵亨利一世遭到了诽谤。然而，法王亨利三世性格复杂，不乏正义的一面。我们不知道法兰西王太后凯瑟琳·德·美第奇为什么不愿杀死吉斯公爵亨利一世，甚至要剥夺法王亨利三世成为法兰西王国真正统治者的最后机会。我们只能猜测，她也许是出于个人原因，也许有一些自私的想法。

法兰西王太后凯瑟琳·德·美第奇并没有因自己的信仰感到不安。作为教皇克莱门特七世的侄女，她一直认为罗马教廷可以处理所有宗教事务。她对正统

克莱门特七世
（1478—1534）

第 18 章 巴黎暴乱（上）

玛格丽特
（1553—1615）

宗教不感兴趣，有时会祈求神灵，而不是按照自己信奉的正义和宽容行事。事实上，她对任何事情都不感兴趣，对法王亨利三世一直追求的法兰西君权也不感兴趣。在法兰西，甚至在整个基督教世界，她唯一感兴趣的是舒适安逸的生活，以及扩大家族势力。现在，她最喜欢的小儿子法王亨利三世、聪慧的女儿玛格丽特，以及已经驾崩的弗朗索瓦二世和查理九世都违背了她的意愿。法兰西王太后凯瑟琳·德·美第奇似乎没有可以继承法兰西王位的子孙了。她关注的只有自己，认为如果站在吉斯公爵亨利一世的立场处事，可能会更加安全。她也许希望继续用自己的影响力干涉法王亨利三世的决定。

不论法兰西王太后凯瑟琳·德·美第奇的动机如何，也不论她说了什么，总之，她成功说服了法王亨利三世。自私的法兰西王太后凯瑟琳·德·美第奇再次让法王亨利三世接受了她的建议。类似的事情以前也发生过，甚至经常发生。为了克服内心的恐惧，法兰西王太后凯瑟琳·德·美第奇破坏了所谓的高尚原则。在她的敦促下，法王亨利三世十分不情愿地放过了吉斯公爵亨利一世。随后，她与法王亨利三世和吉斯公爵亨利一世一起去看望路易丝王后。在街上民众的呼声中，吉斯公爵亨利一世再次逃过一劫。伯纳迪诺·德·门多萨听说了卢浮宫内发生的事情后，觉得吉斯公爵亨利一世像一个傻瓜，亨利三世像一个懦夫。

第19章 巴黎暴乱（下）

吉斯公爵亨利一世到达巴黎后的几天，紧张气氛不断蔓延。最终，法王亨利三世不可能与天主教联盟达成协议，他彻底失去了对整个法兰西王国的统治权。吉斯公爵亨利一世再次来到卢浮宫，他身后跟着四百多名身穿铠甲、手持武器的卫兵。他的话不像解释，更像最后通牒。1588年5月11日清晨，巴黎当局下令驱逐"外国人"。截至1588年5月11日，驻守在巴黎的士兵和天主教联盟的成员遍布大街小巷，巴黎城内的人数激增到一千五百人到两千人。士兵们把守着各个大门，甚至把守在卢浮宫的窗下，在街道和广场上列队巡逻。但巴黎当局得到汇报，巴黎城内没有发现"外国人"。1588年5月11日夜晚，法王亨利三世命警卫部队加强防守。部分士兵忠于职守。但午夜时分，一些士兵离开了岗位。接到命令后，他们断然声明不再把守奇怪的大门，要回家看好自己的家门，守住自己的财产，保护自己的家人。流言蜚语迅速传播，空气中弥散着紧张气息，灾难即将降临。1588年5月11日午夜前，法王亨利三世命瑞士军队和法兰西卫戍部队在郊外集合，1588年5月12日黎明时进入巴黎。

天刚蒙蒙亮，法王亨利三世的军队就进入了圣奥诺雷大街和圣婴公墓。比隆勋爵阿尔芒·德·贡托骑在马背上，站在军队最前面。伯顿·德·克里伦手持利剑步行，率领着法兰西卫戍部队。奥蒙元帅吉恩六世率领一支骑兵走在军队后面。在圣婴公墓，比隆勋爵阿尔芒·德·贡托为各路部队分配了任务，然后来到巴黎市政厅前的格里夫广场。巴黎的行政长官和市议员都在格里夫广场。格里夫广场附近是一片沼泽，有很多池塘。夏特莱桥和圣米歇尔桥连接了格里夫广场和沼泽左岸不远的地方。沼泽左岸是修士和索邦神学院的学生的主要聚集地。圣婴

阿尔芒·德·贡托
（1524—1592）

公墓里有很多储备物资。1588年5月12日清晨7时，比隆勋爵阿尔芒·德·贡托向法王亨利三世汇报，军队已经整装完毕。

　　法王亨利三世的军队进入了巴黎的大街小巷。窗户下的尖叫声、锣鼓声和其他震天响声惊醒了睡梦中的巴黎人。人们突然意识到，法王亨利三世的军队已经控制了巴黎。随后，天主教联盟点燃了巴黎人的怒火。巴黎像一个愤怒的蜂巢，随时会伤人。鞋匠、商人、治安官等拿起手边的剑、枪、戟、火绳钩枪、棍棒和剁肉刀涌上街道，用链条设立了路障。所有人怒气冲冲地投入了战斗。

第 19 章 巴黎暴乱（下）

事实上，第一个路障设立几小时后，街上到处都是路障。虽然一些巴黎人为了这一刻等待了几年时间，但大多数人的第一反应是惊愕，不知道接下来要做什么，也没有想到会有这么多士兵。很快，法王亨利三世用武力征服了巴黎。四处传来杀戮声，很难判断哪一方更残忍。法兰西卫戍部队和瑞士军队冲着百叶窗谩骂："愚蠢的家伙们，快将床铺整理好，今天晚上我们要睡你们的妻子！"巴黎的所有居民吓得瑟瑟发抖。

人们立即关上了店铺和住房的百叶窗。1588 年 5 月 12 日上午，阳光明媚，巴黎的街道上空空荡荡，看不到一个人，所有窗户都关着。格里夫广场周围的屠夫和圣婴公墓周围的居民一样，并不着急下结论。吉斯公爵亨利一世的府邸里挤满了人，像在等待一场城堡保卫战。很快，奥蒙元帅吉恩六世军队的马队集结了起来。

在巴黎，只有拉丁区做好了防御准备。当吉斯公爵亨利一世听说法王亨利三世的卫戍部队进军巴黎时，派出了天主教联盟中最残暴好斗的指挥官布里萨克公爵查理二世。布里萨克公爵查理二世和皮卡第的同党们赶在法王亨利三世的军队前，来到了沼泽左岸，发现了迈特雷·克鲁塞。迈特雷·克鲁塞是"十六人委员会"的成员，也是"纵队指挥官"。布里萨克公爵查理二世和皮卡第的同党们向聚集在圣雅克大街上的学生、托钵僧、搬运工和运水工分配了武器。大多数人的帽子上带着白色的十字勋章，以纪念圣巴塞洛缪大屠杀。此次事件中,迈特雷·克鲁塞起了很大作用。

法兰西卫戍部队先遣队和伯顿·德·克里伦指挥的瑞士军队跨过一座小桥，向莫贝广场走去。圣雅克大街上到处都是街垒，最近的一座街垒由布里萨克公爵查理二世亲自指挥建立，几乎横跨了整条街道。伯顿·德·克里伦率军向还未竣工的街垒发起了进攻，袭击了整条圣雅克大街，"将索邦河畔的黑鹂从肮脏的巢穴里赶了出去"。事实上，伯顿·德·克里伦只有一百多名长枪兵和三十多名火绳枪兵，但都是经验丰富的老兵。然而，伯顿·德·克里伦身负重任，面对布里萨克公爵查理二世的嘲笑只能怒目圆睁，然后率领步枪兵离开，向沼泽左岸的莫贝广场走去。

伯顿·德·克里伦迅速占领了莫贝广场。但不久，他发现通向莫贝广场的每条街道上都有很多街垒。勇敢的伯顿·德·克里伦接受了特殊任务，但看到街

布里萨克公爵查理二世
(1550—1621)

垒堵住了通向莫贝广场的所有入口时,气得火冒三丈。大多数瑞士士兵身材高大。一些士兵将长矛交给战友,转身去帮市民抬沉重的石头和桶。伯顿·德·克里向比隆勋爵阿尔芒·德·贡托解释说,法王亨利三世亲自交代给他的任务是保护巴黎的民众免受侵略。目前,伯顿·德·克里手下的士兵们还没有发现外国人,但很高兴看到巴黎人愿意与他们一起抵抗入侵者。

后来,法王亨利三世的军队驻扎的地方也出现了同样的场景。在巴黎的大

第 19 章 巴黎暴乱（下）

多数地方，最初建的街垒离法王亨利三世的军队较远。"十六人委员会"很快从清晨的惊愕中回过神来，因为法王亨利三世的军队并没有采取进一步行动。巡逻的卫兵彬彬有礼，如果发现有人在筑街垒就转身离开。与此同时，巴黎市民备受鼓舞，在离躺着休息的士兵几码远的地方堆砌着障碍物。

1588年5月12日清晨，法王亨利三世的军队控制了巴黎。1588年5月12日下午三时，法王亨利三世失去了对巴黎的控制。他从间谍尼古拉·普兰那里得知了巴黎天主教联盟所有成员的名单、住址、集会地点和武器存放处，有计划地部署了军队，控制了巴黎所有的交通枢纽，保持街道畅通以便军队通行，并派军阻止天主教联盟的成员通行或举行危险集会。伯顿·德·克里伦一旦无法控制局势，就会及时得到增援，将最危险的煽动者——"十六人委员会"的主要成员和军官缉拿归案。天主教联盟最主要的三个集合点分别在巴黎大学、吉斯公爵亨利一世的公馆和蒙庞西耶旅馆。这些地方已经被法王亨利三世的军队包围。巴黎当局派来法官与叛乱者谈判。下达了所有任务后，法王亨利三世又做了进一步指示，命骑兵们骑在马上，静观天主教联盟的成员通过圣奥诺雷门，并告诉士兵们，他们的任务是保卫巴黎，任何人不能破坏或掠夺巴黎市民的财产，违反纪律者将被处死。法王亨利三世认为，军事演习足以威慑巴黎民众。但他忘了只有真正使用武力，才能威慑叛乱者。不发一颗子弹，武装的叛乱者是不会走的。

巴黎人逐渐发现，法王亨利三世的军队并不会开战。1588年5月12日下午1时左右，街垒数量增加了很多，每隔三十步就有一个街垒，但反叛者没有任何敌意。法王亨利三世的军队发现运送供给的车辆还没有到。运送供给的车在城门口被拦住了，但城内的军队对此毫不知情。此时，法王亨利三世的军队没有食物和酒水。驻守在新市场的瑞士军队和法兰西卫戍部队狼吞虎咽地吃着摊位上的香肠和其他能吃的东西。

法王亨利三世开始担心起来。清晨的时候，他一直处在兴奋之中，为自己的勇敢和智慧感到高兴。随后，他听到前方指挥官带来的有关街垒的消息，逐渐焦虑起来。所有街道都被街垒堵住了。虽然街垒可以清除，但必须发动战争。供给还没有送到，各个分遣队之间失去了联系。最终，法王亨利三世命军队撤退到卢浮宫。在没有与巴黎市民发生暴力冲突之前，前线部队撤了回来。虽然巴黎到处是街垒，但前方指挥官很快接到了法王亨利三世的命令。

莫贝广场的第一声枪声也许是在伯顿·德·克里伦率领分遣队返回新市场时打响的。天主教联盟的成员称，第一枪是一名瑞士士兵打响的。法兰西王室的人说是一名巴黎平民开的枪。不论谁开的枪，都没有击中目标。子弹击中了一个无辜的人，可能是一名裁缝或家具商。随后，战争开始了。伯顿·德·克里伦立即派人清理了第一个街垒。在莫贝广场和沼泽之间的狭窄街道上，伯顿·德·克里伦的分遣队遇到了麻烦。石头和瓦片朝士兵们砸下来，火球从头顶的窗户上落下来，连续不断的路障堵住了出口。分遣队逃到了圣雅克大街，发现桥被堵了。天主教联盟的学生和士兵向分遣队发起了攻击。警报响起，圣朱利安－勒－保罗教堂、圣塞韦林教堂和圣安德烈教堂立即加入了战斗。沼泽左岸的教堂加入了战斗，巴黎城内和塞纳河岸的所有教堂响起了钟声。

在圣塞韦林，布里萨克公爵查理二世推倒了夏特莱的堡垒。从莫贝广场前往城门口的途中，他听到了第一声枪响，立即率军用壁板驱逐了桥上的分遣队。表面上看，除了一位下级军官，分遣队似乎没有人领导。最后，分遣队撤到了新市场。

布里萨克公爵查理二世离开圣塞韦林后，圣塞韦林只剩下天主教联盟的成员。伯顿·德·克里伦率分遣队横跨圣雅克大街，向圣米歇尔大桥行进。与此同时，街道上空仍有石头或火球落下来。分遣队需要经过两个街垒，虽然不能进行防御，但莫贝广场到圣米歇尔大桥的路上空无一人，既没有盟友也没有天主教联盟的成员。如果能及时跨过大桥，分遣队就可以与主力部队会合。

驻守在新市场的几个小时里，法兰西王室的支持者们，包括一两位市政官员，喋喋不休地对周围的百姓说，让他们放心，王室的军队不是要毁坏巴黎，而是要帮助市民清理街垒，疏散人群。他们取得了很大成功。奥蒙元帅吉恩六世下达了撤退令。显然，他经过仔细考虑后下达了命令。伯顿·德·克里伦的分遣队已经与卫戍部队会合。瑞士军队首先撤退了几百码，没有任何人员伤亡。

穿着黑袍的天主教联盟的演说家们高喊着："杀死亚玛力人，不要让他们活着逃走！"经过圣马德琳教堂的时候，从窗户里扔下来的一块石头砸中了一名瑞士士兵。随后，更多石头砸了下来。屋内和屋顶上的火绳枪兵们立即开火。警钟喧嚣，瑞士军队继续前进，最后来到了圣母桥。这时圣母桥也被堵了。桥旁边的堡垒里有一个通道。一名瑞士士兵写道："他们用石头和木头砸我们，甚至还

第 19 章 巴黎暴乱（下）

圣母桥

有各种家具。我们被堵在了堡垒里。一些绅士和士兵，以及无数武装的火绳枪兵向我们开枪，似乎认为我们是法王亨利三世的敌人。很多僧侣大喊着，煽动民众攻击我们，好像我们是胡格诺派或圣物的破坏者。"

一时间，瑞士士兵毫无防备地遭到了巴黎市民的血腥屠杀。实际上，他们是来保护巴黎的。这是一场愚蠢的暴乱，但没有人相信事实。瑞士士兵逐渐意识到，投降可能会让事情变得简单。于是，他们扔下武器开始求饶，并掏出十字架和念珠证明自己是天主教徒，大声高呼："天主教万岁！法兰西万岁！吉斯公爵万岁！"很快，布里萨克公爵查理二世救出了瑞士士兵，带领他们回到了新市场。随后，布里萨克公爵查理二世接受了伯顿·德·克里伦的投降。

法王亨利三世的军队驻扎在格雷夫广场和圣婴公墓，没有人员伤亡。但越来越多人围住了法王亨利三世的军队，并且每个人都很愤怒。法王亨利三世的军队怀疑自己无法回到卢浮宫，很可能被巴黎市民屠杀。与此同时，"十六人委员会"认为自己控制了局势，于是给法王亨利三世写了一封讽刺信，告诉法王亨利三世，他的军队已经身陷困境。法王亨利三世派比隆勋爵阿尔芒·德·贡托去请求吉斯公爵亨利一世，希望吉斯公爵亨利一世放过他和所有部下。

吉斯公爵亨利一世一直待在自己的府邸里，接见了法王亨利三世的两位大使。1588年5月12日清晨，蓬波纳·德·贝利埃弗尔来见吉斯公爵亨利一世，希望他平息暴乱，带着军队离开巴黎。随后，法兰西王太后凯瑟琳·德·美第奇来到吉斯公爵亨利一世的府邸，也许是法王亨利三世让她来的，也许是她自己想来的。她希望吉斯公爵亨利一世对她心存感恩，因为1588年5月9日，她让法王亨利三世放了吉斯公爵亨利一世。现在，她希望说服吉斯公爵亨利一世进行和谈。吉斯公爵亨利一世对法王亨利三世的两位大使不屑一顾，说很抱歉，巴黎市民是自愿反抗法王亨利三世的，事态的发展与他没有任何关系。人们看到，他既没有指挥武装军队，也没有领导起义，只是在家里休息。法王亨利三世委婉地恳求吉斯公爵亨利一世结束暴乱。像往常一样，吉斯公爵亨利一世穿着缎纹紧身上衣和短裙，带着马鞭，开始了和平之行。

走在街上时，吉斯公爵亨利一世俨然一副征服者的姿态。一些人高呼："吉斯公爵万岁！吉斯公爵万岁！是时候护送我们的君主前往兰斯大教堂参加加冕典礼了！去兰斯大教堂加冕！"

吉斯公爵亨利一世大笑着说道："嘘，我的朋友，你想毁了我吗？你应该大声高喊'国王万岁！'"越来越多崇拜吉斯公爵亨利一世的市民聚集起来，和吉斯公爵亨利一世一起前往圣婴公墓，然后去了莫贝广场，最后到了新市场。吉斯公爵亨利一世命令军队清理街垒，跟随他回到市中心。法王亨利三世的军队拿着武器，穿着格子裙，像一支投降的驻军一样，离开了被征服的城镇。巴黎人已经嗅到了猎物的血腥味道，如果有人将猎物从他们眼前夺走，他们一定会暴跳如雷。但吉斯公爵亨利一世的慷慨姿态为自己赢得了声望。在众人的簇拥下，他从新市场一路走到了卢浮宫门口。从现在起，吉斯公爵亨利一世成为巴黎真正的统治者。

巴黎一夜未眠，大街小巷篝火通明，武装的市民唱着天主教联盟者之歌，庆祝自己的胜利，谈论着明天可能会发生的事情。卢浮宫也彻夜未眠，院子里、大厅里，甚至厨房里，疲惫不堪的士兵倚着手臂打瞌睡。房间里烛光闪烁，大臣们手持利剑，望着窗外的街道。法王亨利三世无法入眠。法兰西王太后凯瑟

第 19 章 巴黎暴乱（下）

兰斯大教堂

琳·德·美第奇再次拜访了吉斯公爵亨利一世。法王亨利三世必须信任自己的母亲。法兰西王太后凯瑟琳·德·美第奇第一次拜访吉斯公爵亨利一世回来后，带来了一些喜忧参半的消息。现在，她带来了一个可怕的信息。如果法王亨利三世遣散卫戍部队及其支持者，按照天主教联盟的要求更换继承人，并将所有大权移交给吉斯公爵亨利一世和天主教联盟的其他领袖，那么吉斯公爵亨利一世会继续让他保留国王头衔。听了母亲带来的消息后，法王亨利三世一言未发。他坐在王位上，"像一尊雕塑"，泪水流过他的脸颊，叹息着说道："背叛！背叛！都是背叛！"但现在后悔已经来不及了。

菲利波·卡夫利亚纳医生亲眼见证了法王亨利三世遭受的一切，称 1588 年 5 月 12 日是法兰西历史上最悲惨的一天。1588 年 5 月 12 日夜晚，篝火周围的人越来越多。看到白天发生的事后，埃蒂安·帕斯基耶尔改变了一直以来对占星师的怀疑态度。雷乔蒙塔努斯清楚地预言了这场前所未有的灾难。无论从哪个角度看，1588 年 5 月 12 日发生的事都不会被历史遗忘。吉斯公爵亨利一世沉浸在胜利的喜悦中无法自拔，写信给一位军官说："我打败了瑞士军队，也打败了法王亨利三世的卫戍部队，并包围了卢浮宫。我希望讲清楚今天发生的一切。这是一场伟大的胜利，将永载史册。"

吉斯公爵亨利一世的一些盟友们认为，此次胜利并不彻底。1588 年 5 月 12 日夜晚，天主教联盟的"黑鹂"和"十六人委员会"的成员们一直大声叫喊，是时候结束战争了。布里萨克公爵查理二世、迈特雷·克鲁塞和其他天主教联盟的成员意见一致。1588 年 5 月 13 日凌晨，巴黎人被胜利冲昏了头脑，向卢浮宫涌去。法王亨利三世看着逐渐壮大的人群，从声音判断出了民众的态度。他恳请自己的母亲再去找吉斯公爵亨利一世谈一谈，平息骚乱。

吉斯公爵亨利一世也不知道如何是好。他已经无法控制情绪激动的民众。他和法兰西王太后凯瑟琳·德·美第奇认为，卢浮宫周围的街垒已经足够高，巴黎大学八百名学生和布里萨克公爵查理二世手下的四百名武装修士已经做好进攻卢浮宫的准备。民众的叫喊声一阵比一阵高，大喊道："快来吧！让我们将这个混蛋国王从卢浮宫里赶出去！"

一切已经太迟。法王亨利三世得知新门无人守卫。这件事连法兰西王太后凯瑟琳·德·美第奇和吉斯公爵亨利一世都不知道。法兰西王太后凯瑟琳·德·美第奇离开后不久，法王亨利三世在一支卫兵和大臣们的护送下，从卢浮宫的花园穿过无人看守的新门和马厩，骑马逃向圣日耳曼。在新门，法王亨利三世最后看了一眼巴黎。一名随从听见他说："再见了，巴黎。王国之土，我最爱你。我为你付出了一切，比我之前的十位君主付出的都多。我爱你胜过爱我的妻子和朋友。现在你用背叛和侮辱回报我。我会向你复仇。"法王亨利三世写下誓言："等我返回巴黎，一定杀光所有背叛我的人。"1588 年 5 月 13 日天黑前，法王亨利三世一行人渡过塞纳河，在圣日耳曼过夜，第二天一早进入沙特尔。

与此同时，吉斯公爵亨利一世还在和法兰西王太后凯瑟琳·德·美第奇谈话。突然得知法王亨利三世逃走的消息后，他大喊一声，说道："王太后陛下，您欺骗了我！您在和我谈话的时候，国王已经逃出巴黎。他会在其他地方给我惹更多麻烦！我真是被他毁了！"吉斯公爵亨利一世的惊叹也许是发自内心的，但他应

第 19 章 巴黎暴乱（下）

法王亨利三世逃出巴黎

该想到，如果法王亨利三世留在巴黎，那么处境会十分尴尬，因为他既不能囚禁法王亨利三世，又不能处死他，甚至还得保护他免受巴黎民众的袭击。巴黎人迫切希望囚禁或杀死法王亨利三世。"三亨利"中，吉斯公爵亨利一世是一位平易近人的政治家，也是最有可能为了达到目的不惧走弯路的人。同时，他是一位经验丰富的指挥官。如果要严密包围一个地方，他绝不会忽视入口和出口。也许是他忘了命令士兵把守新门，也许有人刻意忽略了新门。吉斯公爵亨利一世确信，法王亨利三世的力量已经被彻底瓦解。从现在起，他就是法兰西王国的国王。

然而，不是所有人都像吉斯公爵亨利一世那样自信。帕尔玛公爵亚历山大·法尔内塞听到巴黎暴乱的消息后，命军队燃起篝火庆祝。但当他得知吉斯公爵亨利一世放了瑞士军队，也没有攻入卢浮宫，甚至让法王亨利三世逃走的消息后，摇头叹息道，"吉斯公爵亨利一世可能从未听说过我们意大利的谚语，即'用剑对着国王的人应该拔掉剑鞘'。"

伯纳迪诺·德·门多萨很担心逃走的法王亨利三世，但并没有表现出来。在信中，他严格遵照事实讲述了1588年5月12日发生的一切。当复杂的作品如期完成时，艺术家的喜悦与自豪将无法掩饰。现在，不论法王亨利三世屈服于吉斯公爵亨利一世，还是试图反对他，都已经无关紧要。埃佩农公爵让·路易·德·诺加雷无法控制诺曼底的局势。帕尔玛公爵亚历山大·法尔内塞离开后，法兰西再也不会骚扰尼德兰。帕尔玛公爵亚历山大·法尔内塞军队的侧翼和梅迪纳·西多尼亚公爵阿朗索·佩雷斯·德·古斯曼军队的侧翼都安全了。正如伯纳迪诺·德·门多萨之前说的那样，只有消除法兰西的威胁，西班牙无敌舰队才能安全起航。

第 20 章　西班牙无敌舰队陷入困境

事实上，当伯纳迪诺·德·门多萨写信的时候，西班牙无敌舰队还没有起航。虽然梅迪纳·西多尼亚公爵阿朗索·佩雷斯·德·古斯曼已经拿到神圣的战旗，但直到1588年5月9日进入巴黎，装满最后一个桶后，最后一名士兵才登上船。1588年5月9日清晨，西班牙无敌舰队从贝勒姆附近向下游驶去，一路上没有穿过河口，只能抛锚等待。一阵阵大风猛烈地吹着海面，直吹到航道的入海口处。引航员告诉梅迪纳·西多尼亚公爵阿朗索·佩雷斯·德·古斯曼，现在的天气不像五月，更像十二月。

1588年5月，大西洋沿岸出现异常天气，和占星家们预测的几乎一样。在诺曼底，埃佩农公爵让·路易·德·诺加雷放弃了建立政府计划，无功而返。百年难遇的冰雹摧毁了农田和果园，甚至砸死了田里的牛。在皮卡第，欧玛勒公爵查尔斯徒劳地进攻了布洛涅的城门。由于降水，道路变得泥泞不堪，小溪汇成了无法跨越的洪流。英格兰海军大臣埃芬厄姆勋爵查尔斯·霍华德和海军副指挥亨利·西摩勋爵一路颠簸，前往佛兰德斯岛。在这种天气状况下，即使是结实的尼德兰战舰也很容易陷进泥潭。帕尔玛公爵亚历山大·法尔内塞负责解决行军途中遇到的所有问题。此外，西班牙无敌舰队困在贝伦附近将近三个星期了。

与此同时，西班牙国王腓力二世给西班牙无敌舰队的总指挥下达了指示。伯纳迪诺·德·门多萨向西班牙国王腓力二世汇报说，英格兰舰队实力很弱——这是伯纳迪诺·德·门多萨根据攻击约翰·霍金斯军队的报告得出的结论。弗朗西斯·德雷克会在朴茨茅斯扩充军力。像所有人一样，西班牙国王腓力二世常常将英格兰舰队与弗朗西斯·德雷克的舰队相提并论。弗朗西斯·德雷克也许会拒绝战斗,或者在西班牙无敌舰队经过后,离开萨利,抑或在敦刻尔克附近,当西班牙无敌舰队与其他英格兰舰队交战时,从后方将西班牙无敌舰队赶走。西班牙国王腓力二世十分了解英格兰军队的部署情况。弗朗西斯·德雷克也许会等到西班牙无敌舰队登陆后再发起进攻。然而,在弗朗西斯·德雷克被打败前,梅迪纳·西多尼亚公爵阿朗索·佩雷斯·德·古斯曼必须保存自己舰队的力量。与帕尔玛公爵亚历山大·法尔内塞会合后,他可以酌情考虑在海上或在英格兰港口进攻英格兰军队。在此之前,他虽然不会逃避战争,但也没有主动挑衅。最重要的是,即使弗朗西斯·德雷克威胁到了西班牙海岸,梅迪纳·西多尼亚公爵阿朗索·佩雷斯·德·古斯曼也不能分心。

西班牙国王腓力二世喜欢预测西班牙无敌舰队可能会遇到的所有情况,并针对每种情况给出指示。譬如,他多次提醒梅迪纳·西多尼亚公爵阿朗索·佩雷斯·德·古斯曼,英格兰舰队的速度比西班牙舰队的速度快,大炮射程也更远,因此,西班牙舰队要与英格兰舰队拉开一定距离。他似乎认为梅迪纳·西多尼亚公爵阿朗索·佩雷斯·德·古斯曼不了解英格兰舰队的情况。梅迪纳·西多尼亚公爵阿朗索·佩雷斯·德·古斯曼不得不按照西班牙国王腓力二世下达的命令行事,采取近距离作战的战略。西班牙国王腓力二世唯一没有考虑到的是,如何操纵这场战争。但即使他的具体指示不符合实际情况,他的意图也十分明显。梅迪纳·西多尼亚公爵阿朗索·佩雷斯·德·古斯曼按照西班牙国王腓力二世的指示,准备在马盖特角与帕尔玛公爵亚历山大·法尔内塞会合,掩护帕尔玛公爵亚历山大·法尔内塞率军登陆英格兰,并为其提供供给。

现在,梅迪纳·西多尼亚公爵阿朗索·佩雷斯·德·古斯曼迫切希望离开贝伦。根据欧洲最有经验的战士提供的建议,西班牙无敌舰队已经做好相应的准备。梅迪纳·西多尼亚公爵阿朗索·佩雷斯·德·古斯曼根据其他将领的建议,按照作战和航海能力,以及地域和语言差异,重组了舰队。第一排舰船是两支强大的葡萄牙分遣队,主要由盖伦帆船组成,此外还有包括"弗洛伦西亚"号在内的十艘卡斯蒂尔战舰。但卡斯蒂尔大帆船比葡萄牙舰船小,并且装备不足。不过,从事西印度群岛贸易的四艘大船增强了西班牙无敌舰队的实力。两支葡萄牙分遣队通力合作。到达英吉利海峡前,作为梅迪纳·西多尼亚公爵阿朗索·佩雷斯·德·古斯曼的主要参谋,分遣队指挥官迭戈·弗洛雷斯·德·瓦尔德斯登上了旗舰"圣马丁"号。雨果·德·蒙卡达指挥的四艘那不勒斯盖伦帆船也在舰队第一排。那不勒斯加莱赛战船是一种混合式战舰，结合了加莱赛战船和加莱桨帆船的优点，航行速度快，装备充足，可以通过桨控制航行。第二排舰队由四支分遣队组成，每支分遣队由十艘大型商船组成，武器配备充足。胡安·马丁内斯·德·雷卡尔德负责比斯开船；米格尔·德·奥肯多负责吉普斯夸船；佩德罗·德·瓦尔德斯负责安达卢西亚舰船；马丁·德·贝特多纳负责从威尼斯、拉古萨、热那亚、西西里和巴塞罗那抽调来的舰船。除此之外，还有三十四艘轻快小船，包括扎布拉船、弗拉加塔船及用于侦察和调度的帕塔科船等。一些小船跟在大型战舰后面，但每支分遣队都由一艘小型帆船作为旗舰，担当舰队的屏风。最后一支分遣队由二十三艘乌尔卡船、"绿巨人"船、火船和供给船组成，不用参加战斗。在西班牙无敌舰队起航的最后一刻，四艘葡萄牙加莱桨帆船决定加入舰队，原因不明。总之，西班牙无敌舰队共有一百三十艘船。

在里斯本港等待起航的时候，我们已经对西班牙无敌舰队非常熟悉。梅迪纳·西多尼亚公爵阿朗索·佩雷斯·德·古斯曼起草了一份详细报告。报告中不仅包括各分遣队的任务，还包括每艘船的名字、吨位、武器数量、水手和士兵人数。在报告中，梅迪纳·西多尼亚公爵添加了每艘船上绅士冒险家的名字，以及跟随绅士冒险家登船的随从人数、炮手、医疗队、托钵僧和修士，共计一百八十多人，此外还有一份官员名单和每个分遣队的实力说明，各种小型武器和弹药的总供应量。梅迪纳·西多尼亚公爵阿朗索·佩雷斯·德·古斯曼自豪地指出，所有弹药质量上乘，炮弹数量达十二万三千七百九十枚，子弹和火绳数量不计其数。他还在报告中列出了饼干、培根、鱼、奶酪、大米、豆类、葡萄酒、油、醋、水等物资，以及成千上万英担水、无数条管子和铸件等。报告中的数据虽然并不精准，但足以证明西班牙无敌舰队比16世纪的任何一支舰队强大。即使西班牙无敌舰队的实力没有达到圣克鲁斯侯爵阿尔瓦罗·德·巴赞的预期，但通观梅迪纳·西多尼亚公爵阿朗索·佩雷斯·德·古斯曼的报告，西班牙无敌舰队依然是一支实力雄厚的舰队。在报告中，梅迪纳·西多尼亚公爵阿朗索·佩雷斯·德·古斯曼将西班牙无敌舰队称为"幸运的舰队"。但很快，一个更流行的称呼取代了"幸运的舰队"。由于西班牙人喜欢讽刺，因此，从那时起，这支舰队被称为"无敌舰队"。

西班牙无敌舰队

16世纪80年代的腓力二世

梅迪纳·西多尼亚公爵阿朗索·佩雷斯·德·古斯曼起草的报告本来应该公开。时至今日，这份报告一直被称为"高度机密文件"。很久以后，英格兰人才得到这份报告。当时，弗朗西斯·沃尔辛厄姆爵士的间谍试图找到这份内容详尽的报告。出版报告时，编辑并没有修改报告中的内容。报告内容都是对西班牙无敌舰队的夸耀。在里斯本，梅迪纳·西多尼亚公爵阿朗索·佩雷斯·德·古斯曼起草

第20章 西班牙无敌舰队陷入困境

报告十天后,西班牙无敌舰队依然停留在塔霍河。几个星期后,马德里出现了一份"官方修改版"报告,随后迅速传播到了罗马、巴黎、代尔夫特和阿姆斯特丹。新版报告中的物资单上加入了梭子、斗篷、鱼、饼干、鞭子、链条、炮烙架、钳子、架子和拇指螺钉等公众希望看到的物资。那些有进取心的出版商保留了文件的全部内容。如果再出现有关西班牙舰队的新谣言,他们就有理由印出新的传单。当然,除了花哨的修饰,后来的一些版本中也有一些印刷错误,但基本上为西班牙国王腓力二世和战事委员会提供了参考,并得到了马德里官方的认可。英格兰海军大臣埃芬厄姆勋爵查尔斯·霍华德和其他指挥官如果随身带有西班牙无敌舰队的作战计划,那么一定会招惹麻烦,因为这份计划很可能是西班牙人故意提供的。伯利勋爵威廉·塞西尔和马德里的战事委员会都有一份西班牙无敌舰队的作战计划。大家一致认为,这份作战计划的价值利大于弊。最终,他们也许会从这份计划中了解到西班牙国王腓力二世征服英格兰的决心。

与此同时,梅迪纳·西多尼亚公爵阿朗索·佩雷斯·德·古斯曼和其他人一样,对胜利充满自信。面对西班牙无敌舰队已经取得的成绩,他感到十分满意。他与各指挥官商议了分遣队之间的联系信号,安排了集结地点,并规定了起航命令和战事指挥的一系列信号。每艘船上都有经验丰富的水手,包括西班牙人、布列塔尼人、尼德兰人和叛变的英格兰人,他们都很熟悉英吉利海峡的情况。水手们编制了一系列航海指令,将其分发到每艘船上。航海指令中提到了寂静的泰晤士河河口北岸、不可信的爱尔兰人,以及从锡利群岛到多佛一带的主要珊瑚礁和危险地标,包括港口入口、水深、潮汐等。一切进展顺利。不久,西班牙无敌舰队收到了西班牙国王腓力二世的警示,称弗朗西斯·德雷克可能会使用一些计谋,舰队指挥官需要制订出相应的应对计策。梅迪纳·西多尼亚公爵阿朗索·佩雷斯·德·古斯曼自信地向西班牙国王腓力二世提交了一份专业、高效的计划,同时一位圣洁的托钵僧预言上帝会保佑西班牙无敌舰队获胜。专业、高效的计划和预言哪个会令梅迪纳·西多尼亚公爵阿朗索·佩雷斯·德·古斯曼充满信心呢?无人知晓。梅迪纳·西多尼亚公爵阿朗索·佩雷斯·德·古斯曼率领的舰队已经做好与英格兰舰队交战的准备。舰船上新建的艛楼熠熠生辉,旗帜飘扬,甲板上挤满英俊的骑兵。士兵们看上去活泼勇敢。西班牙无敌舰队一定会所向披靡。

只要天气适合航海,梅迪纳·西多尼亚公爵阿朗索·佩雷斯·德·古斯曼就可以率领西班牙无敌舰队离开里斯本。1588年5月28日,由"圣马丁"号旗舰领航,葡萄牙分遣舰队经过了圣朱利安。1588年5月30日,海风断断续续,在逆风情况下,西班牙无敌舰队驶入大海。西北风呼啸着,舰船紧紧靠在一起,向埃斯皮谢尔角南部驶去,以便转换航道。

梅迪纳·西多尼亚公爵阿朗索·佩雷斯·德·古斯曼很快意识到,舰船不应该紧紧靠在一起,因为"舰队中最慢的船决定舰队的航速"。许多大船行驶缓慢。1588年6月1日,西班牙无敌舰队在海上航行两天后,"圣马丁"号旗舰依然在罗卡角西南方向,距舰队约十五海里。在西班牙海岸调转航向并不容易。由于天气状况不佳,如果指南针受到大风影响,指针方向就会不断变化,一会朝东,一会朝南,一会朝西,一会朝北,或者转一圈后再次朝东。有时,海面上一点风也没有。在失去航向的情况下,西班牙无敌舰队漫无目的地漂流在大西洋上,船帆在广阔的海面上无助地摇摆。有时,突如其来的狂风也会让舰队失去航向。天气恶劣,从里斯本的罗克角到菲尼斯特雷角,西班牙无敌舰队足足行驶了十三天,行驶距离只有一百六十海里。

蜗牛般的航速令人气愤。梅迪纳·西多尼亚公爵阿朗索·佩雷斯·德·古斯曼一直担心作战计划,但现在还有时间修改计划中的不足。16世纪,西班牙无敌舰队可以在里斯本储存大量食物。但由于一整个冬天,西班牙无敌舰队一直没有起航,储存的粮食已经消耗了很多。于是,梅迪纳·西多尼亚公爵阿朗索·佩雷斯·德·古斯曼开始担心船员们的饮食问题。接管西班牙无敌舰队后,他下令舰队坚守一项原则,即到达沃特豪斯水滨前,先吃桶里或袋子里的食物。西班牙无敌舰队是否严格执行了梅迪纳·西多尼亚公爵阿朗索·佩雷斯·德·古斯曼的命令,我们不得而知。随着1588年5月的临近,天气转暖,西班牙无敌舰队仍然停泊在港口。储存的食物开始腐烂,舰队面临危局。关键时刻,梅迪纳·西多尼亚公爵阿朗索·佩雷斯·德·古斯曼命船员们在葡萄牙近郊和马德里寻找食物,并下令只要供给到了,就立即送到里斯本港。他甚至四处乞求别人提供一些供给,无论什么都可以。在菲尼斯特雷角附近,运粮船将供给送到了舰船上。于是,西班牙无敌舰队在海上补充了供给。

整整四天,西班牙无敌舰队在菲尼斯特雷角附近寻找粮食。与此同时,一个新的问题出现。西班牙无敌舰队的所有分遣队中几乎都存在严重缺水的船。虽

第 20 章 西班牙无敌舰队陷入困境

然一个月前的水桶都是满的,现在剩余的水还有很多,足以度过三四个月,但很多桶都是坏的,桶里的水开始变绿变臭。显然,从现在起,可食用的淡水越来越少。日常战事会议达成了一致意见,每支小分队的指挥官指挥舰船前往拉科鲁尼亚寻找供给,尤其是水。

1588 年 6 月 19 日星期四,西班牙无敌舰队离开里斯本港已经有二十天。此时,梅迪纳·西多尼亚公爵阿朗索·佩雷斯·德·古斯曼的旗舰发现了抛锚处。太阳已经落山,指挥官们一致认为,不能在黑暗中完成任务。因此,一部分航速较快的船从抛锚处的入口返回大海,停下不动,等待天亮再行动。天黑前,五十多艘船停泊在抛锚处,由一些水手看守。胡安·马丁内斯·德·雷卡尔德小分队中的六七艘盖伦帆船、四艘加莱赛战船和一些轻快小船停泊在海岬外围。夜晚非常闷热,风向变幻无常。

1588 年 6 月 19 日星期日午夜过后,西南风呼啸而来。在避风港口,一艘船的船锚被风吹开了,小船和盖伦帆船之间的链条也被吹断了。幸运的是,很多船停泊在开阔水域的背风向,在风暴来临前离开了。西班牙无敌舰队无计可施,只能逃窜,各分遣队很快四散开来。

1588 年 6 月 21 日下午,风力减弱。梅迪纳·西多尼亚公爵阿朗索·佩雷斯·德·古斯曼派一些小船出去搜寻被风吹散的船。使者回来报告说,沿岸发现了十艘船,这些船已经驶入附近的维罗港。两艘大划艇躲避在希洪港附近。1588 年 6 月 22 日,胡安·马丁内斯·德·雷卡尔德带回了两艘盖伦帆船和八艘其他船。即便如此,形势依旧不乐观。1588 年 6 月 24 日,两艘盖伦帆船和二十八艘主力船还没有找到,其中包括佛罗伦萨的盖伦帆船、一艘卡斯蒂尔加莱赛战船和胡安·马丁内斯·德·雷卡尔德小分队中最好的两艘船。失踪的船上有两万两千多名士兵和水手,剩下的一万六千多名士兵中有很多人生病了,一些人晕船,一些人因吃了腐坏的食物生病。风暴过后,许多船受到重创,开始漏水。一些船少了桅杆,一些船少了锚,其他的船都有不同程度的损坏。

离开里斯本港后,梅迪纳·西多尼亚公爵阿朗索·佩雷斯·德·古斯曼对自己的指挥能力越来越没有信心。西班牙无敌舰队的行进速度很慢,每天都会出现新问题,最大的问题是食物匮乏。每天都有人汇报食物腐烂无法食用。显然,很多桶里的食物和水都变质了,甚至桶的颜色也变成了绿色。看到这些,梅迪纳·西多尼亚公爵阿朗索·佩雷斯·德·古斯曼非常焦虑。舰队中的每个人都很迷茫，都想将眼前的问题解决掉，但唯一能得到的也许就是绿色的棺材。1587年，西班牙无敌舰队停泊在拉科鲁尼亚，在圣文森特角能看到弗朗西斯·德雷克舰队的篝火。虽然桶可以储存食物和水，但经过十二个月后，桶里的食物都成了冰冷的垃圾。

鉴于目前的局势，梅迪纳·西多尼亚公爵阿朗索·佩雷斯·德·古斯曼无奈地写了一封信。在信中，他向西班牙国王腓力二世提起了西班牙无敌舰队停泊在里斯本时，甚至更早时候一直存在的问题。他很怕之前的担心已经变成事实。乐观派也认为西班牙无敌舰队无法完成任务。虽然一切质疑都会不证自明，但西班牙国王腓力二世不应该在势均力敌的较量中冒险。现在，暴风吹散了西班牙无敌舰队，舰队遭受重创。形势严峻，梅迪纳·西多尼亚公爵阿朗索·佩雷斯·德·古斯曼完全有理由担心失散的船会成为法兰西或英格兰的猎物。梅迪纳·西多尼亚公爵阿朗索·佩雷斯·德·古斯曼继续委婉地写道，灾难发生在1588年6月，而6月是一年中最适合航海的日子，西班牙无敌舰队是按照上帝的旨意航行。经历了长达六个星期的挫折后，梅迪纳·西多尼亚公爵阿朗索·佩雷斯·德·古斯曼觉得奇迹出现的可能性越来越小。他继续写道，舰队在风暴中失散，很多船受损严重。他在信中附了一张受损船的列表。疾病夺去了很多船员的生命，水和食物的供给情况比之前想象的更糟糕。鉴于上述问题，根据帕尔玛公爵亚历山大·法尔内塞的报告和实际情况，与1587年10月相比，西班牙军队的实力削弱了一半。梅迪纳·西多尼亚公爵阿朗索·佩雷斯·德·古斯曼请求西班牙国王腓力二世考虑是否与英格兰和谈，或至少将入侵英格兰的时间推迟一年。

没有人知道梅迪纳·西多尼亚公爵阿朗索·佩雷斯·德·古斯曼的信重点考虑了什么问题，或许是信中提到的勇气和智慧，或许是西班牙国王腓力二世回信中的盲目自信。对西班牙黄金时代的绅士来说，西班牙需要通过一场进攻获得解脱。然而，不论多么绝望，梅迪纳·西多尼亚公爵阿朗索·佩雷斯·德·古斯曼都要鼓起勇气指挥这场战争。除了梅迪纳·西多尼亚公爵阿朗索·佩雷斯·德·古斯曼，没有人敢向西班牙国王腓力二世直言不讳，认真分析战事。小心谨慎的西班牙国王腓力二世已经考虑过梅迪纳·西多尼亚公爵阿朗索·佩雷斯·德·古斯曼提出的意见。此时，他什么意见也听不进去。西班牙无敌舰队只能"以上帝的名义向前冲"!在回信中,西班牙国王腓力二世不过是重复之前的命令。

西班牙国王腓力二世至少没有误导后来的历史学家。他并没有因一封信认为梅迪纳·西多尼亚公爵阿朗索·佩雷斯·德·古斯曼是傻瓜或懦夫,或不适合完成入侵英格兰的任务。没有事实表明,梅迪纳·西多尼亚公爵阿朗索·佩雷斯·德·古斯曼困在拉科鲁尼亚时,西班牙国王腓力二世或西班牙大臣们对他产生了质疑。梅迪纳·西多尼亚公爵阿朗索·佩雷斯·德·古斯曼并没有和战事委员会谈论自己的担心。阿朗索·马丁内斯·德·莱瓦加入战事委员会后,战事委员会开始讨论一些令人忧心的问题。梅迪纳·西多尼亚公爵阿朗索·佩雷斯·德·古斯曼认为,没有必要和经验丰富的老兵讨论已经发生的事。因此,他问战事委员会,是先去寻找失散的舰船,还是直接进军英格兰,抑或是留在拉科鲁尼亚等待失散的舰船归来。按照惯例,首先是梅迪纳·西多尼亚公爵阿朗索·佩雷斯·德·古斯曼的副官发言,然后按照军衔高低依次发表意见。战事委员会的成员几乎异口同声,都赞成第三个方案。大家认为最好留在拉科鲁尼亚,既可以休整舰队,又可以去寻找水和食物,同时可以等待失散的舰船返回。只有安达卢西亚分遣队指挥官佩德罗·德·瓦尔德斯提出了异议。他认为舰队应该立即前进,因为留在原地依然无法解决食物供给和腐坏问题,并且等待的时间越长,情况会越糟糕。佩德罗·德·瓦尔德斯的意见被详细记录了下来。此外,他给西班牙国王腓力二世写了一封私信。当时,海军的信函不会经过"中间渠道"。在信中,佩德罗·德·瓦尔德斯反复提到了自己的意见,认为自己的意见冒犯了梅迪纳·西多尼亚公爵阿朗索·佩雷斯·德·古斯曼。但他并没有暗示梅迪纳·西多尼亚公爵阿朗索·佩雷斯·德·古斯曼不称职或胆小怯懦。

风暴过后的一个月里,西班牙无敌舰队终于准备就绪。总体来说,为了休整舰队,耽搁的时间都是值得的。受损舰船都修补好了,几乎所有船都刷了一层牛油。此外,在比斯开湾,西班牙无敌舰队得到了饼干和咸鱼等补给。虽然补给量比预期的少,但至少有新鲜的肉、蔬菜、面包等船员们赖以生存的食物。船员们将剩下的食物储存起来,希望有了新鲜食物后,自己能不生病。梅迪纳·西多尼亚公爵阿朗索·佩雷斯·德·古斯曼采取了一些措施,在岸边为有发烧症状的水手寻找救治,从而遏制四处蔓延的流行病。士兵和水手们逐渐恢复了往日的战斗力。

最重要的是，失踪的舰船陆续返回，找到了主力舰队。两支舰队在英吉利海峡附近，一支舰队在锡利群岛和利泽德半岛之间。但奇怪的是，这三支舰队都没有看到英格兰舰队。另一支舰队乘北风回到了拉科鲁尼亚，途中看见了弗朗西斯·德雷克舰队的主力。总之，截至1588年7月21日，西班牙无敌舰队的实力已经恢复到两个月前的状态。虽然受损的舰船都修补好了，但梅迪纳·西多尼亚公爵阿朗索·佩雷斯·德·古斯曼依然很担心漏水的船。在一定程度上，梅迪纳·西多尼亚公爵阿朗索·佩雷斯·德·古斯曼认为，西班牙无敌舰队目前的状况比在里斯本时更好。乘着凉爽的南风，西班牙无敌舰队向英格兰挺进。梅迪纳·西多尼亚公爵阿朗索·佩雷斯·德·古斯曼恢复了往日的自信。

第 21 章　英格兰舰队无功而返

由于气候异常，准备不足，英格兰海军大臣埃芬厄姆勋爵查尔斯·霍华德也像西班牙海军总指挥梅迪纳·西多尼亚公爵阿朗索·佩雷斯·德·古斯曼一样，忧心不已。1588 年 4 月，英格兰舰队和雇佣船供给充足。然而，英格兰舰队没有进行系统规划，一次只分发一个月的配给，上个月的供给消耗完后，必须等到第二个月才能补充配给。在马盖特，海军大臣埃芬厄姆勋爵查尔斯·霍华德无奈地写信给英格兰女王伊丽莎白一世道："这个月的食物配给是从 1588 年 4 月 20 日到 1588 年 5 月 18 日……根据报告，西班牙舰队到达的时间很可能是 1588 年 5 月 15 日。到那时，我们只有三天的食物配给。如果陛下认为这样合适的话，就是我多虑了。"在信中，海军大臣埃芬厄姆勋爵查尔斯·霍华德提到，在"女王陛下的父亲亨利八世"时代，舰队的供给安排更为妥善。

海军大臣埃芬厄姆勋爵查尔斯·霍华德虽然对历史的判断并不准确，但逻辑思维能力很强。在写给伯利勋爵威廉·塞西尔的信中，他说，即使处理问题的方法一成不变，现在也必须采取行动。然而，眼前的困难并不是因为伯利勋爵威廉·塞西尔和英格兰女王伊丽莎白一世没有好的想法，也不是弗朗西斯·德雷克猜测的一些处心积虑的谋臣们的叛国之举。问题的关键不是英格兰女王伊丽莎白一世过于吝啬，而是英格兰舰队缺少有效的管理机制和组织，无法为长达几个月的航行提供足够的食物和水。1588 年，英格兰的海军力量空前强大，实力不输西班牙。但在物资供给方面，英格兰海军的经验没有西班牙海军丰富。大型舰队需要提前储备两三个月的食物，一旦舰队食物匮乏，就可以及时配给，而不是草率的一次性配给。

1588年春天，弗朗西斯·德雷克迫不及待地准备起航。他得到情报，在里斯本港，西班牙国王腓力二世有四五百艘船，船上有八万名水手和士兵。然而，凭借英格兰女王伊丽莎白一世的四艘盖伦帆船和一些轻帆船，以及部分伦敦商船，足以建立一支拥有五十艘船的舰队。弗朗西斯·德雷克准备在西班牙海域拦截西班牙舰队，让加的斯战役在里斯本重演。后来，他告诉一位意大利日记作者兼史学家，他打算封锁西班牙海岸，使西班牙舰队无法离开港口，更无法到达英格兰，然后将其一网打尽。他还告诉彼得鲁乔·乌巴尔迪尼，他将封锁和袭击西班牙沿岸的几个地方，激发英格兰士兵的勇气。如果远离英格兰海域作战，不仅能让英格兰更安全，还能阻止西班牙海军与帕尔玛公爵亚历山大·法尔内塞的陆军会合。弗朗西斯·德雷克信心十足地指挥着五十艘船。如果彼得鲁乔·乌巴尔迪尼的转述准确，就可以证明弗朗西斯·德雷克没有自夸，西班牙海岸确实对他的名字闻风丧胆。

弗朗西斯·德雷克依赖自己名字的威慑力，一直坚信只要英格兰舰队停泊在伊比利亚海岸，西班牙人就不敢进军英格兰。1588年的整个夏天，他一直在西班牙沿岸劫掠当地居民，和西班牙舰队捉迷藏。他打算一步步击败西班牙舰队。但西班牙舰队疲于应付，无力还击。

弗朗西斯·德雷克没有向彼得鲁乔·乌巴尔迪尼和盘托出自己的计划，也没有向英格兰女王伊丽莎白一世详细陈述计划细节。英格兰女王伊丽莎白一世准许他起航，并询问袭击里斯本的具体战略。弗朗西斯·德雷克回复说无可奉告。经历了加的斯战役后，在接下来的战役中，西班牙舰队一定会全力以赴。此外，西班牙舰队再次集结，实力更加强大。因此，目前有两件事困扰着弗朗西斯·德雷克：第一件是西班牙舰队的实力，第二件是"英格兰舰队在海上会有什么表现"。然而，弗朗西斯·德雷克如果没有向英格兰女王伊丽莎白一世详细汇报自己的计划，那么也许是他没有确切计划。他一向依赖运气和鼓舞士气作战，从未失败过。在信中，弗朗西斯·德雷克的自信展露无遗。他写道："以我之见，女王陛下的舰队实力强大，足以对抗西班牙舰队。上帝会在海上和陆地上保佑女王陛下获胜。我一直坚信，面对女王陛下和正统的宗教力量，没有谁能与我们匹敌。但帕尔玛公爵亚历山大·法尔内塞实力大增，定会履行自己的承诺……"因此，在某些方面，弗朗西斯·德雷克和西班牙国王腓力二世有很多相似之处。

弗朗西斯·德雷克虽然没有详细的作战计划，但十分清楚自己可以掌控战

第 21 章 英格兰舰队无功而返

争,也知道战争会在何时何地爆发。弗朗西斯·德雷克在同一封信中写道:"女王陛下,请您放心,只要我们有足够的供给留在里斯本港,在上帝的帮助下,离开里斯本后的战事……会占据各个方面的优势,这已经是成功的一半。但如果女王陛下命我率领已经到达里斯本港的舰队和后续舰队起航,我一定会做出最好的战略安排。"弗朗西斯·德雷克是海战天才,是热忱的宗教徒。作为天生的指挥官,他接着写道:"后续舰队为整支舰队带来了充足的补给……英格兰士兵远离家乡,这些补给会让他们安心。如果他们浴血奋战却得不到任何好处,就很难留住他们。"

写完信两天后,梅迪纳·西多尼亚在里斯本大教堂举行了神坛祭祀。但一个多月过去了,由于暴风,供给船队和后续舰队都没能及时到达。与此同时,西班牙舰队被困在塔霍河入口处。恶劣的天气使弗朗西斯·德雷克无法前往兰兹角和韦桑岛,但他依然率舰队竭力前往朴茨茅斯。在他面前,任何阻力都微不足道。弗朗西斯·德雷克认为,只要充分发挥人的潜力,就一定能取得成功。因此,他力排众议,率英格兰舰队立即前往西班牙海岸。他担心英格兰女王伊丽莎白一世会突然改变主意,命舰队返航。

弗朗西斯·德雷克通过什么方式说服了其他人,我们不得而知。约翰·霍金斯一直支持弗朗西斯·德雷克。英格兰海军委员会的大多数成员和高级指挥官们都与弗朗西斯·德雷克站在一起。起初,海军大臣埃芬厄姆勋爵查尔斯·霍华德主张防御策略。但 1588 年 5 月,他接受了其他人的意见,像弗朗西斯·德雷克一样坚决主张起航。最终,英格兰女王伊丽莎白一世很不情愿地同意起航,因为她觉得在天时地利的优势下,只要英格兰舰队抵达西班牙海岸就成功了一半。

鉴于我们目前掌握的资料,有些疑问是可以理解的。弗朗西斯·德雷克犯了一个致命错误。梅迪纳·西多尼亚公爵阿朗索·佩雷斯·德·古斯曼下令,不论弗朗西斯·德雷克采取什么行动,西班牙舰队都必须毫不动摇地进军英格兰。弗朗西斯·德雷克如果执意前往西班牙海岸,利用自己的威名震慑西班牙人,那么很可能错过西班牙无敌舰队。此外,他对战争的判断似乎有误。圣克鲁斯侯爵阿尔瓦罗·德·巴赞准备起航,并认为英格兰舰队的每门炮配备了约三十枚炮弹。事实上,在还没有对西班牙无敌舰队造成实质性伤害前,英格兰舰队已经超计划使用了武器。在朴茨茅斯港,英格兰舰队需要纠正错误的估计。如果离开里斯本港,英格兰舰队可能会遇到大麻烦。英格兰舰队虽然运气不佳,但没有受到重创。此外,凭借一支只有五十艘船的舰队,弗朗西斯·德雷克根本无法阻挡西班牙无敌舰队。在海上,如果英格兰舰队与西班牙无敌舰队相遇,那么我们可以通过后来发生的事推断,弗朗西斯·德雷克即使发射所有炮弹,也无法阻止西班牙无敌舰队的集结。因此,他不得不在西班牙无敌舰队到达英格兰海峡前返航。英格兰舰队失败了,士兵们的士气跌落到了低谷,英格兰舰队和西班牙无敌舰队之间的平衡也被打破了。

1588年春天,英格兰和西班牙的海军专家都没有预见会发生什么。英格兰舰队和西班牙无敌舰队的武装力量空前绝后。直到航空母舰出现前,没有一次海战像英格兰和西班牙之间的海战一样,受到了这么多因素的影响。英格兰舰队没有在葡萄牙海岸挑起战争,而是在英吉利海峡迎战。弗朗西斯·德雷克认为,主要原因是糟糕的天气和供给未能及时送达。

弗朗西斯·德雷克的进攻策略并非无效。他用八艘皇家盖伦帆船和其他船组成了一支舰队。这支舰队是他独立指挥过的规模最大的舰队。英格兰女王伊丽莎白一世决定派出更多舰船,包括十四艘皇家加莱赛战船、武装商船和一些志愿参加战争的船,打算任命弗朗西斯·德雷克为英格兰舰队总指挥官。英格兰女王伊丽莎白一世也许很欣赏弗朗西斯·德雷克的海战能力。如果海军大臣埃芬厄姆勋爵查尔斯·霍华德负责此次行动,就不会做出海盗式的冒险行为。英格兰女王伊丽莎白一世可能认为,如果这场战争是一场冒险,那么不如冒最大的险。海军大臣埃芬厄姆勋爵查尔斯·霍华德任命弗朗西斯·德雷克为英格兰舰队副指挥官,弗朗西斯·德雷克欣然接受。经过一个月的合作,两人之间不再有矛盾。后来,弗朗西斯·德雷克对彼得鲁乔·乌巴尔迪尼说,他对此次任命十分失望。

旧历1588年5月23日,即新历1588年6月2日,海军大臣埃芬厄姆勋爵查尔斯·霍华德抵达朴茨茅斯港,随后举行了庆祝弗朗西斯·德雷克担任英格兰舰队副指挥官的仪式。与此同时,梅迪纳·西多尼亚公爵阿朗索·佩雷斯·德·古斯曼率西班牙无敌舰队离开里斯本港,驶向大海。在英格兰,几乎没有人知道西班牙无敌舰队已经起航。由于天气原因,与梅迪纳·西多尼亚公爵阿朗索·佩雷斯·德·古斯曼一样,海军大臣埃芬厄姆勋爵查尔斯·霍华德推迟了行程。供给

第 21 章 英格兰舰队无功而返

迟迟未到,海军大臣埃芬厄姆勋爵查尔斯·霍华德不得不更改命令。天气变得越来越糟糕,西班牙无敌舰队在暴风中失散。拉芒什海峡入口处偶尔会出现西班牙舰船。海军大臣埃芬厄姆勋爵查尔斯·霍华德非常警惕,认为西班牙人可能会在爱尔兰西部与敦刻尔克之间发起进攻。因此,他一直犹豫不决,迟迟没有下达命令。英格兰女王伊丽莎白一世并不支持英格兰舰队进军西班牙。众所周知,此时,西班牙无敌舰队早已来到英格兰附近。

海军大臣埃芬厄姆勋爵查尔斯·霍华德与弗朗西斯·德雷克会合三个星期后,风暴将他困在了朴茨茅斯港。海军大臣埃芬厄姆勋爵查尔斯·霍华德依然希望获得更多人手和食物,认为西班牙人想通过计谋拖延战期,使英格兰舰队无法制订行动计划,直到消耗完所有供给。一旦没有足够的食物,船员就会离开舰队。1588 年 6 月 2 日,梅迪纳·西多尼亚公爵阿朗索·佩雷斯·德·古斯曼在写给西班牙国王腓力二世的信中,建议放弃入侵英格兰的计划。海军大臣埃芬厄姆勋爵查尔斯·霍华德如果意识到,他的担心也是梅迪纳·西多尼亚公爵阿朗索·佩雷斯·德·古斯曼的担心,那么可能会感到些许安慰。在英格兰,除了一些负面谣言,没有人知道西班牙无敌舰队的具体情况。又过了三个星期,海军大臣埃芬厄姆勋爵查尔斯·霍华德一直非常苦恼。英格兰女王伊丽莎白一世将海军大臣埃芬厄姆勋爵查尔斯·霍华德调到了无关紧要的地方,命他负责英格兰、苏格兰和爱尔兰的海上通道。海军大臣埃芬厄姆勋爵查尔斯·霍华德愤怒地表示抗议,英格兰女王伊丽莎白一世指示中提到的地方根本不存在,而他必须驱逐韦桑岛或锡利群岛根本不存在的西班牙无敌舰队。他一直没有等到供给,感到十分气愤,因为供给关乎士兵的健康和舰队的士气。

突然,一切变得明朗起来。情报传来,西班牙无敌舰队由于风暴失散,现在在拉科鲁尼亚重新集结。伦敦传来消息,英格兰女王伊丽莎白一世认为,英格兰舰队可以在西班牙港口主动出击。海军大臣埃芬厄姆勋爵查尔斯·霍华德、弗朗西斯·德雷克和约翰·霍金斯甚至没有完成装货,就马上分散行动,乘着凉爽的东北风驶向西班牙海岸。西班牙海岸停泊着西班牙无敌舰队,大大小小的武装舰船共有九十多艘。

1588 年 7 月 22 日,英格兰舰队安全返回朴茨茅斯港。在比斯开湾、韦桑岛和拉科鲁尼亚岛之间,狂风呼啸着向南吹去。英格兰舰队顺风航行,西班牙无敌

西班牙无敌舰队

沿英格兰海岸航行的西班牙无敌舰队

舰队逆风航行。西班牙无敌舰队要逆风前行，看到兰兹角的时候，英格兰舰队还没有绕过菲尼斯特雷角。西班牙无敌舰队别无选择，只能调转方向，在朴茨茅斯港抛锚。在拉科鲁尼亚港，梅迪纳·西多尼亚公爵阿朗索·佩雷斯·德·古斯曼认真分析着局势。

第 21 章 英格兰舰队无功而返

　　停泊在朴茨茅斯的第二个星期,海军大臣埃芬厄姆勋爵查尔斯·霍华德和弗朗西斯·德雷克遇到了曾经困扰西班牙无敌舰队的问题。英格兰女王伊丽莎白一世的船加入英格兰舰队后,虽然海军大臣埃芬厄姆勋爵查尔斯·霍华德非常高兴,但毫无疑问,约翰·霍金斯对此并不满意。英格兰女王伊丽莎白一世的船非常结实且不漏水。但过去的七个星期里,由于长期使用,一些船开始漏水,一些船需要新的桅杆和绳索，一些船供给不足，六个人只能吃四个人的配给，大多数船缺水。英格兰舰队在海上航行了很长时间，许多船员开始生病。现在，海军大臣埃芬厄姆勋爵查尔斯·霍华德的首要任务是率领舰队靠岸，让发烧生病的船员登陆，在德文郡和附近村庄寻找新鲜食物。船员们没有时间清理舰船，只能尽快往船上装新鲜食物。据说，与此同时，西班牙人提出放弃进攻英格兰。英格兰舰队可能会放弃任务，首先是四艘最大的帆船，其次是英格兰女王伊丽莎白一世的船。但没有任何迹象表明，西班牙人放弃进攻英格兰会影响英格兰舰队在朴茨茅斯港的备战节奏。

1588年7月29日，即旧历1588年7月19日星期五，晚饭过后，三桅帆船"金鹿"号的船长托马斯·弗莱明接受任务，在英吉利海峡入海口巡航。随后，托马斯·弗莱明前来汇报，称西班牙的大批舰队已经到达锡利群岛，表面上看似乎遭遇了撞击，实际上是在等待后续舰队前来会合。据说，在朴茨茅斯港，托马斯·弗莱明汇报的时候，弗朗西斯·德雷克正在玩地滚球。当时，海军大臣埃芬厄姆勋爵查尔斯·霍华德可能也在场。托马斯·弗莱明本来应该向英格兰舰队的总指挥汇报情况，而不是弗朗西斯·德雷克。但他遇到了弗朗西斯·德雷克的右翼舰队。这个故事中没有具体提到西班牙无敌舰队，主要描述了弗朗西斯·德雷克。听了托马斯·弗莱明的汇报后，弗朗西斯·德雷克举起并盯着手里的地滚球，慢悠悠地回答道："时间还早，我先结束这一局，再去打败西班牙人。"

当然，西班牙无敌舰队最终发动了进攻。没有权威文献记载1588年7月29日发生的事件的具体细节。有关这起事件的最早记载出现在事发四十年后。四十年中，通过口口相传，这起事件的可信度已经无从考证。上述故事也许真的发生了。弗朗西斯·德雷克姿态傲慢，很有才能，喜欢用玩笑缓和紧张气氛。因此，即使海军大臣埃芬厄姆勋爵查尔斯·霍华德站在他身边，他也会说同样的话。最终，人们判断故事中的话确实是弗朗西斯·德雷克说的。他比其他人早一两秒钟意识到时间还早，并为此感到高兴。这确实符合弗朗西斯·德雷克的风格。

托马斯·弗莱明汇报情况的时间不可能是1588年7月29日下午3时。1588年7月29日上午9时，托马斯·弗莱明看到了西班牙无敌舰队。此时，他距弗朗西斯·德雷克只有九十海里。1588年7月29日下午3时左右，潮水开始涌进朴茨茅斯港，水位最高的时候会形成一股海流。西南风刮来，潮水涌动，没

第 21 章 英格兰舰队无功而返

西班牙无敌舰队袭击英格兰

有人能离开朴茨茅斯港,事实上也没有人离开。英格兰女王伊丽莎白一世的加莱赛战船停在舰队最前面。直到1588年7月29日晚上10时,潮水依然没有退去。弗朗西斯·德雷克确实有时间打完一局地滚球。

  西班牙无敌舰队采用了出其不意的战术。此时,西班牙无敌舰队占据了天时地利优势,已经成功一半。天气异常,英格兰舰队处在下风向。西班牙无敌舰队可以轻而易举地突袭英格兰舰队。托马斯·弗莱明的汇报非常及时。英格兰舰队排成一道作战屏风,在船长们的指挥下,根据天气调整航向和航速。虽然英格兰舰队做好了作战准备,但还有一些小型商船在卸载货物。海军大臣埃芬厄姆勋爵查尔斯·霍华德说道:"将我们带出西班牙海岸的南风帮助西班牙无敌舰队驶出了海港。希望上帝保佑我们调转航向。"从这句话中可以看出,面对当时的状况,海军大臣埃芬厄姆勋爵查尔斯·霍华德并不惊讶。如果他的战事委员会没有预测到局势的发展,就会让人感到奇怪。在海战中,预测战事的发展可以增强军队的信心。西班牙无敌舰队的行驶速度很快,士兵们作战英勇,但这些远远不够。在朴茨茅斯港,随着最后一个地滚球冲向千斤顶,海浪汹涌,西班牙无敌舰队很可能追上英格兰舰队。

  夜幕降临,风力逐渐减弱,潮汐退去。英格兰舰队的盖伦帆船和装备精良的商船驶离朴茨茅斯港,前往雷姆岬抛锚。1588年7月30日清晨,风向转为西南。英格兰舰队的所有舰船使出海港,没有一艘船被西班牙无敌舰队捕获。五十四艘英格兰舰船驶向埃迪斯通。航行过程中,英格兰舰队的航海技术堪称壮举。但海军大臣埃芬厄姆勋爵查尔斯·霍华德用一句话否定了英格兰舰队的壮举。后来,再也没有人提起此次航行。两个月以来,英格兰舰队不断进入和离开朴茨茅斯港。如果再次看到西班牙无敌舰队,英格兰舰队一定不会返回朴茨茅斯港了。

第 22 章 "现代"战役拉开序幕

1588 年 7 月 30 日星期六黎明时分,在潮汐到来之前,英格兰舰队离开了朴茨茅斯港,前往雷姆岬抛锚。在利泽德半岛,西班牙无敌舰队隐蔽前行,途径拉科鲁尼亚时没有遇到任何事故。唯一令人烦恼的是,西班牙无敌舰队需要抛弃无法前行的船,缩短各分遣队之间的距离。梅迪纳·西多尼亚公爵阿朗索·佩雷斯·德·古斯曼认为,无法前行的船阻碍了各分遣队的航速,甚至阻碍了地中海加莱桨帆船的航速。否则,西班牙无敌舰队此刻可能已经到达英吉利海峡。

1588 年 7 月 26 日星期二清晨,风停了。在蔚蓝的晴空下,西班牙无敌舰队漂流在海上。晴朗的天气持续到了 1588 年 7 月 26 日中午。随后,北风呼啸,暴雨骤至,但降水持续时间很短。西班牙无敌舰队阵形不变,稍微扩展开来,以寻求更广的航行水域。加莱桨帆船体过长,吃水很深,通过狭窄的比斯开湾时遇到了困难。有船员汇报说,"狄亚娜"号加莱桨帆船出现了裂缝,漏水严重,申请返航,就近找一处安全的停泊港湾。梅迪纳·西多尼亚公爵阿朗索·佩雷斯·德·古斯曼应允了"狄亚娜"号的请求,也同意了其他加莱桨帆船船长返航的请求,但鼓励大家克服困难,天黑前集合。

夜幕降临,西北风呼啸而来,一阵强似一阵。1588 年 7 月 27 日清晨,狂风掀起巨浪,使人无法看清航向。与此同时,西班牙无敌舰队一直保持集合时的队形,然后撑起防风帆布,在"圣马丁"号的引领下,向北方驶去。大风肆虐了一整天。1588 年 7 月 27 日午夜,风力逐渐变弱。1588 年 7 月 28 日黎明,天气晴朗,微风徐徐,大海恢复了平静。梅迪纳·西多尼亚公爵阿朗索·佩雷斯·德·古斯曼视察了整支舰队,发现多艘加莱桨帆船离开了舰队。四十多艘帆船失散,包括安达卢西亚人所有的船、很多霍尔克船,以及其他分遣队的船。

西班牙无敌舰队

领航员乘船航行了七十五英寻①，检查了船碰到砂石发出的声音，然后停在锡利群岛南部七十五里格处。梅迪纳·西多尼亚公爵阿朗索·佩雷斯·德·古斯曼决定向北行驶，缩短航程。他派第一艘轻帆船去查看已经到达集合点的船，派第二艘轻帆船提醒落后的船尽快赶上来，派第三艘轻帆船前去完成侦察任务。很快，第一艘轻帆船返回，汇报说失散的船都停泊在锡利群岛附近，由佩德罗·德·瓦尔德斯指挥。最迟明天下午，即1588年7月29日星期五下午，从拉科鲁尼亚出发的所有船可以集合完毕。

除了五艘船，所有船都集合了，其中包括四艘加莱桨帆船。最终，四艘加莱桨帆船抵达了不同的港口，受损严重，无法航行。"狄亚娜"号最早脱离西班牙无敌舰队，试图在巴约讷港搁浅。"狄亚娜"号上的船员、奴隶和枪炮都完好无损，但船体受损严重。负责划桨的奴隶中，有一名叫戴维·格温的威尔士人。传说是他解放了"狄亚娜"号上的所有奴隶，杀死了船上的西班牙船员，并成功截获了三艘加莱桨帆船，从此声名远播。

巴约讷港

---

① 英寻（Fathom），长度单位，一英寻为六英尺，约一点八三米。——译者注

第22章 "现代"战役拉开序幕

有人怀疑，失去四艘加莱桨帆船后，梅迪纳·西多尼亚公爵阿朗索·佩雷斯·德·古斯曼一定非常懊悔。第五艘船失散导致的后果非常严重。比斯开分遣队的旗舰是"圣安娜"号，通常称"胡安·马丁内兹的圣安娜"号。"圣安娜"号与西班牙无敌舰队中的其他船不同，排水量达七百六十八吨。按照西班牙的标准，"圣安娜"号上有三百名士兵和水手，以及三十门大炮，其中一些是重铜炮。胡安·马丁内斯·德·雷卡尔德也许是"圣安娜"号的主人，或"圣安娜"号是按照他的要求建造的。但由于指挥不当，"圣安娜"号运气一直很差。在拉科鲁尼亚遇到风暴后，"圣安娜"号是最后一艘到达集合点的船，也是受损最严重的船。1588年7月27日的风暴过后，不知什么原因，"圣安娜"号没有前往集合点。风暴来临前，"圣安娜"号向东驶向海峡上游，躲避在拉霍格港，一直到战争结束。作为梅迪纳·西多尼亚公爵阿朗索·佩雷斯·德·古斯曼的副将，胡安·马丁内斯·德·雷卡尔德没有登上"圣安娜"号，而是在葡萄牙分遣队的"圣胡安"号上，在一定程度上减少了西班牙无敌舰队的损失。如果胡安·马丁内斯·德·雷卡尔德登上"圣安娜"号，"圣安娜"号也许不会抛弃西班牙无敌舰队。西班牙无敌舰队一直在等待"圣安娜"号归队，但直到1588年7月30日星期六上午，也没有等到。在等待"圣安娜"号归队期间，加莱桨帆船"圣洛伦佐"号、"雨果·德·蒙卡达"号修好了船舵。梅迪纳·西多尼亚公爵阿朗索·佩雷斯·德·古斯曼抱怨说，在海上颠簸时，很多小船和加莱桨帆船都受损严重。也许是由于天气恶劣，"圣洛伦佐"号撞坏了船舵。

不久，西班牙无敌舰队驶入英吉利海峡。1588年7月30日上午，看到利泽德半岛时，西班牙无敌舰队的指挥官们登上"圣马丁"号，召开了战事会议。虽然讨论了很多事项，但都没有切中要害。与此同时，通过商议，梅迪纳·西多尼亚公爵阿朗索·佩雷斯·德·古斯曼和忠诚的指挥官们做出了一个决定，即为了尽快与帕尔玛公爵亚历山大·法尔内塞会合，舰队不再前往比怀特岛远的地方。在英吉利海峡附近的深水港口，暴风雨会将西班牙无敌舰队带到沙滩上。不久，阿朗索·凡内加斯船长登上"圣马丁"号，汇报了分遣队指挥官阿朗索·马丁内斯·德·莱瓦在最后一刻做出的战略部署。阿朗索·马丁内斯·德·莱瓦提出进攻朴茨茅斯港。与此同时，马德里传来消息，称西班牙的一艘轻帆船捕获了一艘渔船，得到情报说弗朗西斯·德雷克负责指挥英格兰舰队的西翼舰队。其他指挥官同意进攻朴茨茅斯港。但阿朗索·凡内加斯认为不应该进军朴茨茅斯港，因为首先，进军朴茨茅斯港违背了西班牙国王腓力二世的意愿；其次，朴茨茅斯港入口狭窄，沿岸炮台林立。经过进一步讨论，指挥官们达成了一致意见。我们知道，当大家问佩德罗·德·瓦尔德斯是否同意进攻朴茨茅斯港时，他回复说不同意。就佩德罗·德·瓦尔德斯个人来说，无论如何，他都会反对进攻朴茨茅斯港。

然而，不久，西班牙无敌舰队中遭受重创的舰船返回西班牙。后来，出席战事会议的船长们大都阵亡或被俘。大家一致认为必须找一个替罪羊。当时，所有分遣队的指挥官都强烈建议攻打朴茨茅斯港，但梅迪纳·西多尼亚公爵阿朗索·佩雷斯·德·古斯曼执意遵循西班牙国王腓力二世的命令，并称所有人都要遵照国王的命令。因此，梅迪纳·西多尼亚公爵阿朗索·佩雷斯·德·古斯曼的错误决策、傲慢态度和懦弱无能使西班牙无敌舰队错失了决胜机会。最早记载这起事件的修士胡安·德·维多利亚写下了有关此次战役的历史文稿。他的文稿因缺乏真实性而闻名，被视为送给梅迪纳·西多尼亚公爵阿朗索·佩雷斯·德·古斯曼的一杯毒酒。胡安·德·维多利亚认为，梅迪纳·西多尼亚公爵阿朗索·佩雷斯·德·古斯曼的傲慢无礼、愚蠢无能和胆小怕事将西班牙无敌舰队推向了灾难的深渊。他对梅迪纳·西多尼亚公爵阿朗索·佩雷斯·德·古斯曼的毁谤引起了西班牙很多著名编年史学家的关注。事实上，现在流传下来的历史文稿是费尔南德斯·杜罗从胡安·德·维多利亚的文稿中摘录的。费尔南德斯·杜罗还收录了关于西班牙无敌舰队的其他文稿，证明胡安·德·维多利亚的历史文稿与史实不符。

事实上，没有必要怀疑西班牙战事会议是否达成了统一意见。有人认为，梅迪纳·西多尼亚公爵阿朗索·佩雷斯·德·古斯曼逼迫经验丰富的指挥官们改变了意见。显然，这种观点是荒唐的。然而，西班牙无敌舰队的指挥官们确实意见不一致，甚至为了一个分歧进行投票，记录下每个人的观点，然后将意见汇总呈给西班牙国王腓力二世。在拉科鲁尼亚战事会议中，西班牙无敌舰队的指挥官们就是这样做的。梅迪纳·西多尼亚公爵阿朗索·佩雷斯·德·古斯曼坚持认为，这种做法合乎规定。威廉·伯勒一直追随梅迪纳·西多尼亚公爵阿朗索·佩雷斯·德·古斯曼。他认为梅迪纳·西多尼亚公爵阿朗索·佩雷斯·德·古斯曼从未忽略任何细节，也没有忽略下级军官的任何意见。几个月后，梅迪纳·西多尼亚公爵阿朗索·佩雷斯·德·古斯曼赢得了指挥官们的支持，越来越自信。但后来，他谦虚地说自己在海事战略方面知之甚少。然而，实际上，他一直按照战事会议的意见行事。

没有理由质疑西班牙战事会议意见的一致性，也没有理由谴责其决定的合理性。西班牙无敌舰队的指挥官们要考虑很多不确定因素，包括通往朴茨茅斯的海峡情况、沿岸林立的炮台、英格兰舰队的行踪等。冒险航海是鲁莽的。为了取得成功，梅迪纳·西多尼亚公爵阿朗索·佩雷斯·德·古斯曼必须找到英格兰舰队的弱点。根据准确情报，弗朗西斯·德雷克一直在朴茨茅斯港，海军大臣埃芬厄姆勋爵查尔斯·霍华德在朴茨茅斯东部的某个地方。趁弗朗西斯·德雷克还没有做好准备，如果突袭卡特水道，西班牙无敌舰队就可以取得胜利。但如果西班牙无敌舰队被堵在海港入口处，就会遭到弗朗西斯·德雷克的舰队和沿岸炮台的夹攻，海军大臣埃芬厄姆勋爵查尔斯·霍华德也会从侧面攻过来。到那时，西班牙无敌舰队将面临巨大灾难。基于各种可能性，指挥官们找不到更好的办法，只能谨慎前行，寻找英格兰舰队的位置，然后随机应变。

朴茨茅斯港虽然是西班牙无敌舰队最想占领的地方，但事实上，西班牙无敌舰队根本不可能占领朴茨茅斯港。在距目标五十英里的地方，西班牙无敌舰队的指挥官们争论了起来。在拉梅，弗朗西斯·德雷克和海军大臣埃芬厄姆勋爵查尔斯·霍华德很可能会部署下英格兰最强的舰队，等待西班牙无敌舰队一步步靠近。在能想到的各种可能性中，西班牙指挥官们最不想遇到的就是这个。

战事会议散会后，西班牙无敌舰队继续前行。黎凡特分遣队和加莱赛战船首当其冲，两翼分别是梅迪纳·西多尼亚公爵阿朗索·佩雷斯·德·古斯曼率领的主力舰队和其他加莱赛战船，以及吉普斯夸人和安达卢西亚人率领的分遣队。后方的胡安·马丁内斯·德·雷卡尔德率领比斯开分舰队和其他加莱赛战船负责护卫整支舰队。陆地上的英格兰士兵发现西班牙无敌舰队后，立即点燃了烽火。各个岬角被浓烟笼罩，无法看清岸边的情况。朴茨茅斯港响起一片警报声。南部海岸立即警戒起来，多佛被烽火照得一片通红。信号很快从北福尔兰角传到了艾塞克斯海岸。与此同时，其他地方的烽火陆续燃起，警报声不绝于耳。1588年7月30日清晨，不仅伦敦人知道了西班牙人入侵的消息，诺丁汉郡、约克郡和达拉谟的人也得知了消息。西班牙人真的来了。

西班牙无敌舰队发现了一艘英格兰轻帆船。经过利泽德半岛的时候，西班牙无敌舰队突然掠过英格兰舰队的先锋船，在高耸的卡拉克帆船的掩护下，匆忙离开了。为了回应英格兰舰队的炮轰，"拉塔炮"号发出了愤怒的炮声。1588年7月30日下午，西班牙无敌舰队抛锚，排成一列长队。当时的风可能是西南风。在多德曼海岬的避风处，从瞭望台上可以看到明媚的阳光照在西班牙无敌舰队的桅帆上。但由于距离太远，看不清楚到底有多少艘船。梅迪纳·西多尼亚公爵阿朗索·佩雷斯·德·古斯曼派几艘轻帆船前去侦查英格兰舰队的情况。

在海军大臣埃芬厄姆勋爵查尔斯·霍华德的船上，艉楼守望员看到西班牙无敌舰队排成长长的一队，宛如浮在水面上的一面恐怖高墙，船上的艉楼像一顶王冠。西班牙无敌舰队的舰船不计其数，无法分辨样式。但从英格兰士兵们震惊的表情中可以看出，他们从未见过阵容如此庞大的舰队。过了今晚，他们就能领教西班牙无敌舰队的威力了。突然间，乌云密布，大雨倾盆。1588年7月30日黄昏时分，西班牙无敌舰队消失了。

1588年7月30日午夜过后，一名说英语的指挥官指挥一艘西班牙轻帆船返回，捕获了一艘法尔茅斯渔船，并带回了四名船员。四名船员告诉梅迪纳·西多尼亚公爵阿朗索·佩雷斯·德·古斯曼，海军大臣埃芬厄姆勋爵查尔斯·霍华德和弗朗西斯·德雷克已经会合，并率舰队驶入了海域。1588年7月31日破晓时分，梅迪纳·西多尼亚公爵阿朗索·佩雷斯·德·古斯曼做出了作战决策。1588年7月30日，西风转为西南风。西班牙无敌舰队处在上风向，英格兰舰队处在下风向。西班牙无敌舰队打算充分利用风向优势。然而，1588年7月30日上午，风向改变，西风转为西北风。西班牙无敌舰队处在迎风位置。如果按兵不动，或者向东北方向的福伊前进，情况可能会好转。1588年7月31日破晓时分，西班牙无敌舰队依然处在上风向。西班牙无敌舰队一路沿海岸前进，准备赶在英格兰舰队前面抵达西部海岸。与此同时，西班牙无敌舰队的加农炮开火，但遇到了迎风向后方的英格兰主力舰队。西班牙无敌舰队失去了风向优势。接下来的九天里，大多数时候是西风。几次短暂的停歇后，又刮起了西风。

我们不知道具体发生了什么。海军大臣埃芬厄姆勋爵查尔斯·霍华德率舰队出海后又返回，停泊在接近西班牙无敌舰队靠向海域的一侧。西班牙无敌舰队起航，向东航行了几英里。海军大臣埃芬厄姆勋爵查尔斯·霍华德说："明天是星期日。清晨，所有的英格兰舰船会借着风势从朴茨茅斯港出来。西班牙无敌舰

第 22 章 "现代"战役拉开序幕

埃迪斯通

队可能会前往西部海岸的埃迪斯通群礁西部两里格处……英格兰所有舰船会离开朴茨茅斯港。"毫无疑问,西班牙人听到英格兰所有舰船都出动的消息后,非常震惊。十一艘英格兰舰船抵御住了西班牙先锋舰队的攻击,迅速离开,加入了英格兰主力舰队。自航海以来,西班牙无敌舰队从未遇到过如此糟糕的天气,甚至像胡安·马丁内斯·德·雷卡尔德这样聪明的水手也开始害怕了。在糟糕的天气状况下,战争结果由英格兰人决定。

梅迪纳·西多尼亚公爵阿朗索·佩雷斯·德·古斯曼期待英格兰舰队发动进攻。他命人发射了一枚信号弹,西班牙无敌舰队立即排成迎战阵势。所有舰船放缓了航行速度,改变了航道,在英格兰舰队面前排成新月形,准备应战。英格兰舰队对西班牙无敌舰队的阵形感到迷惑和畏惧。虽然不是完全意义上的新月形,但西班牙无敌舰队展开侧翼指向敌人,集中中间兵力,足以让经验丰富的任何海军惊讶。西班牙无敌舰队的所有船快速形成了复杂而坚固的阵形。

英格兰舰队无法快速变换阵形,也没有做过相关的练习。英格兰水手们并没有低估伊比利亚人的航海技术。葡萄牙人曾经率领欧洲人到达了遥远的海域,"晴天的水手"巴斯克人曾在世界上最危险的海域航海,参加过西印度群岛航行的人不会藐视这次航海所需要的航海技术。然而，海军大臣埃芬厄姆勋爵查尔斯·霍华德的舰队立即做出了新的部署，使旁观者惊叹不已。原本对英格兰舰队有利的风向转向了西班牙无敌舰队。在某种程度上，这是令人沮丧的，因为西班牙无敌舰队的阵形展现出了超强的防御能力。

令人畏惧的是，面对西班牙无敌舰队的新月形阵形，英格兰舰队只能攻击其突出的两翼，但两翼都由大船组成。西班牙无敌舰队两翼的船一旦受创，就可以到新月阵形的中间地带躲避。此外，英格兰舰队只能在西班牙无敌舰队两翼的中间活动，极有可能被西班牙的盖伦帆船截断退路。英格兰舰队如果来到半月形包围圈内部，在狭窄的空间里，根本无法发挥速度和敏捷度优势，只能被迫在狭窄地带应战，最终被俘。营救被俘舰船的唯一方法是和它们携手卷入混战。这一局面是西班牙人期待的，但恰好是英格兰人极力避免的。

随着西班牙无敌舰队组成新月形阵形，英格兰舰队选择排成一列，也许是两列。双方僵持着，但僵持局面不是任何一方想要的。英格兰人也许对西班牙无敌舰队的规模感到震惊。在西班牙舰船的重压下，大海似乎在呻吟。在残酷的对峙中，西班牙人知道舰队中的很多船并不能参战。西班牙人不仅对英格兰舰队的速度和灵活性感到震惊，还对英格兰舰队的规模和第一排舰船的实力感到震惊。1588年7月31清晨，双方舰队僵持不下，梅迪纳·西多尼亚公爵阿朗索·佩雷斯·德·古斯曼和海军大臣埃芬厄姆勋爵查尔斯·霍华德都处在震惊中，不知道接下来该做什么。

有太多的不确定性。有史以来，第一次出现像英格兰和西班牙这样规模庞大的两支舰队。没有人亲眼见证两支舰队交战，也没有人知道双方有什么新型武器，更不知道什么战略最有效。这为海战史开启了新纪元。1588年7月31日一整天，这些风帆战列舰上配备了金属铠甲，借助蒸汽动力驱动，配备膛线式加农炮，使舰队成为战场上的"王者"。考古学家将此次战争的所有特征结合起来，为当时的时代取了一个名字。直到现在，我们依然称其为"现代"。当时，双方并没有为各自的阵形命名，也不知道如何应对接下来的战役。离开埃迪斯通的清晨，双方舰队都不知道如何开始这场"现代"战役。

第23章　展开较量

显然，历史上第一次"现代"海战起源于中世纪浪漫的骑士精神。西班牙舰队指挥官命令主桅楼升起圣旗，这是卡斯蒂尔人在海上看到摩尔人的加莱桨帆船的做法，象征着海战拉开序幕。英格兰海军大臣埃芬厄姆勋爵查尔斯·霍华德派轻帆船"不可一世"号挑衅西班牙海军总指挥梅迪纳·西多尼亚公爵阿朗索·佩雷斯·德·古斯曼，就像亚瑟王派加韦恩骑士反抗卢修斯皇帝一样。1588年7月31日上午9时，在西班牙无敌舰队称为"侧翼"的地方，海军大臣埃芬厄姆勋爵查尔斯·霍华德率领英格兰舰队面向北方，一艘船紧挨一艘船排列，直到接近岸边的西班牙新月形舰队的边缘。

阿朗索·马丁内斯·德·莱瓦负责指挥西班牙无敌舰队的侧翼，主要负责黎凡特中队。黎凡特中队作为先锋，等到西班牙无敌舰队抵达北岸后，就会竭尽全力切断英格兰舰队下风向的分遣队。在有关这场战役的记载中，黎凡特中队被称为先遣队。虽然英格兰舰队改变了阵形，但西班牙无敌舰队也改变了方向，每艘船都向东转九十度或更多。这样一来，阿朗索·马丁内斯·德·莱瓦的分遣队就在西班牙无敌舰队的左翼。黎凡特中队成了新月形舰队的号角，向后方延伸。

尾部的大部分船肩负重要使命，面临较大危险，如阿朗索·马丁内斯·德·莱瓦分遣队的"拉塔·科罗纳达"号。随着英格兰舰队的"皇家方舟"号调转船尾，黎凡特中队的船侧向英格兰舰队排列，沿着与英格兰舰队平行的方向与西班牙舰队的拱弦相交。阿朗索·马丁内斯·德·莱瓦试图转向迎风向，组成新月形阵形。在黎凡特中队的后面，西班牙无敌舰队最大的船——加莱桨帆船开始行动。这艘加莱桨帆船几乎和英格兰女王伊丽莎白一世的"胜利"号一样大。西班牙无敌舰队的加莱桨帆船尾随在多纳伯爵法比安一世的卡拉克帆船"里加桑纳"号和黎凡特中队其他船的后面。在海军大臣埃芬厄姆勋爵查尔斯·霍华德的印象中,"拉塔·科罗纳达"号是西班牙无敌舰队的旗舰。"梅迪纳·西多尼亚公爵阿朗索·佩雷斯·德·古斯曼的旗舰"不时与英格兰舰船交换位置,"直到被西班牙舰船营救"。事实上,在西班牙无敌舰队中,黎凡特中队的船并不是最能有效利用风向的船,无法将与英格兰舰船之间的距离缩短在射程范围内。英格兰海军大臣埃芬厄姆勋爵查尔斯·霍华德也无意拉近与西班牙舰船的船距。因此,两支舰队始终保持一定距离。据我们所知,在此次行动中,双方没有人受伤,也没有一艘船需要营救。

与此同时,弗朗西斯·德雷克的"复仇"号率领一队英格兰舰船,包括约翰·霍金斯的"成就"号和马丁·弗罗比舍的"胜利"号,驶向西班牙无敌舰队的另一侧,即胡安·马丁内斯·德·雷卡尔德指挥的后方防御舰队。西班牙后方防御舰队遇到了不同的情况。胡安·马丁内斯·德·雷卡尔德的"圣胡安"号是西班牙无敌舰队中最大的盖伦帆船,也是威力最强的船。胡安·马丁内斯·德·雷卡尔德决定留下来接受挑战,剩下的帆船继续前行。不久,梅迪纳·西多尼亚公爵阿朗索·佩雷斯·德·古斯曼以为胡安·马丁内斯·德·雷卡尔德与舰队走散了,或故意被其他分遣队甩在了后面。他写信向西班牙国王腓力二世汇报称,西班牙无敌舰队不会因大炮声恐慌。在西班牙无敌舰队中,没有一支分遣队能比胡安·马丁内斯·德·雷卡尔德的后方防御舰队更英勇。没有人认为胡安·马丁内斯·德·雷卡尔德会被自己手下的比斯卡扬斯人抛弃。此外,在西班牙无敌舰队的所有指挥官中,胡安·马丁内斯·德·雷卡尔德是最不可能陷入麻烦的人。他因指挥能力超群闻名。梅迪纳·西多尼亚公爵阿朗索·佩雷斯·德·古斯曼想了想,认为自己的猜测完全不可能,一定是胡安·马丁内斯·德·雷卡尔德不想遵循唯一的方案,违背了命令,孤身闯入了英格兰舰队的阵地。

胡安·马丁内斯·德·雷卡尔德比任何人都清楚,此时的西班牙无敌舰队失去了天气优势,如果想取得胜利,唯一的办法是投入一场肉搏战。他非常坚定,也猜到了海军大臣埃芬厄姆勋爵查尔斯·霍华德的意图。海军大臣埃芬厄姆勋爵查尔斯·霍华德准备率舰队离开,在一定的射程内用长重炮攻打西班牙无敌舰队,避免自己的船受到任何损失。在英格兰舰船的重重包围中,要想毫发无损地抽身几乎是不可能的。这种情况在以前的海战中从未发生过。登上英格兰舰船是唯一稳妥的选择。在英格兰舰队的众多舰船中，胡安·马丁内斯·德·雷卡尔德选中了一艘与自己船的艉楼一样高的船。奇怪的是，这艘船的船长没有阻止胡安·马丁内斯·德·雷卡尔德登船。胡安·马丁内斯·德·雷卡尔德深知，如果能将产铁扔到英格兰舰船上，或者运气更好的话，扔到两艘英格兰舰船上，就能一直坚持到救援队的到来。如果英格兰舰队试图营救被胡安·马丁内斯·德·雷卡尔德控制的英格兰舰船，也许需要近距离作战。胡安·马丁内斯·德·雷卡尔德如果能诱使英格兰舰队靠近他的舰船，近到可以使用短程的加农炮、半加农炮或毕雷炮，也许能取得成功。孤身冒险是值得的，违背命令也是值得的。

弗朗西斯·德雷克明白胡安·马丁内斯·德·雷卡尔德的意图，如同胡安·马丁内斯·德·雷卡尔德了解海军大臣埃芬厄姆勋爵查尔斯·霍华德的意图一样。"复仇"号、"胜利"号、"凯旋"号与其他英格兰舰船拉开了距离，试图用长重炮攻打三百码以外的胡安·马丁内斯·德·雷卡尔德的舰船。长程火炮是英格兰舰队最主要的武器。弗朗西斯·德雷克无法击中胡安·马丁内斯·德·雷卡尔德的舰船，胡安·马丁内斯·德·雷卡尔德的舰船也无法靠近弗朗西斯·德雷克

西班牙无敌舰队与英格兰舰队小规模交战

的舰船。胡安·马丁内斯·德·雷卡尔德一直想靠近弗朗西斯·德雷克的舰船。马丁·弗罗比舍与胡安·马丁内斯·德·雷卡尔德的想法一样。整整一个小时，"圣胡安"号独自应对英格兰舰队的袭击，直到大帆船"葛兰格林"号和比斯开湾的其他舰船驱走了英格兰舰队。"圣胡安"号重新返回西班牙无敌舰队，修补了受创部分。

营救胡安·马丁内斯·德·雷卡尔德舰船的行动似乎是从"圣马丁"号接受突击任务开始的。胡安·马丁内斯·德·雷卡尔德本来想制造陷阱，与英格兰舰队多周旋一会。他将消息告诉了西班牙无敌舰队的所有船长，但没有告诉梅迪纳·西多尼亚公爵阿朗索·佩雷斯·德·古斯曼。梅迪纳·西多尼亚公爵阿朗索·佩雷斯·德·古斯曼一看到胡安·马丁内斯·德·雷卡尔德身处危险中，就命人收起船帆，调转了方向。一时间，西班牙无敌舰队所有主力舰队的船，包括安达卢西亚人和吉普斯夸人的船以及其他帆船，都像梅迪纳·西多尼亚公爵阿朗索·佩雷斯·德·古斯曼的船一样，调转了方向。船帆在风中摇摆，西班牙无敌舰队的后方防御舰队缓慢航行，与其他分遣队并驾齐驱。此时，英格兰舰队如果全力备战，就有可能占据天气优势。然而，在关键时刻，英格兰舰队调转了方向。第一天的战斗结束了。

英格兰舰队中断了行动。1588年7月31日下午1时，梅迪纳·西多尼亚公爵阿朗索·佩雷斯·德·古斯曼发起了攻击。由于新月形阵形是防卫阵形，只有在顺风情况下才能保持完整阵形，因此，梅迪纳·西多尼亚公爵阿朗索·佩雷斯·德·古斯曼命舰队排成攻击阵形，每支小分队自成一列，缓慢向下风向前进。毫无疑问，加莱赛战船看上去非常雄伟，迎着凉爽的风缓缓前行。但英格兰舰队一直与西班牙无敌舰队保持一定距离，不时发射炮弹，或突然撞向西班牙舰船。连续三个小时，梅迪纳·西多尼亚公爵阿朗索·佩雷斯·德·古斯曼不断尝试。随后，他举起头盔，调转了船向，与霍尔克船会合。作战日志上写道："英格兰舰队展开了作战模式。梅迪纳·西多尼亚公爵阿朗索·佩雷斯·德·古斯曼集结了舰队，但他只能做到这些。如果占据了天气优势，舰队的行进速度就能又快又灵活，可以随时驱船完成任务。"

1588年7月31日的战斗令人失望。西班牙无敌舰队虽然没有受到重创，但显得十分气恼。胡安·马丁内斯·德·雷卡尔德的舰船"圣胡安"号的前桅杆受到两发炮弹的攻击，撑杆和索具被击落，几名士兵伤亡。显然，如果英格兰舰队发起远程轰炸，那么西班牙无敌舰队几乎没有反击的余地。

英格兰舰队即使没有受到重创，也一定非常惊慌。英格兰人没有预料到，眼前的西班牙人比想象的更强大、更厉害。西班牙人的航海技术和军队的纪律性无懈可击，士兵们一直在全力奋战。西班牙无敌舰队的武器装备比英格兰人预想的更完备，船上不仅有大量长重炮，还有很多短程火炮，如加农炮和毕雷炮。这些武器的威力远胜英格兰加莱赛战船上的武器装备。西班牙无敌舰队如果能控制距离，那么完全可以在登陆前重创英格兰舰队。显而易见，在第一天的战斗中，西班牙无敌舰队的大炮没有对英格兰舰队造成任何伤害，双方都没有威慑到对方。从近处看，西班牙无敌舰队显得十分威严。夜幕降临的时候，西班牙无敌舰队看上去像一面坚不可摧的墙，舰船像一座座矗立着的塔楼堡垒。

英格兰人对自己的表现并不满意。英格兰舰队曾一路追击西班牙无敌舰队到达了朴茨茅斯港。没有任何迹象表明，西班牙无敌舰队试图占领朴茨茅斯港。但此时，西班牙无敌舰队雄心勃勃，秩序井然，一路向英吉利海峡前进，准备与帕尔玛公爵亚历山大·法尔内塞将军的陆军会合。西班牙无敌舰队非常谨慎，以防受到英格兰舰队的袭击。海军大臣埃芬厄姆勋爵查尔斯·霍华德曾有意率领六十五艘船与西班牙无敌舰队正面交锋，但现在，他迟疑了，停下来等待朴茨茅斯港的剩余舰队赶上来，并写信寻求军队和舰船支援。英格兰战事委员会同意了海军大臣埃芬厄姆勋爵查尔斯·霍华德的请求。在给弗朗西斯·沃尔辛厄姆爵士的信中，海军大臣埃芬厄姆勋爵查尔斯·霍华德写道："我们从清晨9时开战，一直战斗到下午1时。我方击中了西班牙舰船并使其漏水，这是我们一直期待的。然而，我们曾试图深入西班牙无敌舰队，但对方非常强大。"弗朗西斯·德雷克警告亨利·西摩勋爵不要靠近西班牙无敌舰队，写道："1588年8月21日，我方一直追击西班牙无敌舰队。现在，我们面对面作战。我方舰队和西班牙无敌舰队互相发了一些炮弹。我们尽最大努力将炮弹发射到远处，西班牙无敌舰队也拼命回击。"

战争结束后，西班牙无敌舰队损失惨重，并发生了两次意外事件，但与英格兰舰队毫无关系。西班牙无敌舰队注定会损失两艘大船。第一次事件似乎并不重要：1588年8月21日下午4时，西班牙无敌舰队重新排成新月形阵形。安达卢西亚分遣队联合另一支安达卢西亚分遣队，在梅迪纳·西多尼亚公爵阿朗索·佩雷斯·德·古斯曼的右侧船首集合。几分钟后，公爵左侧发生了爆炸。第二次事件："圣萨尔瓦多"号燃起了熊熊大火，船尾的甲板和艉楼都不见了。显然，"圣萨尔瓦多"号的弹药库爆炸了。

与事件相隔的时间越长，就有越多细节被暴露出来，使整场战争看上去更富戏剧性。1588年8月21日，梅迪纳·西多尼亚公爵阿朗索·佩雷斯·德·古斯曼在航海日志中写道，"圣萨尔瓦多"号上的几桶弹药爆炸了。据推测，梅迪纳·西多尼亚公爵阿朗索·佩雷斯·德·古斯曼对此事做了调查，命"圣萨瓦尔多"号上的幸存者登上"圣马丁"号。他发现事情远不止航海日志中的记载那么简单，这一点并不令人惊奇。在这起爆炸中，附近船上的人无一幸免。西班牙无敌舰队中流言四起。随后，"圣马丁"号一位叫弗雷·伯纳多·德·贡戈拉的船员说，他听说爆炸事件是由于炮手的疏忽。这一说法似乎有一定道理。另一艘船上的船员说是"圣萨尔瓦多"号上的炮手故意点燃了弹药桶，但没有人知晓真正的原因，也许是英格兰人干的。爆炸发生后，其他船上的幸存者详细描述了此次事件，称一名尼德兰炮手受到了责备，一气之下点燃了弹药桶，然后跳到了水里。关于这名尼德兰炮手后来怎么样了，并没有任何记载。在阿姆斯特丹，一名饶舌的人详细讲道，一名叫霍兰德的船员负责"圣萨尔瓦多"号上的弹药。他因在甲板上吸烟受到了米格尔·德·奥肯多的责备，然后若无其事地将烟斗塞进了弹药桶里，炸毁了整艘船。当然，当时，米格尔·德·奥肯多并不在"圣萨尔瓦多"号上。令尼德兰人感到困惑的是，西班牙无敌舰队的旗舰实际上是"卡皮坦"号，而不是"阿米兰塔"号。另一个疑问是，"圣萨尔瓦多"号的甲板上为什么会有一桶弹药呢？几星期后，汉堡传出，负责"圣萨尔瓦多"号上弹药的德意志人遭到西班牙指挥官的殴打，造成了爆炸事件。

后来，彼得鲁乔·乌巴尔迪尼负责处理爆炸后的调查工作。他说负责"圣萨尔瓦多"号上弹药的人是一名弗莱芒人。这名船员受到了指挥官的侮辱。指挥官不仅殴打他，还玷污了他的妻子，毁了他的幸福，甚至用他女儿的安全威胁他。当时，他的妻子和女儿受到许可登上了"圣萨尔瓦多"号。弗莱芒人点燃了弹药库，跳入水中，将整艘船上的人都炸死了。彼得鲁乔·乌巴尔迪尼讲述的动人故事唤起了人们心中的复仇欲望。一些人逐渐发现，彼得鲁乔·乌巴尔迪尼讲述的故事具有巴洛克式风格。后来，这起事件通过各种故事版本呈现了出来。但在戴维·格温的叙述中,整个故事充满追求自由、热爱祖国和勇敢复仇等精神。尼德兰人、德意志人、英格兰人和弗莱芒人,成了这起事件的核心人物。

关于这起爆炸事件的所有解释都非常真实。梅迪纳·西多尼亚公爵阿朗索·佩雷斯·德·古斯曼迅速做出了决策,命人发出信号弹提醒整支舰队。他立即前往"圣萨尔瓦多"号,同时派轻帆船和小船传送信息。小型船将火势冲天的"圣萨尔瓦多"号拖离了下风向,防止火势继续蔓延,同时增加人力灭火。因弹药爆炸受伤的水手也被转移到两艘霍尔克医务船上接受救治。梅迪纳·西多尼亚公爵阿朗索·佩雷斯·德·古斯曼站在"圣马丁"号的甲板上,监督和鼓励士兵们奋力灭火。两艘加莱赛战船拖走了"圣萨尔瓦多"号船,乌尔卡船之间的火势得以控制。

与此同时,夜幕即将降临,到处一片狼藉,风向不定,大海上波涛汹涌。西班牙无敌舰队的两艘加莱赛帆船的进攻没有取得任何效果。也许是因为撞到了船首,加上没有平衡船体的头帆,佩德罗·德·瓦尔德斯的船一路急速前进,失去了前桅。梅迪纳·西多尼亚公爵阿朗索·佩雷斯·德·古斯曼迅速做出指示,再次命人发了一枚信号弹,命所有舰船停在"圣罗萨利奥圣母"号附近。此时,"圣马丁"号就在"圣罗萨利奥圣母"号附近。西班牙无敌舰队中有很多航海技术高超的水手,船长们像"圣罗萨利奥圣母"号一样放荡不羁。马罗林·德·胡安命人用绳索将受损的"圣罗萨利奥圣母"号拖在自己船的后面。然而,绳索还没有系上,"圣罗萨利奥圣母"号就像一匹脱缰的野马一样跑开了。风越来越猛烈,大海上波涛汹涌。梅迪纳·西多尼亚公爵阿朗索·佩雷斯·德·古斯曼站在甲板上,忧心忡忡地看着眼前发生的一切。

夜色渐浓,迭戈·弗洛雷斯·德·瓦尔德斯驱船前来抗议。作为一名经验丰富的军官和卡斯蒂尔分遣队的指挥官,迭戈·弗洛雷斯·德·瓦尔德斯一直负责西班牙无敌舰队的旗舰。他是梅迪纳·西多尼亚公爵阿朗索·佩雷斯·德·古斯曼的总参谋长。因此,他向梅迪纳·西多尼亚公爵阿朗索·佩雷斯·德·古斯曼就战事问题提出了建议,认为舰队现在必须向东方前进。在波涛汹涌的海面上,一直停滞不前会造成船舶相撞,导致灾难。因此,1588年8月22日早晨,梅迪纳·西多尼亚公爵阿朗索·佩雷斯·德·古斯曼看到各分遣队都散开了,面前只剩下一半舰船。在英格兰舰队面前,西班牙无敌舰队不能表现得混乱无序,更不能为了一艘船忽视整支舰队的安全。

争论十分激烈。显然，弗朗西斯科·德·博瓦迪利亚将军支持迭戈·弗洛雷斯·德·瓦尔德斯的建议。最终，梅迪纳·西多尼亚公爵阿朗索·佩雷斯·德·古斯曼做出让步，但坚持除非见到"奥赫达"号和四艘轻帆船接管目前的局面，并且加莱赛战船和安达卢西亚分遣队已经收到他的命令，否则西班牙无敌舰队不能继续前行。最后，梅迪纳·西多尼亚公爵阿朗索·佩雷斯·德·古斯曼调转航向，回到主力舰队中，西班牙无敌舰队再次踏上征程。西班牙无敌舰队准备发起进攻。与此同时，传来一条不幸的消息：天黑后，"圣罗萨利奥圣母"号失散了。随后，传来长重炮的轰鸣声。

　　梅迪纳·西多尼亚公爵阿朗索·佩雷斯·德·古斯曼整日站在甲板上，心事重重。一名侍从给他送来一块硬面包和一些奶酪。但他一直倚在船尾栏杆上，注视着黑色的海面。放弃"圣罗萨利奥圣母"号是梅迪纳·西多尼亚公爵阿朗索·佩雷斯·德·古斯曼遭遇的第一次真正失败。梅迪纳·西多尼亚公爵阿朗索·佩雷斯·德·古斯曼深知不论谁提出建议，无论建议多么明智，他都要为所有失败负责。他突然想起，迭戈·弗洛雷斯·德·瓦尔德斯和佩德罗·德·瓦尔德斯不仅是堂兄弟，还是死对头。

第24章 "圣罗萨里奥圣母"号和"圣萨尔瓦多"号被俘

1588年7月31日夜晚,海军大臣埃芬厄姆勋爵查尔斯·霍华德也是忧心忡忡。英格兰战事委员会坚信西班牙人试图占领英格兰南部海岸的港口。天气因素十分关键,目前的天气状况对西班牙无敌舰队有利。海军大臣埃芬厄姆勋爵查尔斯·霍华德必须阻止西班牙人登陆。为了等待有利风向,阻止西班牙人通过英吉利海峡,他冒了很大风险做出决定。英格兰战事委员会的保守派认为,应该迎面攻打西班牙无敌舰队,守住英吉利海峡。如果西班牙人找到登陆港口,那么无论英格兰的结局如何,海军大臣埃芬厄姆勋爵查尔斯·霍华德的个人声誉都会荡然无存,再也不会有机会参加大型战争。虽然经验丰富的英格兰船长们提出了一些建议,但与梅迪纳·西多尼亚公爵阿朗索·佩雷斯·德·古斯曼一样,即使海军大臣埃芬厄姆勋爵查尔斯·霍华德接受了船长们的建议,最终也得承担所有责任。

如果海军大臣埃芬厄姆勋爵查尔斯·霍华德选择追击西班牙人,而不是阻止西班牙人登陆,那么至少能保证一切顺利。因此,当梅迪纳·西多尼亚公爵阿朗索·佩雷斯·德·古斯曼不再等待风向的时候,海军大臣埃芬厄姆勋爵查尔斯·霍华德亮出了一面旗帜。西班牙人正在处理"圣萨尔瓦多"号和"圣罗萨利奥圣母"号的突发事件。与此同时,英格兰船长们在争论追击顺序。追击顺序不可能是一条线,"所有人立即登上自己的船,海军大臣埃芬厄姆勋爵查尔斯·霍华德命令弗朗西斯·德雷克率舰船巡逻。"弗朗西斯·德雷克站在"复仇"号上,命人点亮船尾的灯,率领巡逻舰队前进。海军大臣埃芬厄姆勋爵查尔斯·霍华德听从了弗朗西斯·德雷克的建议,但认为此次行动有些唐突。虽然弗朗西斯·德雷克声名远播,经验丰富,但英格兰舰队的所有责任和荣誉都由海军大臣埃芬厄姆勋爵查尔斯·霍华德一人承担。

夜幕降临，微风徐徐，英格兰舰队迅速追击西班牙无敌舰队。伦敦武装民船"玛格丽特和约翰"号航行在海面上，速度很快，船上有十四门大炮。"圣罗萨利奥圣母"号是"玛格丽特和约翰"号遇到的第一艘西班牙舰船。"圣罗萨利奥圣母"号遇到了危险，停在一艘加莱赛战船的旁边，前桅杆掉落下来。西班牙的加莱赛战船和轻帆船前来营救"圣罗萨利奥圣母"号。根据英格兰士兵的记载，"玛格丽特和约翰"号向"圣罗萨利奥圣母"号猛冲过去，但"圣罗萨利奥圣母"号"周围没有其他船，也没有轻帆船"。显然，西班牙舰船放弃了"圣罗萨利奥圣母"号，迅速离开了。

关于"玛格丽特和约翰"号的很多传说并不真实。英格兰军官们要分得"圣罗萨利奥圣母"号的部分战利品，自然会夸大自己作用。我们知道"圣罗萨利奥圣母"号是一艘很小的船，但比"玛格丽特和约翰"号大一些。1588年7月31日晚上9时，"玛格丽特和约翰"号放弃追击"奥赫达"号，可能是因为不想冒太大危险，而不是害怕"奥赫达"号接近英格兰舰队。当时，"奥赫达"号似乎已经是一艘弃船，没有继续航行，也没有闪烁的航灯，更没有掌舵。为了证实自己的猜测，"玛格丽特和约翰"号靠近"奥赫达"号，并一连串地开火。突然，

强大的西班牙无敌舰队

第 24 章 "圣罗萨利奥"号和"圣萨尔瓦多"号被俘

"奥赫达"号发射了长重炮弹。"玛格丽特和约翰"号立即调转方向离开了，但一直停留到午夜时分才走远。根据记载，海军大臣埃芬厄姆勋爵查尔斯·霍华德亲自追击西班牙舰船，很可能听到了枪声，然后派了一艘轻帆船去营救"玛格丽特和约翰"号。他之前命"玛格丽特和约翰"号不要引起西班牙无敌舰队的注意。西班牙无敌舰队再次集结起来，如果想在托尔湾抛锚，就需要倾尽所有力量。

1588 年 7 月 31 日夜晚的可见度并不高，当时的记载中也没有提及月光。1588 年 7 月 31 日傍晚 6 时左右，风停了，海面上一丝风都没有。即使有月光，能见度也不会高。当时，也许天空阴云密布，英吉利海峡附近雾气环绕。因此，"皇家方舟"号虽然跟在弗朗西斯·德雷克舰船的身后，但根本看不见"复仇"号上的尾光。

如果弗朗西斯·德雷克的舰船失散，一定会有人传递消息，然后所有舰船一起去寻找。此时，英格兰舰队的其他船都没有看到"复仇"号上的信号灯，"复仇"号现在的位置比其他船预想的还要远。"皇家方舟"号加快速度，试图追上"复仇"号，但找不到"复仇"号的任何踪迹。海军大臣埃芬厄姆勋爵查尔斯·霍华德曾宣称"皇家方舟"号是世界上独一无二的舰船。"皇家方舟"号追上来时，引航船的尾光一直很稳定。1588 年 8 月 1 日破晓时分，引航船带领其他英格兰舰船离开了贝里岬。如果西班牙人试图离开托尔湾，那么整场战役的结局就会提前上演。海军大臣埃芬厄姆勋爵查尔斯·霍华德意识到，自己追随的一直是西班牙旗舰的尾光，他几乎已经到达西班牙新月形阵形的中心地带。当时，与海军大臣埃芬厄姆勋爵查尔斯·霍华德的舰船一起的还有"大熊"号和"玛丽·罗斯"号。远处只能看到英格兰舰队其他船的桅杆，根本看不到弗朗西斯·德雷克和"复仇"号的踪影。

当时，有关西班牙无敌舰队的记载并不详细，很多资料只记载了主要事件，没有描述细节。有时，一些情节描写十分清晰；有时，一些重要事件却没有任何记载。关于 1588 年 8 月 1 日发生的事，英格兰官方描述道："英格兰舰队对弗朗西斯·德雷克非常失望，因为弗朗西斯·德雷克没有留下来巡逻，而是追踪西班牙大船……耽误了时间，并且不知道追踪的是哪艘船。只有'大熊'号和'玛丽·罗斯'号与海军大臣埃芬厄姆勋爵查尔斯·霍华德的舰船随行……1588 年 7 月 31 日夜晚，弗朗西斯·德雷克一直在追踪西班牙舰船，并且船距在加尔文炮的射程

西班牙无敌舰队

伊曼纽尔·范·梅特仑

范围内。英格兰舰队远远跟在弗朗西斯·德雷克舰船的后面。1588年8月1日早晨，距弗朗西斯·德雷克舰队最近的船也只露出了半个桅杆，很多船都不在视线范围内。过了很久，英格兰舰队的其他船才看到海军大臣埃芬厄姆勋爵查尔斯·霍华德的船。"海军大臣埃芬厄姆勋爵查尔斯·霍华德一意孤行追踪西班牙无敌舰队是轻率之举，而不是简单的错误。他并没有责备弗朗西斯·德雷克，而是尽量避开重点，为弗朗西斯·德雷克开脱。但埃芬厄姆勋爵查尔斯·霍华德对事后发生了什么只字不提，这一点难以得到人们的原谅。

我们认为，当英格兰舰队的三艘舰船调转方向急速离开时，西班牙无敌舰队并没有必要追击。当时，西班牙的记载中并没有提到闯入西班牙无敌舰队阵形中的三艘英格兰大船。看到三艘英格兰大船的时候，西班牙人一定十分震惊。理查德·哈克路特转述了伊曼纽尔·范·梅特仑说的很有意义的一段话："海军大臣埃芬厄姆勋爵查尔斯·霍华德闯入西班牙舰队的同一天，雨果·德·蒙卡达率领四艘加莱赛战船请求迎战英格兰海军大臣埃芬厄姆勋爵查尔斯·霍华德。但梅迪纳·西多尼亚公爵阿朗索·佩雷斯·德·古斯曼认为这样做不妥，并未批准。"这句话也许是雨果·德·蒙卡达的同僚们回到西班牙后的抱怨，也许是真的，也许是假的。但1588年8月1日黎明，"皇家方舟"号和随行舰船一定注意到了自己所处的位置，也意识到自己正身处危险中。加莱赛帆船是西班牙舰队唯一的获胜机会，因为加莱赛帆船可以顺风快速航行几英里，超过英格兰的三艘舰船，赶上英格兰船队，然后将其包围甚至一举歼灭。

如果雨果·德·蒙卡达提出迎战请求，那么梅迪纳·西多尼亚公爵阿朗索·佩雷斯·德·古斯曼一定会拒绝他的请求。你也许会问为什么，难道梅迪纳·西多尼亚公爵阿朗索·佩雷斯·德·古斯曼不想获胜吗？梅迪纳·西多尼亚公爵阿朗索·佩雷斯·德·古斯曼命西班牙无敌舰队沿海峡前进，不愿为了击溃三艘英格兰舰船耽误时间。1588年8月2日，西班牙无敌舰队失去了一切获胜机会，如果1588年8月1日黎明时分的风向改变，西班牙加莱桨帆船也会失去获胜机会。一切都已经太迟了。梅迪纳·西多尼亚公爵阿朗索·佩雷斯·德·古斯曼也许记得海战传统，不愿授予雨果·德·蒙卡达特权，或者认为西班牙无敌舰队与英格兰舰队的力量比不可能是二十比一，想要推迟交战，因为他的判断往往源于浪漫的骑士想法，而不是军事常识，或者两者都没有。如果他有军事常识，一定不会在英格兰舰队的后续力量没有到达前，拒绝攻打"皇家方舟"号和随行舰船。短短的十二小时内，梅迪纳·西多尼亚公爵阿朗索·佩雷斯·德·古斯曼已经犯了两个错误。

海军大臣埃芬厄姆勋爵查尔斯·霍华德摆脱了危险，看着西班牙无敌舰队缓慢沿着海峡前进。显然，西班牙无敌舰队对托尔湾没有任何兴趣。

1588年8月1日星期一下午，英格兰舰队重新集结，其中包括弗朗西斯·德雷克的"复仇"号。弗朗西斯·德雷克向海军大臣埃芬厄姆勋爵查尔斯·霍华德严肃地说："今天晚上注定不平静。"他担心西班牙人会在黑暗的掩护下利用天气优势发起袭击。因此，他命人调转船头，试图用船灯误导西班牙无敌舰队。追随弗朗西斯·德雷克舰船的是朴茨茅斯民船"雄獐"号，船长是雅各布·威登。此外还有弗朗西斯·德雷克自己的两艘追击速度一流的轻帆船。弗朗西斯·德雷克率船追上了一艘陌生船，结果发现这艘船是一艘德意志商船，没有任何威胁，于是驱船返回，与海军大臣埃芬厄姆勋爵查尔斯·霍华德会合。1588年8月2日星期二早晨，令人意想不到的是，弗朗西斯·德雷克的舰船附近停着佩德罗·德·瓦尔德斯破损不堪的旗舰。一开始，佩德罗·德·瓦尔德斯还想开战，但得知对方是弗朗西斯·德雷克后，认为只要条件合理，被弗朗西斯·德雷克俘虏也没有什么丢脸的。弗朗西斯·德雷克派"雄獐"号将佩德罗·瓦尔德斯的舰船护送到托尔湾，但让佩德罗·德·瓦尔德斯留在"复仇"号上，打算带他去见海军大臣埃芬厄姆勋爵查尔斯·霍华德。

此时，似乎没有人责怪弗朗西斯·德雷克的怪异行为。据我们所知，没有人对他的举动产生怀疑。在分配"圣罗萨利奥圣母"号上的战利品时，马丁·弗罗比舍与弗朗西斯·德雷克产生了争执。令人奇怪的是，除了弗朗西斯·德雷克，为什么没有人看到佩德罗·德·瓦尔德斯的船呢？如果弗朗西斯·德雷克有理由离开自己的岗位去调查佩德罗·德·瓦尔德斯的船，又为什么会熄灭船上的灯呢？他知道自己船上的灯是为整支舰队指引方向的信号。此外，他没有向海军大臣埃芬厄姆勋爵查尔斯·霍华德汇报，就采取了单独行动。如果海军大臣埃芬厄姆勋爵查尔斯·霍华德知道了此事，一定会点亮自己船上的灯，避免一切陷入混乱中。但关于此事，弗朗西斯·德雷克没有任何解释，似乎也没有必要解释。

海军大臣埃芬厄姆勋爵查尔斯·霍华德认真听了佩德罗·德·瓦尔德斯被捕的经过，对弗朗西斯·德雷克意外发现佩德罗·德·瓦尔德斯的舰船感到欣喜。在大海上，弗朗西斯·德雷克声名远播。据说，他能凭借航海经验和直觉迅速找到目标，譬如战利品丰富的"圣罗萨利奥圣母"号。后来，"圣罗萨利奥圣母"号卷入了整场战争。弗朗西斯·德雷克擅自离开确实不需要任何理由。坦率地讲，其他人都很嫉妒弗朗西斯·德雷克，但没有人责备他。现代海战中的任何不当行为都会交至海事法庭裁决。然而，"圣罗萨利奥圣母"号给弗朗西斯·德雷克带来了荣誉和战利品。同时代的人都没有责备他，我们又何必去责备他呢。

出于同样的原因，我们不应该责备佩德罗·德·瓦尔德斯，也没有人责备他。当时，梅迪纳·西多尼亚公爵阿朗索·佩雷斯·德·古斯曼和迭戈·弗洛雷斯·德·瓦尔德斯都放弃了"圣罗萨利奥圣母"号，了解真实情况的人只会同情"圣罗萨利奥圣母"号。后来的大多数历史学家对这种同情做出了些许回应。佩德罗·德·瓦尔德斯并没有任何过错。"圣罗萨利奥圣母"号的遭遇是西班牙无敌舰队的船长

第24章 "圣罗萨利奥"号和"圣萨尔瓦多"号被俘

和船员们的冷漠造成的,他们没有奋力营救"圣罗萨利奥圣母"号。这起事件体现出西班牙无敌舰队的人缺乏勇气。在一定程度上,佩德罗·德·瓦尔德斯应该承担责任。"圣罗萨利奥圣母"号的船首被撞,船上的前桅丢失,十个小时内没有得到任何救援,船上约有一百八十名水手,以及三百多名士兵。在危急时刻,"圣罗萨利奥圣母"号上的士兵们抛出绳索,手持大斧,随着风力减退,海面恢复平静,竭尽全力保持船体平衡,适当调整船帆,"圣罗萨利奥圣母"号虽然依然行动迟缓,但并没有失控。"玛格丽特和约翰"号船赶到约四个小时后,"圣罗萨利奥圣母"号的前桅杆倒下,在海中无助地漂泊,甲板上没有任何动静。"圣罗萨利奥圣母"号被抛弃了。弗朗西斯·德雷克发现"圣罗萨利奥圣母"号的时候,"圣罗萨利奥圣母"号依然无助地漂泊在海面上。

佩德罗·德·瓦尔德斯没有维修"圣罗萨利奥圣母"号,也没有为"圣罗萨利奥圣母"号而战。"圣罗萨利奥圣母"号上的士兵和水手人数是"复仇"号和"雄獐"号上的士兵和水手人数的总和。从头到尾,"圣罗萨利奥圣母"号上的士兵和水手都没有打算为"圣罗萨利奥圣母"号而战。"圣罗萨利奥圣母"号是西班牙无敌舰队中最大、最结实的船,武器装备精良,一点都不比胡安·马丁内斯·德·雷卡尔德和梅迪纳·西多尼亚公爵阿朗索·佩雷斯·德·古斯曼的加莱赛战船差。"圣罗萨利奥圣母"号的艉楼高耸,比英格兰舰船的艉楼高,如果坚决抵抗几个小时,阻止两艘英格兰舰船投入战斗,也许可以削弱其中一艘英格兰舰船的力量。然而,"圣罗萨利奥圣母"号优雅地低下了头,向弗朗西斯·德雷克投降,将船上的四十六门大炮和其他军火,以及船长的五万五千枚金达克特免费送给了英格兰人。佩德罗·德·瓦尔德斯也许根本不值得为这场战争冒险,但事实上,按照16世纪的海战记载,无论在英格兰还是在西班牙,他都是一位伟大的民族英雄。

1588年8月1日星期一,佩德罗·德·瓦尔德斯投降,英格兰人获得了丰厚的战利品。1588年8月1日星期一中午,一名西班牙船员报告说,"圣萨尔瓦多"号的甲板上出现了很多裂缝,船内的水位迅速上升,水泵无法处理,船已经开始下沉。发生爆炸后,"圣萨尔瓦多"号附近船上船员携带物资撤离。但奇怪的是,"圣萨尔瓦多"号的船首部分没有任何遭受炮轰的痕迹。"圣萨尔瓦多"号失去了控制,顺水漂流,但船底被凿了一个洞。英格兰人迅速赶到,海军大臣埃芬厄姆勋爵查尔斯·霍华德登上"圣萨尔瓦多"号检查情况，这时"圣萨尔瓦多"号只剩下烧焦的残骸。不久，轻帆船的指挥官托马斯·弗莱明试图将"圣萨尔瓦多"号带回韦茅斯。"圣萨尔瓦多"号被俘和"圣罗萨利奥圣母"号被击沉大大增长了英格兰士兵的士气。站在岸边的人亲眼看见了埃斯科里亚尔的第一天战役，但很难说清楚事情的进展对哪一方更有利。

1588年8月1日星期一下午，风力减弱。梅迪纳·西多尼亚公爵阿朗索·佩雷斯·德·古斯曼发出信号，召开了战事会议，做了新的部署安排。西班牙无敌舰队所有分遣队兵分两路，一路是阿朗索·马丁内斯·德·莱瓦率领的后方防御舰队，一路是梅迪纳·西多尼亚公爵阿朗索·佩雷斯·德·古斯曼率领的先锋舰队。梅迪纳·西多尼亚公爵阿朗索·佩雷斯·德·古斯曼选择率领先锋舰队是因为想随时观察舰队东翼的英格兰舰队的动静。他认为英格兰舰队虽然表面上由约翰·霍金斯指挥，但真正的主帅是亨利·西摩勋爵。起航后，海军大臣埃芬厄姆勋爵查尔斯·霍华德一直要求增援。

然而，战争打响后，局势的发展与双方的计划背道而驰。1588年8月2日星期二清晨，海面上刮起了东风，打破了夜晚以来的平静。西班牙无敌舰队占据了天气优势。

海军大臣埃芬厄姆勋爵查尔斯·霍华德迅速掌控了局势。西班牙人发现，1588年8月2日黎明，海军大臣埃芬厄姆勋爵查尔斯·霍华德率领英格兰舰队向北方和东北方驶去，可能是想利用风向优势到达西班牙无敌舰队的东翼。与此同时，在波特兰角，西班牙无敌舰队的所有舰船横向排列。1588年8月1日，海军大臣埃芬厄姆勋爵查尔斯·霍华德还在担心托尔湾。现在，他开始担心会在韦茅斯遇到危险。此时，西班牙人就在英格兰舰队的眼前，航行速度很快。看到英格兰舰队开始行动后，梅迪纳·西多尼亚公爵阿朗索·佩雷斯·德·古斯曼率领先锋舰队的盖伦帆船，试图拦截英格兰舰队。由于波特兰角的天气状况，海军大臣埃芬厄姆勋爵查尔斯·霍华德无法预测遇到西班牙无敌舰队的具体时间。英格兰舰队开始向西南方向行进，目标是西班牙无敌舰队朝向海面的分翼舰队。波特多纳伯爵法比安一世率领西班牙舰队的后翼开始拦截英格兰舰队。两支舰队的距离越来越近，从加尔文炮的射程到步枪射程，现在到了步枪射程的一半。显然，英格兰舰队被西班牙无敌舰队切断了。突然，两支舰队中燃起了大火，冒出浓烟。

西班牙无敌舰队对战英格兰舰队

这场奇怪的战斗持续了整个上午。后来，威廉·卡姆登评论说，此次战役的细节"令人百思不得其解"。虽然细节记载都很模糊，但双方指挥官的目的确定无疑。除了威廉·卡姆登提供的细节，还有很多信息供我们参考。这场战役的轮廓至少是清晰的。英格兰舰队一直试图驶过西班牙无敌舰队靠近海面的一侧，而西班牙人一直试图登上英格兰的舰船，迫使英格兰人投降，但双方都没有达到自己的目的。大多数时候，双方舰队之间的距离在步枪射程范围内，有时甚至更近。双方将领对此十分恼怒，各派出几艘船执行特殊任务。据说，当时的大炮声就像持续不断的步枪射击声，烟雾遮挡了士兵们的视线，经验丰富的士兵也没有见过类似的场面。如果风向改为东南，整个战场就会向西飘进莱姆湾。

与此同时，在波特兰角的背风处，一场小规模战役正在进行。马丁·弗罗比舍站在"胜利"号上。"胜利"号是两军舰队中最大的舰船，四周由五艘中等型号的英格兰商船掩护。"胜利"号正遭到四艘西班牙加莱赛战船的袭击。马丁·弗罗比舍和同伴们也许没有绕过波兰特角，又不能及时追上海军大臣埃芬厄姆勋爵查尔斯·霍华德的舰船；于是，在别无选择的情况下，只能停下等待战事西移，找机会寻找有利风向和作战空间。马丁·弗罗比舍的目的地并不明确，也许是波特兰角东侧几英里处长长的浅滩。浅滩不规则地探出海面。"胜利"号立即将死亡陷阱设在了宽阔的地方。西班牙舰船如果想尽快攻下"胜利"号，就必须赢得战斗。在此处航行要格外谨慎，快速航行的船在汹涌的水流中没有任何优势。"胜利"号的艉楼高耸，行动没有其他英格兰船那么灵活，但更有能力抵御西班牙舰船的袭击。马丁·弗罗比舍如果厌倦了这场游戏，就不会找地方躲起来了。

海军大臣埃芬厄姆勋爵查尔斯·霍华德改变了航线。梅迪纳·西多尼亚公爵阿朗索·佩雷斯·德·古斯曼立即派雨果·德·蒙卡达率四艘盖伦帆船追击英格兰舰队。一小时后，他观察了战事后，发现四艘盖伦帆船谨慎前行，与"胜利"号之间的距离在加尔文长炮的射程范围内，很像一群落入陷阱的狗，却发现身边有一只又老又狡猾，并且行动敏捷的大熊。潮水退去，战斗还在如火如荼地进行着。令梅迪纳·西多尼亚公爵阿朗索·佩雷斯·德·古斯曼感到失望的是，水流将西班牙盖伦帆船冲到了一边。梅迪纳·西多尼亚公爵阿朗索·佩雷斯·德·古斯曼派一艘轻帆船去给雨果·德·蒙卡达送信。

不久，风向转为南风。海军大臣埃芬厄姆勋爵查尔斯·霍华德结束了战斗，

第24章 "圣罗萨利奥"号和"圣萨尔瓦多"号被俘

一直盯着"胜利"号。"胜利"号率领英格兰女王伊丽莎白一世的一队加莱赛战船和其他舰船前去营救马丁·弗罗比舍。我们并不知道马丁·弗罗比舍是否需要营救，如果知道弗朗西斯·德雷克的"复仇"号是否在救援船队之列，我们就可以得到答案。但在哈里奇的三个星期里，脾气暴躁的英格兰约克郡人认为，弗朗西斯·德雷克将"圣罗萨利奥圣母"号据为己有，分配战利品时欺骗了他们。他们扬言"要让弗朗西斯·德雷克为此付出血的代价"。弗朗西斯·德雷克为英格兰舰队做的一切似乎并没有得到其他人的感激。

梅迪纳·西多尼亚公爵阿朗索·佩雷斯·德·古斯曼发现海军大臣埃芬厄姆勋爵查尔斯·霍华德的救援行动后，立即率领自己的先锋舰队，总计十六艘船，试图拦截英格兰舰队。然而，两军交战前，梅迪纳·西多尼亚公爵阿朗索·佩雷斯·德·古斯曼身后的胡安·马丁内斯·德·雷卡尔德率破损的"圣胡安"号加入了战斗。此时，"圣胡安"号遭到英格兰舰队的拦截，被十几艘英格兰舰船围困。风向突变，梅迪纳·西多尼亚公爵阿朗索·佩雷斯·德·古斯曼的先遣舰队停在"圣胡安"号的下风向。梅迪纳·西多尼亚公爵阿朗索·佩雷斯·德·古斯曼立即派人通知各舰船准备营救"圣胡安"号。"圣马丁"号船独自应对英格兰舰队。"皇家方舟"号与"圣马丁"号擦身而过，撞倒了"圣马丁"号的上桅帆。英格兰士兵可能会顺势用铁锚勾住"圣马丁"号，并登上"圣马丁"号。梅迪纳·西多尼亚公爵阿朗索·佩雷斯·德·古斯曼在书上学到的海战知识告诉他，是时候发起肉搏战了。

然而，海军大臣埃芬厄姆勋爵查尔斯·霍华德并没有命人顺势用铁锚勾住"圣马丁"号，英格兰士兵也没有登上"圣马丁"号，只是近距离经过了"圣马丁"号。其他英格兰舰船也没有用铁锚勾住"圣马丁"号。随后，英格兰舰队在"圣马丁"号周围往返。很快，其他英格兰舰船也加入了围攻"圣马丁"号的舰队。因此，从"圣胡安"号的甲板上看，"圣马丁"号正独自对抗英格兰的五十艘大船。据说，为了回击英格兰的炮火，"圣马丁"号的各个炮口都冒出了火光。英格兰舰队不得不远离"圣马丁"号。因为"圣马丁"号离大部队太远，所以只能孤军奋战长达四个小时。用海军大臣埃芬厄姆勋爵查尔斯·霍华德的话来说，米格尔·德·奥肯多率领的加莱桨帆船舰队迅速"集结"，试图包围并保护已经千疮百孔的"圣马丁"号。

与此同时，英格兰舰队撤退。西班牙帆船舰队也不再骚扰"胜利"号。海风停歇，风向对英格兰舰队有利。西班牙无敌舰队再次形成新月形防御阵形，奏响了沉闷的进行曲。1588年8月2日下午，双方舰队相距很远，只能听到几声炮响。营救"圣马丁"号的战斗结束后，一整天的战斗也结束了。

西班牙无敌舰队从这场战役中得到了惨痛的教训：即使占据了天气优势，也可能无法用铁锚勾住并顺势登上对方的船。英格兰舰船的航行速度很快，可以随意与西班牙无敌舰队保持一定距离。西班牙人认为，英格兰人的选择是对的。英格兰的大炮威力更大，射程更远，发射速度更快。虽然很难确定，但双方舰队的士兵都认为，英格兰大炮的发射速度是西班牙大炮的三倍。

英格兰舰队也反思了这场战役。面对西班牙无敌舰队严明的军纪，英格兰舰队战略没有发挥丝毫作用。英格兰人并不期望通过一两次交锋击沉西班牙无敌舰队的多艘战舰，但打算逐步破坏西班牙无敌舰队的战舰和新月形阵形。但目前为止，英格兰人只击中了"圣罗萨利奥圣母"号，击沉了"圣萨尔瓦多"号。虽然英格兰人认为自己拥有武器方面的优势，但"圣罗萨利奥圣母"号和"圣萨尔瓦多"号都是意外受损的。同时，在1588年8月2日白天的战斗中，尤其是波特兰角的战役，正如海军大臣埃芬厄姆勋爵查尔斯·霍华德说的那样，英格兰舰队拼尽全力，对西班牙无敌舰队造成了"可怕而伟大的一击"。如果没有足够的炮弹，海军大臣埃芬厄姆勋爵查尔斯·霍华德就不能继续战斗。因此，他立即写信向陆地上的英格兰军队求援。实际上，英格兰舰队没有给西班牙无敌舰队造成任何伤害。西班牙无敌舰队的新月形防御阵形非常坚固。西班牙人虽然没有攻取韦茅斯，但并不意味着没有这个打算。此时，西班牙无敌舰队正威严地向前方进军。

第 25 章 西班牙无敌舰队遭受重创

波特兰角距加来不到一百七十英里。在英格兰舰队的追击下，西班牙无敌舰队持续航行了一百多个小时。除了两场激烈但未果的战役，西班牙无敌舰队的行进速度每小时不足两海节。风向对西班牙无敌舰队不利。1588 年 8 月 2 日星期二的波特兰角战役结束后，海面上异常平静，不时吹来习习西风。对西班牙无敌舰队来说，天气状况已经很好。西班牙无敌舰队可以继续保持坚固的新月形防御阵形，使英格兰舰队无法发挥航速快的优势。梅迪纳·西多尼亚公爵阿朗索·佩雷斯·德·古斯曼多次写信给帕尔玛公爵亚历山大·法尔内塞，提醒帕尔玛公爵亚历山大·法尔内塞收到信后派出军队，为西班牙无敌舰队提供一些给养，并加入攻打英格兰舰队的海战。

与此同时，英格兰舰队谨慎地跟在西班牙无敌舰队后面，每到一处港口都能得到英格兰人提供的补给。只要时机成熟，英格兰舰队就能向西班牙无敌舰队发起进攻。但英格兰舰队始终无法打乱西班牙无敌舰队的阵形。两次行动证明，英格兰舰队抓住的两次机会都是良机。

1588 年 8 月 3 日星期三上午，一艘西班牙大船跟在西班牙无敌舰队新月形防御阵形的后面，英格兰舰队立即赶上前去拦截。我们不了解其中原因。西班牙大船上的水手一眼看出，冲在追击舰队最前面的是弗朗西斯·德雷克的"复仇"号。弗朗西斯·德雷克的主要任务是拦截西班牙无敌舰队的侧翼。海军大臣埃芬厄姆勋爵查尔斯·霍华德一定也参加了战斗。胡安·马丁内斯·德·雷卡尔德的"圣胡安"号坚守在西班牙舰队的右翼。看到西班牙大船遇到危险后，胡安·马丁内斯·德·雷卡尔德立即率领第一排舰队前去支援。

这艘西班牙大船是胡安·科梅兹·德·梅迪纳率领的乌尔卡舰队的旗舰"格

兰·格里丰"号。为了加强面向大海一侧的舰队力量,胡安·马丁内斯·德·雷卡尔德命"格兰·格里丰"号前来支援。但这一决定不太像胡安·马丁内斯·德·雷卡尔德的行事风格。虽然"格兰·格里丰"号的排水量高达六百五十吨位,船上有三十八门大炮,但动作缓慢,很难跟上主力舰队。当"格兰·格里丰"号发现自己陷入困境的时候,立即竭尽全力赶到了新月形防御阵形的安全地带。但不久,英格兰舰队"卡皮坦"号就追了上来,从船尾处拦截了"格兰·格里丰"号,并用枪炮扫射了"格兰·格里丰"号。随后,其他英格兰舰船也赶了上来。"格兰·格里丰"号被团团包围,但英格兰人并没有登船。然而,"格兰·格里丰"号仍然坚持继续前行,整艘船笼罩在浓烟中,直到追上胡安·马丁内斯·德·雷卡尔德的舰队后,才开始回击英格兰舰船。

西班牙无敌舰队的后方舰队陷入了恐慌。胡安·马丁内斯·德·雷卡尔德、米格尔·德·奥肯多、阿朗索·马丁内斯·德·莱瓦和马丁·德·贝特多纳立即率领舰船投入了战斗。在战斗中,佛罗伦萨的加莱桨帆船被烧毁了。弗朗西斯·德雷克一直跟在西班牙无敌舰队的后面。到目前为止,"格兰·格里丰"号的船桅、索具和船舵都失控了,整艘船陷入危险中。梅迪纳·西多尼亚公爵阿朗索·佩雷斯·德·古斯曼派几艘加莱赛战船前去营救"格兰·格里丰"号,其中一艘船试图将"格兰·格里丰"号拖到西班牙无敌舰队的中间地带,其他船开炮回击弗朗西斯·德雷克的"复仇"号。双方交战十分激烈。作为交战信号,西班牙先锋舰队猛烈攻击了英格兰舰队"复仇"号的顶帆。英格兰舰队拉远了与西班牙无敌舰队之间的距离,很快超过了长重炮的射程,并偶尔开炮回击对方。梅迪纳·西多尼亚公爵阿朗索·佩雷斯·德·古斯曼决定不应战,尽量拖延战事。他返回船舱,西班牙无敌舰队继续前进。

1588年8月3日星期三上午,英格兰舰队和西班牙无敌舰队都只有一半舰船参战,整场战役持续了几个小时。据官方记载,西班牙无敌舰队有六十人死亡,七十人受伤,比波特兰角一战死亡人数多十人。在英格兰海域,1588年8月3日是西班牙无敌舰队伤亡最惨重的一天。"格兰·格里丰"号也许可以解释其中原因。由于英格兰舰队与西班牙无敌舰队之间的距离很近,英格兰舰队的损失也十分惨重。

1588年8月3日星期三下午,大风停息。在尼德尔斯西南方一英里或几英

第 25 章 西班牙无敌舰队遭受重创

里处,双方舰队各自撤离,都有了喘息的机会。一些英格兰舰船前来增援海军大臣埃芬厄姆勋爵查尔斯·霍华德的舰队,其中包括小型战舰、轻帆船、贸易船和港务船。增援船上装满枪炮弹药,挤满了年轻的英格兰志愿者。

海军大臣埃芬厄姆勋爵查尔斯·霍华德参加了一场会议,和其他船长一样,对刚刚发生的战役十分不满。波特兰角战役结束后,英格兰舰队的战线破裂,形成了三个不协调的阵形,唯一的优势是战船行动灵活。在马丁·弗罗比舍顽强的抵抗下,英格兰舰队的情况还不算太糟。此外,在每场战斗中,西班牙人都严格保持新月形防御阵形。一些船虽然航行速度慢,或者不是大型战船,但在新月形防御阵形的保护下,依然多次躲开了英格兰舰队的致命袭击。

英格兰战事委员会决定组建中队。四天内,战事委员会观察了西班牙无敌舰队的行军体系。弗朗西斯·德雷克和海军大臣埃芬厄姆勋爵查尔斯·霍华德从佩德罗·德·瓦尔德斯那里了解到了很多关于西班牙无敌舰队的情况。根据已经掌握的情况,英格兰舰队将一百多艘战舰,包括大船和小船,粗略分成了四支分遣队。当然,海军大臣埃芬厄姆勋爵查尔斯·霍华德指挥其中一支分遣队,弗朗西斯·德雷克负责另一支分遣队,其他两支分遣队由约翰·霍金斯和马丁·弗罗比舍负责。

英格兰陆军和海军重新调整了战略,借鉴了西班牙无敌舰队的组织结构。但决战在即,面对西班牙无敌舰队的威胁,英格兰舰队可以借鉴的并不多。在英格兰战事委员会的部署下,新的组织结构比之前的更有效,也体现了新战略的合理性。

1588 年 8 月 4 日早晨的战役验证了英格兰舰队新组织结构的有效性。1588 年 8 月 4 日午夜,海面上非常寂静。1588 年 8 月 5 日黎明,两艘西班牙战舰出现在海面上,一艘是加莱赛战船"圣路易"号,一艘是西印度商船"圣安娜"号。"圣路易"号和"圣安娜"号离西班牙主力舰队不远,但离英格兰舰队很远。海面上没有一丝风。约翰·霍金斯距西班牙无敌舰队最近。因此,他命分遣队向西班牙无敌舰队挺进。"成就"号首当其冲,火球和枪炮声在耳边轰鸣。

此时的天气对加莱赛战船有利。梅迪纳·西多尼亚公爵阿朗索·佩雷斯·德·古斯曼派加莱赛战船去营救"圣路易"号和"圣安娜"号。其中三艘加莱赛战船及时赶到,拖拽着"圣路易"号和"圣安娜"号,并为其提供了炮火掩

西班牙无敌舰队

"皇家方舟"号

护。与此同时,约翰·霍金斯的战船逐渐接近了西班牙舰船,很快到达炮弹射程内。"皇家方舟"号在约翰·霍金斯分遣队的左侧,舰船上的船员们竭尽全力划桨。远处,海军大臣埃芬厄姆勋爵查尔斯·霍华德的亲信威廉·托马斯正站在"金狮"号上。

一时间,西班牙舰船和英格兰舰船展开战斗,其他战舰停在一旁观战。海面上没有一丝风,除非有加莱赛战船的牵引,否则其他舰船无法在海面上移动。海军大臣埃芬厄姆勋爵查尔斯·霍华德自豪地说:"两军阵前,'皇家方舟'号和'金狮'号显得非常英勇!"最终,西班牙加莱赛战船受到重创,其中一艘战船不得不被拖走,另一艘战船的信号灯被"皇家方舟"号击毁。海军大臣埃芬厄姆勋爵查尔斯·霍华德得意地说,西班牙加莱赛战船不会再出现在战场上了。

根据西班牙史料记载,西班牙的两艘加莱赛战船将"圣路易"号和"圣安娜"

第25章 西班牙无敌舰队遭受重创

号拖走,随即一起撤退到了西班牙无敌舰队的中间。与其他指挥官一样,海军大臣埃芬厄姆勋爵查尔斯·霍华德似乎高估了英格兰舰队对西班牙无敌舰队造成的打击。受损的信号灯和船头并不能彻底打垮西班牙战船。一艘西班牙战船的船壳受损,但裂缝很快被修补好了。半小时后,西班牙加莱赛战船再次行动起来,重新回到了加来。

此时,海风微动。与在波特兰角时一样,西班牙无敌舰队同时遇到了两件毫无关联的事。西班牙无敌舰队的后方遭到三支英格兰分遣队的袭击。与此同时,梅迪纳·西多尼亚公爵阿朗索·佩雷斯·德·古斯曼正率领西班牙先锋舰队对抗英格兰的第四支分遣队。为了了解当时的战事,必须看一看海岸线。1588年8月5日夜晚,两支西班牙分遣队航行在海面上,顺风向东行驶到了怀特岛南岸,不断靠近海岸,离海岸不到一里格,最终向东行驶到了索伦特海峡。西班牙国王腓力二世曾建议梅迪纳·西多尼亚公爵阿朗索·佩雷斯·德·古斯曼遇到紧急情况时,在索伦特海峡靠岸,等待与帕尔玛公爵亚历山大·法尔内塞率领的西班牙陆军会合。此外,西班牙战事委员会决定离开利泽德半岛。除非帕尔玛公爵亚历山大·法尔内塞真的准备好了,否则西班牙无敌舰队将继续前行。为了抓住机会,西班牙人认为,西班牙无敌舰队一定要在怀特岛掌握良机。根据情报,如果英格兰舰队不会出现在怀特岛,那么西班牙无敌舰队的此次行动将十分轻松。梅迪纳·西多尼亚公爵阿朗索·佩雷斯·德·古斯曼还没有收到帕尔玛公爵亚历山大·法尔内塞的确切回复。我们不知道他是否已经决定将怀特岛作为滩头阵地,到斯皮特黑德攻占一块锚地,或者有更明确的决定。但海军大臣埃芬厄姆勋爵查尔斯·霍华德可能会尝试靠近岸边航行。

马丁·弗罗比舍率领的英格兰分遣队随时会靠岸。1588年8月4日黎明时分,马丁·弗罗比舍的分遣队逐渐靠近岸边,与西班牙无敌舰队的左翼舰队重合。与此同时,波涛汹涌,两军舰队以每小时一海里的速度向东漂移。然而,越靠近海岸,海浪越凶猛。马丁·弗罗比舍的舰船已经靠近西班牙的先锋舰队,但一点也不令人惊讶。1588年8月4日清晨,风力并没有减弱。1588年8月4日的天气和1588年8月2日的天气一样,马丁·弗罗比舍占据了天气优势。但如果风向转为西南,那么马丁·弗罗比舍及其分遣队就会被西班牙无敌舰队包围,处在西班牙无敌舰队的下风向。

西班牙无敌舰队

突然，狂风四起。马丁·弗罗比舍分遣队的一半舰船，包括"胜利"号在内，与"圣马丁"号相遇。双方对峙了半个小时。风力渐增，十二艘西班牙舰船渐渐逼近，显然是来增援"圣马丁"号的。见此情形，英格兰舰船立即调转船头离开了。马丁·弗罗比舍分遣队的很多舰船试图重返西班牙无敌舰队的左翼，但"胜利"号处在分遣队的最东面，遭到了西班牙舰船的拦截。梅迪纳·西多尼亚公爵阿朗索·佩雷斯·德·古斯曼立刻派船增援"圣马丁"号，封锁了英格兰舰船的退路。此时，"胜利"号似乎处在下风向。在其他英格兰舰船的掩护下，马丁·弗罗比舍拼尽全力撤离。十一艘船拖拽着"胜利"号，其中包括海军大臣埃芬厄姆勋爵查尔斯·霍华德的两艘大型盖伦帆船"大熊"号和"伊丽莎白·乔纳斯"号，并及时抵御了西班牙舰船的进攻。然而,梅迪纳·西多尼亚公爵阿朗索·佩雷斯·德·古斯曼坚持自己的拦截计划，希望登上英格兰的大舰船。"这是取胜的唯一方法。"随着风力逐渐减弱，"胜利"号起航，摆脱了身后追击的西班牙舰船，很快返回了英格兰舰队。

狂风中的无敌舰队

第 25 章 西班牙无敌舰队遭受重创

此时，梅迪纳·西多尼亚公爵阿朗索·佩雷斯·德·古斯曼注意到了西班牙无敌舰队靠近了海域的侧翼，弗朗西斯·德雷克集中火力，正在袭击西班牙无敌舰队新月形防御阵形的右翼。西班牙无敌舰队的右翼由胡安·马丁内斯·德·雷卡尔德负责，但胡安·马丁内斯·德·雷卡尔德率"先锋"号离开了。"先锋"号是一艘葡萄牙加莱桨帆船，体型很大，但比"圣胡安"号小，船上载有三十四门大炮。最终，"圣马特奥"号船撤回西班牙无敌舰队。"弗洛伦西亚"号取代"圣马特奥"号加入了战斗。"弗洛伦西亚"号是一艘实力更强大的战船，虽然与其他舰船发生了碰撞，但没有破坏整个新月形防御阵形。然而，弗朗西斯·德雷克对西班牙新月形防御阵形的边缘发起了猛烈攻击。风力减弱，西班牙无敌舰队的右翼似乎转向了东北方。

一般情况下，西班牙无敌舰队无须太过担心。梅迪纳·西多尼亚公爵阿朗索·佩雷斯·德·古斯曼站在旗舰甲板上，看着一眼望不到边的海水向西南方向延伸，引航员站在他的身边。海岸四处布满黑色的岩石。弗朗西斯·德雷克和约翰·霍金斯了解海上可能遇到的所有危险。前方是欧沃斯群礁。英格兰舰队如果能引起西班牙人的注意，继续向北前进，就能在二十分钟内让西班牙无敌舰队撞到岩石上。但是，梅迪纳·西多尼亚公爵阿朗索·佩雷斯·德·古斯曼发射了一枚信号弹，召集舰队扬起船帆，停在欧沃斯群礁的东南方向。西班牙无敌舰队集合，离致命礁石的距离越来越远，离怀特岛和英格兰舰队也越来越远。危险近在咫尺。一名目击者写道，梅迪纳·西多尼亚公爵阿朗索·佩雷斯·德·古斯曼看着胜利在眼前闪现，"胜利"号成功脱险，西班牙无敌舰队也远离了灾难。这种说法一点也不夸张。

英格兰舰队紧跟在西班牙无敌舰队后面，并没有另寻时机，其中一个原因是舰队已经弹尽粮绝。在海岸边，海军大臣埃芬厄姆勋爵查尔斯·霍华德四处寻求补给，得到了英格兰政府的支持性回复。但炮弹数量依然不够。耕田用的犁链和各种废铁都不适合铸造炮弹。此外，海军大臣埃芬厄姆勋爵查尔斯·霍华德与亨利·西摩勋爵约定在多佛附近集结。这是一个决定性的决策，也是海军大臣埃芬厄姆勋爵查尔斯·霍华德能找到的唯一支援。

当然，西班牙无敌舰队无法在英格兰南岸登陆。海军大臣埃芬厄姆勋爵查尔斯·霍华德对 1588 年 8 月 4 日星期四的战役感到满意，就像大获全胜了一般。

西班牙无敌舰队

1588年8月5日星期五清晨，在"皇家方舟"号的甲板上，海军大臣埃芬厄姆勋爵查尔斯·霍华德如同站在胜利的战场上，授予约翰·霍金斯、马丁·弗罗比舍和其他亲信爵士头衔。然而，从他的言辞和行为判断，他当时的想法十分复杂。目前，英格兰舰船和士兵们还没有受到威胁。海军大臣埃芬厄姆勋爵查尔斯·霍华德认为，英格兰舰队已经给西班牙无敌舰队造成沉重打击，但除了弗朗西斯·德雷克，西班牙船长比英格兰船长更强大、更凶暴、更好斗。在双方交战的四场战役中，不论哪一场战役，所有参战的舰船都是适合海战的大船。西班牙无敌舰队纪律严明，秩序井然。离开埃迪斯通群礁后，西班牙人一直试图缩短与英格兰舰队之间的距离。

梅迪纳·西多尼亚公爵阿朗索·佩雷斯·德·古斯曼无暇庆祝目前的小胜，一直为完全胜利努力着。如果能击败英格兰舰队，西班牙无敌舰队就可以畅通无阻地前进。然而，此时，西班牙无敌舰队虽然距目的地很近，但梅迪纳·西多尼亚公爵阿朗索·佩雷斯·德·古斯曼不像之前那么兴奋和期待。西班牙无敌舰队很快就能进入加来海峡了。此时海风四起，海面上杀气重重，不利于西班牙无敌舰队抛锚靠岸。帕尔玛公爵亚历山大·法尔内塞询问西班牙无敌舰队在何时何地登陆，与西班牙陆军会合。目前，梅迪纳·西多尼亚公爵阿朗索·佩雷斯·德·古斯曼还没有给出明确回复。他不知道如何应对英格兰舰队。英格兰舰队不仅给西班牙无敌舰队造成了沉重打击，击毁、击沉了几艘西班牙舰船，并且杀敌无数，还不断从沿岸获取支援，日益强大，用远程大炮削弱了西班牙无敌舰队的力量。

梅迪纳·西多尼亚公爵阿朗索·佩雷斯·德·古斯曼知道，从现在起，西班牙无敌舰队的炮火不可能对英格兰舰队造成威胁。从里斯本带来的大批弹药已经消耗殆尽。梅迪纳·西多尼亚公爵阿朗索·佩雷斯·德·古斯曼认为，靠岸后一定会发生大规模战斗。此时，西班牙的一些船上根本没有炮弹，或炮弹型号与大炮型号不相符。西班牙无敌舰队的炮弹所剩无几。英格兰舰队也陷入了同样的困境，但在英格兰的每个港口，海军大臣埃芬厄姆勋爵查尔斯·霍华德都能收到弹药供给。梅迪纳·西多尼亚公爵阿朗索·佩雷斯·德·古斯曼的弹药补给只有一个，即向帕尔玛公爵亚历山大·法尔内塞求援。他要求帕尔玛公爵亚历山大·法尔内塞立即为西班牙无敌舰队提供炮弹，越多越好，尤其是十磅重、八磅重和六磅重的炮弹。1588年8月5日星期五，海面上十分平静。英格兰海军大臣埃芬厄姆勋爵查尔斯·霍华德正在授予自己的亲信骑士头衔。梅迪纳·西多尼亚公爵阿朗索·佩雷斯·德·古斯曼看了剩余的武器清单，决定从乌尔卡船和其他小船上抽调炮弹，补给精疲力竭的盖伦帆船。

双方指挥官似乎都高估了炮火对彼此的影响，犯了致命的错误。阿朗索·凡内加斯估计，在已经结束的四场战役中，西班牙无敌舰队死亡一百六十七人，受伤两百四十一人，但不算因"圣萨尔瓦多"号爆炸死亡的一百五十多人和在"圣罗萨利奥圣母"号上被捕的四百多人。如果加上所有伤亡和被捕人数，西班牙无敌舰队的伤亡人数超过两万人，但并不算太惨。阿朗索·凡内加斯船长一直负责汇报西班牙无敌舰队的官方死亡人数，尽职尽责。但他的估算过低，原因有两方面：首先，他计算的受伤人数只包括残疾士兵；其次，与16世纪的船长一样，西班牙船长们不愿意上报死亡人数，因为只要船员的名字保留在花名册上，船长就可以领取他们的佣金。"如果人死了，就不能领取佣金了。"伯利勋爵威廉·塞西尔也注意到了英格兰舰队伤亡汇报中的问题。

西班牙无敌舰队纪律严明，经验丰富。如果阿朗索·凡内加斯船长不能估算确切的伤亡人数，那么英格兰舰队当时的伤亡数字也是不可信的。如果西班牙的炮弹正如汇报中说的那样，没有任何杀伤力，那么海军大臣埃芬厄姆勋爵查尔斯·霍华德就没有任何理由失败。但可以确定的是，四场战役中，英格兰舰队的伤亡人数比西班牙无敌舰队的伤亡人数少很多，也许只有西班牙伤亡人数的一半。在战火中，双方舰队都没有失去桅杆或严重受创，或迫使对方的舰船离开战场。

双方连续开炮的原因有两个。其中一个原因是：双方舰队经验不足，不知道如何使用重型火炮。没有人知道对方会怎么做。英格兰舰队和西班牙无敌舰队都坚信，只要有远程射击的长重炮或半长重炮，就可以远距离将对方的船击成碎片。事实并非如此。16世纪，如果两军舰队相距三百码到七百码，不论是长重炮还是半长重炮，都不能将对方的加莱桨帆船或坚固的加莱赛战船击成碎片，最多将对方的船击出一个小洞。因此，长重炮或半长重炮不可能击沉大型战舰。不久，军事战略家了解到，舰队在作战过程中，只有在短距离内从侧面发射炮弹，才能击沉一艘大船。

与此同时，双方舰队的重炮射击命中率都非常差。16世纪，战船上的长重炮很难准确击中目标。不论是五十码的距离，还是五百码的距离，都会出现误差。

但经过训练,炮手可以更好地掌握炮弹发射距离。西班牙无敌舰队中的大多数受过训练炮手,从来没有在舰船甲板上发射过炮弹。英格兰舰队中有一些经验丰富的炮手,在海战中发挥了重要作用。西班牙人很羡慕英格兰大炮的速度,更羡慕英格兰大炮射击精准。在英格兰舰队中,包括海军大臣埃芬厄姆勋爵查尔斯·霍华德,都对英格兰炮手的精准度赞叹不已。经验丰富的威廉·托马斯也非常震惊。战争结束后,他写信给伯利勋爵威廉·塞西尔道:"我们的失误就是,虽然发射了很多炮弹,但对英格兰舰队造成的伤害微乎其微。"英格兰舰队的长重炮比西班牙无敌舰队的更先进。进入加来海峡一个星期后,西班牙无敌舰队遭受了更惨重的损失。

梅迪纳·西多尼亚公爵阿朗索·佩雷斯·德·古斯曼担心的不是舰队受创,而是舰队已经靠近北海,但一直没有联系上帕尔玛公爵亚历山大·法尔内塞。现在,西班牙无敌舰队似乎只有一件事可做。1588年8月6日星期六下午,西班牙无敌舰队抵达加来,抛锚靠岸。一切进展顺利,但出人意料的是,海上突然出现了大风和潮汐。西班牙无敌舰队失去了优势。与此同时,英格兰舰队一直在等待梅迪纳·西多尼亚公爵阿朗索·佩雷斯·德·古斯曼的到来。西班牙无敌舰队放下缆绳前,英格兰舰队已经抛锚靠岸。两支舰队停靠在加来海峡,双方之间的距离在长重炮射程范围内。

第26章　英格兰舰队发起火攻

　　海军大臣埃芬厄姆勋爵查尔斯·霍华德在惠特沙湾。亨利·西摩勋爵的舰队从封锁地被召唤，向着东北方向追踪西班牙无敌舰队。几个小时后，亨利·西摩勋爵的舰队在海军大臣埃芬厄姆勋爵查尔斯·霍华德率领的舰队附近抛锚靠岸。此时，英格兰舰队军力倍增，有三十五艘舰船、五艘英格兰女王伊丽莎白一世的盖伦帆船，以及两艘装备精良的战船"彩虹"号和"先锋"号。海军大臣埃芬厄姆勋爵查尔斯·霍华德率领的舰队一直在海上艰难行进，在敦刻尔克和多佛之间来回巡航，等待帕尔玛公爵亚历山大·法尔内塞突然出现。

　　然而，一切都是徒劳。亨利·西摩勋爵和英格兰女王伊丽莎白一世的顾问们都不信任尼德兰人。一方面是因为尼德兰人长期缺席布尔堡会议，另一方面是因为拿骚的尤斯蒂努斯声称会牵制住帕尔玛公爵亚历山大·法尔内塞的陆军。数月以来，亨利·西摩勋爵看到尼德兰人在浅水斜坡海岸巡逻，比英格兰舰队离岸更近。西班牙无敌舰队在布鲁日到法拉盛的前线传来消息，称拿骚的尤斯蒂努斯可以及时得到帕尔玛公爵亚历山大·法尔内塞的行踪，迫切期待帕尔玛公爵亚历山大·法尔内塞出现。拿骚的尤斯蒂努斯最想看到的是西班牙强大的步兵部队和帕尔玛公爵亚历山大·法尔内塞出现在蓝色的海面上，在离海岸较远的海域击败西班牙军队。到时，西班牙军队要想回来，就必须航行很久。

　　拿骚的尤斯蒂努斯的舰队停靠在法拉盛，在斯凯尔特河西岸巡游。他希望帕尔玛公爵亚历山大·法尔内塞相信尼德兰人还没有准备好。亨利·西摩勋爵理解拿骚的尤斯蒂努斯的顾虑，沿着佛兰德斯海岸巡航。他拥有足够强大的海军力量，完全有能力击沉帕尔玛公爵亚历山大·法尔内塞率领的小规模舰队。尼德兰人不想让英格兰女王伊丽莎白一世心生怀疑，认为，英格兰仅是尼德兰设置的战略陷阱的诱饵。亨利·西摩勋爵不知道拿骚的尤斯蒂努斯的意图，拿骚的尤斯蒂努斯也不想让亨利·西摩勋爵破坏计划。双方都误解了彼此，在布尔堡争吵不休。由于一直没有得到西班牙无敌舰队的消息，尼德兰人和英格兰人相互抱怨。愤怒和怀疑的情绪与日俱增，盟友之间总会出现这样的情况。

危险真正来临的时候，尼德兰人和英格兰人停止了抱怨。拿骚的尤斯蒂努斯得到情报，西班牙无敌舰队离开了利德泽岛，帕尔玛公爵亚历山大·法尔内塞的军队数月来士气低落。不久，双方舰队虽然多次发生摩擦，但依然沿着海峡前进。然而，拿骚的尤斯蒂努斯试图在离海岸较远的地方击败帕尔玛公爵亚历山大·法尔内塞的军队，使其全军覆没。西班牙无敌舰队的一支分遣队随时会出现在加来海域。西班牙无敌舰队离开加来海域后，拿骚的尤斯蒂努斯必须停止一切行动，因为这是他的使命。拿骚的尤斯蒂努斯命令所有舰船途径敦刻尔克执行任务。亨利·西摩勋爵还没有前去与海军大臣埃芬厄姆勋爵查尔斯·霍华德会合，但尼德兰人已经抢先一步。海军大臣埃芬厄姆勋爵查尔斯·霍华德对此一无所知。

1588年8月7日星期日清晨，梅迪纳·西多尼亚公爵阿朗索·佩雷斯·德·古斯曼升起旗子召开了紧急战事会议，讨论了目前的战事。加来距敦刻尔克不足三十英里。帕尔玛公爵亚历山大·法尔内塞和梅迪纳·西多尼亚公爵阿朗索·佩雷斯·德·古斯曼已经做好准备，打算不久后会合。显然，一旦帕尔玛公爵亚历山大·法尔内塞的军队准备就绪，西班牙无敌舰队就会在加来抛锚靠岸。天气、风向条件都有利于西班牙无敌舰队。英格兰的船长们不了解帕尔玛公爵亚历山大·法尔内塞军队的海上作战水平，不知道帕尔玛公爵亚历山大·法尔内塞是否会将炮台搬出来。一旦炮台出现，局势就会非常复杂，英格兰船长们不想冒险。目前，如果西班牙人在加来海岸面临危险，那么英格兰也同样不安全。英格兰人确信，加来海岸对他们没有任何优势。与此同时，加来的行政长官古尔丹爵士没有看到英格兰舰队的指挥官，但发现一直有船在他的城堡和"圣马丁"号之间穿梭。古尔丹爵士同情天主教联盟。自从吉斯公爵亨利一世向西班牙国王腓力二世臣服，除了胡格诺派，所有法兰西人都成了西班牙的附庸和英格兰潜在的敌人。在西班牙无敌舰队和海岸之间往来的船正面临灾难。梅迪纳·西多尼亚公爵阿朗索·佩雷斯·德·古斯曼完成计划前，西班牙无敌舰队会调转方向，向法兰西政府求援或与帕尔玛公爵亚历山大·法尔内塞会合。现在，英格兰舰队只能使用火攻。

第 26 章 英格兰舰队发起火攻

威廉·温特爵士的舰船靠岸前一晚，就看到了火攻的必要性。英格兰舰队中有经验的军官可能也看到了这一点。亨利·西摩勋爵、威廉·温特爵士和亨利·帕默爵士一来，就看到加来港前面的悬崖下停泊着舰船。没有人愿意靠近西班牙军队，或炮轰西班牙军队。英格兰的所有战事会议一直在讨论火攻战略。亨利·帕默爵士乘轻帆船到多佛调集更多船和易燃物。他离开后不久，留言散播开来，说他去多佛调船是为了延迟战事。1588 年 8 月 8 日上午，潮汐和南风或东南风会带来进攻机会。最适合发起进攻的时间是 1588 年 8 月 7 日晚上。弗朗西斯·德雷克提供的一艘火攻船停泊在朴茨茅斯的"托马斯"号旁边。"托马斯"号的排水量有两百多吨。约翰·霍金斯也提供了一艘火攻船。英格兰舰队的士气越来越高，召集了六艘火攻船，最小的船的排水量达九十吨，剩下的船的排水量从一百五十吨到两百吨不等。火攻船队的目标是西班牙无敌舰队。火攻船的船长们分散开来做好准备，船上装满可燃物。当然，英格兰船员们将自己的衣物放好，火攻船上的水桶都被搬下了船。不久，有人汇报称，火攻船上的黄油、牛肉和饼干都烧成了灰烬。火攻船上的桅杆、帆和索具都被搬了下来，以便船全速前进。火攻船上还有枪炮，温度达到一定程度的时候会爆炸，可以提高杀伤力。火攻船队是临时制造的战争"武器"。奇怪的是，在岸上时，英格兰人没有提前做好准备。虽然准备作战的时间很短，但英格兰舰队采纳了很多好的建议，补充了供给。

海军大臣埃芬厄姆勋爵查尔斯·霍华德如果知道战事的进展，并知道"圣马丁"号得到了一些小船的支援，一定很兴奋。古尔丹爵士的船只是前去回答梅迪纳·西多尼亚公爵阿朗索·佩雷斯·德·古斯曼的问题。梅迪纳·西多尼亚公爵阿朗索·佩雷斯·德·古斯曼早已知道形势严峻，西班牙无敌舰队正面临危险。如果不在加来停留太长时间，局势可能会大不一样。梅迪纳·西多尼亚公爵阿朗索·佩雷斯·德·古斯曼陷入恐慌。加来距沙特尔很远。古尔丹爵士一直想着法王亨利三世和吉斯公爵亨利一世什么时候和解，静观局势的发展。无论如何，他都做好了中立的准备。他允许西班牙人靠岸后采购新鲜食物。因此，英格兰舰队看到的穿梭在古尔丹爵士城堡和西班牙无敌舰队之间的小船就是西班牙的采购船。海军大臣埃芬厄姆勋爵查尔斯·霍华德和战事委员会成员一致认为，法兰西是英格兰的敌人，但没有确凿的证据证明古尔丹爵士也是英格兰的敌人。

如果海军大臣埃芬厄姆勋爵查尔斯·霍华德知道梅迪纳·西多尼亚公爵阿

朗索·佩雷斯·德·古斯曼给帕尔玛公爵亚历山大·法尔内塞写的信，一定会十分兴奋。梅迪纳·西多尼亚公爵阿朗索·佩雷斯·德·古斯曼告诉帕尔玛公爵亚历山大·法尔内塞，西班牙无敌舰队一靠岸就会向他汇报。虽然梅迪纳·西多尼亚公爵阿朗索·佩雷斯·德·古斯曼每天都会写信给帕尔玛公爵亚历山大·法尔内塞汇报战事，但一连几个星期，帕尔玛公爵亚历山大·法尔内塞杳无音信。梅迪纳·西多尼亚公爵阿朗索·佩雷斯·德·古斯曼继续写道："我停泊在加来。我的侧翼有两支英格兰分遣队。如果英格兰人发起炮轰，我无法反击。如果你能派来四十艘或五十艘平底船，我就可以抵御英格兰舰队，等待你做好准备与我会合。"

平底船速度快，吃水浅，是一种小型战船。以前，尼德兰"海上乞丐"威胁尼德兰海峡的时候，尼德兰人用平底船平息了骚乱，控制了尼德兰海峡。帕尔玛公爵亚历山大·法尔内塞紧缺平底船。即使没有英格兰的阻碍，他也无力派遣平底船支援西班牙无敌舰队。在敦刻尔克和纽波特港集结舰队的所有平底船都没有船桅、帆和大炮，其中大部分是平底的敞篷驳船，曾经负责运输牛。天气好的时候，帕尔玛公爵亚历山大·法尔内塞的船只够用来运送炮弹或运送士兵。帕尔玛公爵亚历山大·法尔内塞认为，现有的平底船离敦刻尔克和奥斯坦德较远。拿骚的尤斯蒂努斯的平底船是用来应付佛兰德斯岸上情况的。

1588年8月6日星期六夜晚，梅迪纳·西多尼亚公爵阿朗索·佩雷斯·德·古斯曼没有注意到帕尔玛公爵亚历山大·法尔内塞无力支援西班牙无敌舰队。大多数人认为，是"致命的误解导致了西班牙无敌舰队的失败"。很多人认为梅迪纳·西多尼亚公爵阿朗索·佩雷斯·德·古斯曼胆小愚蠢。显然，这种观点是不成立的。梅迪纳·西多尼亚公爵阿朗索·佩雷斯·德·古斯曼虽然在指挥中犯了一些错误，但并不愚蠢。很多因素影响了他的判断，但他绝不胆怯。帕尔玛公爵亚历山大·法尔内塞明确了自己的位置后，并未通知梅迪纳·西多尼亚公爵阿朗索·佩雷斯·德·古斯曼。1587年，帕尔玛公爵亚历山大·法尔内塞多次写信给西班牙国王腓力二世，强调1588年1月，只要西班牙无敌舰队能在海上掩护他，他的军队就可以冒险进入英吉利海域。1588年4月，他派两名使臣前往马德里，告诉西班牙国王腓力二世，由于困难重重，西班牙陆军和海军会合的时间会延迟，休战期间，他会趁机占领瓦尔赫伦岛和法拉盛的深海域。西班牙国王腓力二世拒绝更改计划。帕尔玛公爵亚历山大·法尔内塞的一名使臣，即后来的历史学家路易·卡布雷拉·德·科尔多瓦的记载揭示了帕尔玛公爵亚历山大·法尔内塞面临的困难。据路易·卡布雷拉·德·科尔多瓦的记载，他对西班牙国王腓力二世说："陛下，帕尔玛公爵亚历山大·法尔内塞不可能与西班牙无敌舰队会合。西班牙无敌舰队的盖伦帆船吃水有二十五至三十英尺深，敦刻尔克港几乎没有可以让加莱桨帆船停泊的深水域。英格兰的舰船数量较少，能及时应对敦刻尔克出现的情况。从佛兰德斯的驳船交汇处到西班牙无敌舰队停泊的地方一直在英格兰舰队的掌控下。帕尔玛公爵亚历山大·法尔内塞与西班牙无敌舰队会合无望。那么为什么不放弃会合，节省更多时间和金钱呢？"

当然，路易·卡布雷拉·德·科尔多瓦的记载是在战争结束后写的。当时，他的话不可能很直白，并且具有预见性。如果当时没有人向西班牙国王腓力二世提及此事，就会显得十分蹊跷。与西班牙国王腓力二世通过信后，帕尔玛公爵亚历山大·法尔内塞并未向梅迪纳·西多尼亚公爵阿朗索·佩雷斯·德·古斯曼透露会合遇到的重重困难。他本来应该告诉梅迪纳·西多尼亚公爵阿朗索·佩雷斯·德·古斯曼自己的海军力量不足，以免梅迪纳·西多尼亚公爵阿朗索·佩雷斯·德·古斯曼抱有幻想。西班牙国王腓力二世应该明白，帕尔玛公爵亚历山大·法尔内塞的海军力量薄弱，但他依然给梅迪纳·西多尼亚公爵阿朗索·佩雷斯·德·古斯曼下达了详细指示。从里斯本担任西班牙无敌舰队的总指挥起，梅迪纳·西多尼亚公爵阿朗索·佩雷斯·德·古斯曼就一直遵照西班牙国王腓力二世的指示行事。西班牙国王腓力二世难道没有告诉梅迪纳·西多尼亚公爵阿朗索·佩雷斯·德·古斯曼，帕尔玛公爵亚历山大·法尔内塞正面临困难吗？他曾警告梅迪纳·西多尼亚公爵阿朗索·佩雷斯·德·古斯曼远离危险重重的敦刻尔克海岸，但多次敦促梅迪纳·西多尼亚公爵阿朗索·佩雷斯·德·古斯曼与帕尔玛公爵亚历山大·法尔内塞会合。显然，梅迪纳·西多尼亚公爵阿朗索·佩雷斯·德·古斯曼原本可以不用与英格兰盖伦帆船交锋，轻而易举地应对尼德兰的平底船队。后来，梅迪纳·西多尼亚公爵阿朗索·佩雷斯·德·古斯曼的使者到达纽波特港或敦刻尔克港的时候，被眼前的一幕惊呆了。

1588年8月8日星期日清晨，梅迪纳·西多尼亚公爵阿朗索·佩雷斯·德·古斯曼得知了一个灾难性的消息。天刚亮，西班牙无敌舰队继续前进。两个星期前，梅迪纳·西多尼亚公爵阿朗索·佩雷斯·德·古斯曼派罗德里戈·特略的轻帆船去告诉帕尔玛公爵亚历山大·法尔内塞，西班牙无敌舰队已经到达韦桑岛。在布鲁日，罗德里戈·特略见到了帕尔玛公爵亚历山大·法尔内塞，向帕尔玛公爵亚历山大·法尔内塞呈交了梅迪纳·西多尼亚公爵阿朗索·佩雷斯·德·古斯曼的信。帕尔玛公爵亚历山大·法尔内塞回复说很高兴西班牙无敌舰队顺利抵达韦桑岛，并且承诺于1588年8月14日前做好一切会合准备。罗德里戈·特略离开了敦刻尔克。1588年8月7日夜晚，他一直没有见到帕尔玛公爵亚历山大·法尔内塞。停泊在纽波特和敦刻尔克的舰船破旧不堪，船上空空如也，既没有桅杆、帆、枪炮，也没有任何储备物资。罗德里戈·特略不知道帕尔玛公爵亚历山大·法尔内塞能否做好会合准备。

与此同时，帕尔玛公爵亚历山大·法尔内塞的行为有些奇怪。表面上，他正在为会合做准备，实际上，敦刻尔克建造的平底船十分糟糕。木匠和造船匠的工作进度极其缓慢，只要拖欠工资，他们就放下工具拒绝继续工作。木材腐烂，木板上满是青苔，优质木料和腐烂的木材混在一起。很多船需要拆了重修，一些平底船已经无法继续使用。在装载过程中，一艘船沉入了大海。帕尔玛公爵亚历山大·法尔内塞无法为平底船配备大炮。即使有钱，他也很难找到足够多经验丰富的水手。帕尔玛公爵亚历山大·法尔内塞从未遇到过类似的情况，只能通过威逼利诱、恩威并施的方式不懈努力。他以身作则，最终解决了所有困难，但逐渐放慢了作战节奏。西班牙军队的纪律越来越松散，建船进度更加缓慢。一些小事引发了新的问题。在英吉利海峡，西班牙无敌舰队毫无目的地停泊着。直到1588年8月8日下午，帕尔玛公爵亚历山大·法尔内塞还未理出头绪。接下来的几天，装载平底船的进程依旧异常缓慢。

1588年8月10日星期二晚上，敦刻尔克下起了暴雨。正在装载的平底船中，一艘没有配备武器，一艘的桅杆尚未升起，一艘没有索具，还有一艘陷入了运河的淤泥中。一些驳船没有靠岸就开始漏水了；一些船刚刚装上货物，船板的接缝开始漏水。西班牙士兵们像袋子里麦子一样，被扔进驳船里。看到光秃秃的棺材型盒子后，他们难以置信地大笑起来。夜幕降临，士兵们点燃火把登船。帕尔玛公爵亚历山大·法尔内塞站在一边，脸色苍白，表情冷漠。平底船上逐渐涌上很多人，敦刻尔克陷入一片愤怒。被击败的西班牙船在风中四处漂泊。如果帕尔玛公爵亚历山大·法尔内塞不知道已经发生的一切，就显得很奇怪了。

第 26 章 英格兰舰队发起火攻

眼前的景象会让人觉得帕尔玛公爵亚历山大·法尔内塞在玩文字游戏。一个星期前,路易·卡布雷拉·德·科尔多瓦说:"帕尔玛公爵亚历山大·法尔内塞这样做似乎表明,他不相信西班牙无敌舰队已经抵达英格兰海岸。"帕尔玛公爵亚历山大·法尔内塞也许认为,路易·卡布雷拉·德·科尔多瓦曾向西班牙国王腓力二世汇报过自己的情况,现在不用太担心。即使西班牙无敌舰队击败了英格兰舰队,但只要尼德兰人继续待在后方,就不会对西班牙无敌舰队造成威胁。即使西班牙无敌舰队有一百艘武装平底船,也不会全部加入战斗。拿骚的尤斯蒂努斯会将西班牙平底船全部击毁。到时候,船体残骸可能会堵塞海上通道。帕尔玛公爵亚历山大·法尔内塞如果能泰然自若地面对当前的局势,那么也许早已预见到自己的失败,西班牙军队注定会失败。

1588 年 8 月 10 日星期二晚上,敦刻尔克出现了奇怪的一幕。1588 年 8 月 8 日星期日夜晚,梅迪纳·西多尼亚公爵阿朗索·佩雷斯·德·古斯曼听到了罗德里戈·特略带来的消息。他一直不相信西班牙国王的计划会遭遇失败,命人将所有船上的水桶装满水,并派人去古尔丹爵士处借桶,但没有借到。他派了很多使者去给帕尔玛公爵亚历山大·法尔内塞送信,信件内容充满说理、恳求和劝诫。帕尔玛公爵亚历山大·法尔内塞发现,在波特兰角附近,即使西班牙无敌舰队占据了天气优势,也无法战胜英格兰舰队。梅迪纳·西多尼亚公爵阿朗索·佩雷斯·德·古斯曼想先说服自己,只要有轻便快捷的平底船,西班牙无敌舰队就能取胜。因此,他希望帕尔玛公爵亚历山大·法尔内塞提供支援。只要帕尔玛公爵亚历山大·法尔内塞认同梅迪纳·西多尼亚公爵阿朗索·佩雷斯·德·古斯曼的计划,就会率兵与其会合,在海上一举歼灭英格兰舰队。

与此同时,梅迪纳·西多尼亚公爵阿朗索·佩雷斯·德·古斯曼还有其他顾虑。如果英格兰舰队开炮,西班牙无敌舰队的盖伦帆船就会没有回旋余地,更不敢回击。不久,梅迪纳·西多尼亚公爵阿朗索·佩雷斯·德·古斯曼意识到了自己的无助,发现西班牙无敌舰队走进了死胡同。最危险的是,英格兰舰队处在西班牙无敌舰队的上风向,水流湍急,船锚被紧紧地锁住,正是火攻的最佳位置。对木质舰船来说,火攻是最危险的。一旦英格兰舰队发起火攻,西班牙人的船帆、柏油绳、干燥的甲板、桅杆很快就会燃起来。船上几乎没有无法燃烧的东西。梅迪纳·西多尼亚公爵阿朗索·佩雷斯·德·古斯曼完全有理由担心火攻的危险。西班牙国王腓力二世曾经不止一次地警告他，英格兰舰队正在准备火攻船和其他武器。在巴黎时，爱德华·斯塔福德爵士与伯纳迪诺·德·门多萨时常来往，已经思考过火攻船的威胁。但一个不争的事实可以解释目前发生的一切。梅迪纳·西多尼亚公爵阿朗索·佩雷斯·德·古斯曼认为，这个事实只有一个人知道，但这个事实早已在西班牙无敌舰队中传开了。安特卫普发明了有史以来最危险的战争武器——火攻船。实际上，火攻船就是巨型炸弹，会炸死很多人，使方圆一英里内陷入火海。火攻船的发明者是意大利工程师费代里戈·詹贝利。据说，他当时一直在英格兰，为英格兰女王伊丽莎白一世效力。事实即是如此。此时，费代里戈·詹贝利沉浸在自己的成就中，用火攻船封锁了格雷夫森德的泰晤士河。他为英格兰带来了火攻船，以此对抗西班牙无敌舰队。火攻船的名字已经让人心生恐惧，这就够了。

　　火攻船的威力很大。梅迪纳·西多尼亚公爵阿朗索·佩雷斯·德·古斯曼忧心忡忡。1588年8月7日星期日下午，他看到一些船加入了海军大臣埃芬厄姆勋爵查尔斯·霍华德的舰队。实际上，梅迪纳·西多尼亚公爵阿朗索·佩雷斯·德·古斯曼看到的是毫无杀伤力的供给船，但他以为是可怕的火攻船来了。对此，梅迪纳·西多尼亚公爵阿朗索·佩雷斯·德·古斯曼无能为力，只能派一些轻帆船和一些小船装满抓钩，将被误认为是火攻船的船拖到岸边。他传话下去，舰队即将迎来英格兰火攻船的袭击，但会有一道屏障解决此次危机。然而，如果火攻船突破了西班牙人的屏障，西班牙舰船将浮起缆绳出海，使火攻船顺流漂向海岸边。只要一有机会，西班牙无敌舰队就会再次抛锚，使浮标回到原来的位置。1588年8月7日的夜晚令人焦虑，但一切才刚刚开始。

　　1588年8月7日午夜，什么也没有发生，风向转为南风，预示着早晨的大风天气。英格兰舰队的边缘出现火光，很多船急速向前行进，船上火光通明。西班牙人看到八艘英格兰大型舰船正在全速前进，火已经烧到船的绳索上，借着风势和潮汐直奔西班牙无敌舰队。英格兰火攻船排成一列，紧紧靠在一起，最近的船上有两名梭子手。在夜色的映衬下，西班牙轻帆船形成一道屏障。

　　危急时刻，西班牙无敌舰队紧密靠拢，轻帆船前去迎战英格兰火攻船。火攻船队紧紧靠在一起，西班牙轻帆船只能将其驱散。火光冲天的火攻船并不是在垂钓，船上装满灌木和稻草。平底船用抓钩抓住火攻船，左右摇晃将其拖拽到岸

英格兰舰队放出火攻船
袭击西班牙无敌舰队

上。但完成这一切需要勇气、体力和精湛的航海技术，可称作海战壮举。轻帆船的行进速度很快，在狂风和潮汐的推动下，轻帆船只用了几分钟就靠近了火攻船。显然，西班牙人的第一组轻帆船十分出色地完成了任务。1588年8月8日早晨，两艘烧焦的火攻船停泊在西班牙锚地，冒着浓烟。几秒钟后，第二组火攻船出发，站在船头的人开始准备战斗。炮口灼热，轻帆船在水面上接连开炮。由于大炮威力太大，火花溅到了船上。轻帆船受到惊吓，转向离开。突然，海面陷入一片混乱。英格兰的六艘火攻船疾驰而过。火势冲天，炮声震天。毫无疑问，安特卫普再次陷入了地狱般的火海中。

第27章　格拉沃利讷战役

梅迪纳·西多尼亚公爵阿朗索·佩雷斯·德·古斯曼看到轻帆船没能阻止英格兰的火攻船，于是下达了命令，命舰队驶离海域。然而，西班牙无敌舰队没有遵照他的命令。西班牙无敌舰队的抛锚地陷入一片恐慌。佛兰德斯海战结束后，很多老兵散播了关于火攻船的可怕故事。梅迪纳·西多尼亚公爵阿朗索·佩雷斯·德·古斯曼的命令也许被曲解了，但被曲解的可能性不大。不论出于什么原因，很多西班牙船长砍断了绳索，好像身边的船都是英格兰的火攻船一样。他们率船顺风疾行，四处逃窜。湍急的水流和大风使西班牙无敌舰队陷入一片混乱。西班牙无敌舰队离开了海峡，冲向弗莱芒海岸边的沙滩。纪律严明的西班牙无敌舰队终于乱了阵脚。

"圣马丁"号前进了一点后迅速返回，在原来抛锚地的北面一英里处抛锚。除了"圣马丁"号，还有胡安·马丁内斯·德·雷卡尔德的"圣胡安"号、"圣马科斯"号、"圣费利佩"号和"圣马特奥"号。这四艘船都是盖伦帆船，曾经参与了危险的重大战事，获得了荣誉。1588年8月8日黎明，大风中只能看到西班牙无敌舰队剩下的五艘船。雨果·德·蒙卡达的"圣洛伦索"号的主桅出了问题，像一只受伤的甲虫一样爬行在近岸。"圣洛伦索"号的运气不好，"孤独地驶向波涛汹涌的大海"。在夜晚的恐慌中，"圣洛伦索"号和邻近的船发生了碰撞。六艘火攻船离加来越来越近，船的拱肋已经被熏黑，炮弹也用完了，逐渐丧失了威力。

英格兰舰队仍然停靠在之前的抛锚地。海军大臣埃芬厄姆勋爵查尔斯·霍华德的"皇家方舟"号发出一声炮响，号角声响彻天空。英格兰舰队起锚、摇动风帆、升起横幅，向前方发起进攻。一百五十艘船中，有英格兰女王伊丽莎白一世的盖伦帆船、武装力量强大的商船、私人船及一些舰载艇。

梅迪纳·西多尼亚公爵阿朗索·佩雷斯·德·古斯曼立即做出了决定。他是西班牙无敌舰队的总指挥官，应战英格兰舰队是他的职责，即使是独自应战。他必须将分散的舰队重新集结起来。梅迪纳·西多尼亚公爵阿朗索·佩雷斯·德·古斯曼向着海峡驶去，后面跟着胡安·马丁内斯·德·雷卡尔德的"圣胡安"号和其他三艘盖伦帆船。五艘船驶向空旷的海峡。轻帆船急速前进，通知分散的舰船重新集结，支持梅迪纳·西多尼亚公爵阿朗索·佩雷斯·德·古斯曼。

1588年8月8日破晓时分，海军大臣埃芬厄姆勋爵查尔斯·霍华德不知道火攻船的情况。显然，两艘火攻船被西班牙舰船拖到了岸上，其他船可能也被驱散开了。除了剩下的一丝火光，西班牙无敌舰队似乎没有燃起大火。西班牙人已经出发，然后回到了抛锚地。不管情况如何，英格兰舰队都只能利用大炮发起进攻。海军大臣埃芬厄姆勋爵查尔斯·霍华德要亲自率领舰队进攻西班牙无敌舰队，但没有使用远程炮。在1588年8月8日清晨的战斗中，由于射程太远，英格兰舰队必须缩短射程。

1588年8月8日清晨，局势发展迫使海军大臣埃芬厄姆勋爵查尔斯·霍华德改变了计划。西班牙舰船四处逃窜。海军大臣埃芬厄姆勋爵查尔斯·霍华德派四支分遣队攻打最近的西班牙盖伦帆船。弗朗西斯·德雷克的分遣队首当其冲。随后，海军大臣埃芬厄姆勋爵查尔斯·霍华德率领自己的舰船攻击了西班牙盖伦帆船。西班牙盖伦帆船看到英格兰舰队后，仓皇逃到了加来港避难。潮汐快速退去，白浪滔天，水手无法掌舵，海滩的轮廓若隐若现，西班牙盖伦帆船根本无法逃脱。最终，西班牙盖伦帆船精疲力竭，只能搁浅。潮汐退去后，西班牙盖伦帆船迅速倾斜，炮台指向天空，在加来城堡的下方搁浅。

对英格兰舰队来说，目前的局面十分令人恼火。英格兰盖伦帆船比西班牙盖伦帆船的吃水深。"圣洛伦索"号搁浅在岸边，无法开炮。海军大臣埃芬厄姆勋爵查尔斯·霍华德命小型舰队前去完成一项十分棘手的任务。"圣洛伦索"号倾斜得很厉害，无法使用枪炮，但船员们的安全得到了保障，因为英格兰人无法从船的侧面爬上来。此时，英格兰的小型舰船对"圣洛伦索"号无计可施，无法绕到"圣洛伦索"号的另一侧。"圣洛伦索"号上的小型轻炮回应着英格兰舰船的追击。西班牙人被英格兰人击退，一些士兵受伤，一些士兵死在了船上。雨果·德·蒙卡达被英格兰的火枪球击中了头部。西班牙士兵们坚持防守，但看不

西班牙加莱赛帆船搁浅

到一点希望。在这种情况下,西班牙士兵们也许可以跳下船,涉水逃到陆地上。此时,英格兰水手们已经爬过"圣洛伦索"号的栏杆,穿过船下方的炮口。

古尔丹爵士声称,根据征服惯例和战争法,加莱赛战船上的战利品都属于英格兰人。英格兰人很快洗劫了"圣洛伦索"号上所有有价值的东西。古尔丹爵士提醒英格兰人,船上的枪炮和索具都是他的。英格兰士兵没有听古尔丹爵士的话,更没有停止洗劫"圣洛伦索"号。加来市民聚集在海滩上,观望着海上的战斗。古尔丹爵士命城堡内的士兵开炮。海军大臣埃芬厄姆勋爵查尔斯·霍华德显得十分不耐烦,劝说士兵们回到自己的船上。

抢劫一艘搁浅的船似乎可以使一支强大的舰队迅速远离一场重大战斗。迄今为止,人们依然记得"圣洛伦索"号是西班牙无敌舰队中最威猛的舰船,曾经给英格兰舰队带去了很多麻烦。海军大臣埃芬厄姆勋爵查尔斯·霍华德谨慎地认为,离开"圣洛伦索"号时,要确保"圣洛伦索"号无法重回战场。返回的船向海军大臣埃芬厄姆勋爵查尔斯·霍华德汇报,没有人能让"圣洛伦索"号重新漂浮在海面上,"圣洛伦索"号在加来城堡下腐烂了。

随着战事的推进,在格拉沃利讷,西班牙无敌舰队打响了最后一战。我们只能看到格拉沃利讷战役的局部战事。双方对各自的行动都不满意。海面上雾气很大,噪音、烟雾、危险、混乱等因素掺杂在一起,十分复杂。双方的指挥官仓促做出决策,无法摸透对方的意图。与以前的海战一样,没有人了解此次战役中的新型武器和战略。1588年8月8日,天气恶劣,狂风呼啸,浪涛汹涌,海面上的能见度很低,情况非常复杂。

风向逐渐转为西南风。1588年8月8日早晨的风力并不强,只是微风。"圣马丁"号和同行的船已经出发,撑起了小风帆,通过海峡进入了北海。"圣马丁"号在船队的最后方,"圣胡安"号和其他两艘船在背风向。此时,梅迪纳·西多尼亚公爵阿朗索·佩雷斯·德·古斯曼打算率领西班牙无敌舰队离开敦刻尔克港,驶进深海域,向胡安·马丁内斯·德·雷卡尔德的"圣胡安"号和"圣马丁"号靠拢。无论如何,他率领西班牙无敌舰队要向北方挺进。英格兰舰队紧随其后,推迟了之前的计划。

海军大臣埃芬厄姆勋爵查尔斯·霍华德命令弗朗西斯·德雷克率领"复仇"号首先发起了攻击。随着英格兰舰队的靠近,西班牙无敌舰队的旗舰侧面迎战。

一时间,"圣马丁"号和"复仇"号之间的距离越来越小,双方都没有开火。英格兰舰队决定用炮弹说话。西班牙无敌舰队的炮弹所剩无多,但不得不回击。双方舰队的距离只有滑膛枪射程的一半,大概一百码左右。"复仇"号首先发射了一枚炮弹,"圣马丁"号立即做出回应。在交火过程中,正如彼得鲁乔·乌巴尔迪尼说的那样,"复仇"号"穿梭在各种大小炮弹之间"。托马斯·芬纳船长率领"独一无二"号紧跟在弗朗西斯·德雷克后面。弗朗西斯·德雷克分遣队的其他舰船紧随其后,侧面迎敌,攻打"圣马丁"号,一路向东北方向前进。

这并不是说双方指挥官一直没有做出正确的决策。朱利安·科贝特猜测弗朗西斯·德雷克的战略目标应该是继续向背风向行进。到时西班牙盖伦帆船就可以离开浅滩,在深水域重整旗鼓。关键时刻,对英格兰舰队来说,阻止甚至破坏西班牙无敌舰队集合远比捕获或击沉"圣马丁"号重要。马丁·弗罗比舍没有考虑弗朗西斯·德雷克战略决策的深意,对此持反对意见。不久,在哈里奇,当着埃德蒙·谢菲尔德勋爵和其他人的面,马丁·弗罗比舍提到了弗朗西斯·德雷克的行动,说:"弗朗西斯·德雷克一直在说大话,主动用船首和侧面朝向西班牙舰船,然后再次像恶棍和叛徒一样离开。我发誓,我怀疑他的做法。"马丁·弗罗比舍对弗朗西斯·德雷克做的另一件事愤怒不已。他是个急性子的人,说的永远比想的要多。但他并未试图理解弗朗西斯·德雷克的做法或支持弗朗西斯·德雷克。如果他能支持弗朗西斯·德雷克,英格兰舰队将胜券在握。

相反,马丁·弗罗比舍留下来与西班牙的"圣马丁"号作战。"胜利"号的艏楼很高,船体很大。马丁·弗罗比舍逐渐靠近西班牙无敌舰队,但并不准备登船,或用长重炮攻打西班牙舰船。他率领的舰船和其他舰船蜂拥从他乘坐的船头穿过。约翰·霍金斯乘"凯旋"号赶来时,梅迪纳·西多尼亚公爵阿朗索·佩雷斯·德·古斯曼几乎孤军对峙英格兰舰队。佩尼亚费尔侯爵胡安·特列斯·希龙乘"圣马科斯"号,与其他贵族冒险家处在离梅迪纳·西多尼亚公爵阿朗索·佩雷斯·德·古斯曼不远的地方。他本来可以靠近弗朗西斯·德雷克的船队,可以像"圣马丁"号一样参加战斗,抵挡英格兰舰队的炮火。他不仅有装备精良的枪炮,还与英格兰舰船的距离很近,只有火绳枪射程那么远。

直到约翰·霍金斯赶来,西班牙的其他舰船才加入战斗。其中很多舰船都是人们熟悉的船,一些船首当其冲,一路驶进英吉利海峡,包括葡萄牙盖伦帆船和卡斯蒂尔盖伦帆船、阿朗索·马丁内斯·德·莱瓦的卡拉克帆船、佛罗伦萨盖伦帆船、米格尔·德·奥肯多的旗舰和两三艘配备精良的比斯开战船。最初只有七八艘船，随后赶来了十五艘舰船，然后是二十五艘。新赶来的舰船排出阵形，但不是人们熟悉的新月形防御阵形，而是船的外缘形成坚固的"屏风"，速度较慢的船排在"屏风"后面。亨利·西摩勋爵和威廉·温特爵士参加了战斗，发现西班牙无敌舰队重新排成了常规阵形。威廉·温特爵士说："西班牙船按照半月型排列，中间部分是主将、副主将和核心舰船，两侧的边翼是加莱赛战船和葡萄牙分遣队的其他舰船。每侧边翼的舰船数量有十六艘。"1588年8月8日早晨，暴雨骤至，西班牙无敌舰队重新排成坚不可摧的新月形阵形，取得了海战中最引人注目的成就之一。这是在梅迪纳·西多尼亚公爵阿朗索·佩雷斯·德·古斯曼的领导下，后卫舰队顽强拼搏的结果。

当然，双方舰队势均力敌，但胜利属于舰船武器准备更精良的一方。英格兰舰队的舰船优势多次彰显出来，可以随意在侧翼威胁西班牙人，并且利用天气优势随意选择船距，决定何时结束战斗。让西班牙无敌舰队最担心的是英格兰舰队的武器。离开格拉沃利讷后，英格兰舰队的主要优势是大量炮弹。1588年8月7日清晨，英格兰舰队决定拉近与西班牙无敌舰队之间的距离。当时，英格兰人不知道西班牙人急缺弹药。五支英格兰分遣队骚扰和冲撞了西班牙的新月形舰队，发现通过拉近距离可以轻而易举地击溃西班牙无敌舰队。

英格兰舰队高估了近距离作战的效果。约翰·霍金斯爵士说："越近越好。"约翰·霍金斯爵士曾在约翰·霍金斯的战船"燕子"号上历练。按照1588年8月8日的作战距离，英格兰舰队的枪炮对西班牙无敌舰队根本没有杀伤力。西班牙的加莱赛战船外层包着厚厚的橡树皮，船体没有受损，但炮弹剥开了层层橡树皮。战争结束后，西班牙无敌舰队的大多数船开始漏水，一些船受到了致命伤。西班牙士兵们的首要任务是保证防护滑膛枪的有效攻击。1588年8月8日傍晚，一些西班牙舰船受到重创，甲板上的屠杀一定十分可怕。

西班牙无敌舰队英勇作战，一艘艘盖伦帆船竭尽全力勾住并登上英格兰舰船，试图专注唯一公平作战的机会。战争伊始，"圣马丁"号受到重创，随后又受到两次重创。在混战中，"圣马丁"号前去营救一艘陷入困境的船。当博登多纳的卡莱克帆船经过时，一艘乌尔卡船上的船员看到盖伦帆船经过，甲板上乱七八糟，炮火无声，但火枪炮手依然在甲板上作战。这艘盖伦帆船试图在战场上找到自己的位置。"圣马特奥"号曾两次被英格兰舰队重重包围，情况非常糟糕，船上的一半士兵和水手要么丧生，要么受伤，大炮没有任何作用。船一直在漏水，就像筛子一般，最终沉入了大海。"圣马丁"号前来支援的时候，"圣马特奥"号的指挥官命令军官和船员下船，但迭戈·德·皮门特尔拒绝弃船。不久，一艘英格兰加莱赛战船赶过来，也许是亨利·西摩勋爵的"彩虹"号，被迭戈·德·皮门特尔的英勇行为感动，提出了宽容的投降条件。炮弹穿过了"圣马特奥"号的船身，但"圣马特奥"号仍旧侧面迎敌，徒劳地用小型武器回击对方。

1588年8月8日下午4时，梅迪纳·西多尼亚公爵阿朗索·佩雷斯·德·古斯曼痛心地看到刚刚组建起来的舰队再次四分五裂，整支舰队被英格兰人无情地逼到了佛兰德斯海滩。海军总指挥梅迪纳·西多尼亚公爵阿朗索·佩雷斯·德·古斯曼很久才赶过来。英格兰舰队主要对西班牙无敌舰队的侧翼施压。日出后，双方开始作战，现在已经接近黄昏，是时候彻底击溃西班牙无敌舰队了。

英格兰舰队与西班牙舰队混战

西班牙无敌舰队

又过了一个小时,西班牙无敌舰队溃散,很多舰船被迫停靠在沙滩上。一阵猛烈的暴风雨袭来,倾盆大雨使眼前的一切变得模糊。约十五分钟后,英格兰舰队在大雨中竭力避免相互碰撞,忽视了西班牙无敌舰队。当英格兰舰队想起西班牙无敌舰队的时候,西班牙无敌舰队已经向北集合,逃出了英格兰大炮的射程。西班牙舰船重新集结,组成新月形防御阵形。不久,"圣马丁"号勇敢地鼓起船帆,命令舰队重新集结。虽然屡屡受挫,但西班牙人准备重新发起攻击。

第 28 章　西班牙无敌舰队注定失败

英格兰舰队没有再次发动进攻。人们猜测，英格兰舰队之所以没有进攻，是因为对西班牙无敌舰队能在短时间内重整旗鼓感到惊愕。但英格兰舰队曾冲破了西班牙无敌舰队的阵形，现在也可以再次冲破。还有可能是因为英格兰指挥官发现大多数船上的弹药即将消耗殆尽，无法维持一个小时的激战，只能紧盯着西班牙无敌舰队，想办法解决弹药问题。事实上，不论是西班牙无敌舰队还是英格兰舰队，都无法再开一枪一炮，但双方并不知道对方面临的难题。

1588年8月8日夜晚，海军大臣埃芬厄姆勋爵查尔斯·霍华德给弗朗西斯·沃尔辛厄姆爵士写信说："我已经收到你的信。你想让我分一部分弹药给你，但我无法做到。我恳请你火速支援一些弹药给我。"当然，海军大臣埃芬厄姆勋爵查尔斯·霍华德还需要粮食。他简短地描述了1588年8月8日的战事："清晨，我们一路追击西班牙无敌舰队，直到晚上使西班牙无敌舰队陷入困境。但西班牙无敌舰队实力强大，我们对它的伤害微乎其微。"截至目前，这是英格兰舰队对西班牙无敌舰队比较保守的评价。海军大臣埃芬厄姆勋爵查尔斯·霍华德并不认为战争马上会结束。

显然，弗朗西斯·德雷克对战局的描述比海军大臣埃芬厄姆勋爵查尔斯·霍华德的描述更加乐观，他说："上帝帮助我们打赢了今天的战役。西班牙无敌舰队被逼到了背风向。我希望帕尔玛公爵亚历山大·法尔内塞和梅迪纳·西多尼亚公爵阿朗索·佩雷斯·德·古斯曼近期不会会合。我相信，不论他们何时会合，都不会对今天的战事感到满意。"但在信的结尾，他加了一句，强调"无论西班牙无敌舰队在哪儿，我们都急需弹药和粮食"。海军大臣埃芬厄姆勋爵查尔斯·霍华德和弗朗西斯·德雷克都没有预见到，他们无须与西班牙无敌舰队作战了。

事实上，西班牙无敌舰队也一头雾水。梅迪纳·西多尼亚公爵阿朗索·佩雷斯·德·古斯曼发现弹药已经耗尽，西班牙无敌舰队只能被动挨打了。西班牙的大部分船受创严重，开始漏水。船上没有索具，甲板上满是创伤，一些船损失惨重。其间，大型比斯开战船"玛丽亚·胡安"号孤立无援，受到重创，但船上的大部分人安全撤离。最后，"玛丽亚·胡安"号沉没了。夜幕降临，"圣马特奥"号和"圣费利佩"号由于漏水严重，只能再坚持几个小时。船长命人调转船头，摇摇晃晃朝纽波特和奥斯坦德之间的河驶去，在那里搁浅。1588年8月9日清晨，"圣马特奥"号和"圣费利佩"号被拿骚的尤斯蒂努斯抢劫一空。1588年8月10日早上，迭戈·弗洛雷斯·德·瓦尔德斯的一艘武装商船绝望地落在后面，最后在英格兰舰队的视线中消失了。

1588年8月8日星期一夜晚的风势很猛，西班牙无敌舰队在英格兰舰队的追击下，在海上盲目地逃亡。1588年8月9日星期二早晨，西班牙无敌舰队遇到了更大的危险。梅迪纳·西多尼亚公爵阿朗索·佩雷斯·德·古斯曼一直在舰队后方护航。胡安·马丁内斯·德·雷卡尔德率"圣胡安"号和阿朗索·马丁内斯·德·莱瓦的卡拉克帆船、忠诚的"圣马科斯"号、一艘加莱赛战船以及三艘残存的加莱桨帆船，与主力舰队的其他船之间隔着一定距离。英格兰舰队发起进攻后，西班牙无敌舰队后方的守卫发射了一枚加尔文长炮。风势渐缓，风向转为西北风，西班牙无敌舰队只能靠近海岸航行，无法赢得更多作战空间。令人恐惧的是，海洋的坡度发生变化，前方水域的颜色也变了。西班牙无敌舰队向港口驶去。按照目前的航线，在半小时内，西班牙无敌舰队就可以到达泽兰沙地。

战死沙场好过沉溺水底。梅迪纳·西多尼亚公爵阿朗索·佩雷斯·德·古斯曼重整后方舰队，派轻帆船传达命令，让前面的舰船停下来等待英格兰舰队，尽可能杀出一条路与他会合。一些舰船遵循了梅迪纳·西多尼亚公爵阿朗索·佩雷斯·德·古斯曼的命令。与此同时，西班牙军官和水手们商量，准备用剩下的小型武器迎战英格兰舰队。但英格兰舰队态度冷漠。梅迪纳·西多尼亚公爵阿朗索·佩雷斯·德·古斯曼不需要领航员告诉他其中原因。海风使西班牙无敌舰队的后方舰队驶向背风处，致使其无法在松软的沙地上抛锚。对西班牙无敌舰队的前方舰队来说，除了继续航行外别无选择。几分钟后，灾难发生。英格兰人亲眼看见了上帝如何毁灭西班牙无敌舰队。

西班牙无敌舰队遭重创

引航员建议梅迪纳·西多尼亚公爵阿朗索·佩雷斯·德·古斯曼保持原来的航道，向海边靠拢。据"圣马丁"号的锁链测量，水深由七英寻缩短到六英寻，"圣马丁"号的吃水深度是五英寻。与此同时，后面的舰船也赶了上来。汹涌的波涛会将西班牙舰船击成碎片，比英格兰舰队的攻击还要凶猛。西班牙人感受到了死亡的气息。我们不知道西班牙人做了什么祈祷，发了什么誓言。就在他们准备迎接海浪冲击的时候，大风忽然停了。一位目击者欣喜若狂地说，指南针指向东南方向。按照梅迪纳·西多尼亚公爵阿朗索·佩雷斯·德·古斯曼的汇报，西风转为西南风，领航的船将西班牙无敌舰队带到了深水域。梅迪纳·西多尼亚公爵阿朗索·佩雷斯·德·古斯曼和船长们都认为，西班牙无敌舰队得到了上帝的帮助。

当然，西班牙国王腓力二世和梅迪纳·西多尼亚公爵阿朗索·佩雷斯·德·古斯曼绝不能指望上帝的帮助。即使西班牙无敌舰队幸免于难，英格兰舰队也不会战败。胡安·马丁内斯·德·雷卡尔德的讽刺表明，如果没有神明的介入，风暴过后的风向没有改变或风暴来得迟一点，那么战争的结局将截然不同。但胡安·马丁内斯·德·雷卡尔德是一名经验丰富的水手，能有效利用天气因素。西班牙无敌舰队比任何舰队都幸运。

英格兰舰队的想法与西班牙无敌舰队类似。西班牙无敌舰队仓皇逃走使英格兰舰队十分沮丧，但弗朗西斯·德雷克的信心并没有动摇，迫切希望与西班牙无敌舰队决一死战。约翰·霍金斯、海军大臣埃芬厄姆勋爵查尔斯·霍华德和弗朗西斯·德雷克都在四处寻求弹药供给。同时，英格兰舰队"装模作样"地紧紧盯着西班牙无敌舰队，好像自己弹药充足。

1588年8月9日夜晚，双方舰队分别召开了战事会议。在"皇家方舟"号上召开的紧急会议十分简短。英格兰舰船大都完好无损，没有受到重创，唯一匮乏的就是弹药和食物。英格兰人希望马上得到食物和炮弹供给。然而，亨利·西摩勋爵准备将自己的舰船带回唐斯，监视帕尔玛公爵亚历山大·法尔内塞。他发表了愤怒的演说，称自己在格拉沃利讷战役中竭尽全力，现在有权在危急时刻做出决定。亨利·西摩勋爵想与西班牙无敌舰队决一死战，谴责海军大臣埃芬厄姆勋爵查尔斯·霍华德公然想要夺走他的所有荣誉。但海军大臣埃芬厄姆勋爵查尔斯·霍华德的态度十分坚决。如果帕尔玛公爵亚历山大·法尔内塞真的想横跨英吉利海峡，那么必须有人去阻止他。海军大臣埃芬厄姆勋爵查尔斯·霍华德显然

第28章 西班牙无敌舰队注定失败

不相信尼德兰人。与此同时，拿骚的尤斯蒂努斯的"皇家方舟"号劫持了两艘西班牙加莱桨帆船，阻止了向敦刻尔克和纽波特进军的西班牙舰船。海军大臣埃芬厄姆勋爵查尔斯·霍华德写道："海上不会有尼德兰和泽兰的战舰。"他对盟友的了解远不如对西班牙人的了解。但并没有任何迹象表明他只在乎自己的荣耀，不顾英格兰的安全。海军大臣埃芬厄姆勋爵查尔斯·霍华德固执地认为，自己的舰队必须停在西班牙无敌舰队和海岸之间。

"圣马丁"号上召开的战事会议持续了很长时间，进展缓慢。西班牙无敌舰队的所有一级战舰几乎都受到了重创，伤亡惨重，无法继续战斗。此外，由于炮弹紧缺，在接下来的战斗中，西班牙无敌舰队无望取胜。然而，西班牙战事会议一致认为，如果过几天风向改变，西班牙无敌舰队就可以反击英格兰舰队，占领英格兰的港口或重返英吉利海峡要地。显而易见，西班牙无敌舰队严重匮乏粮食和水，长途航行十分危险。梅迪纳·西多尼亚公爵阿朗索·佩雷斯·德·古斯曼固执地提醒船长们，只要有机会，就必须执行他的命令。任何结局都比战败返回西班牙好。然而，西班牙人不得不承认，如果接下来四天的风向一直不变，那么只有冲进挪威海，才有可能从英格兰西侧返回家乡。梅迪纳·西多尼亚公爵阿朗索·佩雷斯·德·古斯曼补充道，如果船长们不能采取任何行动，就要保证舰船的安全。尽可能保存西班牙无敌舰队的力量是梅迪纳·西多尼亚公爵阿朗索·佩雷斯·德·古斯曼的责任。

风向一直没有变，西班牙无敌舰队和英格兰舰队向北行进，经过了赫尔和伯威克。1588年8月12日星期五下午，在北纬56°，英格兰舰队返航，向福斯湾进军。令海军大臣埃芬厄姆勋爵查尔斯·霍华德感到满意的是，西班牙舰船上的粮食和水已经消耗殆尽，但西班牙人并未试图登陆。

梅迪纳·西多尼亚公爵阿朗索·佩雷斯·德·古斯曼站在"圣马丁"号的甲板上，看到英格兰舰队驶进风中，越行越远。朴茨茅斯城外发生了一场噩梦般的战斗，很多人因此丧生，其中包括一位索环工、一位滑膛枪手和西班牙的绅士们。除了大腿上的伤口，梅迪纳·西多尼亚公爵阿朗索·佩雷斯·德·古斯曼几乎没有受伤。他偶尔会去吃点东西，睡一会觉，但大多数情况下都不怎么吃甲板上的食物，或吃得很少。很多个夜晚，梅迪纳·西多尼亚公爵阿朗索·佩雷斯·德·古斯曼倚在船尾的栏杆上。此刻，他依然倚在船尾的栏杆上，眼睁睁看着熟悉的风帆消失在西边。他只穿了紧身上衣和短斗篷，将自己的一件长斗篷送给了弗雷·伯纳多·德·贡戈拉，但弗雷·伯纳多·德·贡戈拉什么也没有给他带来。梅迪纳·西多尼亚公爵阿朗索·佩雷斯·德·古斯曼的另一件斗篷送给了躺在船舱的一名受伤男孩。船舱里很冷。英格兰舰队最后一片风帆消失在了梅迪纳·西多尼亚公爵阿朗索·佩雷斯·德·古斯曼的视线中。他一直靠在船尾的栏杆上。有时，他会问自己，西班牙无敌舰队会为了胜利向前冲还是见到英格兰舰队后落荒而逃。此时，悬念已经揭晓，西班牙无敌舰队注定会失败。梅迪纳·西多尼亚公爵阿朗索·佩雷斯·德·古斯曼已经尽力，但没有取得任何好的结果。如果换成一个更有能力，经验更丰富的人，会有好的结果吗？弗朗西斯·德雷克曾说，他会让梅迪纳·西多尼亚公爵阿朗索·佩雷斯·德·古斯曼回到圣玛丽亚港。1588年8月12日夜晚，梅迪纳·西多尼亚公爵阿朗索·佩雷斯·德·古斯曼到底希望去哪里，我们不得而知。

第29章　英格兰女王伊丽莎白一世巡视蒂尔伯里营地

1588年8月18日星期四早晨，英格兰舰队快速前进。不久，英格兰舰队进入了哈里奇、马盖特和泰晤士河入口的避风港。1588年8月12日，英格兰舰队停止追击，看着西班牙无敌舰队驶入了东北方向的挪威海。自从1588年8月14日星期日在加来看到供给船后，英格兰舰队一直没有遇到供给船，炮弹和粮食所剩无几。最糟糕的是，军中几乎没有啤酒了。

1588年8月18日清晨，英格兰女王伊丽莎白一世乘圣詹姆斯宫外的皇家游艇从伦敦出发。游艇上演奏着凯旋的音乐。其他驳船上载满王室的侍从。没

圣詹姆斯宫

有参加海战的卫兵穿着盔甲,全副武装,头盔上插着羽毛,看上去像一场阅兵仪式。沿岸的居民们欢呼雀跃。在涨潮时,从伦敦桥的窗户内可以看到驳船驶过泰晤士河。

英格兰海军上尉、各军将领和莱斯特伯爵罗伯特·达德利得知英格兰女王伊丽莎白一世即将来访的消息后,十分高兴,恳请女王加快行程。1588年8月4日前,他们并没有想到英格兰女王伊丽莎白一世会来巡察。1588年8月4日星期四下午,当汉普郡的军队训练结束后,人们亲眼看见了怀特岛战役,看到双方舰队离开英吉利海峡。蒂尔伯里除了莱斯特伯爵罗伯特·达德利的随从,没有其他军事力量,也没有埃塞克斯人。1588年8月14日,莱斯特伯爵罗伯特·达德利虽然没有接到命令,但还是赶到了蒂尔伯里。他怒气冲冲地说:"如果要在五

伊丽莎白女王来到蒂尔伯里

第29章 英格兰女王伊丽莎白一世巡视蒂尔伯里营地

约翰·诺里斯

天内召集军队,并且必须召集四五十英里外的军队,情况会如何?"如果西班牙无敌舰队失败了,莱斯特伯爵罗伯特·达德利就要肩负与帕尔玛公爵亚历山大·法尔内塞作战的使命。到时候,他需要从更远的地方召集军队。莱斯特伯爵罗伯特·达德利派人到市集请求供应商供货,但供应商们都知道自己得不到任何好处。莱斯特伯爵罗伯特·达德利准备解决眼前的混乱局面,但最大的困难是如何弄到啤酒。最终,他一直没有接到任何任务。事实上,如果没有任何预兆和上级的指示,莱斯特伯爵罗伯特·达德利就没有资格调换下属或重组军队。

1588年8月21日,西班牙无敌舰队离开了敦刻尔克。帕尔玛公爵亚历山大·法尔内塞前来收拾自己的烂摊子,但情况依旧没有好转。伦敦派来了四千名埃塞克斯步兵和几百名骑兵,其中有一千名全副武装的步兵。但"黑杰克"约翰·诺里斯刚刚从多佛回来,还在处理战事议会的事。莱斯特伯爵罗伯特·达德利身边没有经验丰富的下属,营地也正在整理。他觉得速度太慢了,认为军队应该"对内修整，对外攻击"。莱斯特伯爵罗伯特·达德利的军队搭起了连接蒂尔伯里堡垒和格雷夫森德的桥梁，横跨泰晤士河，决心誓死保卫泰晤士河南岸。如果帕尔玛公爵亚历山大·法尔内塞在蒂尔伯里登陆，莱斯特伯爵罗伯特·达德利就需要做更多准备工作。事实上，帕尔玛公爵亚历山大·法尔内塞就是这样计划的。费代里戈·詹贝利用帆杠封锁了泰晤士河。现在，帆杠已经被潮汐冲破了。在蒂尔伯里，莱斯特伯爵罗伯特·达德利正在紧张准备着，浑身充满活力。蒂尔伯里永远是英格兰王国最重大的防御中心。威斯敏斯特驻扎着大批后备军，作为英格兰女王伊丽莎白一世的护卫随时准备抵御外敌入侵，但只是理论上的入侵。

伦敦必须做好所有准备。如果帕尔玛公爵亚历山大·法尔内塞决定在蒂尔伯里登陆，就一定会在蒂尔伯里登陆。莱斯特伯爵罗伯特·达德利手下有几千名受过训练的将士。英格兰军队已经布置好防御的内外边界线。英格兰军队身后是伦敦群众。伦敦人手持曾用来平息怀亚特叛乱的铁链，做好准备守卫伦敦城。他们对安特卫普早有耳闻，发誓要让帕尔玛公爵亚历山大·法尔内塞的军队付出惨痛代价。与此同时，英格兰卫兵不分昼夜，四处巡逻。来自国外的支援部队也已经准备就绪，但英格兰人"天生仇视陌生人"。彼得鲁乔·乌巴尔迪尼是热忱的清教徒，也是西班牙人的宿敌，他对此感到十分厌烦。他愤怒地写道："让英格兰人对外国人友好，比找来一群白色乌鸦更难。"

英格兰人的爱国热情是基于仇外心理，比任何宗教力量都强大。英格兰女王伊丽莎白一世身边的人都希望英格兰人的爱国热情有增无减。但没有人知道流亡者是否依然热爱祖国。西班牙无敌舰队里有英格兰领航员和士兵，帕尔玛公爵亚历山大·法尔内塞的军队里也有担任指挥的英格兰贵族和绅士。最著名的英格兰流亡者威廉·艾伦现在是红衣主教。数年前，他曾写了一本书，书名是《对英格兰贵族和人民关于当前战争的告诫》。这本书的主要内容是引用了教皇西克斯图斯五世的话，目的是反对英格兰女王伊丽莎白一世……非法篡夺王位，以及关于隔离和传播异端邪说，亵渎宗教的言论。威廉·艾伦说，英格兰人无须遵照英格兰女王伊丽莎白一世的旨意，或保护她，但一切都要准备妥当，"当天主教的君主掌握大权时……一定会……帮助英格兰复辟天主教……这场圣战的统帅将改变一切。"这本书其他部分证明，推翻英格兰女王伊丽莎白一世的政权是自然法则使然，是神律使然，因为英格兰女王伊丽莎白一世是暴君，是异教徒。肃清英

第 29 章 英格兰女王伊丽莎白一世巡视蒂尔伯里营地

格兰女王伊丽莎白一世的邪恶政权是每个英格兰公民的职责。只有这样,英格兰人才能保护自己及后代的灵魂,否则他们的灵魂会受到诅咒。书中掺杂粗俗的言辞,削弱了说服现代读者的力量。但当时,威廉·艾伦的同僚们都惧怕他的文笔。英格兰女王伊丽莎白一世政府极力没收和销毁威廉·艾伦的著作,但没有人知道有多少本书被人偷偷传阅,也没有人知道有多少神父乔装四处游说,劝说英格兰贵族和天主教徒在执行神圣旨意时履行职责。

有传言称,在佛兰德斯的客栈里,三分之一的客人是英格兰人,也有人说一半客人是英格兰人,还有人说客栈里三分之二的英格兰人是天主教徒,至少三分之一的英格兰人是天主教徒。随着帕尔玛公爵亚历山大·法尔内塞登陆的消息蔓延开来,客栈里英格兰人的人数比例还在增加。在这种情况下,枢密院抓住机会,利用英格兰人的爱国精神和对外国人的仇视达成自己的目的。英格兰人的爱国精神比宗教力量更强大。参加英格兰国教的天主教领袖遭到监禁,其余人被缴获了武器和马匹,被迫留在自己的教区或家里,只有一小部分人公开参加了英格兰国教。秘密信仰天主教的教徒和拥有强烈天主教倾向的英格兰圣公会人数众多。但到底有多少人,人们感到多么不满,我们不得而知。枢密院和英格兰贵族一直要求采取强硬措施处置所有可疑人员。其中一人写道:"如果一个人想让自己的房子随时被人烧毁,就在敌人面前缩手缩脚吧!"很多人认为,圣公会藏着天主教不为人知的秘密和阴谋。这也是 1588 年夏天让所有英格兰人感到不安的原因。因此,英格兰政府有足够的理由拒绝向危言耸听的流言屈服,或在危机时刻对拒不参加英格兰国教的天主教徒采取强硬措施。采取强硬措施是最明智的做法,但需要勇气。

也许一切应该归功于英格兰女王伊丽莎白一世。弗朗西斯·沃尔辛厄姆爵士总会将危险放大好几倍。睿智的伯利勋爵威廉·塞西尔对危险也十分警觉。英格兰女王伊丽莎白一世没有过度控制宗教。一小部分宗教狂热分子虽然确实令人讨厌,但并不危险。英格兰女王伊丽莎白一世不赞成利用王权打击耶稣会教士、神学院教士及其同谋和教唆犯,但支持打击国外派来的间谍和特工。虽然伯利勋爵威廉·塞西尔曾提醒英格兰女王伊丽莎白一世,"心灵的背叛"需要用新的方法征服,但英格兰女王伊丽莎白一世不想让清教徒干涉英格兰人的信仰,或一味地怀疑臣民的信仰并认定其为叛国罪,因为人们容易对旧事物产生情感上的依恋。

西班牙无敌舰队

罗伯特·塞西尔

英格兰女王伊丽莎白一世常常感到心烦意乱，但从不畏惧。在做出决定前，她可能会忽然改变想法，然后反复琢磨，最后做出决定。她可能会对丑恶的事实视而不见，直到将大臣们逼疯。但真正的危险总能让她打起精神。在英格兰舰队陷入困境时，罗伯特·塞西尔说：“女王陛下沉着冷静，一点也不惊慌，令人感到欣慰。”英格兰女王伊丽莎白一世不慌不忙地带领卫队，乘驳船沿河而下，途中感受到了参与重大事件的兴奋感。她将主动权交给战士们。抵达蒂尔伯里的营地后，英格兰女王伊丽莎白一世做出了另一个决定。

蒂尔伯里堡已经做好迎接英格兰女王伊丽莎白一世视察的准备。虽然我们不知道莱斯特伯爵罗伯特·达德利集合了多少部队，但持怀疑态度的人们认为，一定比宣扬的两万三千名士兵少，比"五六千人"多。莱斯特伯爵罗伯特·达德

第 29 章 英格兰女王伊丽莎白一世巡视蒂尔伯里营地

利的军队也许无法阻止帕尔玛公爵亚历山大·法尔内塞的大军,但足以给帕尔玛公爵亚历山大·法尔内塞带来很多麻烦。此时,莱斯特伯爵罗伯特·达德利军队的步兵统一穿着军装,骑兵盔甲上插着装饰羽毛。军队的营地非常干净,洋溢着欢乐气氛。士兵们挖好了沟渠,安放了栅栏。贵族和绅士们站在亭子里,光彩照人。士兵们休息的绿色小屋十分整洁。蒂尔伯里的营地充满军事魅力和乡村的欢快。

莱斯特伯爵罗伯特·达德利前来迎接英格兰女王伊丽莎白一世,等待女王的指示。英格兰女王伊丽莎白一世表达了自己的欣喜之情,想要立即去视察军队,让士兵们看到她。但她不想让士兵们隔着一排卫兵看着她。在自己的子民面前,她不需要卫兵的保护。不管谁提出反对意见,巡察队都已经安排好了。奥蒙德伯爵托马斯·巴特勒走在巡察队的最前面,举起国剑,身后跟着两列身穿白色天鹅

托马斯·巴特勒

绒军装的士兵。一位士兵牵着英格兰女王伊丽莎白一世的马。英格兰女王伊丽莎白一世骑在马上，两侧分别是莱斯特伯爵罗伯特·达德利和马夫。走在巡察队最后面的是约翰·诺里斯爵士。骑兵队和王室成员站在蒂尔伯里堡前面。

英格兰女王伊丽莎白一世步履缓慢，走过军营的每个角落。她的右边是莱斯特伯爵罗伯特·达德利。莱斯特伯爵罗伯特·达德利身材魁梧，没有戴头盔，白发落在通红的脸上。现在，他的脸上再也看不到年轻吉卜赛人的英勇和傲慢了。三十多年前，英格兰女王伊丽莎白一世曾倾慕莱斯特伯爵罗伯特·达德利，也许现在依然对他存有好感。很多人注意到，英格兰女王伊丽莎白一世的左边站着一位年轻帅气的骑士。这位骑士身材高大魁梧，举止优雅，神采奕奕，唇角满是温柔，他正是二十三岁的埃塞克斯伯爵罗伯特·德弗罗。英格兰女王伊丽莎白一世骑的马就是埃塞克斯伯爵罗伯特·德弗罗的。埃塞克斯伯爵罗伯特·德弗罗是一位有名望的军官，前程似锦。他是莱斯特伯爵罗伯特·达德利的继子，也是英格兰女王伊丽莎白一世的表亲。

1588年8月18日星期四，除了英格兰女王伊丽莎白一世，没有人注意到莱斯特伯爵罗伯特·达德利和埃塞克斯伯爵罗伯特·德弗罗。所有人的目光都聚集在英格兰女王伊丽莎白一世身上。英格兰女王伊丽莎白一世骑着一匹白马。如果肖像可信，那么她当时的表情既亲切又带着一丝嘲讽。英格兰女王伊丽莎白一世穿着白色的天鹅绒长袍，长袍上印有绚丽的图案。她右手握着一支银色法杖，没有戴帽子，头上插了一簇羽毛，头发上点缀着珍珠和钻石。

在旁观者眼中，眼前的人只是一位五十多岁的老妇人，坐在一匹健壮的白马上。英格兰女王伊丽莎白一世的牙齿很黑，红色的假发微微歪斜，腰间挂着一柄短剑，穿着一件可笑的游行盔甲，就像从剧院的箱子里拿出来的一样。然而，英格兰士兵们眼中的女王戴着银制的胸牌，胸牌在太阳下格外耀眼，晃得他们睁不开眼。士兵们眼中充满泪水，觉得英格兰女王伊丽莎白一世就是神话中的朱迪思，或犹太女王以斯帖，或埃德曼·斯宾塞的史诗《仙后》中的主人公格罗丽娅娜或贝尔芙碧，抑或月亮女神黛安娜和智慧女神密涅瓦。他们看到英格兰女王伊丽莎白一世来到危险的前线，看到女王就在自己面前。英格兰女王伊丽莎白一世挥手示意。士兵们热情高涨，高呼祝福，虔诚祈祷。英格兰女王伊丽莎白一世很久没有这么开心了。

第 29 章 英格兰女王伊丽莎白一世巡视蒂尔伯里营地

第一天的巡视非常成功。英格兰女王伊丽莎白一世决定第二天继续巡视。她在距营地四英里的庄园休息了一晚,第二天返回营地,准备按照前一天的安排观看骑兵训练和比赛。军队中所有指挥官都前来亲吻英格兰女王伊丽莎白一世的手。巡视结束前,英格兰女王伊丽莎白一世说了一段难忘的话:"我亲爱的子民,我们接受了为我们安全着想的人的意见。为防止背叛,我们全副武装。但我保证,我会一直信任忠实、善良的你们。我一直是这样做的。在上帝的旨意下,我将全部希望寄托在了你们忠诚的心和美好的愿望上。此时,你们站在这里不是为了让我高兴,而是为了解决问题。在战争中,你们中定会有人不幸战死。为了上帝,为了英格兰王国,为了家人,你们的荣耀和鲜血将埋进英格兰的土壤里。我深知自己手无缚鸡之力,但我有一颗身为君主的心,身为英格兰女王的心。不论是帕尔玛公爵亚历山大·法尔内塞还是西班牙国王腓力二世,抑或是欧洲任何一个国家的君主,只要试图侵犯英格兰的疆界,我就会亲自拿起武器,指挥、判断、奖赏你们在战场上的表现。我知道你们英勇无畏,值得奖赏。我向你们保证,你们的付出一定会受到嘉奖。"英格兰女王伊丽莎白一世话音刚落,面前就响起了雷鸣般的掌声。

与此同时,不断有人向英格兰女王伊丽莎白一世汇报英格兰舰队的情况和取得的战绩。总之,英格兰舰队面临的形势并不乐观。英格兰舰队损失了一艘船,七八艘西班牙加莱桨帆船离开了战场。然而,英格兰舰队急缺武器弹药,没有能力与西班牙无敌舰队决一死战。西班牙无敌舰队依然是一支纪律严明、令人畏惧的舰队。海军大臣埃芬厄姆勋爵查尔斯·霍华德在给弗朗西斯·沃尔辛厄姆爵士的信中,带着一丝敬畏写道:"我从未见过如此强大的舰队。这是一场危险的赌博。"当然,他的提醒是多余的。面对西班牙无敌舰队给英格兰舰队造成的损失,弗朗西斯·德雷克的估计比其他人更高一些。但他不确定的是,西班牙无敌舰队会不会卷土重来。现在,英格兰人对战事的估计都比较悲观。英格兰船长们认为,此时虽然没有取得重大胜利,但很有可能与胜利失之交臂。亨利·怀特向弗朗西斯·沃尔辛厄姆爵士汇报说:"您可以看出,王国的吝啬使我们失去了可以大获全胜的机会。"1588 年 8 月 18 日,英格兰女王伊丽莎白一世在蒂尔伯里收到了很多报告,很不高兴地给克里斯托弗·哈顿爵士写了一封信。她写道:"如果我们的军队半途而废,英格兰王国就会蒙羞,疾病也将无法治愈。"如果英格兰舰队失败,英格兰女王伊丽莎白一世会非常沮丧。

1588年8月19日，在莱斯特伯爵罗伯特·达德利的帐篷里，英格兰女王伊丽莎白一世和英格兰船长们共进晚餐。与此同时，传来消息称，帕尔玛公爵亚历山大·法尔内塞会在涨潮时出现，也就是最近几天。听到消息后，英格兰女王伊丽莎白一世非但没有感到惊慌，反而非常兴奋。她郑重宣布，大敌当前，她不会抛弃自己的军队。英格兰女王伊丽莎白一世决定留下来面对西班牙军队。英格兰船长们和内务大臣极力劝说她改变主意。然而，一则新消息传来称，除非听到西班牙无敌舰队的好消息，否则帕尔玛公爵亚历山大·法尔内塞不会出现。消息千真万确，英格兰人感到很失望。1588年8月19日星期五夜晚，英格兰女王伊丽莎白一世决定返回圣詹姆斯王宫。

　　然而，毫无疑问，不论是英格兰舰队还是英格兰陆军，目前都不能解散。驻扎在蒂尔伯里营地的军队需要继续驻守。伦敦附近的军队也不能掉以轻心，不管付出多大代价都要守住伦敦城。英格兰舰队随时待命，但粮食紧缺，尤其是啤酒。在一些英格兰舰船上，如"伊丽莎白·乔纳斯"号，伤亡人数惊人。令人敬畏的帕尔玛公爵亚历山大·法尔内塞何时出现？他会带来哪些船？现在还不得而知。英格兰舰队只能耐心等待，不敢轻举妄动。

第30章　弗朗西斯·德雷克被俘

1588年8月下旬，英格兰人和西班牙人都不知道西班牙无敌舰队是否会战败。西班牙无敌舰队出现在朴茨茅斯港和怀特岛之间的英格兰海岸。上千只眼睛注视着西班牙无敌舰队。天气晴朗，成群结队的人挤在山头和低地，亲眼见证了伟大的海战。但战事一直没有新的进展。每天都有英格兰舰船停泊在港口，带来消息或命令。一些舰船加入了海军大臣埃芬厄姆勋爵查尔斯·霍华德率领的舰队，为其带去了供给和志愿兵，但志愿兵们好像不是去增援英格兰舰队，而是沿途观光。最后，一些英格兰船回到港口，讲述着前线发生的事。

然而，除了尼德兰，其他国家都了解加来战役。在加来，除了"圣洛伦索"号的命运，人们都知道发生了什么。当然，西班牙无敌舰队到达利德泽岛后，帕尔玛公爵亚历山大·法尔内塞每天都发表公告。1588年8月7日星期日，帕尔玛公爵亚历山大·法尔内塞已经对西班牙无敌舰队的情况十分了解。他如果在玩一个毫无意义的游戏，那么一定认为最晚1588年8月10日，也许更晚，西班牙无敌舰队就会返回。与此同时,不论帕尔玛公爵亚历山大·法尔内塞还是梅迪纳·西多尼亚公爵阿朗索·佩雷斯·德·古斯曼，都没有通知最关心战事的人——伯纳迪诺·德·门多萨。

伯纳迪诺·德·门多萨听说，梅迪纳·西多尼亚公爵阿朗索·佩雷斯·德·古斯曼已经到达利德泽岛。随后，一艘西班牙大船停泊在拉霍格湾。但没有迹象表明这艘船意味着什么。经过六天焦急的等待，除了在英吉利海峡听到的枪声，伯纳迪诺·德·门多萨什么也没有听说。此时，出现了一则报道，称西班牙军队已经登陆英格兰，弗朗西斯·德雷克紧追西班牙无敌舰队，西班牙无敌舰队正向会合点集结。伯纳迪诺·德·门多萨向西班牙国王腓力二世和在罗马的奥利瓦雷斯伯爵恩里克·德·古兹曼汇报了自己听到的每件事。他在每封信上都做了标记，注明消息来源不可靠，未得到证实，不用急着下结论。

1588年8月7日，伯纳迪诺·德·门多萨在鲁昂的密探汇报了一条重要消息。消息称，勒阿弗尔来了几艘纽芬兰捕鱼船，捕鱼船曾经遇到了英格兰舰队。据报道，1588年8月9日，在怀特岛，西班牙无敌舰队遇到了弗朗西斯·德雷克率领的英格兰舰队。英格兰舰队向陆地方向靠近。西班牙无敌舰队利用天气优势，不断紧逼英格兰舰队。双方交战整整一天一夜，西班牙无敌舰队暂时占了上风。西班牙无敌舰队击沉了英格兰舰队的十五艘加莱桨帆船，并且截获了几艘船，劫走了船上的枪炮，然后击毁了被俘的船。此外，落入水中的英格兰水手和船员被西班牙人救起俘获。在怀特岛战役中，西班牙加莱赛战船表现出色。这篇报道是真实的。随后，鲁昂的通讯员来信补充说，纽芬兰的捕鱼船队已经到达勒阿弗尔。一位不列塔尼船长说，在战斗中，他曾离弗朗西斯·德雷克的旗舰非常近。弗朗西斯·德雷克的旗舰遭到两艘西班牙加莱赛战船的袭击。第一艘船将弗朗西斯·德雷克旗舰上的所有桅杆击倒了，第二艘直接击沉了弗朗西斯·德雷克的旗舰。布列塔尼船长也许是戴维·格温的远房表亲，看见弗朗西斯·德雷克在战争结束前乘一艘小船逃走了。鲁昂人为西班牙无敌舰队的胜利欢呼。为了庆祝胜利，布列塔尼船长印了一张横幅。

1588年8月9日的波特兰角战役结束后，1588年8月10日清晨，传来的大多数消息都是不可信的。纽芬兰人似乎亲眼看见了波特兰角战役。然而，纽芬兰捕鱼船不可能在两支舰队之间闲逛。战场上的人看到"复仇"号燃起熊熊大火，很多英格兰舰船沉入海底。水手们提供的信息增加了故事的真实感，令人信服。因为纽芬兰捕鱼船距战场很远，并且海上烟雾缭绕，所以纽芬兰人认为自己见到的和鲁昂的报道一样。伯纳迪诺·德·门多萨非常信任鲁昂的密探，立即将自己得到的消息毫无戒备地传了出去。

伯纳迪诺·德·门多萨做了很多事。他将西班牙无敌舰队取得胜利的消息传了出去。现在，只要证实鲁昂的报道属实，西班牙大使馆院子里的篝火就会被点燃。1588年8月12日星期五清晨，伯纳迪诺·德·门多萨掌握了很多信息，动身前往沙特尔的法兰西宫廷。他要求沙特尔大教堂为天主教的胜利举行一场感恩弥撒。同时，他恐吓法王亨利三世，使法王亨利三世向天主教联盟屈服。

第 30 章 弗朗西斯·德雷克被俘

随着西班牙无敌舰队逐渐逼近英格兰舰队，法王亨利三世越来越顺从。他的亲信埃佩农公爵让·路易·德·诺加雷放弃了诺曼底。因此，作为法兰西海军指挥官，埃佩农公爵让·路易·德·诺加雷遭到了众人的冷落，不得不匆匆离开洛什。最后，法王亨利三世被迫签署了《阿郎松敕令》，同意了天主教联盟提出的无理要求。《阿郎松敕令》规定，任何异教徒或传播异端邪说的人永远无法成为法兰西国王。因此，法王亨利三世只好放弃一直试图改变的王位继承法。

然而，截至目前，法王亨利三世的妥协大多是纸上谈兵。埃佩农公爵让·路易·德·诺加雷依然统治着昂古莱姆。皮卡第和布伦坚持反对天主教联盟。纳瓦拉国王亨利三世虽然一直活跃在卢瓦尔河南部，但一直举着法兰西王室的旗帜。有传言称，1588 年 9 月，布洛瓦即将召开的会议一定会在天主教狂热分子聚集

16 世纪 80 年代的亨利三世

起来前休会。法王亨利三世希望英格兰舰队胜利，恢复欧洲派系之间的平衡。他试图通过花言巧语逃避天主教联盟的威胁。此外，伯纳迪诺·德·门多萨决定迫使法王亨利三世投降，夺走法王亨利三世手中的大权。只有西班牙无敌舰队战胜英格兰舰队，法王亨利三世才会屈服于天主教联盟和吉斯公爵亨利一世，法兰西王国才能成为西班牙的附庸国。伯纳迪诺·德·门多萨来到沙特尔是为了推动这一进程。

途中，伯纳迪诺·德·门多萨收到了一封信。西班牙无敌舰队已经到达加来，并与帕尔玛公爵亚历山大·法尔内塞会合。可以肯定的是，当伯纳迪诺·德·门多萨收到信的时候，西班牙军队已经登陆英格兰海岸。伯纳迪诺·德·门多萨满意地将信放进了行囊里。他的预测与形势发展吻合。伯纳迪诺·德·门多萨十分清楚，罗马曾承诺提供一百万达克特，教皇西克斯图斯五世最终一定会支付这笔钱。

1588年8月12日早晨，伯纳迪诺·德·门多萨与法王亨利三世见面。伯纳迪诺·德·门多萨礼貌地复述了自己得到的消息，确信法王亨利三世指挥着一支特殊部队，并且正在全国范围内庆祝天主教的伟大胜利。他暗示法王亨利三世，现在，能证明法王亨利三世支持天主教事业的行动，就是返回巴黎。法王亨利三世冷漠地听完伯纳迪诺·德·门多萨的话后，回答道："你的消息如果是真的，就最好。但你一定想听一听我从加来带来的消息。"蓬波纳·德·贝利埃弗尔将古尔丹爵士在1588年8月8日写的信递给了伯纳迪诺·德·门多萨。

伯纳迪诺·德·门多萨退到一处。他的随从接过信，在他耳边小声说着信件内容。信中称，西班牙无敌舰队逃到了加来。英格兰舰队紧追不舍，场面十分热闹。梅迪纳·西多尼亚公爵阿朗索·佩雷斯·德·古斯曼写信给西班牙国王腓力二世，请求购买弹药和食物，但购买弹药的请求被拒绝了。1588年8月7日星期日夜晚，西班牙无敌舰队被英格兰火攻船驱散，逃向北海，其中一艘帆船在炮火的攻击下搁浅。1588年8月8日清晨，英格兰舰队秩序井然，开始追击西班牙无敌舰队。

伯纳迪诺·德·门多萨表达了感谢，将信递还给了蓬波纳·德·贝利埃弗尔，说道："显然，我们得到的消息不一样。"随后，他立即返回巴黎。1588年8月13日，伯纳迪诺·德·门多萨写信给西班牙国王腓力二世说自己之前的汇报

第30章 弗朗西斯·德雷克被俘

太过乐观。最终,西班牙大使馆门前没有点燃篝火。但伯纳迪诺·德·门多萨并没有放弃希望,希望法王亨利三世完全听命于吉斯公爵亨利一世,吉斯公爵亨利一世完全听命于西班牙国王。正如他说的那样,作为一名征服者,他要带领在低地国家作战的同僚,重返伦敦。

1588年8月20日,谣言四起。其中最令人不安的传言是来自汉萨的一名船长的汇报。汉萨的船长说西班牙无敌舰队漂泊在茫茫大海上。当时,伯纳迪诺·德·门多萨唯一能确定的就是拉霍格"圣安娜"号的身份,以及法兰西人愿意将加来的"圣洛伦索"号上的炮弹移交给西班牙。事实上,至少有四艘西班牙一等战舰落入了英格兰人和尼德兰人手中。

然后,消息接续传来。一名丹麦人看见有人抛弃了一艘舰船,乘小船离开了。这艘小船不可能到达最近的支持西班牙无敌舰队的港口。因此,可以推断沉没的舰船属于英格兰舰队。帕尔玛公爵亚历山大·法尔内塞得知,西班牙无敌舰队发现了一小队向英格兰方向逃窜的英格兰舰船。安特卫普人听说弗朗西斯·德雷克的腿受伤了,"皇家方舟"号也被西班牙人俘房了。迪耶普地区的人得知,苏格

迪耶普

兰海岸附近发生了一场激战，英格兰舰队中的二十艘船沉入海底或被俘。但英格兰传来的确凿消息称，英格兰舰队的二十五艘船在泰晤士河入口处避难。1588年8月13日，苏格兰海岸附近发生了一场激战。弗朗西斯·德雷克试图登上"圣马丁"号，但不幸被俘。在这场战役中，十五艘英格兰盖伦帆船被击沉，几艘帆船被俘，剩下的帆船严重受损，很可能已经在暴风雨中沉没。暴风雨阻止了英格兰舰队的追击，毁灭了幸存者。梅迪纳·西多尼亚公爵阿朗索·佩雷斯·德·古斯曼抵达苏格兰的一个避风港，在等待有利风向期间，补充了水和食物。与此同时，英格兰人惊慌失措，禁止发表任何关于英格兰舰队命运的评论。英格兰人忧心忡忡，担心英格兰的天主教徒会起义。为了安全起见，英格兰女王伊丽莎白一世前去巡察英格兰军队。

不难看出上述事情是如何发生的。1588年8月16日，英格兰舰队停止追击西班牙无敌舰队，并被东北风驱散，于1588年8月17日和18日在泰晤士河河口处的避风港避难。英格兰船员和水手一直待在船上，一些高级军官和官方使者上了岸。因此，伯纳迪诺·德·门多萨的间谍团，即天主教的同情者或残余势力以为自己看到的英格兰舰队已经受到重创，英格兰女王伊丽莎白一世巡察蒂尔伯里是为了安抚军心。与此同时，从迪耶普和勒阿弗尔传出的流言经过不断发酵，传入了巴黎，使伯纳迪诺·德·门多萨信以为真。

接下来的两个星期，各种流言迅速传播开来。1588年8月20日，有关西班牙无敌舰队的最新消息中，提到了英吉利海峡的战况。关于这场战役，天主教和新教最新的宣传册中都很少提到。出版商们为了迎合读者的口味，表达了虔诚或好战的思想。英格兰舰队和西班牙无敌舰队都认为对方损失惨重。但在诸多叙述中，关于北海战役的叙述非常离谱，各版本相差甚远。一些新教徒描述了弗朗西斯·德雷克被俘的精彩故事，伯纳迪诺·德·门多萨对此信以为真。当然，关于弗朗西斯·德雷克的故事历来被人们津津乐道。

天主教徒中也流传着很多关于弗朗西斯·德雷克的故事。有的故事称弗朗西斯·德雷克战死了，有的称弗朗西斯·德雷克受了重伤，还有的称弗朗西斯·德雷克乘小船逃走了，后来再没有出现过。但人们最喜欢的故事版本是伯纳迪诺·德·门多萨的汇报。伯纳迪诺·德·门多萨向西班牙国王腓力二世做了汇报，并在巴黎宣布西班牙无敌舰队胜利，准备点燃篝火庆祝。弗朗西斯·德雷克

第30章 弗朗西斯·德雷克被俘

里昂

在准备登上"圣马丁"号的时候被俘,现在是梅迪纳·西多尼亚公爵阿朗索·佩雷斯·德·古斯曼的阶下囚。对弗朗西斯·德雷克来说,被俘是最适合他的结局。

弗朗西斯·德雷克被俘的消息不胫而走,从科隆传到了美因兹,随后传到了慕尼黑、林茨和维也纳,然后从巴黎传到了里昂,从里昂传到了都灵,又从都灵传到了意大利。伯纳迪诺·德·门多萨在给西班牙国王腓力二世的信中写道:"弗朗西斯·德雷克被俘了。这个消息很可能是真的,但需要梅迪纳·西多尼亚公爵阿朗索·佩雷斯·德·古斯曼的证实。"西班牙国王腓力二世收到了很多报告,秘书伊迪亚克兹也向他全面汇报了此事。在塞维利亚,盲人诗人科尔多巴创作了一首欢快的歌谣。此后,人们开始了漫长的等待。直到1588年9月,还没有确切的消息传来。西班牙无敌舰队中的贵族成员也没有带来任何消息。寂静预示着不祥。与此同时,虽然官方还没有开始庆祝,但西班牙人继续为西班牙无敌舰队祈祷,认为西班牙无敌舰队必定会胜利。

在布拉格,西班牙大使圣克莱门特的吉伦认为西班牙无敌舰队一定会取胜。伯纳迪诺·德·门多萨递交了第一份报告后不久,莱茵河流域的一些人证实了弗朗西斯·德雷克被俘的消息。富格尔流传的故事版本有所不同,但依然是关于弗朗西斯·德雷克的。圣克莱门特的吉伦下令在大教堂举行一场感恩弥撒。在神圣罗马帝国的首都，圣克莱门特的吉伦摆出一副总督的派头，觉得自己是哈布斯堡家族中权力最大、最正统的分支后裔。神圣罗马帝国皇帝鲁道夫二世对圣克莱门特的吉伦说，他没有下令举行弥撒，也没有听到任何关于西班牙无敌舰队胜利的消息。但各国大使已经习惯无视神圣罗马帝国皇帝鲁道夫二世说的话。

奥利瓦雷斯伯爵恩里克·德·古兹曼一听到伯纳迪诺·德·门多萨说的胜利的消息，就直接去了梵蒂冈，向一群特殊的人"发号施令"。根据他的说法，他以一种不确定的方式告诉了教皇西克斯图斯五世自己的职责所在。教皇西克斯图斯五世应该在圣彼得大教堂举行了一场特殊的感恩庆典，并在其他罗马教堂举行了仪式。英格兰的红衣主教威廉·艾伦得到了教皇西克斯图斯五世的授权。奥利瓦雷斯伯爵恩里克·德·古兹曼立即前往尼德兰。此时，帕尔玛公爵亚历山大·法尔内塞已经登陆英格兰。

教皇西克斯图斯五世认为，如果伯纳迪诺·德·门多萨的汇报属实，他应该尽快将所有事情安排好。他说最好再等几天核实消息。随后，教皇西克斯图斯五世从其他渠道证实了消息，但依然觉得不能高兴得太早。

对威廉·艾伦来说，他看到了期待已久的结局。奥利瓦雷斯伯爵恩里克·德·古兹曼去梵蒂冈前，很可能已经将消息送到了蒙塞拉托大道。威廉·艾伦对这个消息期待已久，几乎没有一丝喜悦。他必须采取进一步行动。他本来想亲自去安特卫普，听听人们对他的告诫。更重要的是，他应该作为一名英格兰使者前往尼德兰。1588年5月初，威廉·艾伦非常想离开梵蒂冈。站在人群中的奥利瓦雷斯伯爵恩里克·德·古兹曼和坐在楼梯上的罗伯特·帕森斯一直在为天主教事业努力，就好像他们和威廉·艾伦一样着急。意大利人不会明白，在帕尔玛公爵亚历山大·法尔内塞第一次登陆英格兰海岸后，必须有一位英格兰权威人士在场。1588年夏天，威廉·艾伦身体不太好。1588年8月28日夜晚，他焦急地等待着奥利瓦雷斯伯爵恩里克·德·古兹曼。奥利瓦雷斯伯爵恩里克·德·古兹曼结束了与教皇西克斯图斯五世的会晤。虽然流亡的人已经习惯等待，但威廉·艾伦还要多等几天。

伯纳迪诺·德·门多萨再次带来了西班牙军队胜利的消息。但这次，威廉·艾伦已经等得不耐烦了。在梵蒂冈，奥利瓦雷斯伯爵恩里克·德·古兹曼谨慎地公

第 30 章 弗朗西斯·德雷克被俘

布了消息。教皇西克斯图斯五世对此表示怀疑。这则消息与布雷西亚的主教、佛兰德斯人和威尼斯帕尔玛公爵亚历山大·法尔内塞带来的消息都不同。事实上，都灵的居民说弗朗西斯·德雷克被俘，但其他地方盛传弗朗西斯·德雷克已经被杀害、受伤或失踪了。然而，还有一些消息称弗朗西斯·德雷克赢得了战争，西班牙无敌舰队狼狈逃走。事实的真相虽然无法隐藏，但需要核实。很快，从英格兰也传来了消息。

1588 年 8 月 17 日，法兰西红衣主教焦万·弗朗西斯科·莫罗西尼寄到巴黎的信件结束语解释了所有人的疑虑。信的结尾写道："根据不同的消息来源，从 1588 年 7 月 28 日到 1588 年 8 月 11 日，西班牙军队和英格兰军队的日志。"日期是新式的书写方式，用法语写成，但所有消息都来自伦敦枢密院。关于双方舰队的消息按照日期先后记载，就像"两支舰队之间的故事摘要"。这本摘要是海军大臣埃芬厄姆勋爵查尔斯·霍华德派人送往伦敦枢密院的，没有标明地点和出版日期，是名副其实的论述，也是记载西班牙无敌舰队最早的出版物。焦万·弗朗西斯科·莫罗西尼认为，源自英格兰的消息值得怀疑。有人猜测爱德华·斯塔福德爵士直接将关于战事的摘要寄给了焦万·弗朗西斯科·莫罗西尼，同时将其交给了巴黎的宣传册《真言》。正如伦敦枢密院了解到的那样，《真言》背离了真理，其中涉及的内容只是对英格兰局势的粗略估计，宣称英格兰天主教徒武装起来，紧密团结在一起。然而，1588 年夏天，英格兰天主教徒手中没有任何武器。英格兰天主教徒对英格兰女王伊丽莎白一世的忠诚是宣传册《致伯纳迪诺·德·门多萨的函扎抄录》的主要内容。伯纳迪诺·德·门多萨收到了一封信的副本，信中描述了英格兰女王伊丽莎白一世视察蒂尔伯里军营的情况，简要提到了英格兰舰队取得的胜利。这封信写于 1588 年 8 月底，显然对英格兰舰队停止追击西班牙无敌舰队后，西班牙无敌舰队的遭遇一无所知。

在法兰西王国，关于弗朗西斯·德雷克故事的第一个版本还没有印刷出来，但每天都有很多来自爱尔兰的报道涌入巴黎。英格兰出版界正在印刷关于弗朗西斯·德雷克的故事。在英文版的宣传册和广告中可以读到一些关于英格兰舰队的摘录，在公共档案室和其他地方也可以详细了解英格兰舰队的情况。现在，有关记载当时沉船、饥荒和屠杀的编年史令人恐惧。但 1588 年，对欧洲的清教徒来说，关于战争的报道极受欢迎。人们认为 1588 年是灾难年，并且有不祥的诗句预言了灾难的降临。现在，我们已经知道灾难降临在了谁头上。毫无疑问，英格兰舰队赢得战争的把握很大。

然而，宣传册《爱尔兰报告》正在印刷。伦敦枢密院收到一份塞维利亚版的伯纳迪诺·德·门多萨的报告，与盲人诗人科尔多巴的歌谣完全相符。伦敦枢密院需要对此立刻做出回复。西班牙人称，《爱尔兰报告》分为两栏，其中一栏详细评论了伯纳迪诺·德·门多萨的报告，题目是"一派胡言"。宣传册中的评论被翻译成尼德兰语、法语、意大利语和西班牙语，分为低级和高级版本，其中有一些讽刺性诗句。一些人说低级和高级版本体现了西班牙逃亡的新教徒和盲人诗人科尔多巴的浪漫主义两种不同风格。

最后一份宣传册几乎没有任何用处。英格兰人在圣保罗挂起了西班牙人的横幅。尼德兰人公布了对迭戈·德·皮门特尔和其他西班牙囚犯的审讯。一份来自爱尔兰的报告称，帕尔玛公爵亚历山大·法尔内塞解散了敦刻尔克的营地。伯纳迪诺·德·门多萨拒绝放弃西班牙无敌舰队会重新出现在英格兰海岸的希望。1588年9月29日，伯纳迪诺·德·门多萨还在向西班牙国王腓力二世乐观地汇报战况。据可靠报道，西班牙无敌舰队已经完成修补工作，并在设得兰群岛和奥克尼群岛购买了补给品，再次前往佛兰德斯海岸。西班牙无敌舰队获得了许多战利品，包括十二艘英格兰战舰。几个星期以来，西班牙国王腓力二世一直有收到梅迪纳·西多尼亚公爵阿朗索·佩雷斯·德·古斯曼的汇报。巴尔塔扎尔·德·苏尼加关于西班牙无敌舰队状况的汇报令人沮丧。伯纳迪诺·德·门多萨的使者抵达埃斯科里亚尔前，西班牙国王腓力二世就已经知道梅迪纳·西多尼亚公爵率领残余舰队回到桑坦德。在伯纳迪诺·德·门多萨信件左侧的空白处，西班牙国王腓力二世用钢笔潦草地写道："一切都不是真的，我最好这样告诉你[①]。"

[①] 此处的"你"指的是伯纳迪诺·德·门多萨。——译者注

第31章 西班牙无敌舰队返航

1588年8月13日星期六清晨，半个月来，梅迪纳·西多尼亚公爵阿朗索·佩雷斯·德·古斯曼并没有发现身后穷追不舍的英格兰舰队。西班牙无敌舰队乘西南风急速前进，返回英吉利海峡的时机已经过去。然而，梅迪纳·西多尼亚公爵阿朗索·佩雷斯·德·古斯曼宁愿带着自己的旗舰继续漂泊，也不愿战败后返乡。与此同时，他决心让尽量多的舰船返回西班牙。

战争结局已经无法逆转。自从进入英吉利海峡后，西班牙无敌舰队至少损失了七艘船，包括一艘加莱赛战船。第一批船由于不适合长时间航海，受创严重，船上五分之一的船员和水手伤亡，几乎弹尽粮绝。在英吉利海峡，西班牙军队的士气高涨，但现在已经濒临崩溃。1588年8月9日上午，西班牙无敌舰队中一半以上的舰船在等待迎接敌人——英格兰舰队的信号。梅迪纳·西多尼亚公爵阿朗索·佩雷斯·德·古斯曼尽了最大努力。他在"圣马丁"号上举行了一场隆重的军事审判。二十名船长因拒不服从命令被绞死，其中一位船长是梅迪纳·西多尼亚公爵阿朗索·佩雷斯·德·古斯曼在桑卢卡尔的邻居，被吊死在船上的投石器上。其余十九名船长由军队法官马丁·德·阿兰达将军处理。然而，法官与刽子手无力挽回西班牙无敌舰队的士气。自从西班牙无敌舰队离开埃迪斯通群礁后，士兵们一直萎靡不振。

与此同时，西班牙无敌舰队无望凯旋。"圣马丁"号的吃水线位置被英格兰舰队的长重炮或半长重炮打了一个洞，但可以被专业的工匠修补好。胡安·马丁内斯·德·雷卡尔德的"圣胡安"号甲板下面的情况很不好，一根主桅也出现问题，无法起航。在格拉沃利讷，"圣马科斯"号曾与"圣马丁"号并肩作战，现在已经无力应战。"圣马科斯"号的船长将船捆得像个包裹一样。为了防止船散架，他命人将缆绳从龙骨下面穿过。三艘葡萄牙盖伦帆船似乎没有另外三艘地中海战船受损严重。地中海战船似乎在慢慢下沉，并且越沉越快。事实上，所有西班牙战舰都受创严重，一些船的船体即将散架。一艘叫"汉堡的小帆船"的船突然沉没。虽然船上的船员幸免于难，但所有物资与船一起沉入了大海。

物资紧缺是西班牙无敌舰队面临的最严重问题。船上没有新鲜食物，大部分饼干已经发霉变质，咸鱼和咸肉无法入食。但船员们对咸食的需求不大，因为现在最缺的是水。在拉科鲁尼亚，船上的所有酒桶都装满了水，足够饮用三个月。后来，一些桶开始漏水，打开后只剩下几英寸绿色黏液。现在可以看到，弗朗西斯·德雷克突袭圣文森特角的后果是多么致命。前方路途艰险，每支分遣队依次汇报严格分发配给。但糟糕的是，所有船上的配给只够用一个月甚至更短时间。

阿朗索·马丁内斯·德·莱瓦代表挪威，迭戈·弗洛雷斯·德·瓦尔德斯代表爱尔兰。梅迪纳·西多尼亚公爵阿朗索·佩雷斯·德·古斯曼表面上得到了所有将领的支持，实际上不包括胡安·马丁内斯·德·雷卡尔德。西班牙战事议会一致同意，说服反对派绕苏格兰和爱尔兰向北航行，留出足够的海上空间，以便让整支舰队向右舷方向前进。梅迪纳·西多尼亚公爵阿朗索·佩雷斯·德·古斯曼下令时强调，必须远离爱尔兰，"因为爱尔兰海岸可能会对你造成伤害"。他采取了能想到的所有预防措施。为了节约用水，他命人将所有马和骡子扔到海里，命令舰队里的每个人，不分男女，每天只配给八盎司饼干、一品脱水和半品脱酒。"圣马丁"号也严格执行了命令。梅迪纳·西多尼亚公爵阿朗索·佩雷斯·德·古斯曼以身作则，觉得自己并没有做出多大牺牲。只有在平静的水面上，他才会想吃一点食物。他曾写信给西班牙国王腓力二世说："我在海上总是晕船，并且经常感冒。"总有一天，梅迪纳·西多尼亚公爵阿朗索·佩雷斯·德·古斯曼对此次航行的悲观预言会成为现实。

因此，西班牙无敌舰队按照"进入挪威海峡"的航线航行，直到领航员认为已经到达北纬61°31'的位置。西南偏西的航线会错过设得兰群岛。航行过程中，一些船走散了。1588年8月14日清晨，三艘黎凡特的大卡拉克帆船吃水很深，只能转向东方，在绝望中向着海岸进发。主力舰队等了很久，没有得到关于失散舰船的任何消息。1588年8月17日夜晚，一场暴风雨过后，与"格兰·格里丰"

第 31 章 西班牙无敌舰队返航

号一起的其他舰船都失踪了。"格兰·格里丰"号掉转船头,迎风前进。帆船一路向北。阴雨绵绵,衣衫不整的安达卢西亚人和黑人冻得瑟瑟发抖。

1588 年 8 月 21 日,领航员断定舰队已经到达北纬 58°。在艾齐尔岬西北约九十里格的地方,西班牙无敌舰队向戈尔韦海岸进发。戈尔韦海岸是一个地标。西班牙无敌舰队也许到达了克莱尔岛,船员们完全被弄糊涂了。戈尔韦海岸是西

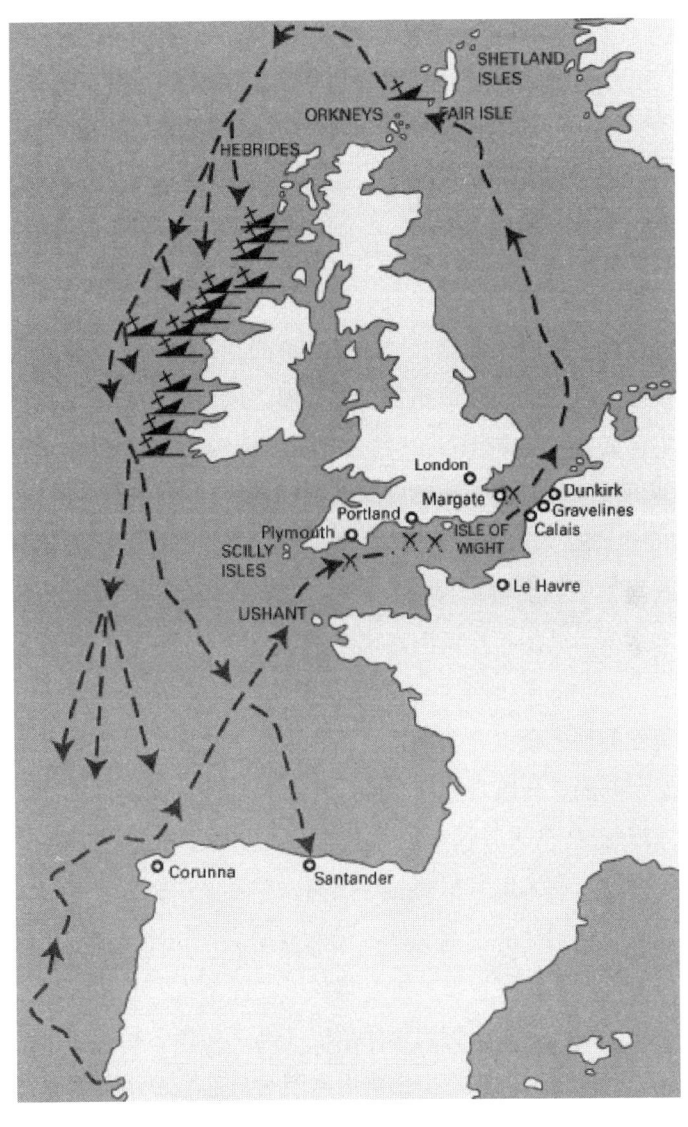

西班牙无敌舰队航行路线

班牙无敌舰队改变航线的地方。梅迪纳·西多尼亚公爵阿朗索·佩雷斯·德·古斯曼命令舰队最后一次集结。他惊奇地发现，除了伤员，还有近三千人生病。最近八天里，生病人数一直在激增。淡水紧缺，比梅迪纳·西多尼亚公爵阿朗索·佩雷斯·德·古斯曼想象的还要糟糕。一些表面结实的桶也开始漏水。梅迪纳·西多尼亚公爵阿朗索·佩雷斯·德·古斯曼再次下令改变航线，同时派巴尔塔扎尔·德·苏尼加乘轻帆船向西班牙国王腓力二世汇报舰队现在所处的位置，讲述这场战争的经历。

麻烦接连不断，连续两周一直是西南风，暴风雨从未停止。1588年9月3日星期六，按照领航员指引的方向，梅迪纳·西多尼亚公爵阿朗索·佩雷斯·德·古斯曼发现自己依然停留在北纬58°，只是比两周前的位置更偏东。同时，十七艘舰船离开了主力舰队，包括胡安·马丁内斯·德·雷卡尔德的"圣胡安"号、阿朗索·马丁内斯·德·莱瓦的"拉塔·科罗纳达"号、一艘加莱桨帆船、四艘黎凡特船、四艘大战舰、一艘安达卢西亚人的船、一艘卡斯蒂尔人的船、两艘奥肯多的西班牙舰船和两艘加莱赛战船。风向暂时转为东北风。梅迪纳·西多尼亚公爵阿朗索·佩雷斯·德·古斯曼派一艘轻帆船去向西班牙国王腓力二世汇报情况。他再次率领西班牙无敌舰队踏上了归途。

1588年9月22日，在桑坦德，"圣马丁"号向领航员发出信号。从几天后的报告中我们可以得知，曾在1588年7月从西班牙驶向英格兰的舰队中，此时有六十六艘船再次返回西班牙港口。后来，又有一艘船返回西班牙港口。

不久，根据英格兰的报道及幸存者的描述，西班牙无敌舰队在爱尔兰海域遭受的损失最大。阿朗索·马丁内斯·德·莱瓦带领的五艘黎凡特船出发。一艘比斯开船、一艘吉普斯夸船、一艘葡萄牙加莱赛战船和三艘霍尔克船向爱尔兰西海岸行进，前去寻找食物和水，以及修补破损的索具和船体。葡萄牙舰船和胡安·马丁内斯·德·雷卡尔德的"圣胡安"号停泊在丁格尔湾大布拉斯基特岛的下风向处。船员们往船上装淡水，随后返回。1588年10月7日，"圣胡安"号摇摇晃晃地进入了拉科鲁尼亚港。据说，"圣胡安"号是最后一艘幸存的西班牙战船。一艘大船和一艘医护船追随胡安·马丁内斯·德·雷卡尔德离开了丁格尔湾，返回了西班牙。医护船上的病人都活着。其他船沿英吉利海峡航行，希望尽快抵达法兰西港口或英格兰港口。然而，其他船在德文郡的布退尔岬搁浅，船上的士兵

第 31 章 西班牙无敌舰队返航

巨人堤

全部获救。向爱尔兰挺进的十七艘西班牙舰船都遇难了,其中包括不知道名字的船和轻帆船。西班牙船员没有航海图也没有领航员,更没有抛锚,船体受损严重,不适合继续航行。由于食物供给不足,加上疾病蔓延,船员们身体虚弱,只能躺在岩石上或挤在礁石上。加莱赛战船"赫罗纳"号被人发现,逃到岛上的幸存者全部获救。阿朗索·马丁内斯·德·莱瓦的船和剩下的船在巨人堤附近遇难,船上所有的人无一幸免。

在爱尔兰海岸,数千名西班牙士兵丧生。即使逃上岸的人,命运也十分悲惨。许多筋疲力尽的士兵躺在岸边的海滩上,昏昏沉沉。在爱尔兰西部海岸,西班牙士兵遭到追杀,像野兽一样四处逃窜。一些西班牙士兵被爱尔兰人交给了英格兰刽子手。被俘的西班牙士兵虽然愿意投降,但还是被杀了。爱尔兰副总督威廉·菲茨威廉不顾其他人的反对,下令屠杀西班牙战俘。他率领约两千名英格兰士兵守卫爱尔兰。这支部队装备极差,并且训练无素。威廉·菲茨威廉不能冒险让西班牙士兵停留在爱尔兰海岸上。他的原则是只要发现西班牙人,就立刻处死。

西班牙无敌舰队

关于爱尔兰海域的西班牙无敌舰队有两个传说：一个是在英格兰广为流传的传说，称西班牙人一上岸，他们的衣物、武器和财物就被爱尔兰人抢劫一空；另一个传说一直在欧洲其他国家流传，称西班牙士兵长着黑头发、黑眼睛和鹰钩鼻，脸颊黝黑。爱尔兰人允许西班牙无敌舰队上岸，但经常将西班牙人的贵重物品拿走，偶尔还会杀人灭口。爱尔兰人杀害西班牙逃亡者一事，引发了公众的谴责。通常情况下，爱尔兰人会庇护西班牙人，为西班牙人提供必需品，时机成熟时帮助他们逃出去。几百名西班牙人确实逃到了苏格兰，途中也没有抛弃自己的同胞。一些西班牙人也许会有幸遇到好客的爱尔兰家庭，但这种情况很少发生。如果有人在康诺特和西班牙加利西亚地区看到了逃亡的西班牙士兵，那么一定另有原因。

在苏格兰和爱尔兰附近的西班牙战舰残骸表明，西班牙人不是因英格兰人的追击逃到苏格兰和爱尔兰的，而是因为迷路。1588 年 7 月 30 日，利德泽岛有六十八艘西班牙舰船。这些舰船遵照命令，沿事先设定好的路线返回了家乡，包括十艘来自印度卫戍队的盖伦帆船，其中七艘是葡萄牙盖伦帆船、八艘安达卢西亚舰船、七艘奥肯多舰船和六艘胡安·马丁内斯·德·雷卡尔德的船。十艘黎凡特船中的八艘船成了残骸。西班牙无敌舰队是一支满目疮痍的战败舰队。经验丰富的指挥官向梅迪纳·西多尼亚公爵阿朗索·佩雷斯·德·古斯曼提议，在危机时刻带领剩余舰船返航。提议者不会是迭戈·弗洛雷斯·德·瓦尔德斯，也不会是胡安·马丁内斯·德·雷卡尔德。西班牙无敌舰队剩余的舰船得以保全主要依靠指挥官们的英明决策。

当时，没有人记得梅迪纳·西多尼亚公爵阿朗索·佩雷斯·德·古斯曼带领西班牙无敌舰队返航的壮举，后来的人也很少注意到这一点。梅迪纳·西多尼亚公爵阿朗索·佩雷斯·德·古斯曼对此并不在意。格拉沃利讷战役后，他尝尽了失败的滋味，认为自己有责任拯救西班牙无敌舰队。无论如何，梅迪纳·西多尼亚公爵阿朗索·佩雷斯·德·古斯曼保住了近三分之二的舰船和枪炮。他觉得自己的行为减轻了西班牙王国遭受的损失，不会让自己输得太惨。面对已经发生的一切，梅迪纳·西多尼亚公爵阿朗索·佩雷斯·德·古斯曼也曾责备自己。相比西班牙无敌舰队，英格兰舰队占据了舰船、枪炮、船员素质和作战地点等方面的优势。西班牙无敌舰队力量薄弱，供给不足，船员们执行任务时力不从心。当时，

第 31 章 西班牙无敌舰队返航

西班牙人将西班牙无敌舰队的失败归咎为指挥官的无能，并称如果指挥官是圣克鲁斯侯爵阿尔瓦罗·德·巴赞、胡安·马丁内斯·德·雷卡尔德、米格尔·德·奥肯多或佩德罗·德·瓦尔德斯中的一人，那么结局会截然不同。梅迪纳·西多尼亚公爵阿朗索·佩雷斯·德·古斯曼对此并没有异议，其间功过，无人质疑。

梅迪纳·西多尼亚公爵阿朗索·佩雷斯·德·古斯曼决定率领西班牙无敌舰队返航。当时，经验丰富的海军军官马洛林·德·胡安被滞留在了敦刻尔克。"圣马丁"号上有四名领航员，其中一人是英格兰人。后来，三名领航员在海上丧命。在西风的吹拂下，第四名领航员带领"圣马丁"号摇摇晃晃地通过了科伦那，来到桑坦德岛靠岸。我们不知道这名领航员的名字。

1588 年 9 月 3 日，梅迪纳·西多尼亚公爵阿朗索·佩雷斯·德·古斯曼决定返航。他坐在床上，几天来一直高烧不断，饱受痢疾之苦，吃不下任何东西。在噩梦般的航程中，梅迪纳·西多尼亚公爵阿朗索·佩雷斯·德·古斯曼辗转反侧，失去了意识，只模糊记得风势猛烈，暴风雨不断，西班牙无敌舰队错过了登陆的最佳时机。他被安置在巴尔塔扎尔·德·苏尼加的领航船上，由于身体太虚弱，无力起身，也无法在文件上签署自己的名字。抵达西班牙港口后，梅迪纳·西多尼亚公爵阿朗索·佩雷斯·德·古斯曼立即被送去面见西班牙国王腓力二世和圣地亚哥大主教。

仅在"圣马丁"号上，除了战死或受伤的人，截至 1588 年 9 月 23 日，共有一百八十人死于坏血病、斑疹伤寒或流行性感冒。食物紧缺使船员们的病情越来越严重。其他船上的死亡人数每日剧增。没有生病的船员将食物、衣服、被褥等收拾整洁，以便更好地照料生病的船员。高级军官们的情况也不乐观。1588 年 10 月，胡安·马丁内斯·德·雷卡尔德和米格尔·德·奥肯多去世。其他船上的情况比"圣马丁"号更糟糕。到达西班牙港口的时候，一些船员因缺乏食物被活活饿死，一些船员长达五六天滴水未进，雨水淋湿了他们褴褛的衣衫。一艘船因没有收帆抛锚的人，在拉雷多港搁浅。几个星期以来，西班牙士兵和军官们陆续死亡。剩下的人将物资和钱集中起来，建立了一支救护队。

西班牙无敌舰队处境艰难。一艘船抛锚后随即沉入大海。一些像"圣马科斯"号一样装备精良的船上武器充足，其中包括梅迪纳·西多尼亚公爵阿朗索·佩雷斯·德·古斯曼的佛罗伦萨加莱赛战船。靠岸后的第二天，巴尔托利船长去世。

他的下属在格拉沃利讷战役中身亡。加斯帕尔·达·苏萨称西班牙无敌舰队中的每艘船都尽了最大努力，一次次勇敢地加入激烈的战斗。梅迪纳·西多尼亚公爵阿朗索·佩雷斯·德·古斯曼在给佛罗伦萨大使的信函中证实了这一点。但托斯卡纳大公弗朗西斯科一世打算将"圣弗朗西斯科"号送到拉科鲁尼亚。西班牙无敌舰队中唯一的加莱桨帆船已经无法继续做旗舰。据我们所知，幸存的西班牙舰船中有一半以上舰船不能继续执行任务。一名观察者认为，受创严重的西班牙无敌舰队能在海上漂泊这么久真是一个奇迹。

梅迪纳·西多尼亚公爵阿朗索·佩雷斯·德·古斯曼躺在病榻上，处理着西班牙无敌舰队的事宜，周围的侍从大多是舰队靠岸后招募的。不论何时，他只要觉得有力气，就会向秘书伊迪亚克兹和西班牙国王腓力二世口述书信和备忘录中的内容，其中大多是抱怨，甚至有些语无伦次。他很担心西班牙无敌舰队的状况，更担心船员们身处的困境。由于岸上没有安置地，船员们只能在臭气熏天的霍尔克船中死去。梅迪纳·西多尼亚公爵阿朗索·佩雷斯·德·古斯曼坚持派经验丰富的人处理返航事宜。他似乎认为，西班牙无敌舰队的失败主要归因于没有采取更积极的行动，而不是因为他缺乏海战经验或没有能力。几天以来，梅迪纳·西多尼亚公爵阿朗索·佩雷斯·德·古斯曼的病情虽然并不严重，但一直高烧不断，神志不清。意识清醒时，他也无力签署任何文件。事实上，目前的局势发展已经超出任何人的掌控。在给伊迪亚克兹的信中，梅迪纳·西多尼亚公爵阿朗索·佩雷斯·德·古斯曼认为西班牙国王腓力二世不应该让他指挥西班牙无敌舰队，因为他没有在海上生活和作战的经验。他曾提醒西班牙国王腓力二世，作为总指挥官，他无法做出决断，甚至不知道应该信任谁。看看结局吧！梅迪纳·西多尼亚公爵阿朗索·佩雷斯·德·古斯曼不会再指挥海战了，除非有人以命相逼！

梅迪纳·西多尼亚公爵阿朗索·佩雷斯·德·古斯曼唯一想做的是返回家乡，回到桑卢卡尔的橘子林。他听了弗朗西斯科·德·博瓦迪利亚将军的报告，读了布尔戈斯主教和私人医生的信。面对打了败仗的梅迪纳·西多尼亚公爵阿朗索·佩雷斯·德·古斯曼，后来的历史学家们和西班牙国王腓力二世的态度显得公平客观。西班牙国王腓力二世罢免了梅迪纳·西多尼亚公爵阿朗索·佩雷斯·德·古斯曼海军总指挥一职，允许他返回家乡养病。

1588年10月，梅迪纳·西多尼亚公爵阿朗索·佩雷斯·德·古斯曼乘坐一

第 31 章 西班牙无敌舰队返航

辆挂着帘子的马车,在几位侍从的护送下,横跨山脉前往南方。途中,他没有在贵族家中停留,并且避开了城镇,以免遭到愤怒的西班牙民众的辱骂和袭击。梅迪纳·西多尼亚公爵阿朗索·佩雷斯·德·古斯曼回到桑卢卡尔前,圣马丁节刚刚过去。1589 年春天,梅迪纳·西多尼亚公爵阿朗索·佩雷斯·德·古斯曼已经能够在庄园里散步了。事实上,痊愈后,他和以前一样,继续为西班牙国王腓力二世效力了十年,又为西班牙国王腓力三世效力了十二年。他位高权重,西班牙人从未忘记他,也从未原谅他。1594 年,一位法兰西外交官见到了梅迪纳·西多尼亚公爵阿朗索·佩雷斯·德·古斯曼,看出他失败的创伤尚未愈合。

在英格兰,情况和人们想象的并没有什么不同。虽然英格兰舰队没有经历艰险的返航,但当帕尔玛公爵亚历山大·法尔内塞错过了潮汐,没有听到任何关于西班牙无敌舰队的消息时,英格兰女王伊丽莎白一世十分不耐烦地解散了舰队。英格兰船长和顾问们对英格兰女王伊丽莎白一世的草率感到惊讶,劝说女王在爱尔兰传来消息前,最好继续保持警惕。在哈里奇和马盖特,很多英格兰船员因生病去世。在多佛和唐斯,英格兰船员们的死亡率几乎和西班牙船员的海上死亡率一样。有人认为,导致船员们死亡的致命杀手是船热和斑疹伤寒。然而,按照英格兰王国的传统,军官和士兵们将一切都归咎于劣质啤酒。毫无疑问,如果有足够的上好啤酒,英格兰士兵和水手就不会生病。

后来,英格兰女王伊丽莎白一世终于如愿以偿,开始遣散军队。遣散过程涉及钱、衣服和食物等问题,以及无法回家的生病士兵的住宿问题。虚弱的水手们躺在多佛和罗切斯特的街道上,奄奄一息,就像他们在拉雷多和桑坦德时那样。作战过程中,马丁·弗罗比舍从来没有退缩过,并且主动提出和弗朗西斯·德雷克并肩作战。英格兰英雄约翰·霍金斯给伯利勋爵威廉·塞西尔写了一封信,说道:"很抱歉,收到您言辞如此严厉的信。"然后,他写信给弗朗西斯·沃尔辛厄姆爵士抱怨说:"我向上帝祈祷,我是为了钱写这封信的……我相信上帝会很快将我救出来,因为我已经身处地狱。"他的口吻很像梅迪纳·西多尼亚公爵阿朗索·佩雷斯·德·古斯曼。海军大臣埃芬厄姆勋爵查尔斯·霍华德对英格兰舰队不断上升的死亡率感到无助和愤怒。

英格兰出现了与西班牙同样的情况。英格兰人抱怨海军大臣埃芬厄姆勋爵查尔斯·霍华德为什么没有将西班牙无敌舰队一举歼灭,为什么害怕近距离接触西班牙无敌舰队。荒唐的是，西班牙人也以同样的问题质问梅迪纳·西多尼亚公爵阿朗索·佩雷斯·德·古斯曼。英格兰人一致认为，如果当时任命弗朗西斯·德雷克作为英格兰海军总指挥，就不会出现无疾而终的结局了。在战争期间，英格兰舰队的所有胜利都是弗朗西斯·德雷克取得的。海军大臣埃芬厄姆勋爵查尔斯·霍华德并没有像梅迪纳·西多尼亚公爵阿朗索·佩雷斯·德·古斯曼那样，独自忍受痛苦，因为毕竟英格兰舰队获胜了。在海军大臣埃芬厄姆勋爵查尔斯·霍华德生命的最后几年，西班牙无敌舰队的失败已经消散到金色薄雾中。英格兰国王詹姆斯一世统治时期，人们只记得英格兰女王伊丽莎白一世"英明"的统治。就像当时的大多数事件一样，随着时间的流逝，很多事件只剩下辉煌和荣誉。虽然海军大臣埃芬厄姆勋爵查尔斯·霍华德声名远播，但对大多数英格兰人来说，这场胜利仍然是弗朗西斯·德雷克取得的。

在过去的二十多年中，历史学家试图给海军大臣埃芬厄姆勋爵查尔斯·霍华德正名。最近的评论很有说服力："这是一场海军大臣埃芬厄姆勋爵查尔斯·霍华德领导的战争，他取得了胜利。"甚至有人认为，是海军大臣埃芬厄姆勋爵查尔斯·霍华德打败了西班牙无敌舰队，没有人能像他一样做得这么好。另一种观点对梅迪纳·西多尼亚公爵阿朗索·佩雷斯·德·古斯曼的勇气和领导能力给予了认可，但没有人认为他已经做到最好。然而，关于这场战争的争议依然存在，没有人能下定论。除非梅迪纳·西多尼亚公爵阿朗索·佩雷斯·德·古斯曼切断了"皇家方舟"号和英格兰舰队之间的联系，否则很难说他的一个错误影响了整场战争的结局。关于梅迪纳·西多尼亚公爵阿朗索·佩雷斯·德·古斯曼其他决策的正确性也存在争议，包括他在加来抛锚和决定返航等非常果断的决策。对逝者来说，他们能否从后人口中得到公正评价已经无关紧要。但对活着的人来说，公平正义不论何时到来，都十分重要。

第32章　吉斯公爵亨利一世与法王亨利三世之死

1588年秋天，法兰西天主教陷入困境。当西班牙无敌舰队向集合点挺进的时候，法王亨利三世被迫向吉斯公爵亨利一世屈服。但更最重要的是，1588年8月，当西班牙无敌舰队可能获胜的谣言迅速传播开来时，法王亨利三世任命吉斯公爵亨利一世为自己的副将，但并不打算返回巴黎。随着西班牙无敌舰队获胜的谣言慢慢降温，法王亨利三世遇到了更大阻力。他要谨慎地夺回一切。

1588年9月初，《真言》投入印刷，帕尔玛公爵亚历山大·法尔内塞解散了敦刻尔克的军队。与此同时，法王亨利三世让老臣们都离开了，其中包括御前大臣、财政大臣蓬波纳·德·贝利埃弗尔和三位国务秘书等所有政务要员，以及他加冕后一直帮他治理国家的人。法王亨利三世没有责备，也没有给出任何理由，就让为法兰西王室服务多年的人们退休回家了。在一片混乱中，他打算在布洛瓦召开会议，讨论法兰西王国的命运。法兰西宫廷的这场革命似乎毫无意义，只是对皇室造成了一定破坏。大多数人认为，天主教联盟中的激进分子强迫法王亨利三世将大臣们遣散的。

有人怀疑，菲利普·赫劳特·舍韦尼更了解法兰西宫廷当时发生的一切。菲利普·赫劳特·舍韦尼的同僚们也这么认为。问题的关键是，为法王亨利三世效力前，法兰西大臣们已经为法兰西王太后凯瑟琳·德·美第奇效力多年。给法兰西王太后凯瑟琳·德·美第奇看最新报道时，他们习惯接受王太后的意见，并且将她的意见记录下来。在苏瓦松，蓬波纳·德·贝利埃弗尔讨论吉斯公爵亨利一世的问题时，每天都向法兰西王太后凯瑟琳·德·美第奇汇报进展，并听取她的指示。不久，在街垒事件发生后，蓬波纳·德·贝利埃弗尔听从了法兰西王太后凯瑟琳·德·美第奇的指示。法王亨利三世对此不知情。维勒鲁瓦公爵尼古拉·德·纽夫维尔给昂古莱姆的同党写信，打算处死埃佩农公爵让·路易·德·诺加雷。菲利普·赫劳特·舍韦尼试图返回巴黎，因为法兰西王太后凯瑟琳·德·美第奇希望他回到巴黎。法兰西王太后凯瑟琳·德·美第奇知道大臣们纷纷离去的原因，对此非常不满，觉得大臣们拒绝了她的指示。

当然，法王亨利三世也知道法兰西王太后凯瑟琳·德·美第奇的不满情绪。法兰西王太后凯瑟琳·德·美第奇放弃了自己的儿子，从失败走向成功，从支持法王亨利三世转而支持吉斯公爵亨利一世。因此，一年多来，她一直说服自己，认为不论吉斯公爵亨利一世有什么需求，对亨利三世来说都是最好、最安全的选择，并且她在卢浮宫事件中救了吉斯公爵亨利一世。此后，法王亨利三世不再信任自己的母亲。他不能活在母亲仆人们鄙夷的目光中，更不能继续沿着脚下的路走下去。

在布洛瓦，法王亨利三世孤立无援。新上任的大臣们诚实、勤勉、恪尽职守，但没有足够的影响力，不能为国王分忧。安尼·德·茹瓦约斯公爵和埃佩农公爵让·路易·德·诺加雷是法王亨利三世的朋友，也是最后两位重要的老臣。此时，安尼·德·茹瓦约斯公爵已经离世。埃佩农公爵让·路易·德·诺加雷正在昂古莱姆生闷气，以为法王亨利三世想谋杀他。法王亨利三世的王后非常迟钝，不能和他商量事情。法兰西王太后凯瑟琳·德·美第奇十分尖刻严厉。法王亨利三世身边只有工具、笔和匕首。接下来，他只能靠自己。

法王亨利三世无法独自承受一切。他经常一连几个小时，甚至几天待在房间里，昏昏沉沉地躺在床上，不跟任何人说话。但大多数时候，他会一如既往地扮演国王的角色，和蔼可亲地接待来访者。与来访者商量事情的时候，他会以一种充满善意和悲伤的口吻讲话，使充满敌意和质疑的来访者放下戒备。有时，他也会与吉斯公爵亨利一世商量事情。吉斯公爵亨利一世是法兰西王国的重臣，也是王室的大总管，在讽刺和睿智方面与法王亨利三世不相上下。法兰西王太后凯瑟琳·德·美第奇感到冬天临近，天气寒冷，整天卧在床上。因此，法王亨利三世每天都陪在母亲床边，为她讲述法兰西和欧洲最近的局势，耐心聆听母亲的忠告。法王亨利三世一直保持警惕，仿佛大敌当前。

事情进展得十分缓慢，但法王亨利三世显得很乐观。他提出的策略十分明智，大臣们纷纷向他提出各种建议。但他在巩固自己地位方面没有任何进展。他本来

尼古拉·德·纽夫维尔

菲利普·赫劳特·舍韦尼

查尔斯·伊曼纽尔一世

希望通过大臣们的建议解决长期以来的财政问题，试图从吉斯公爵亨利一世手中夺回天主教联盟的领导权，但一直找不到合适的处理办法。天主教联盟的激进分子们尝到了权力的味道，想要获得更多权力。他们希望建立一个集权专制的政府，然后控制这个政府。他们希望法兰西王国获得和平、繁荣，通过经济改革减少税收，以及消灭异教徒。萨伏伊公爵查尔斯·伊曼纽尔一世占领了法兰西在阿尔卑

第 32 章 吉斯公爵亨利一世与法王亨利三世之死

斯山背面的最后一个前哨。但法兰西国内对此不闻不问。改革派不会征收新税，改革的呼声越来越大。法王亨利三世每退一步，改革派就会提出更多要求。于是，双方陷入令人沮丧的僵局。法王亨利三世意识到自己的统治摇摇欲坠，一股革命之风正在迎面吹来。他将一切问题归咎于吉斯公爵亨利一世。只要除掉吉斯公爵亨利一世，他就有信心稳固政权了。

吉斯公爵亨利一世也感到非常沮丧。法兰西三级会议的议员不再听命于吉斯公爵亨利一世，如果拨款议案不通过，那如何召集军队呢？当然，吉斯公爵亨利一世掌权期间，只要政权不稳，他就会待在离巴黎很远的布洛瓦，但一点也不觉得轻松。现在，他是巴黎的统治者，但不是法兰西王国的国王。不需要伯纳迪诺·德·门多萨的提醒，他也知道西班牙无法为他提供支持。吉斯公爵亨利一世如果能预见西班牙无敌舰队的失败，就不会一直待在布洛瓦。卢浮宫内危机四伏。只要法王亨利三世不下台，吉斯公爵亨利一世就不会重返巴黎。

与此同时，吉斯公爵亨利一世也时刻准备着。布洛瓦到处都有武装的天主教联盟成员，他们都是吉斯公爵亨利一世的追随者，一直住在城堡里，人数超过了皇家禁卫军的人数。作为王室总管，吉斯公爵亨利一世有所有房间的钥匙。无论何时，他都可以去王宫的任何地方，甚至国王的寝宫。他身边的随从手持武器，没有人对此产生怀疑。最令吉斯公爵亨利一世感到安心的是，法王亨利三世没精打采，永远不会有复仇之心。当里昂的大主教恳求吉斯公爵亨利一世尊重法王亨利三世，不要做得太过分的时候，吉斯公爵亨利一世一笑了之，说："我比你更了解他。想要征服他，就必须反抗他。他需要别人的威慑。"

1588 年 12 月 19 日早晨，王宫中的一名间谍向吉斯公爵亨利一世汇报说，法王亨利三世向几个人咨询如何摆脱迫害他的人。阿方斯·奥纳诺回复说："马上杀了他。"吉斯公爵亨利一世对此不以为然。他以前听过很多类似的毫无意义的汇报。1588 年 12 月 22 日晚饭时，他发现一张餐巾纸上写着匿名警告，于是大声读给周围的人听，并在邻桌拿起一支笔，用潦草的字迹在餐巾纸上写道："他不敢。"然后将笔扔在地上。吉斯公爵亨利一世曾多次与法王亨利三世正面交锋，确信亨利三世没有杀他的胆量。

事实上，法王亨利三世真的像间谍说的那样，与一群人商量如何除掉吉斯公爵亨利一世。他有证据证明吉斯公爵亨利一世正在威胁他的王位和生命。在吉

红衣主教路易二世

斯的红衣主教路易二世的餐桌上,有人向吉斯公爵亨利一世敬酒,也有人曾向吉斯公爵亨利一世的秘书申请安全通行证。吉斯公爵亨利一世的秘书回复说:"你可以等一等,我们不久就会使王宫更名换主。"很多人提醒吉斯公爵亨利一世,法王亨利三世会继续行动,可能会绑架他,或者将他逐出巴黎,甚至杀了他。吉斯公爵亨利一世的弟弟马耶讷公爵洛林的查尔斯也警告过他。最后,法王亨利三世说:"不是他死就是我亡。"

第32章 吉斯公爵亨利一世与法王亨利三世之死

新任御前大臣蒙托隆也许首先答复了法王亨利三世。毫无疑问，吉斯公爵亨利一世犯了叛国罪，并且证据确凿，应该立即受到指控、审判和处决。法王亨利三世伤感地笑了。哪个法庭会审判一位法兰西贵族和天主教联盟的领袖呢？难道在巴黎吗？

奥蒙元帅吉恩六世提出了一条权宜之计。阿方斯·奥纳诺直截了当地表示支持奥蒙元帅吉恩六世的提议，说道："直接杀了他！"阿方斯·奥纳诺已经准备好行动。法王亨利三世知道，最让吉斯公爵亨利一世党羽疑心和害怕的就是阿方斯·奥纳诺。因此，阿方斯·奥纳诺绝对不可能手持武器靠近吉斯公爵亨利一世。法王亨利三世紧盯着伯顿·德·克里伦。伯顿·德·克里伦结结巴巴地说，他从来没有刺伤过任何人，认为自己没有能力刺杀吉斯公爵亨利一世。现在只剩下决斗了。伯顿·德·克里伦很乐意与吉斯公爵亨利一世决斗，并且确信能杀死吉斯公爵亨利一世。向伯顿·德·克里伦解释吉斯公爵亨利一世会如何应对挑战是没有用的。法王亨利三世感谢诸位大臣，称自己必须另想办法。

很快，四天过去了。其间，吉斯家族的成员一直没有进入王宫。枢密院在宫殿前厅举行了会议。前厅连接着螺旋楼梯和王室成员的卧室。此次会议不允许未经授权的人参加，要求大臣们单独进入前厅，最后由引座员关上门。"四十五人卫队"中，只有一人赢得了法王亨利三世的信赖。1584年，埃佩农公爵让·路易·德·诺加雷招募了"四十五人卫队"。"四十五人卫队"成员都是加斯科涅地区的贵族。他们的全部财产是一匹马、一把剑、一件破烂的披风和几英亩石土地。在法兰西宫廷中，他们没有朋友，也没有任何关系，唯一能依赖的只有法王亨利三世。不论白天还是黑夜，每班十五人，听从法王亨利三世的指挥。他们觉得为法王亨利三世效力是光荣的。吉斯公爵亨利一世认为，"四十五人卫队"是一群游手好闲、毫无用处、身价不菲的匪徒。他的朋友们认为，改革的目标之一就是解散"四十五人卫队"。"四十五人卫队"对此十分清楚。

法王亨利三世还需要做一些复杂的安排。王宫的一翼是弗朗索瓦一世命人建的，经过曲折的通道和楼梯，就是法王亨利三世的寝宫。寝宫有两扇门，通常都是打开的，但现在必须锁起来。现在，一扇一直锁着的门需要打开，以防进入房间的人被人发现。法王亨利三世亲自料理着一切。

1588年12月22日下午，法王亨利三世与吉斯公爵亨利一世进行了长时间会谈。有关此次会谈的记录非常简单，不太可信。但在会谈过程中，法王亨利三世一定提到了他和法兰西王太后凯瑟琳·德·美第奇会在圣诞节前搬离王宫一事，但在离开前，他要召开会议。不久，法王亨利三世向吉斯公爵亨利一世索要王宫所有房间的钥匙，为离开王宫做准备。吉斯公爵亨利一世将所有钥匙交给了使者。这一切发生在吉斯公爵亨利一世收到匿名信之前。

1588年12月23日上午7时，吉斯公爵亨利一世在情妇的卧房里被使者吵醒。1588年12月23日早上8时将召开会议，现在还剩一个小时。1588年12月23日凌晨4时，法王亨利三世起床。一场大戏即将上演。在最后一刻，法王亨利三世会告诉所有"演员"自己的最终决定。但所有与会人员不能泄露一个字，必须保守秘密。1588年12月23日清晨充满了悲剧色彩。外面下着细雨。在古老的王宫里，法王亨利三世与吉斯公爵亨利一世将决一死战。吉斯公爵亨利一世穿着前一晚穿的衣服，急忙赶去参加会议。

在楼梯上，吉斯公爵亨利一世惊讶地发现了一大群弓箭手。弓箭手中的一名队长礼貌地告诉吉斯公爵亨利一世，他们正在提交一份请愿书，索要部分欠薪。一些弓箭手跟在吉斯公爵亨利一世后面上了楼梯，一边走一边哀求，说自己已经很久没有拿到薪水了，处境十分悲惨。会议大厅的门关上后，弓箭手肩并肩排成整齐的队伍，将楼梯堵得水泄不通。

吉斯公爵亨利一世是最后到达会议现场的参会人员。他的弟弟红衣主教马耶讷公爵洛林的查尔斯和里昂大主教及另外两个人，都比吉斯公爵亨利一世早到了一会。其余人似乎很早前就到了。吉斯公爵亨利一世感到有些不安。他抱怨天气寒冷，命人燃起火炉，还派人去取一些水果。外面的走廊已经被弓箭手封锁，侍者只能从法王亨利三世的橱柜里取些水果。吉斯公爵亨利一世开始流泪，他的眼睛下面有一个疤痕。他发现自己没有手帕。一位侍从给他拿了一条法王亨利三世的手帕。火炉燃起后，吉斯公爵亨利一世感觉暖和多了，脱下了斗篷。会议正在讨论一些日常财政问题。随后，一位绅士告诉吉斯公爵亨利一世，法王亨利三世要在内阁单独会见他。吉斯公爵亨利一世向其他人示意后离开，将斗篷漫不经心地搭在左臂上。

"四十五人卫队"中的八名卫兵懒洋洋地站在走廊上。吉斯公爵亨利一世经过的时候，他们跟在身后护送。快要到达内阁门前的时候，吉斯公爵亨利一世

第32章 吉斯公爵亨利一世与法王亨利三世之死

突然转过身来,面对着卫兵。走在最前面的卫兵用手中的短匕首刺向吉斯公爵亨利一世。吉斯公爵亨利一世想要拔出剑,但剑柄和斗篷缠在了一起。他正想摆脱眼前的卫兵的时候,门后出现了更多卫兵。吉斯公爵亨利一世力气很大,拖着卫兵向走廊走去,边走边说:"啊!我的朋友们!啊!绅士们!啊!叛徒们!"说着,他摇晃身体,向前走了一步,然后一头栽了下去。不一会儿,卫兵们上前搜查吉斯公爵亨利一世的身体,发现了一封没有写完的信。信的开头写道:"维持法兰西内战每月要花费七十万里弗。"吉斯公爵亨利一世的一生到此结束。这句话可以作为他的墓志铭。

卫兵们从吉斯公爵亨利一世身上发现一封未写完的信

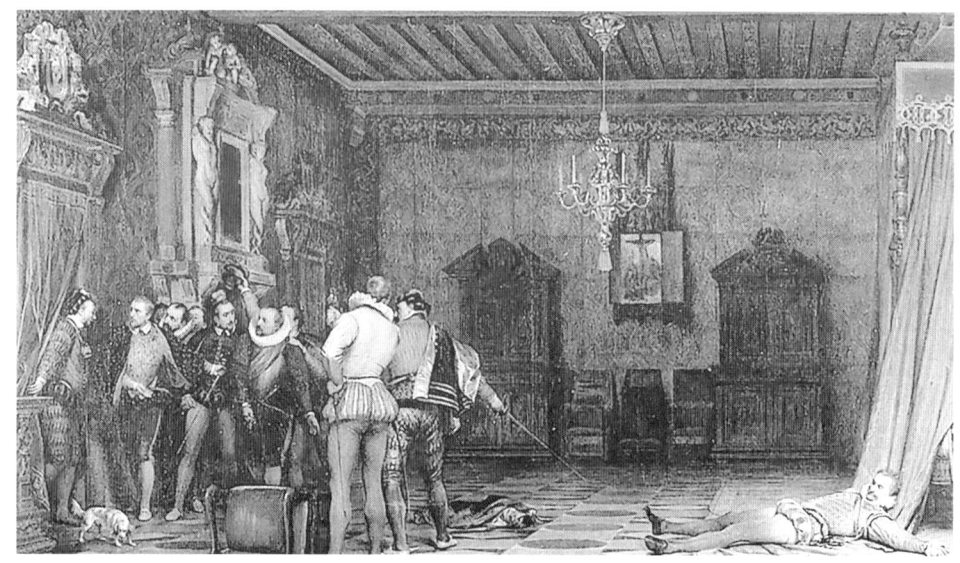

吉斯公爵亨利一世被杀

法兰西王太后凯瑟琳·德·美第奇待在卧室里,听到了楼上的扭打声和跺脚声,吓得浑身颤抖。在会议室,马耶讷公爵洛林的查尔斯也听到了吉斯公爵亨利一世的声音。他痛苦地站起身,哭喊着:"叛徒!"奥蒙元帅吉恩六世拔出剑,抵在马耶讷公爵洛林的查尔斯和里昂大主教的肩膀上。过了一会儿,卫队的弓箭手将马耶讷公爵洛林的查尔斯和里昂大主教带走关进了监狱。吉斯家族的一些成员曾经是法兰西王国过渡时期的傀儡国王。法王亨利三世的卫队侵入了吉斯家族的庄园,抓住了吉斯家族的首领,包括街垒之战中的两名英雄布里萨克公爵查理二世和巴黎革命政府的现任首脑拉夏贝尔·马尔托。

抗议声此起彼伏,但没有人真正反抗。在布洛瓦,天主教联盟的成员受到恐吓后解散。因为法王亨利三世并不是一位嗜血的君主,所以这起事件中只有两个人丧命。吉斯公爵亨利一世的弟弟马耶讷公爵洛林的查尔斯死在了卫兵的长矛下,其他人只受到了短暂的监禁。严格来说,这起事件是法王亨利三世政治生涯中最成功的举措。法王亨利三世的私人医生菲利波·卡夫利亚纳医生发现了很有趣的事实。他发现比起几个月前,法王亨利三世的眼睛更明亮了,气色更好了,步伐比以前更矫健了。

第32章 吉斯公爵亨利一世与法王亨利三世之死

法王亨利三世走到门口，看着死在脚下的吉斯公爵亨利一世时说了什么，我们不得而知。读过普鲁塔克的回忆录和编年史的人会注意到，法王亨利三世经常在重要场合发表演讲。我们很想知道法王亨利三世说了什么。很多人认为，法王亨利三世可能会说："我才是法兰西王国真正的国王！我再也不是别人的囚徒和奴隶了！"事实上，法王亨利三世也许会这么说。他一向口才很好，知道人们可能会注意到他的话并将其记录下来。根据菲利波·卡夫利亚纳医生的研究，法王亨利三世在一篇洋洋洒洒的文章中用了很多类似的话。1588年12月24日，法兰西王太后凯瑟琳·德·美第奇听到这些话的时候十分惊讶。虽然还有一种不具有权威性的说法，但我们可以从中窥见事情的真相。根据这一说法，法王亨利三世从房间走出来后，低头看见了地上的尸体。过了一会，他说："他怎么这么高！我一直都不觉得他高。但他死了比活着的时候看起来更高一些。"

表面上无关紧要的事情与后来发生的一些事情紧密相连，我们很清楚这一点。杀死吉斯公爵亨利一世后，法王亨利三世的地位并没有得到巩固。就像法兰西王太后凯瑟琳·德·美第奇对法王亨利三世说的那样，他将比以往任何时候更不像一位国王。听到吉斯公爵亨利一世遇害的消息后，巴黎人发动了起义。随后，其他城市陆续揭竿而起。1589年春天，在英格兰女王英格兰女王伊丽莎白一世的默许下，法王亨利三世与天主教联盟作战前，接受了纳瓦拉国王亨利三世代替吉斯公爵亨利一世的提议。

法王亨利三世不会像其他人一样，将谋杀吉斯公爵亨利一世视为自己犯的一个错。当他告诉法兰西王太后凯瑟琳·德·美第奇自己再次成为法兰西王国的国王的时候，我们有理由相信，他说的不仅是法兰西王室的外在形象和法兰西王太后凯瑟琳·德·美第奇一直珍视的安全和统治权，还有王权的神秘本质，以及合乎法律的规范。国王是上帝的代言人，是上帝意志的神秘使者。法王亨利三世紧紧抓住王冠，但并不是为了一己私利。他逃过了暗杀，想要继续活下去，却活得一点也不快乐。他没有可以继承王位的儿子。他如果想要的只是安逸、尊重和王权的空壳，就会向吉斯公爵亨利一世屈服，保住自己的王位。年迈的波旁红衣主教也愿意达成这类协议。但法王亨利三世可以背叛朋友，背叛自己的原则，但不能背叛王权。当看到没有其他办法阻止吉斯公爵亨利一世篡夺王位的时候，他被迫用一种极端方式，除掉了吉斯公爵亨利一世。

因此，七个月后，法王亨利三世会将法兰西王位完好无损地让给纳瓦拉国王亨利三世。但此时，在圣克劳德，雅克·克莱门特用匕首结束了法王亨利三世的生命。《法兰西大事记》报道说，临终前，法王亨利三世对纳瓦拉国王亨利三世说："我的兄弟，现在，你拥有了上帝赋予你的权利，也是我努力维护的权利。日夜操劳使我变成了现在的样子，但我并不后悔，因为我一直是正义的维护者。在法兰西王国，我希望你能继承我的传统。"不论这段话是不是法王亨利三世说的，都将他一生的奋斗目标和价值追求表达得一清二楚。法王亨利三世有很多缺点。但对身处困境中的国王来说，他的成就已经非常了不起了。

很多人认为，吉斯公爵亨利一世的死体现了一种肤浅的自我主义，没有任何虚伪和神秘之处。吉斯公爵亨利一世是一位冒险家，有勇敢的外表和冷酷的内心，同时是一名不择手段的赌徒。不久，运气不再光顾他。教皇西克斯图斯五世和西班牙国王腓力二世虽然对吉斯公爵亨利一世很不满，但并未出手干预吉斯公爵亨利一世发动的暴乱。吉斯公爵亨利一世十分贪婪，并且不拘小节。人们认为他表面上在为天主教效力，实际上是为了达到自己的目的。面对吉斯公爵亨利一世的死，西班牙比罗马教廷更感到遗憾。但对西班牙来说，佣兵的牺牲对它没有造成任何损失。吉斯公爵亨利一世负责一场大规模的侧翼行动。主战场失利后，他暂时被抛弃了。他已经暴露目标，却得不到任何支援。从某种意义上说，吉斯公爵亨利一世与雨果·德·蒙卡达或阿朗索·马丁内斯·德·莱瓦一样，都是西班牙无敌舰队的牺牲品。但西班牙船长们是在执行任务的时候战死的。正如伯纳迪诺·德·门多萨暗示的那样，吉斯公爵亨利一世的死主要源于他的鲁莽。伯纳迪诺·德·门多萨很欣赏吉斯公爵亨利一世，但他们之间的关系并不亲密。伯纳迪诺·德·门多萨不需要告诉西班牙国王腓力二世，法兰西王国的王位还有其他合法继承人。通过外交大使，西班牙国王腓力二世听说了吉斯公爵亨利一世的死。他沉思了片刻，说道："这是教皇的事。"听到吉斯公爵亨利一世的死讯后，教皇西克斯图斯五世点点头，好像早知道这件事会发生一样，然后说："那么，西班牙国王又少了一名战将。"

第33章　虔诚的西班牙国王腓力二世

西班牙国王腓力二世最大的特点是不骄不躁。很小的时候，他曾多次听说自己的父亲——神圣罗马帝国皇帝查理五世的故事。得知帕维亚获得重大胜利的消息时，神圣罗马帝国皇帝查理五世的镇静让人们对他十分钦佩。西班牙国王腓力二世也许想要模仿自己的父亲。对他来说，模仿自己的父亲十分容易，因为他天生不是一个喜形于色的人。不管怎么说，在位的第三十三年，西班牙国王腓力二世已经得到西班牙人的爱戴。他是典型的斯多葛学派基督徒，能在困境中表现出令人钦佩的自制力。一个充满戏剧色彩的经典传说描述道：一位新上任的秘书对自己的工作非常不熟悉，显得十分紧张。因此，当他拿起一张写好的表格时，没有用沙子打磨表格，而是将墨水倒在了表格上。他非常害怕，等待着西班牙国王腓力二世发火。但西班牙国王腓力二世并没有发火，甚至温柔地告诉秘书："那是墨水，这才是沙子。"还有一些轶事是关于西班牙国王腓力二世和皇储卡洛斯的。皇储卡洛斯的势力日益强大，但西班牙国王腓力二世对此一直忍耐。西班牙国王腓力二世驾崩后的十年间，流传着很多关于他的故事。一些富有同情心的编年史学家说，在极度失望的时候，西班牙国王腓力二世依然保持着钢铁一般的自制力。

法米亚诺·斯特拉达神父的寓言具有极高的文学价值。他讲述说，当桑坦德的使者前来汇报西班牙无敌舰队战败的消息时，西班牙国王腓力二世仍然坚信西班牙无敌舰队会取得胜利。他的秘书克里斯托瓦尔·德·莫拉和伊迪亚克兹都惊呆了，不敢相信西班牙无敌舰队会战败。西班牙国王腓力二世放下笔，抬了头。秘书结结巴巴地说了几句关于西班牙无敌舰队战败的消息，然后将使者推到了西班牙国王腓力二世面前。西班牙国王腓力二世听着使者的汇报，脸上毫无表情。然后，他开口说道："我感谢神，因为祂给了我如此大的赏赐，让我在任何时候都能像我们失去的无敌舰队一样,在海上航行。有时,溪流也会被堵塞。但没有关系,只要源头是自由流动的就好。"西班牙国王腓力二世没有一丝叹息,脸上也没有一丝愠色,拿起笔继续写信。

不过,法米亚诺·斯特拉达神父是一位有教养的罗马人。西班牙人的语言虽然不够优雅,但有一种深沉的铿锵之感。因此,17世纪末期,西班牙的历史学家更青睐另一个版本。这一版本中包含惊慌失措的秘书、安静工作着的国王和带来可怕消息的使者,但西班牙国王腓力二世拿起笔前,只说了一句话:"我派舰队出征的目的是征服英格兰人,不是违背上帝的旨意。"

当然,上述故事很可能都不是真实的。面对突如其来的失败,西班牙国王腓力二世没有机会表现出久负盛名的自制力,因为他要将战败的所有细节弄清楚。有一段时间,即梅迪纳·西多尼亚公爵阿朗索·佩雷斯·德·古斯曼回到桑坦德前,西班牙国王腓力二世读了梅迪纳·西多尼亚公爵阿朗索·佩雷斯·德·古斯曼1588年8月21日前的来信和航海日志,并听了巴尔塔扎尔·德·苏尼加令人沮丧的报告。然后,他得知了帕尔玛公爵亚历山大·法尔内塞错过了与梅迪纳·西多尼亚公爵阿朗索·佩雷斯·德·古斯曼会合的消息,不久又听说了西班牙无敌舰队在爱尔兰海岸遇难的谣言。阅读了梅迪纳·西多尼亚公爵阿朗索·佩雷斯·德·古斯曼1588年8月21日前的航海日志后,西班牙国王腓力二世知道,无论如何,西班牙无敌舰队尽了最大努力。不论失败是由于上帝的旨意还是西班牙无敌舰队的行为,西班牙国王腓力二世都不会谴责任何人。

听到战败的消息后,西班牙国王腓力二世一直隐忍着自己的情绪。但任何隐忍都是有限度的。1588年秋天,西班牙国王腓力二世病了。外交使团认为,西班牙国王腓力二世病得很重,挥之不去的焦虑和失望加剧了他的病情。新上任的罗马教廷大使认为,西班牙国王腓力二世的眼睛由于长时间伏案工作和悲伤哭泣变得红肿。即使西班牙国王腓力二世真的哭过,也没有人看见过。有人说,过去的十个多月里,西班牙国王腓力二世苍老了很多。1589年开始,西班牙国王腓力二世的皮肤上开始出现奇怪的蘑菇色斑点,并且逐渐扩散到了脸上,最后胡须都变成了白色。奇怪的是,在一些肖像中,西班牙国王腓力二世脸上的斑点都被忽略了。1588年后,西班牙国王腓力二世外出的时间越来越少,会见来访者的次数也越来越少,但独自在书房里工作的时间却越来越长。

第33章 虔诚的西班牙国王腓力二世

西班牙国王腓力二世如果已经感受到命运带来的打击，并且将其表现了出来，就不会被命运打倒。当得知西班牙无敌舰队损失惨重的时候，他向大臣们保证，他会不惜一切代价组建一支比西班牙无敌舰队更强大的舰队，即使需要熔化王宫里的餐具和烛台。但事情还没有发展到这一步。西班牙国王腓力二世需要事先与热那亚银行家达成新的协议，得到财政支援。然而，与一些船长交谈后，西班牙国王腓力二世清楚地认识到，此次失败不能完全归咎于西班牙无敌舰队。如果他真的需要一支更精良的舰队，那么西班牙完全可以做到。此外，他可以加快西班牙大炮的制造进程。西班牙国王腓力二世奋笔疾书，在1589年新年前，列好了招募船员、制造枪炮、建造舰船、财政支持等方面的所有计划。然而，组建新舰队的进程十分缓慢，因为相关人员需要时间弥补计划中的疏漏。人们相信西班牙国王腓力二世会成功组建一支新舰队。但几乎没有人相信，他会在1589年春天到来前完成舰队组建工作。

与此同时，西班牙国王腓力二世不得不接受目前发生的一切。首先，1588年10月13日，他将自己已知的消息写信告诉了西班牙主教，并提到了海战的不确定性。他接着写道："我们要赞美上帝喜欢的一切事。现在，我要感谢上帝的慈悲。西班牙无敌舰队在风暴中航行，一定遭受了厄运的洗礼。只要人们不断虔诚祈祷，厄运就不会降临。"西班牙国王腓力二世委婉地告诉西班牙主教，厄运降临一定是祈祷的人不够虔诚。西班牙无敌舰队幸存的所有船都回到了西班牙。当时，英格兰人和尼德兰人认为，西班牙无敌舰队的失败是"上帝之风"导致的。

英格兰人和尼德兰人的说法并不难理解。据说，英格兰女王伊丽莎白一世颁发给英格兰舰队的勋章上刻着一句话："上帝吹了一口气，将西班牙无敌舰队吹散了。"来自尼德兰的一枚勋章也刻着类似的文字。博学的诗人们用拉丁文歌颂英格兰女王伊丽莎白一世和新教的胜利，颂扬党派之争和突如其来的暴风雨淹死了成千上万西班牙人，但几乎没有提及英格兰舰队。

当然，西班牙无敌舰队的优势是庞大的规模和精良的武器。但由于恶劣的天气，西班牙无敌舰队在爱尔兰海岸遭受的损失远胜于弗朗西斯·德雷克火烧圣文森特角造成的损失。英格兰舰队对西班牙无敌舰队造成的破坏源于上帝的旨意。显然，上帝站在清教徒一边。暴风雨强大的破坏力谱写了西班牙无敌舰队的很多传奇故事。西班牙船员遭到了爱尔兰人的屠杀。声势浩大的西班牙无敌舰队对战规模较小的英格兰舰队时，怯懦的西班牙指挥官躲在甲板下面，受到侮辱的炮手炸毁了一艘加莱桨帆船，然后跳进了海里。

奇怪的是，西班牙和英格兰的很多传说惊人的相似，甚至有关梅迪纳·西多尼亚公爵阿朗索·佩雷斯·德·古斯曼的传说也非常相似。《理查德·雷恩的卧室遗存——一封信的副本》里杜撰了一个娱乐众人的故事，其中写道："为了安全，他躲在船舱里。"英格兰舰队与西班牙无敌舰队的对比也是源于一些文学作品。人们在怀特岛看到的都是英格兰舰队的轻帆船和乌尔卡船，从而忽视了英格兰战舰。现在想起来，令人费解的是，西班牙人为什么会接受关于暴风雨的传说。当然，英格兰人喜欢听上帝支持自己的故事，但西班牙人为什么会接受上帝反对他们的故事呢？西班牙无敌舰队万事俱备，只差上帝的支持吗？败在上帝手中也许比败在英格兰人手中更容易让西班牙人接受。犹太基督教的传统可以解释上帝的非理性行为。上帝没有让西班牙赢得战争并不意味着西班牙人不是为了上帝的旨意而战，也不意味着上帝不会支持西班牙人。

伯纳迪诺·德·门多萨得知西班牙无敌舰队战败的消息时，委婉地将这一消息告诉了西班牙国王腓力二世。他说："即使是十字军战士、圣路易或卡佩王朝的路易九世，也并不总是取得胜利，因此，战败是可以理解的。我们罪恶深重，上帝施与的任何惩罚都是合理的。上帝惩罚真心爱戴祂的人是为了他们好。羞辱为上帝的旨意而战的人也许可以使他们学会谦卑，然后使他们继续踏上通向胜利的路。"西班牙国王腓力二世在伯纳迪诺·德·门多萨的这些话下面画了线，并在信纸空白处注释同意这种说法。

通过学会谦卑踏上胜利之路。1588年冬天，西班牙国王腓力二世吸取了教训，打算重组舰队。新组建的舰队一定要更加强大，达到某种标准。缺乏远距离作战的大炮、指挥不当、协调不力、缺乏深水港、如何有效控制尼德兰沿海水域等，都是需要着重考虑的关键问题。帕尔玛公爵亚历山大·法尔内塞和其他人都忽视了这些问题。西班牙国王腓力二世虽然没有找到解决方案，但至少正视了这些问题，开始意识到自己还有很多事情要做。苏格兰女王玛丽的死使他陷入了迷梦般的状态。此时，失败的打击将他从梦中唤醒。作为西班牙国王，他谨小慎微，甚至有点胆怯、犹豫和过分警惕。不论做任何事，他都要力求做好充足准备，以免发生意外情况。

卡佩王朝的路易九世

关于西班牙国王腓力二世的一件轶事听起来十分真实。我们不知道事件发生的具体日期，应该是 1588 年后的一两年内。西班牙国王腓力二世在埃斯科里亚尔圣洛伦索修道院的花园里散步的时候，听到园丁说自己花了很多精力在南墙附近培育果树，上帝一定不会让果实腐烂。西班牙国王腓力二世用常用的严厉口吻对园丁喊道："尼古拉，请注意你的言辞！猜测上帝的旨意是不虔诚的，是亵渎上帝的旨意！这源于你的自高自大，即使是我也不能这么说。"随后，西班牙国王腓力二世用温和的语气说道："我们必须服从上帝的旨意，绝对不能猜测上帝的旨意，更不能试图利用上帝的旨意！"

第34章　英格兰女王伊丽莎白一世为和平而战

英格兰女王伊丽莎白一世在里士满王宫度过了1588年的圣诞节。1588年的冬天非常寒冷，经常下雨夹雪。1589年元旦，一场暴风雨掀翻了房顶上的烟囱，将里士满的屋顶都卷走了。但里士满王宫内的壁炉里燃着熊熊火焰。王宫里举办了宴会，人们欢快地跳舞，观赏来自圣保罗童伶剧团的孩子们的舞台表演。英格兰女王伊丽莎白一世参加了宴会。元旦狂欢少不了馈赠礼品，她送给海军大臣埃芬厄姆勋爵查尔斯·霍华德、亨利·西摩勋爵和其他贵族们的礼物也非

里士满王宫

安布罗斯·达德利

常贵重。她送给海军大臣埃芬厄姆勋爵查尔斯·霍华德、亨利·西摩勋爵和其他贵族们的礼物也非常贵重,用以答谢他们为英格兰王国做出的贡献。伯利勋爵威廉·塞西尔送给英格兰女王伊丽莎白一世一个巨大的金盘,盘子上印着象征女王胜利的图案。沃里克伯爵安布罗斯·达德利精心准备的礼物是镶有宝石、钻石、珍珠和金箔的薄绸。海军大臣埃芬厄姆勋爵查尔斯·霍华德送给女王的礼物没有沃里克伯爵安布罗斯·达德利的礼物昂贵,但可能与女王送给他的银盘一样贵重。

第 34 章 英格兰女王伊丽莎白一世为和平而战

在宴会中,很难注意到英格兰宫廷的变化。英格兰女王伊丽莎白一世的表兄汉斯顿勋爵亨利·凯里并不比英格兰女王伊丽莎白一世大多少。他浑身僵硬,面如白纸。英格兰大使詹姆斯·克罗夫特爵士比汉斯顿勋爵亨利·凯里大几岁,但看上去略显老态龙钟。也许从佛兰德斯回来后,他就老了;也许是因为他与帕尔玛公爵亚历山大·法尔内塞的愚蠢交易引起了人们对他晚年生活的关注。詹姆斯·克罗夫特爵士的对手弗朗西斯·沃尔辛厄姆爵士看上去也老了,尽管

亨利·凯里

他还算年轻，不比英格兰女王伊丽莎白一世大多少。苏格兰女王玛丽命悬一线的时候，弗朗西斯·沃尔辛厄姆爵士病倒在了床上。伯利勋爵威廉·塞西尔不再熬夜。他很感激痛风使他安心坐在会议桌前，完成了一个上午的工作。在熟悉的人群中，年老、疾病和死亡使一些职位出现空缺。最引人注目的是一个身材高大、肥胖但充满自信、红红的脸上布满花白胡子的人。伯利勋爵威廉·塞西尔称，在男性主导政坛的时代，英格兰女王伊丽莎白一世是一颗闪耀之星。1588年9月初，在前往巴克斯顿的路上，莱斯特伯爵罗伯特·达德利写信问候了英格兰女王伊丽莎白一世。几天后，有人告诉英格兰女王伊丽莎白一世，莱斯特伯爵罗伯特·达德利已经离世。英格兰女王伊丽莎白一世将"他最近的来信"收了起来。如果英格兰女王伊丽莎白一世曾经爱过什么人，那么很可能是莱斯特伯爵罗伯特·达德利。1589年元旦，英格兰女王伊丽莎白一世唯独没有见到莱斯特伯爵罗伯特·达德利。

英格兰女王伊丽莎白一世对自己的老朋友很忠诚，同时非常善变。但她很少更换自己的仆人。她喜欢新面孔，因为新面孔可以填补空白，譬如年轻帅气的埃塞克斯伯爵罗伯特·德弗罗。此时，埃塞克斯伯爵罗伯特·德弗罗和沃尔特·罗利怒视着对方，就像学校里两个闹矛盾的孩子。适当的调教使埃塞克斯伯爵罗伯特·德弗罗学会了宫廷中复杂的芭蕾舞，还使他像继父莱斯特伯爵罗伯特·达德利那样，学会了如何冷静坚定地走出困境。将来，他也许会代替莱斯特伯爵罗伯特·达德利的地位。

任何人都会因为年龄或健康状况离开宫廷，但英格兰女王伊丽莎白一世永远不会离开。英格兰女王伊丽莎白一世跳了新舞曲的第一步，发现自己可以像跳旧舞曲一样指挥其他人。1588年9月7日，她已经五十五岁，但依然感觉自己和年轻的时候一样精力旺盛。英格兰女王伊丽莎白一世至少能跟上年轻人的步伐。只要尚存一丝气息，她就会一直保持精力旺盛。十二年过去了，英格兰女王伊丽莎白一世已经六十七岁。此时，她正在制订一项漫长的计划。英格兰宫廷里的一些人对此怨声载道。但英格兰女王伊丽莎白一世说："年老的人退后吧！让有为的年轻人跟上我的步伐。"

英格兰女王伊丽莎白一世关于1590年战争的计划于1588年圣诞节前就准备就绪了。这项计划由能力出众的年轻人和作战经验丰富的指挥官负责。海军

第34章 英格兰女王伊丽莎白一世为和平而战

大臣埃芬厄姆勋爵查尔斯·霍华德也许太谨慎了。因此，1590年的战争由弗朗西斯·德雷克负责。约翰·诺里斯爵士指挥英格兰陆军，和弗朗西斯·德雷克共同负责入侵葡萄牙的计划。里斯本是这场战争的主要目标。安东尼奥·德·克拉多一直觊觎葡萄牙的王位，会与约翰·诺里斯爵士和弗朗西斯·德雷克一起出发。安东尼奥·德·克拉多再三保证，一旦踏上葡萄牙的领土，他就会和忠实的葡萄牙人万众一心，将西班牙侵略者赶出葡萄牙。如果运气好，英格兰军队可能会在西班牙的边境上发动一场战争，使西班牙国王腓力二世忙于国内危机，无暇应对海上战争。

英格兰女王伊丽莎白一世希望自己的计划顺利实施。她必须做好对抗西班牙无敌舰队的战前准备，等待西班牙人到来。西班牙人逃离格拉沃利讷后，英格兰军队在陆地和海上的长期调度花费了大量金钱。因此，英格兰女王伊丽莎白一世需要一个新的枢密院。补给到位前，她打算不再为军队拨款，因为这似乎更符合战争策略。英格兰女王伊丽莎白一世如果能预测未来，就会等到弗朗西斯·德雷克、约翰·诺里斯爵士和安东尼奥·德·克拉多打败梅迪纳·西多尼亚公爵阿朗索·佩雷斯·德·古斯曼、帕尔玛公爵亚历山大·法尔内塞和威廉·艾伦后，再支付战争费用。无论枢密院的讨论结果如何，英格兰女王伊丽莎白一世都必须为战争继续投入大量金钱。西班牙国王腓力二世是一个固执的人。因此，英格兰和西班牙之间的战争也许会持续数年。

英格兰女王伊丽莎白一世从未如此后悔过，但已经于事无补。根据保守估计，英格兰和西班牙之间的战争会持续数年。因此，英格兰女王伊丽莎白一世要学会充分利用战争。过去，她曾经为维护和平努力，但发现和平与战争无异。将来，她会谨慎发动战争，维护长久的和平。只要英格兰的领土没有受到侵略，英格兰人没有因税收一贫如洗，那么英格兰王国即使四面楚歌，也比法兰西王国和尼德兰更和平。对英格兰女王伊丽莎白一世来说，维护和平比赢得战争更重要。

然而，并不是说英格兰女王伊丽莎白一世不喜欢胜利。自从视察完蒂尔伯里的营地后，英格兰女王伊丽莎白一世比以前更加亲近自己的子民。她出去打猎的时候，英格兰人会带着孩子，步行几英里，等待几个小时，一睹她的风采。有时，人们会手持火把，从一个地方跟着女王到另一个地方。当英格兰女王伊丽莎白一世准备出访海外的时候，英格兰人会手扶女王的马或马车，祝福声久久不息，致使护卫队无法前进。登基后的第十三个纪念日，英格兰女王伊丽莎白一世来到圣保罗大教堂。伦敦的大街小巷张灯结彩，到处是横幅和花环，地上跪满欢呼的民众。显然，实现诺言比许下诺言更能让人欢欣鼓舞。热烈的场面如同一次盛大的加冕仪式。过去，如果英格兰女王伊丽莎白一世怀疑过自己的统治能力，那么现在，她信心满满。

专有名词英汉对照

Elizabeth I	伊丽莎白一世
Mary, Queen of Scots	苏格兰女王玛丽
Philip II	腓力二世
France	法兰西
Duke of Guise	吉斯公爵
Henry I	亨利一世
Blois	布洛瓦
England	英格兰
Duke of Parma	帕尔马公爵
Alexander Farnese	亚历山大·法尔内塞
Garret Mattingly	加勒特·马丁利
Neitherlands	尼德兰
Christendom	基督教世界
Professor Michael Lewis	迈克尔·路易教授
Mariner's Mirror	《水手的镜子》
Armada Guns	《无敌舰队的武器》
Bernard Devoto	伯纳德·德沃托
Year of Decision	《决战之年》
Across the Wide Missouri	《横渡宽广的密苏里河》
Rocky Mountain West	洛基山脉西部
Fulbright Program	富布莱特计划
John Simon Gugenheim	约翰·西蒙·古根海姆
Archivo General de Simancas	西曼卡斯综合档案馆
Dr. Richardo Magdaleno	理查多·马格达莱诺博士

Folger Shakespearre Library	华盛顿特区福尔杰莎士比亚图书馆
Dr.Louis B. Wright	路易·B. 怀特博士
University of Leiden	莱顿大学
Leo Gershoy	利奥·格肖恩
Edward Mack	爱德华·麦克
Charles H. Carter	查尔斯·H. 卡特
Professor Jan Schilt	简·席尔特教授
Hayden Planetarium	海顿天文馆
Dr.Hugh Rice	休·赖斯博士
Pope Gregory XIII	教皇格里高利十三世
Galleon	大型帆船
Atlantic	大西洋
Culverin	长型重炮
demi-cannon	小型加农炮
Levant	黎凡特
Carrack	卡拉克船
Portugal	葡萄牙
Carrack	大帆船
Baltic	波罗的海
Urcas	乌尔卡船
Pinnace	舰载艇
Zebra	扎布拉船
Fragata	弗拉加塔船
Pataje	帕塔耶船
Patach	帕塔科船
Caravel	轻快帆船
Crumster	克鲁斯特帆船
Galley	加莱桨帆船
Galleass	加莱赛战船
Naples	那不勒斯
Fotheringhay	福瑟陵格
Robert Beale	罗伯特·比尔
Earl of Shrewsbury	什鲁斯伯里伯爵

专有名词英汉对照

George Tallbot	乔治·塔尔伯特
Francois	弗朗索瓦
Lorie River	卢瓦尔河
David Rizzio	戴维·里齐奥
Lord Darnley	达恩利勋爵
Henry Stuart	亨利·斯图亚特
Earl of Huntly	亨特利伯爵
George Gordon	乔治·戈登
Duke of Norfolk	诺福克公爵
Thomas Howard	托马斯·霍华德
Anthony Babington	安东尼·巴宾顿
Francois II	弗朗索瓦二世
Earl of Kent	肯特伯爵
Henry Grey	亨利·格雷
Catholic	天主教
Protestant	新教
Catherine of Aragon	阿拉贡的凯瑟琳
Anne Boleyn	安妮·博林
Mary I	玛丽一世
Elizabeth Tudor	伊丽莎白·都铎
Mary of Lorraine	洛林的玛丽
Dean of Peterborough	彼得伯勒主教
Richard Fletcher	理查德·弗莱彻
Earl of Leicester	莱斯特伯爵
Robert Dudley	罗伯特·达德利
Baron Burghley	伯利勋爵
William Cecil	威廉·塞西尔
Sir Christopher Hatton	克里斯托弗·哈顿爵士
Sir Francis Walsingham	弗朗西斯·沃尔辛厄姆爵士
Mass	弥撒
Smithfield	史密斯菲尔德
Geneva	日内瓦
Bible	《圣经》

西班牙无敌舰队

Book of Common Prayer	《公祷书》
Book of Martyrs	《殉道史》
Thomas Wyatt	托马斯·怀亚特
Wars of the Roses	玫瑰战争
House of York	约克家族
House of Lancaster	兰开斯特家族
Haarlem	哈勒姆
Antwerp	安特卫普
Flanders	佛兰德斯
Brabant	布拉班特
St. Bartholomew's Day Massacre	圣巴塞洛缪大屠杀
Normandy	诺曼底
Plantagenet	金雀花王朝
Calais	加来
Milan	米兰
Florence	佛罗伦萨
Venice	威尼斯
King Solomon	所罗门王
Gloriana	葛洛瑞娜
Francis Throckmorton	弗朗西斯·斯罗克莫顿
William Parry	威廉·帕里
Delft	代尔夫特
Gerard	杰拉德
Burgundy	勃艮第
William I Prince of Orange	奥兰治亲王威廉一世
Gaspard II de Coligny	加斯帕尔二世德·科利尼
Greenwich	格林威治
William Davison	威廉·戴维森
James VI	詹姆斯六世
George Buchanan	乔治·布坎南
Henry III	亨利三世
Charles Howard	查尔斯·霍华德
Lord Buckhurst	巴克赫斯特勋爵

专有名词英汉对照

Thomas Sackville	托马斯·萨克维尔
Puritans	清教徒
William Camden	威廉·卡姆登
Don Bernardino de Mendoza	伯纳迪诺·德·门多萨
Thames	泰晤士河
Francis Drake	弗朗西斯·德雷克
Cartagena	卡特赫纳
Philip Sidney	菲利普·西德尼
Sir William Stanley	威廉·斯坦利爵士
Rowland York	罗兰德·约克
Deventer	代芬特尔
Zutphen	聚特芬
Habsburg Spain	西班牙哈布斯堡王朝
Holy Roman Emperor	神圣罗马帝国皇帝
Charles V	查理五世
Catherine De Medici	凯瑟琳·德·美第奇
Catholic League	天主教联盟
Galway	戈尔韦
Jesuit	耶稣会
Sir Edward Stafford	爱德华·斯塔福德爵士
Jezebel	耶洗别
Navarre	纳瓦拉
Huguenots	胡格诺派
Sobonne	索邦神学院
Orleans	奥尔良
Henry of Valois	瓦卢瓦家族的亨利
Polish–Lithuanian Commonwealth	波兰立陶宛联邦
Jarnac	雅纳克
Montcontour	蒙孔图尔
Henry II	亨利二世
Brulart	布律拉尔
Louvre	卢浮宫
Saint-Honore	圣奥诺雷

西班牙无敌舰队

Gallicanism	高卢主义
Bourbon	波旁家族
Notre Dame	巴黎圣母院
bishop of Bourges	布尔日主教
Renaud de Beaune	雷诺·德·波恩
Lorraine	洛林家族
Charles, Duke of Mayenne	马耶讷公爵查尔斯
Scipios	西庇阿兄弟
Anglo-French	英法同盟
Madrid	马德里
Pomponne de Bellievre	蓬波纳·德·贝利埃弗尔
Brussels	布鲁塞尔
Prague	布拉格
Don Juan of Austria	奥地利的胡安
Earl of Bothwell	博斯维尔伯爵
James Hepburn	詹姆斯·赫伯恩
Lepanto	班勒陀
Duke of Alba	阿尔巴公爵
Fernando Álvarez de Toledo	费尔南多·阿尔瓦雷斯·德·托莱多
Walloons	瓦隆人
Zeeland	泽兰
Brill	布里尔
Flushing	弗拉辛
John Norris	约翰·诺里斯
Meuse	默兹河
Warnsveld	瓦伦斯费尔德
Scheldt	斯凯尔特
Philip of Hohenlohe-Neuenstein	霍恩洛厄－诺伊恩施泰因的菲利普
Count of Hohenlohe-Langenburg	霍恩洛厄－朗根贝格的伯爵
Bosworth	博斯沃思
Groningen	格罗宁根
Yssel	依赛尔河流域
Amsterdam	阿姆斯特丹

专有名词英汉对照

Ostend	奥斯坦德
Bergen-op-Zoom	贝享奥普佐姆
Sluys	斯勒伊斯
Count of Olivares	奥利瓦雷斯伯爵
Enrique de Guzmán	恩里克·德·古兹曼
Gregory XIII	格里高利十三世
Sixtus V	西克斯图斯五世
William Allen	威廉·艾伦
Ponte Sisto	西斯托桥
Giulia	朱利亚大道
St.Peter's	圣彼得堡大教堂
Pasquino	帕斯奎诺
Morforio	莫福利奥
Scandinavia	斯堪的纳维亚
Douai	杜埃
Via di Monserrato	蒙塞拉托大道
Rossall in Lancashire	兰开夏郡罗萨尔
Moors	摩尔人
Trukish	土耳其
Regnans in excelsis	《至上统治》
Nicholas Sander	尼古拉·桑德
Ridofi Plot	里多尔菲阴谋
Nevilles	内维尔家族
Westmmorland	威斯特摩兰郡
Baron Dacre	戴克勋爵
Henry Lennard	亨利·伦纳德
Earl of Northumberland	诺森伯兰伯爵
Henry Percy	亨利·珀西
Viscount Montague	蒙塔古子爵
Anthony Browne	安东尼·布朗
Lord Morley	摩利勋爵
Edward Parker	爱德华·帕克
Sir Thomas Lovell	托马斯·洛弗尔爵士

John Stourton	约翰·斯托顿男爵
Earl of Oxford	牛津伯爵
Edward de Vere	爱德华·德·维尔
Earl of Derby	德比伯爵
Henry Stanley	亨利·斯坦利
Earl of Cumberland	坎伯兰伯爵
George Clifford	乔治·克利福德
Earl of Southampton	南安普顿伯爵
Henry Wriothesley	亨利·赖奥思利
Earl of Arundel	阿伦德尔伯爵
Philip Howard	菲利普·霍华德
Robert Parsons	罗伯特·帕森斯
Edmond Campion	爱德蒙·坎皮恩
Morecambe Bay	莫克姆湾
Stonehenge	巨石阵
Robin Good fellow	"好人"罗宾
Quantock Hills	奎恩托克山
EdwardI II	下斯托伊
Nether Stowey	爱德华三世
Rheims	兰斯
San Lorenzo de El Escorial	埃斯科里亚尔圣洛伦索修道院
Gascony	加斯科涅
Old Castile	旧卡斯提尔
Kingdoms of Castile	卡斯蒂尔王国
Sicily	西西里
Franche-Comte	弗朗什-孔代
Mexico	墨西哥
Peru	秘鲁
Brazil	巴西
Goa	果阿
Africa Sofala	非洲索发拉
Escurial	埃斯科里亚尔
Toledo	托莱多

专有名词英汉对照

Aranjuez	阿兰胡埃斯
Guadarramas	瓜达拉马山
Atlantic	大西洋
Indian Ocean	印度洋
Egypt	埃及
Turks	土耳其
Azores	亚速尔群岛
Marquess of Santa Cruz	圣克鲁斯侯爵
Álvaro de Bazán	阿尔瓦罗·德·巴赞
Dacourt	达科特
Nieuport	纽波特港
Dunkirk	敦刻尔克
Napoleon	拿破仑
Hitler	希特勒
Andalusia	安达卢西亚
Biscay	比斯开
Genoese	热那亚
Danks	丹克斯
Lisbon	里斯本
Ormuz	霍尔木兹
Father Parsons	帕尔森神父
Cartegena	卡塔赫纳
Malaga	马拉加
Barcelona	巴塞罗那
Plymouth	朴茨茅斯
Edmund Drade	埃德蒙·德雷克
Devonshire	德文郡
John Hawkins	约翰·霍金斯
San Juan de Ulua	圣胡安-德乌卢阿
Judith	"朱迪斯"号
Nombre de Dios	农布雷-德迪奥斯
Rame Head	雷姆岬
Seville	塞维利亚

西班牙无敌舰队

Don Quixote	唐·吉诃德
Isle of Wight	怀特岛
Gravesend	格雷夫森德
Caribean	加勒比海
Walter Raleigh	沃尔特·罗利
Dover	多佛
Cadiz	加的斯
Elizabeth Bonaventure	"伊丽莎白·博纳旺蒂尔"号
William Borough	威廉·伯勒
Thomas Fenner	托马斯·芬纳
Bellingham	贝林厄姆
Finisterre	菲尼斯特雷
De Loo	德·卢
New Castile	新卡斯蒂尔
Golden lion	"金狮"号
Rock of Lisbon	罗克角
Dreadnought	"无畏"号
Rainbow	"彩虹"号
Juan Martinez de Recalde	胡安·马丁内斯·德·雷卡尔德
Pedro Bravo de Acuña	佩德罗·布拉沃·德·阿库纳
Gibraltar	直布罗陀
St.Vincent	圣文森特角
Puerto Real	雷亚尔港
Pantelleria	潘泰莱里亚
St.Mary's	圣玛丽亚港
Xerez	赫雷斯
Ragusa	拉古萨
Merchant Royal	王室商人
Sancti Petri	圣彼得里
Duke of Medina Sidonia	梅迪纳·西多尼亚公爵
Las Puercas	拉斯珀卡斯
Robert Leng	罗伯特·伦格
Cyprus	塞浦路斯

专有名词英汉对照

Sussex	苏克赛斯港
San Felipe	"圣费利佩"号
Mozambique	莫桑比克
Sao Tome	圣多美
Guinea	几内亚
Sao Miguel	圣米格尔岛
Thomas	"托马斯"号
Sir William Wynter	威廉·温特爵士
Percheron	佩尔什马
Jan Wychegerde	扬·威奇盖尔德
West-Vlaanderen	西弗兰德省
Dixmude	迪克斯迈德
Flemish	弗兰芒语
Rhine	莱茵河
Bruges	布鲁日
Zwyn	齐文水域
Sir Roger Williams	罗杰·威廉姆斯爵士
Blankenberghe	布兰肯柏
Cadzand	卡扎德岛
St.Anne's Island	圣安妮岛
Santiago	圣地亚哥节
Nassau	拿骚
Maurice Prince of Orange	奥兰治亲王莫里斯
Hertogenbosch	斯海尔托亨博斯
Justinus of Nassau	拿骚的尤斯蒂努斯
Sir William Pelham	威廉·佩勒姆爵士
Marquis of Renty	朗蒂侯爵
Emanuel Filibert van Lalaing	伊曼纽尔·菲利伯特·范拉兰
Welshman	威尔士人
Fluellen	弗鲁爱林
Groenevelt	格劳内维特
Coutras	库特拉
Bergerac	贝尔热拉克

西班牙无敌舰队

Prince of Condé	孔代亲王
Henry I	亨利一世
Charles Count of Soissons	苏瓦松伯爵查尔斯
Dronne	德罗讷河
Ihle	伊勒河
Tours	图尔
Poitiers	普瓦捷
Bordeaux	波尔多
Anne de Joyeuse	安尼·德·茹瓦约斯
Dordogne	多尔多涅河
Francis Duke of Anjou	安茹公爵弗朗索瓦
Joinville	茹安维尔
Charlemagne	查理曼大帝
Hugh Capet	于卡佩家族
Chalais	沙莱
La Rochelle	拉罗谢尔
Poitou	普瓦图
Saintonge	圣通日
Pau	波城
Libourne	利布尔讷
Claude de La Trémoille	克劳德·德·拉·特雷莫勒
Agrippa d'Aubigne	阿格里帕·德奥比涅
Théodore-Agrippa d'Aubigné	泰奥多尔－阿格里帕·德欧比涅
Lavardin	拉瓦丁
Henri Duke of Bouillon	布永公爵亨利
Chateau-Renard	沙托雷纳尔
Gascony	加斯科涅
Matignon	马蒂尼翁
Guyenne	吉耶纳
Burgrave of Dohna	多纳伯爵
Fabien I	法比安一世
Guillaume-Robert de La Marck	纪尧姆－罗伯特·德拉马克
Duke of Sully	苏利公爵

专有名词英汉对照

Maximilian de Bethune	马克西米利安·德·贝休恩
Diane d'Andoins	黛安·德昂端
Michel de Montaigne	米歇尔·德·蒙田
Duke of Epernon	埃佩农公爵
Jean Louis de Nogaret	让·路易·德·诺加雷
Count of Palatine	帕拉蒂伯爵
Johan Casimir	约翰·卡西米尔
Etampes	埃唐普
La Charite	拉沙里泰
Horatio Pallavincino	霍拉肖·帕拉文奇诺
Marne	马恩河
Seine	塞纳河
Chartres	沙特尔
Beauce	博斯
Montargis	蒙塔日
Vimory	维莫里
Duke of Mayenne	马耶讷公爵
Charles of Lorraine	洛林的查尔斯
Montereau-Faut-Yonne	蒙特罗福约讷
Franche-Comte	弗朗什-孔代
Auneau	奥诺
François de Bourbon	弗朗索瓦·德·波旁
Mompelgard	蒙贝利亚尔
Vilain Herodes	恶棍赫罗德斯
Walcheren	瓦尔赫伦
Margate	马盖特
Augsburg	奥格斯堡
Heidelberg	海德尔堡
Isaiah	《以赛亚书》
Philip Melancthon	菲利普·梅兰希顿
Martin Luther	马丁·路德
Konigsberg	哥尼斯堡
Johan Muller	约翰·穆勒

Regiomontanus	雷乔蒙塔努斯
Christopher Columbus	克里斯托弗·哥伦布
Saturn	土星
Jupiter	木星
Mars	火星
Johan Stoffler	约翰·施特夫勒
Cyprianus Leovitius	西普里亚努斯·利奥维提乌斯
Guillaume Postel	纪尧姆·波斯特尔
Bethlehem	伯利恒
Basque Country	巴斯克衫地区
Glastonbury	格拉斯顿伯里
wizard Merlin	巫师梅林
King Uther	亚瑟王
Monserrato	蒙塞拉托
Rudolph II	鲁道夫二世
Hardschin	赫拉茨金
Catania	卡塔尼亚
Hven	汶岛
Maximilian	马克西米利安
Habsburg	哈普斯堡
Lyden	莱登
Maastricht	马斯特里赫特
Wilhelm de Vries	威廉·德·弗里斯
Water Gray	沃特·格雷
John Dee	约翰·迪伊
Raphael Holinshed	拉斐尔·霍林斯赫德
Thomas Tymme	托马斯·泰姆
Edmund Spenser	埃德蒙·斯宾塞
John Harvey	约翰·哈维
Richard Hawkins	理查德·霍金斯
Antelope	"羚羊"号
Medway	梅德韦
Lancastrian	兰开斯特王朝

专有名词英汉对照

Martin Schenck	马丁·申克
Cotswolds	科茨沃尔德
Sir John Perrot	约翰·佩罗特爵士
Henry VIII	亨利八世
Anglo-Burgundian	盎格鲁勃艮第
Bourbourg	布尔堡
Sir James Croft	詹姆斯·克罗夫特爵士
Valentine Dale	瓦伦丁·戴尔博士
William Hawkins	威廉·霍金斯
Gillingham	吉林厄姆
Rochester	罗切斯特
Queenborough	"昆伯勒"
Ark Raleigh	"罗利方舟"号
Lord Henry Seymour	亨利·西摩勋爵
Terceira	特塞拉岛
Horatio Nelson	霍雷肖·纳尔逊
Count of Fuentes	丰特斯伯爵
Pedro Henriquez de Acevedo	佩德罗·恩里克斯·德·阿塞维多
Adriatic	亚得里亚海
Gipuzkoa	吉普斯夸
Oquendo	奥肯多战船
Guzman el Bueno	古斯曼·艾布耶诺
Castile	卡斯提尔
Sanlucar	桑卢卡尔
Diego Flores de Valdes	迭戈·弗洛雷斯·德·瓦尔德斯
Marolin de Juan	马罗林·德·胡安
Alonso de Cespedes	阿朗索·德·塞斯佩德斯
Pedro de Valdes	佩德罗·德·瓦尔德斯
Miguel de Oquendo	米格尔·德·奥肯多
Benvenuto Cellini	本努韦托·切利尼
Perseus	《珀尔修斯》
Revenge	"复仇"号
Aviz	阿维什

西班牙无敌舰队

Florencia	"弗洛伦西亚"号
Duke of Tuscany	托斯卡纳大公
Francesco I	弗朗西斯科一世
San Francesco	"圣弗朗西斯科"号
Captain Bartoli	巴尔托利船长
Gaspar da Sousa	加斯帕尔·达·苏萨
Ferdinand I	斐迪南一世
Triumph	"胜利"号
White Bear	"白熊"号
Archduke of Austria	奥地利大公
Albert VII	艾伯特三世
Dominican	多米尼亚
Cardinal Montalto	红衣主教蒙塔尔托
Rue des Poullies	普列大街
Rue Saint-Honore	圣奥诺雷大街
Cemetery of the Holy Innocents	圣婴公墓
Bastille	巴士底
Chatelet	夏特莱
Rue Saint-Martin	圣马丁大街
Dr.Cavriana	卡夫利亚纳医生
Nicholas Poulain	尼古拉·普兰
Mainville	曼维尔
Duchess of Montensier	蒙庞西耶女公爵
Catherine de Lorraine	凯瑟琳·德·洛林
Claude Matthieu	克劳德·马蒂厄
Soissons	苏瓦松
Picardy	皮卡第
François de Coligny	弗朗西斯·德·科利尼
Broly	布洛里
Jacobins	雅各宾
Hotel de Montpensier	蒙庞西耶旅馆
Rue Saint-Antoine	圣安托万大街
St. Eustache	圣厄斯塔什教堂

专有名词英汉对照

Alphonse d'Ornano	阿方斯·奥拉诺
Corsican	科西嘉人
La Guiche	拉·吉什
Villequier	维利奎尔
Zacharias	撒迦利亚
Berton de Crillon	伯顿·德·克里伦
Charles IX	查理九世
Pope Clement VII	教皇克莱门特七世
Queen Louise	路易丝王后
Armand de Gontaut baron de Biron	比隆勋爵阿尔芒·德·贡托
Jean VI d'Aumont	奥蒙元帅吉恩六世
Place de Greve	格里夫广场
Pont Saint-Michel	圣米歇尔桥
Sobonne	索邦神学院
Duke of Brissac	布里萨克公爵
Charles II	查理二世
Maitre Cruce	迈特雷·克鲁塞
Rue Saint-Jacques	圣雅克大街
Place Maubert	莫贝广场
Neuf-Marché	新市场
St.Julian-le-Pauvre	圣朱利安－勒－保罗教堂
St.Severin	圣塞韦林教堂
St.Andre	圣安德烈教堂
St.Madeleine	圣马德琳教堂
Pont Notre-Dame	圣母桥
Reims Cathedral	兰斯大教堂
Estienne Pasquier	埃蒂安·帕斯基耶尔
New Gate	新门
Saint-Germain	圣日耳曼
La Coruna	拉科鲁尼亚
Boulogne	布洛涅
Hugo de Moncada	雨果·德·蒙卡达
Guipuzcoans	吉普斯夸

Martin de Bertendona	马丁·德·贝特多纳
Rock of Lisbon	罗克角
Finisterre	菲尼斯特雷角
Waterhouse	沃特豪斯
Porto Viro	维罗港
Gijon	洪港
Alonso Martínez de Leiva	阿朗索·马丁内斯·德·莱瓦
Scilly Isles	锡利群岛
Lizard	利泽德半岛
La Manche	拉芒什海峡
Petruccio Ubaldini	彼得鲁乔·乌巴尔迪尼
Ushant	韦桑岛
Thomas Fleming	托马斯·弗莱明
Eddystone	埃迪斯通
Dianna	"狄亚娜"号
Fathom	英寻
Bayonne	巴约讷港
David Gwynn	戴维·格温
Santa Ana	"圣安娜"号
Santa Ana de Juan Martinez	"胡安·马丁内兹的圣安娜"号
San Juan	"圣胡安"号
San Lorenzo	"圣洛伦佐"号
Alonso Vanegas	阿朗索·凡内加斯
Juan de Victoria	胡安·德·维多利亚
Fernandez Duro	费尔南德斯·杜罗
Cattewater	卡特水道
Ramee	拉梅
North Foreland	北福尔兰角
Essex	艾塞克斯
Nottingham	诺丁汉郡
Durham	达拉谟
Dodman	多德曼海岬
Falmouth	法尔茅斯

专有名词英汉对照

Disdain	"不可一世"号
Sir Gawain	加韦恩骑士
Emperor Lucius	卢修斯皇帝
Vanguard	先遣队
Biscayans	比斯卡扬斯人
Francisco de Bobadilla	弗朗西斯科·德·博瓦迪利亚
Portland Bill	波特兰角
Berry	贝里岬
Emanuel van Meteren	伊曼纽尔·范·梅特仑
Jacob Whiddon	雅各布·威登
Lyme Bay	莱姆湾
Juan Comez de Medina	胡安·科梅兹·德·梅迪纳
Needles	尼德尔斯
William Thomas	威廉·托马斯
Solent	索伦特海峡
Spithead	斯皮特黑德
Whitsand Bay	惠特沙湾
Sir Gourdan	古尔丹爵士
Sir Henry Palmer	亨利·帕默爵士
Louis Cabrera de Cordoba	路易·卡布雷拉·德·科尔多瓦
Rodrigo Tello	罗德里戈·特略
Federigo Giambelli	费代里戈·詹贝利
Gravelines	格拉沃利讷
Edmund Sheffield	埃德蒙·谢菲尔德勋爵
Marquis of Peñafiel	佩尼亚费尔侯爵
Juan Téllez-Girón	胡安·特列斯-希龙
Diego de Pimentel	迭戈·德·皮门特尔
Douwens	唐斯
Sea of Norway	挪威海
Hull	赫尔
Burwick	伯威克
Fray Bernardo de Gongora	弗雷·伯纳多·德·贡戈拉
Tilbury	蒂尔伯里

Westminster	威斯敏斯特
Earl of Ormonde	奥蒙德伯爵
Thomas Butler	托马斯·巴特勒
Earl of Essex	埃塞克斯伯爵
Robert Devereux	罗伯特·德弗罗
Judith	朱迪思
Esther	以斯帖
Edmund Spenser	埃德曼·斯宾塞
Faerie Queene	《仙后》
Gloriana	格罗丽娅娜
Belphoebe	贝尔芙碧
Diana	黛安娜
Minerva	密涅瓦
Henry Whyte	亨利·怀特
Le Havre	勒阿弗尔
Breton	不列塔尼
Loches	洛什
Edict of Alencon	《阿郎松敕令》
Angouleme	昂古莱姆
Dieppe	迪耶普
Cologne	科隆
Mainz	美因兹
Munich	慕尼黑
Linz	林茨
Lyons	里昂
Turin	都灵
Idiaquez	伊迪亚克兹
Cordoba	科尔多巴
Guillen de San Clemente	圣克莱门特的吉伦
Fugger	富格尔
Vatican	梵蒂冈
Brescia	布雷西亚
Giovan Francesco Morosini	焦万·弗朗西斯科·莫罗西尼

专有名词英汉对照

Discours veritable	《真言》
Advertisements out of Ireland	《爱尔兰报告》
Shetlands	设得兰群岛
Orkney	奥克尼群岛
Baltazar de Zuniga	巴尔塔扎尔·德·苏尼加
Santander	桑坦德
Martin de Aranda	马丁·德·阿兰达
Bark of Hamburg	汉堡的小帆船
Clare Island	克莱尔岛
Dingle Bay	丁格尔湾
Great Blasket Island	大布拉斯基特岛
Giant Causeway	巨人堤
William Fitzwilliam	威廉·菲茨威廉
Connaught	康诺特
Galicia	加利西亚
Philip III	腓力三世
Philippe Hurault Cheverny	菲利普·赫劳特·舍韦尼
Seigneur de Villeroy	维勒鲁瓦公爵
Nicolas de Neufville	尼古拉·德·纽夫维尔
Duke of Savoy	萨伏伊公爵
Charles Emmanuel I	查尔斯·伊曼纽尔一世
Alphonse Ornano	阿方斯·奥纳诺
Montholon	蒙托隆
La Chapelle-Marteau	拉夏贝尔·马尔托
Saint Cloud	圣克劳德
Jacques Clement	雅克·克莱门特
Grand Prior of France	《法兰西大事记》
Pavia	帕维亚
Christian Stoic	斯多葛学派基督徒
Father Famiano Strada	法米亚诺·斯特拉达神父
Cristobal de Moura	克里斯托瓦尔·德·莫拉
Judaeo-Christian	犹太基督教
Louis IX	路易九世

Earl of Warwick	沃里克伯爵
Ambrose Dudley	安布罗斯·达德利
Baron Hunsdon	汉斯顿勋爵
Henry Carey	亨利·凯里